186

THÉATRE

III

PARIS. — TYP. SIMON RAÇON ET COMP., RUE D'ERFURTH,

VICTOR HUGO

THÉATRE

ANGELO — PROCÈS D'ANGELO ET D'HERNANI
CROMWELL

III

PARIS

VICTOR LECOU | J. HETZEL ET Cⁱᵉ
10, RUE DU BOULOI | RUE RICHELIEU, 78

1854

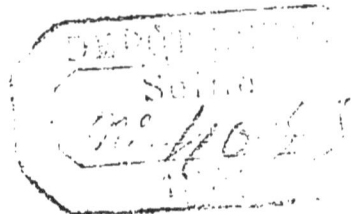

ANGELO

Dans l'état où sont aujourd'hui toutes ces questions profondes qui touchent aux racines mêmes de la société, il semblait depuis longtemps à l'auteur de ce drame qu'il pourrait y avoir utilité et grandeur à développer sur le théâtre quelque chose de pareil à l'idée que voici :

Mettre en présence, dans une action toute résultante du cœur, deux graves et douloureuses figures, la femme dans la société, la femme hors de la société; c'est-à-dire, en deux types vivants, toutes les femmes, toute la femme. Montrer ces deux femmes, qui résument tout en elles, généreuses souvent, malheureuses toujours. Défendre l'une contre le despotisme, l'autre contre le mépris. Enseigner à quelles épreuves résiste la vertu de l'une, à quelles larmes se lave la souillure de l'autre. Rendre la faute à qui est la faute, c'est-à-dire à l'homme, qui est fort, et au fait social, qui est absurde. Faire vaincre dans ces deux âmes choisies les ressentiments de la femme par la piété de la fille, l'amour d'un amant par l'amour d'une mère, la haine par le dévouement, la passion par le devoir. En regard de ces deux femmes ainsi faites poser deux hommes, le mari et l'amant, le souverain et le proscrit, et résumer en eux par mille développements secondaires toutes les relations régulières et irrégulières que l'homme peut avoir avec la femme d'une part, et la société de l'autre. Et puis au bas de ce groupe, qui jouit, qui possède et qui souffre, tantôt sombre, tantôt rayonnant, ne pas oublier l'envieux, ce témoin fatal, qui est toujours là, que la Providence aposte au bas de toutes les sociétés, de toutes les hiérarchies, de toutes les prospérités, de toutes les passions humaines; éternel ennemi de tout ce qui est en haut; changeant de forme selon le temps et le lieu, mais au fond toujours le même; espion à Venise, eunuque à Constantinople, pamphlétaire à Paris. Placer donc comme la Providence le place, dans l'ombre, grinçant des dents à tous les sourires, ce misérable intelligent et perdu qui ne peut que nuire, car toutes les portes que son amour trouve fermées, sa vengeance les trouve ouvertes. Enfin au-dessus de ces trois hommes, entre ces deux femmes, poser comme un lien, comme un symbole, comme un intercesseur, comme un conseiller, le Dieu mort sur la croix. Clouer toute cette souffrance humaine au revers du crucifix.

Puis de tout ceci ainsi posé faire un drame; pas tout à fait royal, de peur que la possibilité de l'application ne disparût dans la grandeur des proportions; pas tout à fait bourgeois, de peur que la petitesse des personnages ne nuisît à l'ampleur de l'idée ; mais princier et domestique : princier, parce qu'il faut que le drame soit grand ; domestique, parce qu'il faut que le drame soit vrai. Mêler dans cette œuvre, pour satisfaire ce besoin de l'esprit qui veut toujours sentir le passé dans le présent et le présent dans le passé, à l'élément éternel, à l'élément humain, à l'élément social, un élément historique. Peindre, chemin faisant, à l'occasion de cette idée, non-seulement l'homme et la femme, non-seulement ces deux femmes et ces trois hommes, mais tout un siècle, tout un climat, toute une civilisation, tout un peuple. Dresser sur cette pensée, d'après les données spéciales de l'histoire, une aventure tellement simple et vraie, si bien vivante, si bien palpitante, si bien réelle, qu'aux yeux de la foule elle pût cacher l'idée elle-même comme la chair cache l'os.

Voilà ce que l'auteur de ce drame a tenté de faire. Il n'a qu'un regret : c'est que cette pensée ne soit pas venue à un meilleur que lui.

Aujourd'hui, en présence d'un succès dû évidemment à cette pensée et qui a dépassé toutes ses espérances, il sent le besoin d'expliquer son idée entière à cette foule sympathique et éclairée qui s'amoncèle chaque soir devant son œuvre avec une curiosité pleine de responsabilité pour lui.

On ne saurait trop le redire, pour quiconque a médité sur les besoins de la société, auxquels doivent toujours correspondre les tentatives de l'art, aujourd'hui, plus que jamais, le théâtre est un lieu d'enseignement. Le drame, comme l'auteur de cet ouvrage le voudrait faire, et comme le pourrait faire un homme de génie, doit donner à la foule une philosophie, aux idées une formule, à la poésie des muscles, du sang et de la vie, à ceux qui pensent une explication désintéressée, aux âmes altérées un breuvage, aux plaies secrètes un baume, à chacun un conseil, à tous une loi.

Il va sans dire que les conditions de l'art doivent être d'abord et en tout remplies. La curiosité, l'intérêt, l'amusement, le rire, les larmes, l'observation perpétuelle de tout ce qui est nature, l'enveloppe merveilleuse du style, le drame doit avoir tout cela, sans quoi il ne serait pas le drame; mais pour être complet, il faut qu'il ait aussi la volonté d'enseigner, en même temps qu'il a la volonté de plaire. Laissez-vous charmer par le drame, mais que la leçon soit dedans, et qu'on puisse toujours l'y retrouver quand on voudra disséquer cette belle chose vivante, si ravissante, si poétique, si passionnée, si magnifiquement vêtue d'or, de soie et de velours. Dans le beau drame, il doit toujours y avoir une idée sévère, comme dans la plus belle femme il y a un squelette.

L'auteur ne se dissimule, comme on voit, aucun des devoirs austères du poëte dramatique. Il essayera peut-être quelque jour, dans un ouvrage spécial, d'expliquer en détail ce qu'il a voulu faire dans chacun des divers drames qu'il a donnés depuis sept ans. En présence d'une tâche aussi immense que celle du théâtre au dix-neuvième siècle, il sent son insuffisance profonde, mais il n'en persévérera pas moins dans l'œuvre qu'il a commencée. Si peu de chose qu'il soit, comment reculerait-il, encouragé qu'il est par l'adhésion des esprits d'élite, par l'applaudissement de la foule, par la loyale sympathie de tout ce qu'il y a aujourd'hui dans la critique d'hommes éminents et écoutés! Il continuera donc fermement; et chaque fois qu'il croira nécessaire de faire bien voir à tous, dans ces moindres détails, une idée utile, une idée sociale, une idée humaine, il posera le théâtre dessus comme un ver grossissant.

Au siècle où nous vivons, l'horizon de l'art est bien élargi. Autrefois le poëte disait : le public; aujourd'hui le poëte dit : le peuple.

7 mai 1835.

PERSONNAGES.

ANGELO MALIPIERI, Podesta.
CATARINA BRAGADINI.
LA TISBE.
RODOLFO.
HOMODEI.
ANAFESTO GALEOFA.
REGINELLA.
DAFNE.
Un Page noir.
Un Guetteur de nuit.
Un Huissier.
Le Doyen de Saint-Antoine de Padoue.
L'Archiprêtre.

Padoue. — 1549.

Francisco Donato étant doge.

PREMIÈRE JOURNÉE

LA CLEF

Un jardin illuminé pour une fête de nuit. A droite, un palais plein de musique et de lumière, avec une porte sur le jardin et une galerie en arcades au rez-de-chaussée, où l'on voit circuler les gens de la fête. Vers la porte, un banc de pierre. A gauche, un autre banc sur lequel on distingue dans l'ombre un homme endormi. Au fond, au-dessus des arbres, la silhouette noire de Padoue au seizième siècle, sur un ciel clair. Vers la fin de l'acte le jour paraît.

SCÈNE PREMIÈRE.

LA TISBE, riche costume de fête. ANGELO MALIPIERI, la veste ducale, l'étole d'or. HOMODEI, endormi; longue robe de laine brune fermée par devant, haut-de-chausses rouge: une guitare à côté de lui.

LA TISBE. — Oui, vous êtes le maître ici, monseigneur; vous êtes le magnifique podesta; vous avez droit de vie et de mort, toute puissance, toute liberté. Vous êtes envoyé de Venise, et partout où l'on vous voit il semble qu'on voit la face et la majesté de cette république. Quand vous passez dans une rue, monseigneur, les fenêtres se ferment, les passants s'esquivent, et tout le dedans des maisons tremble. Hélas! ces pauvres Padouans n'ont guère l'attitude plus fière et plus rassurée devant vous que s'ils étaient les gens de Constantinople, et vous le Turc. Oui, cela est ainsi. Ah! j'ai été à Brescia. C'est autre chose. Venise n'oserait pas traiter Brescia comme elle traite Padoue; Brescia se défendrait. Quand le bras de Venise frappe, Brescia mord, Padoue lèche. C'est une honte. Eh bien! quoique vous soyez ici le maître de tout le monde, et que vous prétendiez être le mien, écoutez-moi, monseigneur, je vais vous dire la vérité, moi. Pas sur les affaires d'État, n'ayez pas peur, mais sur les vôtres. Eh bien, oui! je vous le dis, vous êtes un homme étrange; je ne comprends rien à vous; vous êtes amoureux de moi et vous êtes jaloux de votre femme !

ANGELO — Je suis jaloux aussi de vous, madame.

LA TISBE. — Ah, mon Dieu! vous n'avez pas besoin de me le dire! Et pourtant vous n'en avez pas le droit, car je ne vous appartiens pas. Je passe ici pour votre maîtresse, pour votre toute-puissante maîtresse, mais je ne le suis point, vous le savez bien.

ANGELO. — Cette fête est magnifique, madame.

LA TISBE. — Ah! je ne suis qu'une pauvre comédienne de théâtre, on me permet de donner des fêtes aux sénateurs, je tâche d'amuser notre maître, mais cela ne me réussit guère aujourd'hui. Votre visage est plus sombre que mon masque n'est noir. J'ai beau prodiguer les lampes et les flambeaux, l'ombre reste sur votre front. Ce que je vous donne en musique, vous ne me le rendez pas en gaieté, monseigneur. — Allons, riez donc un peu.

ANGELO. — Oui, je ris. — Ne m'avez-vous pas dit que c'était votre frère, ce jeune homme qui est arrivé avec vous à Padoue?

LA TISBE. — Oui. Après?

ANGELO. — Vous lui avez parlé tout à l'heure. Quel est donc cet autre avec qui il était?

LA TISBE. — C'est son ami. Un Vicentin nommé Anafesto Galeofa.

ANGELO. — Et comment s'appelle-t-il, votre frère?

LA TISBE. — Rodolfo, monseigneur, Rodolfo. Je vous ai déjà expliqué tout cela vingt fois. Est-ce que vous n'avez rien de plus gracieux à me dire?

ANGELO. — Pardon, Tisbe, je ne vous ferai plus de questions. Savez-vous que vous avez joué hier la Rosmonda d'une grâce merveilleuse, que cette ville est bien heureuse de vous avoir, et que toute l'Italie qui vous admire, Tisbe, envie ces Padouans que vous plaignez tant? Ah! toute cette foule qui vous applaudit m'importune. Je meurs de jalousie quand je vous vois si belle pour tant de regards. Ah, Tisbe! — Qu'est-ce donc que cet homme masqué à qui vous avez parlé ce soir entre deux portes?

LA TISBE. — Pardon, Tisbe, je ne vous ferai plus de questions. — C'est fort bien. Cet homme, monseigneur, c'est Virgilio Tasca.

ANGELO. — Mon lieutenant?

LA TISBE. — Votre sbire.

ANGELO. — Et que lui vouliez-vous?

LA TISBE. — Vous seriez bien attrapé, s'il ne me plaisait pas de vous le dire.

ANGELO. — Tisbe!...

LA TISBE. — Non, tenez, je suis bonne, voilà l'histoire. Vous savez qui je suis? rien, une fille du peuple, une comédienne, une chose que vous caressez aujourd'hui et que vous briserez demain. Toujours en jouant. Eh bien! si peu que je sois, j'ai eu une mère. Savez-vous ce que c'est que d'avoir une mère? en avez-vous eu une, vous? savez-vous ce que c'est que d'être enfant? pauvre enfant, faible, nu, misérable, affamé, seul au monde, et de sentir que vous avez auprès de vous, autour de vous, au-dessus de vous, marchant quand vous marchez, s'arrêtant quand vous vous arrêtez, souriant quand vous pleurez, une femme.. — non, on ne sait pas encore que c'est une femme, — un ange qui est là, qui vous regarde, qui vous apprend à parler, qui vous apprend à rire, qui vous apprend à aimer ! qui réchauffe vos doigts dans ses mains, votre corps dans ses genoux, votre âme dans son cœur ! qui vous donne son lait quand vous êtes petit, son pain quand vous êtes grand, sa vie toujours ! à qui vous dites, ma mère ! et qui vous dit, mon enfant ! d'une manière si douce que ces deux mots-là réjouissent Dieu ! — Eh bien ! j'avais une mère comme cela, moi. C'était une pauvre femme sans mari qui chantait des chansons morlaques dans les places publiques de Brescia. J'allais avec elle. On nous jetait quelque monnaie. C'est ainsi que j'ai commencé. Ma mère se tenait d'habitude au pied de la statue de Gatta Melata. Un jour, il paraît que dans la chanson qu'elle chantait sans y rien comprendre, il y avait quelque rime offensante pour la seigneurie de Venise, ce qui faisait rire autour de nous les gens d'un ambassadeur. Un sénateur passa, il regarda, il entendit, et dit au capitaine-grand qui le suivait : A la potence cette femme ! Dans l'État de Venise, c'est bientôt fait. Ma mère fut saisie sur-le-champ. Elle ne dit rien : à quoi bon ? m'embrassa avec une grosse larme qui tomba sur mon front, prit son crucifix et se laissa garrotter. Je le vois encore, ce crucifix. En cuivre poli. Mon nom, *Tisbe*, est grossièrement écrit au bas avec la pointe d'un stylet. Moi, j'avais seize ans alors, je regardais ces gens lier ma mère, sans pouvoir parler, ni crier, ni pleurer, immobile, glacée, morte, comme dans un rêve. La foule se taisait aussi. Mais il y avait avec le sénateur une jeune fille qu'il tenait par la main, sa fille sans doute, qui s'émut de pitié tout à coup. Une belle jeune fille, monseigneur. La pauvre enfant! elle se jeta aux pieds du sénateur, elle pleura tant, et des larmes si suppliantes et avec de si beaux yeux, qu'elle obtint la grâce de ma mère. Oui, monseigneur. Quand ma mère fut déliée, elle prit son crucifix, — ma mère, — et le donna à la belle enfant en lui disant : Madame, gardez ce crucifix, il vous portera bonheur. Depuis ce temps, ma mère est morte, sainte femme; moi, je suis devenue riche, et je voudrais revoir cet enfant, cet ange, qui a sauvé ma mère. Qui sait? elle est femme maintenant, et par conséquent malheureuse. Elle a peut-être besoin de moi à son tour. Dans toutes les villes où je vais, je fais venir le sbire, le barigel, l'homme de police, je lui conte l'aventure, et à celui qui trouvera la femme que je cherche je donnerai dix mille sequins d'or. Voilà pourquoi j'ai parlé tout à l'heure entre deux portes à votre barigel Virgilio Tasca. Etes-vous content?

ANGELO. — Dix mille sequins d'or! mais que donnerez-vous à la femme elle-même, quand vous la retrouverez?

LA TISBE. — Ma vie! si elle veut.

ANGELO. — Mais à quoi la reconnaîtrez-vous?

LA TISBE. — Au crucifix de ma mère.

ANGELO. — Bah! elle l'aura perdu.

LA TISBE. — Oh! non. On ne perd pas ce qu'on a gagné ainsi.

ANGELO, *apercevant Homodei*. — Madame! madame! il y a un homme là! savez-vous qu'il y a un homme là? qu'est-ce que cet homme?

LA TISBE, *éclatant de rire*. — Hé, mon Dieu! oui, je sais qu'il y a un homme là, et qui dort encore! et d'un bon sommeil! N'allez-vous pas vous effaroucher aussi de celui-là? c'est mon pauvre Homodei.

ANGELO. — Homodei! qu'est-ce que c'est que cela, Homodei?

LA TISBE. — Cela, Homodei, c'est un homme, monseigneur, comme ceci, la Tisbe, c'est une femme. Homodei, monseigneur, c'est un joueur de guitare que monseigneur le primicier de Saint-Marc, qui est fort de mes amis, m'a adressé dernièrement avec une lettre que je vous montrerai, vilain jaloux! et même à la lettre était joint un présent.

ANGELO. — Comment!

LA TISBE. — Oh! un vrai présent vénitien. Une boîte qui contient simplement deux flacons, un blanc, l'autre noir. Dans le blanc il y a un narcotique très-puissant qui endort pour douze heures d'un sommeil pareil à la mort; dans le noir il y a du poison, de ce terrible poison que Malaspina fit prendre au pape dans une pilule d'aloès, vous savez. M. le primicier m'écrit que cela peut servir dans l'occasion. Une galanterie, comme vous voyez. Du reste, le révérend primicier me prévient que le pauvre homme, porteur de la lettre et du présent, est idiot. Il est ici et vous auriez dû le voir, depuis quinze jours, mangeant à l'office, couchant dans le premier coin venu, à sa mode, jouant et chantant en attendant qu'il s'en aille à Vicence. Il vient de Venise. Hélas! ma mère a erré ainsi. Je le garderai tant qu'il voudra. Il a quelque temps égayé la compagnie ce soir. Notre fête ne l'amuse pas, il dort. C'est aussi simple que cela.

ANGELO. — Vous me répondez de cet homme?

LA TISBE. — Allons, vous voulez rire! La belle occasion pour prendre cet air effaré! un joueur de guitare, un idiot, un homme qui dort! Ah çà, monsieur le podesta, mais qu'est-ce que vous avez donc? Vous passez votre vie à faire des questions sur celui-ci, sur celui-là. Vous prenez ombrage de tout. Est-ce jalousie, ou est-ce peur?

ANGELO. — L'une et l'autre.

LA TISBE. — Jalousie, je le comprends. Vous vous croyez

obligé de surveiller deux femmes. Mais peur! vous le maître, vous qui faites peur à tout le monde, au contraire !

ANGELO. — Première raison pour trembler. (*Se rapprochant d'elle et parlant bas.*) — Ecoutez, Tisbe. Oui, vous l'avez dit, oui, je puis tout ici; je suis seigneur, despote et souverain de cette ville; je suis le podesta que Venise met sur Padoue, la griffe du tigre sur la brebis. Oui, tout-puissant; mais tout absolu que je suis, au-dessus de moi, voyez-vous, Tisbe, il y a une chose grande et terrible et pleine de ténèbres, il y a Venise. Et savez-vous ce que c'est que Venise, pauvre Tisbe! Venise, je vais vous le dire, c'est l'inquisition d'État, c'est le conseil des Dix. Oh! le conseil des Dix! parlons-en bas, Tisbe; car il est peut-être là quelque part qui nous écoute. Des hommes que pas un de nous ne connaît, et qui nous connaissent tous; des hommes qui ne sont visibles dans aucune cérémonie, et qui sont visibles dans tous les échafauds; des hommes qui ont dans leurs mains toutes les têtes, la vôtre, la mienne, celle du doge, et qui n'ont ni simarre, ni étole, ni couronne, rien qui les désigne aux yeux, rien qui puisse vous faire dire : Celui-ci en est! un signe mystérieux sous leurs robes, tout au plus; des agents partout, des sbires partout, des bourreaux partout; des hommes qui ne montrent jamais au peuple de Venise d'autres visages que ces mornes bouches de bronze toujours ouvertes sous les porches de Saint-Marc, bouches fatales que la foule croit muettes, et qui parlent cependant d'une façon bien haute et bien terrible, car elles disent à tout passant : Dénoncez! — Une fois dénoncé, on est pris. Une fois pris, tout est dit. A Venise, tout se fait secrètement, mystérieusement, sûrement. Condamné, exécuté, rien à voir, rien à dire; pas un cri possible, pas un regard utile; le patient a un bâillon, le bourreau un masque. Que vous parlais-je d'échafauds tout à l'heure! je me trompais. A Venise, on ne meurt pas sur l'échafaud, on disparaît. Il manque tout à coup un homme dans une famille. Qu'est-il devenu? Les plombs, les puits, le canal Orfano le savent. Quelquefois on entend quelque chose tomber dans l'eau la nuit. Passez vite alors! Du reste, bals, festins, flambeaux, musique, gondoles, théâtres, carnaval de cinq mois, voilà Venise. Vous, Tisbe, ma belle comédienne, vous ne connaissez que ce côté-là ; moi, sénateur, je connais l'autre. Voyez-vous, dans tout palais, dans celui du doge, dans le mien, à l'insu de celui qui l'habite, il y a un couloir secret, perpétuel trahisseur de toutes les salles, de toutes les chambres, de toutes les alcôves ; un corridor ténébreux dont d'autres que vous connaissent les portes et qu'on sent serpenter autour de soi sans savoir au juste où il est; une sape mystérieuse où vont et viennent sans cesse des hommes inconnus qui font quelque chose. Et les vengeances personnelles qui se mêlent à tout cela et qui cheminent dans cette ombre! Souvent la nuit je me dresse sur mon séant, j'écoute, et j'entends des pas dans mon mur. Voilà sous quelle pression je vis, Tisbe. Je suis sur Padoue, mais ceci est sur moi. J'ai mission de dompter Padoue. Il m'est ordonné d'être terrible. Je ne suis despote qu'à condition d'être tyran. Ne me demandez jamais la grâce de qui que ce soit, à moi qui ne sais rien vous refuser ; vous me perdriez. Tout m'est permis pour punir, rien pour pardonner. Oui, c'est ainsi. Tyran de Padoue, esclave de Venise. Je suis bien surveillé, allez Oh ! le conseil des Dix ! Mettez un ouvrier seul dans une cave et faites-lui faire une serrure, avant que la serrure soit finie, le conseil des Dix en a la clef dans sa poche. Madame ! madame ! le valet qui me sert m'espionne, l'ami qui me salue m'espionne, le prêtre qui me confesse m'espionne, la femme qui me dit : Je t'aime, — oui, Tisbe, — m'espionne.

LA TISBE. — Ah ! monsieur !

ANGELO. — Vous ne m'avez jamais dit que vous m'aimiez. Je ne parle pas de vous, Tisbe. Oui, je vous le répète, tout ce qui me regarde est un œil du conseil des Dix, tout ce qui m'écoute est une oreille du conseil des Dix, tout ce qui me touche est une main du conseil des Dix, main redoutable, qui tâte longtemps d'abord et qui saisit ensuite brusquement ! Oh ! magnifique podesta que je suis, je ne suis pas sûr de ne pas voir demain apparaître subitement dans ma chambre un misérable sbire qui me dira de le suivre, et qui ne sera qu'un misérable sbire, et que je suivrai ! où ? dans quelque lieu profond d'où il ressortira sans moi. Madame, être de Venise, c'est pendre à un fil. C'est une sombre et sévère condition que la mienne, madame, d'être là, penché sur cette fournaise ardente que vous nommez Padoue, le visage toujours couvert d'un masque, faisant ma besogne de tyran, entouré de chances, de précautions, de terreurs, redoutant sans cesse quelque explosion, et tremblant à chaque instant d'être tué roide par mon œuvre, comme l'alchimiste par son poison ! — Plaignez-moi, et ne me demandez pas pourquoi je tremble, madame !

LA TISBE. — Ah Dieu ! affreuse position que la vôtre en effet !

ANGELO. — Oui, je suis l'outil avec lequel un peuple torture un autre peuple. Ces outils-là s'usent vite et cassent souvent, Tisbe. Ah ! je suis malheureux. Il n'y a pour moi qu'une chose douce au monde, c'est vous. Pourtant je sens bien que vous ne m'aimez pas. Vous n'en aimez pas un autre au moins ?

LA TISBE. — Non, non, calmez-vous.

ANGELO. — Vous me dites mal ce non-là.

LA TISBE. — Ma foi, je vous le dis comme je peux.

ANGELO. — Ah ! ne soyez pas à moi, j'y consens ; mais

2.

ne soyez pas à un autre, Tisbe! que je n'apprenne jamais qu'un autre...

LA TISBE. — Si vous croyez que vous êtes beau quand vous me regardez comme cela!

ANGELO. — Ah! Tisbe, quand m'aimerez-vous?

LA TISBE. — Quand tout le monde ici vous aimera.

ANGELO. — Hélas! — C'est égal, restez à Padoue. Je ne veux pas que vous quittiez Padoue, entendez-vous? Si vous vous en alliez, ma vie s'en irait. — Mon Dieu! voici qu'on vient à nous. Il y a longtemps déjà qu'on peut nous voir parler ensemble, cela pourrait donner des soupçons à Venise. Je vous laisse. (*S'arrêtant et montrant Homodei.*) Vous me répondez de cet homme?

LA TISBE. — Comme d'un enfant qui dormirait là.

ANGELO. — C'est votre frère qui vient. Je vous laisse avec lui.

Il sort.

SCÈNE II.

LA TISBE, RODOLFO, vêtu de noir, sévère, une plume noire au chapeau; HOMODEI, toujours endormi.

LA TISBE. — Ah! c'est Rodolfo! ah! c'est Rodolfo! Viens, je t'aime, toi! (*Se tournant vers le côté par où Angelo est sorti.*) Non, tyran imbécile, ce n'est pas mon frère, c'est mon amant! — Viens, Rodolfo! mon brave soldat, mon noble proscrit, mon généreux homme! regarde-moi bien en face. Tu es beau, je t'aime!

RODOLFO. — Tisbe...

LA TISBE. — Pourquoi as-tu voulu venir à Padoue? Tu vois bien, nous voilà pris au piége. Nous ne pouvons plus en sortir maintenant. Dans ta position, partout tu es obligé de te faire passer pour mon frère. Ce podesta s'est épris de ta pauvre Tisbe ; il nous tient ; il ne veut pas nous lâcher. Et puis je tremble sans cesse qu'il ne découvre qui tu es. Ah ! quel supplice ! Oh ! n'importe, il n'aura rien de moi, ce tyran ! Tu en es bien sûr, n'est-ce pas, Rodolfo ? Je veux pourtant que tu t'inquiètes de cela ; je veux que tu sois jaloux de moi d'abord.

RODOLFO. — Vous êtes une noble et charmante femme.

LA TISBE. — Oh ! c'est que je suis jalouse de toi, moi, vois-tu ? mais jalouse ! Cet Angelo Malipieri, ce Vénitien, qui me parlait de jalousie aussi lui, qui s'imagine être jaloux, cet homme ! et qui mêle toutes sortes d'autres choses à cela. Ah ! quand on est jaloux, monseigneur, on ne voit pas Venise, on ne voit pas le conseil des Dix, on ne voit pas les sbires, les espions, le canal Orfano ; on n'a qu'une chose devant les yeux, sa jalousie. Moi, Rodolfo, je ne puis te voir parler à d'autres femmes, leur parler seulement, cela me fait mal. Quel droit ont-elles à des paroles de toi ? Oh ! une rivale ! ne me donne jamais une rivale ! je la tuerais. Tiens, je t'aime ! tu es le seul homme que j'aie jamais aimé. Ma vie a été triste longtemps ; elle rayonne maintenant. Tu es ma lumière. Ton amour, c'est un soleil qui s'est levé sur moi. Les autres hommes m'avaient glacée. Que ne t'ai-je connu il y a dix ans ? il me semble que toutes les parties de mon cœur qui sont mortes de froid vivraient encore. Quelle joie de pouvoir être seuls un instant et parler ! Quelle folie d'être venus à Padoue ! Nous vivons dans une telle contrainte ! Mon Rodolfo ! oui, pardieu ! c'est mon amant ! ah bien oui ! mon frère ! Tiens, je suis folle de joie quand je te parle à mon aise ; tu vois bien que je suis folle ! M'aimes-tu ?

RODOLFO. — Qui ne vous aimerait pas, Tisbe !

LA TISBE. — Si vous me dites encore vous, je me fâcherai. O mon Dieu ! il faut pourtant que j'aille me montrer un peu à mes conviés. Dis-moi, depuis quelque temps je te trouve l'air triste. N'est-ce pas, tu n'es pas triste?

RODOLFO. — Non, Tisbe.

LA TISBE. — Tu n'es pas souffrant?

RODOLFO. — Non.

LA TISBE. — Tu n'es pas jaloux?

RODOLFO. — Non.

LA TISBE. — Si! je veux que tu sois jaloux! ou bien c'est que tu ne m'aimes pas! Allons! pas de tristesse. Ah çà, au fait, moi, je tremble toujours, tu n'es pas inquiet? Personne ici ne sait que tu n'es pas mon frère?

RODOLFO. — Personne, excepté Anafesto.

LA TISBE. — Ton ami. Oh! celui-là est sûr. (*Entre Anafesto Galeofa.*) Le voici précisément. Je vais te confier à lui pour quelques instants. (*Riant.*) Monsieur Anafesto, ayez soin qu'il ne parle à aucune femme.

ANAFESTO, *souriant*. — Soyez tranquille, madame.

La Tisbe sort.

SCÈNE III.

RODOLFO, ANAFESTO GALEOFA, HOMODEI, toujours endormi.

ANAFESTO, *la regardant sortir*. — Oh! charmante! — Rodolfo, tu es heureux! elle t'aime.

RODOLFO. — Anafesto, je ne suis pas heureux; je ne l'aime pas.

ANAFESTO. — Comment! que dis-tu?

RODOLFO, *apercevant Homodei*. — Qu'est-ce que c'est que cet homme qui dort là?

ANAFESTO. — Rien; c'est ce pauvre musicien, tu sais?

RODOLFO. — Ah! oui, cet idiot.

anafesto. — Tu n'aimes pas la Tisbe! est-il possible? que viens-tu de me dire?

rodolfo. — Ah! je t'ai dit cela? Oublie-le.

anafesto. — La Tisbe! adorable femme!

rodolfo. — Adorable en effet. Je ne l'aime pas.

anafesto. — Comment!

rodolfo. — Ne m'interroge point.

anafesto. — Moi, ton ami!

la tisbe, *rentrant et courant à Rodolfo avec un sourire.* — Je reviens seulement pour te dire un mot : Je t'aime! Maintenant je m'en vais.

Elle sort en courant.

anafesto, *la regardant sortir.* — Pauvre Tisbe!

rodolfo. — Il y a au fond de ma vie un secret qui n'est connu que de moi seul.

anafesto. — Quelque jour tu le confieras à ton ami, n'est-ce pas? Tu es bien sombre aujourd'hui, Rodolfo.

rodolfo. — Oui. Laisse-moi un instant.

Anafesto sort. Rodolfo s'assied sur le banc de pierre près de la porte et laisse tomber sa tête dans ses mains. Quand Anafesto est sorti, Homodei ouvre les yeux, se lève, puis va à pas lents se placer debout derrière Rodolfo, absorbé dans sa rêverie.

SCÈNE IV.

RODOLFO, HOMODEI.

Homodei pose la main sur l'épaule de Rodolfo. Rodolfo se retourne et le regarde avec stupeur.

homodei. — Vous ne vous appelez pas Rodolfo. Vous vous appelez Ezzelino da Romana. Vous êtes d'une ancienne famille qui a régné à Padoue, et qui en est bannie depuis deux cents ans. Vous errez de ville en ville sous un faux nom, vous hasardant quelquefois dans l'État de Venise. Il y a sept ans, à Venise même, vous aviez vingt ans alors, vous vîtes un jour dans une église une jeune fille très-belle, dans l'église de Saint-Georges-le-Grand. Vous ne la suivîtes pas ; à Venise, suivre une femme, c'est chercher un coup de stylet ; mais vous revîntes souvent dans l'église. La jeune fille y revint aussi. Vous fûtes pris d'amour pour elle, elle pour vous. Sans savoir son nom, car vous ne l'avez jamais su, et vous ne le savez pas encore, elle ne s'appelle pour vous que Catarina, vous trouvâtes moyen de lui écrire, elle de vous répondre. Vous obtîntes d'elle des rendez-vous chez une femme nommée la béate Cécilia. Ce fut entre elle et vous un amour éperdu ; mais elle resta pure. Cette jeune fille était noble ; c'est tout ce que vous saviez d'elle. Une noble vénitienne ne peut épouser qu'un noble vénitien ou un roi ; vous n'êtes pas Vénitien et vous n'êtes plus roi. Banni d'ailleurs, vous n'y pouviez aspirer. Un jour elle manqua au rendez-vous ; la béate Cicilia vous apprit qu'on l'avait mariée. Du reste, vous ne pûtes pas plus savoir le nom du mari que vous n'aviez su le nom du père. Vous quittâtes Venise. Depuis ce jour, vous vous êtes enfui par toute l'Italie ; mais l'amour vous a suivi. Vous avez jeté votre vie au plaisir, aux distractions, aux folies, aux vices. Inutile. Vous avez tâché d'aimer d'autres femmes, vous avez cru même en aimer d'autres, cette comédienne, par exemple, la Tisbe. Inutile encore. L'ancien amour a toujours reparu sous les nouveaux. Il y a trois mois, vous êtes venu à Padoue avec la Tisbe, qui vous fait passer pour son frère. Le podesta, monseigneur Angelo Malipieri, s'est épris d'elle, et vous, voici ce qui vous est arrivé. Un soir, le seizième jour de février, une femme voilée a passé près de vous sur le pont Molino, vous a pris la main et vous a mené dans la rue Sanpiero. Dans cette rue sont les ruines de l'ancien palais Magaruffi, démoli par votre ancêtre Ezzelin III; dans ces ruines il y a une cabane; dans cette cabane vous avez trouvé la femme de Venise que vous aimez et qui vous aime depuis sept ans. A partir de ce jour, vous vous êtes rencontré trois fois par semaine avec elle dans cette cabane. Elle est restée tout à la fois fidèle à son amour et à son honneur, à vous et à son mari. Du reste, cachant toujours son nom. Catarina, rien de plus. Le mois passé, votre bonheur s'est rompu brusquement. Un jour elle n'a point paru à la cabane. Voilà cinq semaines que vous ne l'avez vue. Cela tient à ce que son mari se défie d'elle et la garde enfermée. — Nous sommes au matin, le jour va paraître. — Vous la cherchez partout, vous ne la trouvez pas, vous ne la trouverez jamais. — Voulez-vous la voir ce soir?

RODOLFO, *le regardant fixement.* — Qui êtes-vous?

HOMODEI. — Ah! des questions. Je n'y réponds pas. — Ainsi vous ne voulez pas voir aujourd'hui cette femme?

RODOLFO. — Si! si! la voir! je veux la voir. Au nom du ciel! la revoir un instant et mourir!

HOMODEI. — Vous la verrez.

RODOLFO. — Où?

HOMODEI. — Chez elle.

RODOLFO. — Mais, dites-moi, elle! qui est-elle? son nom?

HOMODEI. — Je vous le dirai chez elle.

RODOLFO. — Ah! vous venez du ciel!

HOMODEI. — Je n'en sais rien. — Ce soir, au lever de la lune, — à minuit, c'est plus simple, — trouvez-vous à l'angle du palais d'Albert de Baon, rue Santo-Urbano. J'y serai. Je vous conduirai. A minuit.

RODOLFO. — Merci! Et vous ne voulez pas me dire qui vous êtes?

HOMODEI. — Qui je suis? Un idiot.

Il sort.

RODOLFO, *resté seul.* — Quel est cet homme? Ah! qu'importe! Minuit! à minuit! Qu'il y a loin d'ici minuit! Oh! Catarina! pour l'heure qu'il me promet, je lui aurais donné ma vie!

Entre la Tisbe.

SCÈNE V.

RODOLFO, LA TISBE.

LA TISBE. — C'est encore moi, Rodolfo. Bonjour! Je n'ai pu être plus longtemps sans te voir. Je ne puis me séparer de toi; je te suis partout; je pense et je vis par toi. Je suis l'ombre de ton corps, tu es l'âme du mien.

RODOLFO. — Prenez garde, Tisbe, ma famille est une famille fatale. Il y a sur nous une prédiction, une destinée qui s'accomplit presque inévitablement de père en fils. Nous tuons qui nous aime.

LA TISBE. — Eh bien! tu me tueras. Après? Pourvu que tu m'aimes.

RODOLFO. — Tisbe...

LA TISBE. — Tu me pleureras ensuite. Je n'en veux pas plus.

RODOLFO. — Tisbe, vous mériteriez l'amour d'un ange.

Il lui baise la main et sort lentement.

LA TISBE, *seule.* — Eh bien! comme il me quitte! Rodolfo! Il s'en va. Qu'est-ce qu'il a donc? (*Regardant vers le banc.*) Ah! Homodei s'est réveillé!

Homodei paraît au fond du théâtre.

SCÈNE VI.

LA TISBE, HOMODEI.

HOMODEI. — Le Rodolfo s'appelle Ezzelino, l'aventurier est un prince, l'idiot est un esprit, l'homme qui dort est un chat qui guette. OEil fermé, oreille ouverte.

LA TISBE. — Que dit-il?

HOMODEI, *montrant sa guitare.* — Cette guitare a des fibres qui rendent le son qu'on veut. Le cœur d'un homme, le cœur d'une femme ont aussi des fibres dont on peut jouer.

LA TISBE. — Qu'est-ce que cela veut dire?

HOMODEI. — Madame, cela veut dire que, si, par hasard, vous perdez aujourd'hui un beau jeune homme qui a une plume noire à son chapeau, je sais l'endroit où vous pourrez le retrouver la nuit prochaine.

LA TISBE. — Chez une femme?

HOMODEI. — Blonde.

LA TISBE. — Quoi! que veux-tu dire? qui es-tu?

HOMODEI. — Je n'en sais rien.

LA TISBE. — Tu n'es pas ce que je croyais. Malheureuse que je suis! Ah! le podesta s'en doutait, tu es un homme redoutable! Qui es-tu? oh! qui es-tu? Rodolfo chez une femme! la nuit prochaine! C'est là ce que tu veux dire! hein! est-ce là ce que tu veux dire?

HOMODEI. — Je n'en sais rien.

LA TISBE. — Ah! tu mens! C'est impossible. Rodolfo m'aime.

HOMODEI. — Je n'en sais rien.

LA TISBE. — Ah! misérable! ah! tu mens! Comme il ment! Tu es un homme payé. Mon Dieu, j'ai donc des ennemis, moi! Mais Rodolfo m'aime. Va, tu ne parviendras pas à m'alarmer. Je ne te crois pas. Tu dois être bien furieux de voir que ce que tu me dis ne me fait aucun effet.

HOMODEI. — Vous avez remarqué sans doute que le podesta, monseigneur Angelo Malipieri, porte à sa chaîne de cou un petit bijou en or artistement travaillé. Ce bijou est une clef. Feignez d'en avoir envie comme d'un bijou. Demandez-la-lui sans lui dire ce que nous en voulons faire.

LA TISBE. — Une clef, dis-tu? Je ne la demanderai pas. Je ne demanderai rien. Cet infâme qui voudrait me faire soupçonner Rodolfo! Je ne veux pas de cette clef? Va-t'en, je ne t'écoute pas.

HOMODEI. — Voici justement le podesta qui vient. Quand vous aurez la clef, je vous expliquerai comment il faudra vous en servir la nuit prochaine. Je reviendrai dans un quart d'heure.

LA TISBE. — Misérable! tu ne m'entends donc pas? je te dis que je ne veux point de cette clef. J'ai confiance en Rodolfo, moi. Cette clef, je ne m'en occupe point. Je n'en dirai pas un mot au podesta. Et ne reviens pas, c'est inutile, je ne te crois pas.

HOMODEI. — Dans un quart d'heure.

Il sort. Entre Angelo.

SCÈNE VII.

LA TISBE, ANGELO.

LA TISBE. — Ah! vous voilà, monseigneur. Vous cherchez quelqu'un?

ANGELO. — Oui, Virgilio Tasca à qui j'avais un mot à dire.

LA TISBE. — Eh bien! êtes-vous toujours jaloux?

ANGELO. — Toujours, madame.

LA TISBE. — Vous êtes fou. A quoi bon être jaloux! je ne comprends pas qu'on soit jaloux. J'aimerais un homme, moi, que je n'en serais certainement pas jalouse.

ANGELO. — C'est que vous n'aimez personne.

LA TISBE. — Si. J'aime quelqu'un.

ANGELO. — Qui?

LA TISBE. — Vous.

ANGELO. — Vous m'aimez? est-il possible? ne vous jouez pas de moi, mon Dieu! Oh! répétez-moi ce que vous m'avez dit là.

LA TISBE. — Je vous aime. (*Il s'approche d'elle avec ravissement. Elle prend la chaîne qu'il porte au cou.*) Tiens! qu'est-ce donc que ce bijou? je ne l'avais pas encore remarqué. C'est joli. Bien travaillé. Oh! mais c'est ciselé par Benvenuto. Charmant! Qu'est-ce que c'est donc? c'est bon pour une femme, ce bijou-là.

ANGELO. — Ah! Tisbe, vous m'avez rempli le cœur de joie avec un mot!

LA TISBE. — C'est bon, c'est bon. Mais dites-moi donc ce que c'est que cela?

ANGELO. — Cela, c'est une clef!

LA TISBE. — Ah! c'est une clef. Tiens, je ne m'en serais jamais doutée. Ah! oui, je vois, c'est avec ceci qu'on ouvre. Ah! c'est une clef.

ANGELO. — Oui, ma Tisbe.

LA TISBE. — Ah bien! puisque c'est une clef, je n'en veux pas, gardez-la.

ANGELO. — Quoi! est-ce que vous en aviez envie, Tisbe?

LA TISBE. Peut-être. Comme d'un bijou bien ciselé.

ANGELO. — Oh! prenez-la.

Il détache la clef du collier.

LA TISBE. — Non. Si j'avais su que ce fût une clef, je ne vous en aurais pas parlé. Je n'en veux pas, vous dis-je. Cela vous sert peut-être.

ANGELO. — Oh! bien rarement. D'ailleurs j'en ai une autre. Vous pouvez la prendre, je vous jure.

LA TISBE. — Non, je n'en ai plus envie. Est-ce qu'on ouvre des portes avec cette clef-là? elle est bien petite.

ANGELO. — Cela ne fait rien; ces clefs-là sont faites pour des serrures cachées. Celle-ci ouvre plusieurs portes, entre autres celle d'une chambre à coucher.

LA TISBE. — Vraiment! Allons! puisque vous l'exigez absolument, je la prends.

Elle prend la clef.

ANGELO. — Oh! merci. Quel bonheur! vous avez accepté quelque chose de moi! merci!

LA TISBE. — Au fait, je me souviens que l'ambassadeur de France à Venise, monsieur de Montluc, en avait une à peu près pareille. Avez-vous connu monsieur le maréchal de Montluc? Un homme de grand esprit, n'est-ce pas? Ah! vous autres nobles, vous ne pouvez parler aux ambassadeurs. Je n'y songeais pas. C'est égal, il n'était pas tendre aux huguenots, ce monsieur de Montluc. Si jamais ils lui tombent dans les mains! c'est un fier catholique! — Tenez, monseigneur, je crois que voilà Virgilio Tasca qui vous cherche là-bas, dans la galerie...

ANGELO. — Vous croyez?

LA TISBE. — N'aviez-vous pas à lui parler?

ANGELO. — Oh! maudit soit-il de m'arracher d'auprès de vous!

LA TISBE, *lui montrant la galerie.* — Par là.

ANGELO, *lui baisant la main.* — Ah! Tisbe, vous m'aimez donc!

LA TISBE. — Par là, par là. Tasca vous attend.

Angelo sort. Homodei paraît au fond du théâtre. La Tisbe court à lui.

SCÈNE VIII.

LA TISBE, HOMODEI.

LA TISBE. — J'ai la clef!

HOMODEI. — Voyons. (*Examinant la clef*) Oui, c'est bien cela. — Il y a dans le palais du podesta une galerie qui regarde le pont Molino. Cachez-vous-y, ce soir. Derrière un meuble, derrière une tapisserie, où vous voudrez. A deux heures après minuit, je viendrai vous y chercher.

LA TISBE, *lui donnant sa bourse*. — Je te récompenserai mieux! En attendant prends cette bourse.

HOMODEI. — Comme il vous plaira. Mais laissez-moi finir. A deux heures après minuit, je viendrai vous chercher. Je vous indiquerai la première porte que vous aurez à ouvrir avec cette clef. Après quoi je vous quitterai. Vous pourrez faire le reste sans moi; vous n'aurez qu'à aller devant vous.

LA TISBE. — Qu'est-ce que je trouverai après la première porte?

HOMODEI. — Une seconde que cette clef ouvre également.

LA TISBE. — Et après la seconde?

HOMODEI. — Une troisième. Cette clef les ouvre toutes.

LA TISBE. — Et après la troisième?

HOMODEI. — Vous verrez.

DEUXIÈME JOURNÉE

LE CRUCIFIX

Une chambre richement tendue d'écarlate rehaussée d'or. Dans un angle, à gauche, un lit magnifique sur une estrade et sous un dais porté par des colonnes torses. Aux quatre coins du dais pendent des rideaux cramoisis qui peuvent se fermer et cacher entièrement le lit. A droite, dans l'angle, une fenêtre ouverte. Du même côté, une porte masquée dans la tenture; auprès, un prie-Dieu, au-dessus duquel pend, accroché au mur, un crucifix en cuivre poli. Au fond, une grande porte à deux battants. Entre cette porte et le lit une autre porte petite et très-ornée. Table, fauteuils, flambeaux; un grand dressoir. Dehors, jardins, clochers, clair de lune. Une angélique sur la table.

SCÈNE PREMIÈRE.

DAFNE, REGINELLA, puis HOMODEI.

REGINELLA. — Oui, Dafne, c'est certain. C'est Troïlo, l'huissier de nuit, qui me l'a conté. La chose s'est passée tout récemment, au dernier voyage que madame a fait à Venise. Un sbire, un infâme sbire! s'est permis d'aimer madame, de lui écrire, Dafne, de chercher à la voir. Cela se conçoit-il? Madame l'a fait chasser, et a bien fait.

DAFNE, *entr'ouvant la porte près du prie-Dieu.* — C'est bien, Reginella. Mais madame attend son livre d'heures, tu sais ?

REGINELLA, *rangeant quelques livres sur la table.*—Quant à l'autre aventure, elle est plus terrible, et j'en suis sûre aussi. Pour avoir averti son maître qu'il avait rencontré un espion dans la maison, ce pauvre Palinuro est mort subitement dans la même soirée. Le poison, tu comprends. Je te conseille beaucoup de prudence. D'abord, il faut prendre garde à ce qu'on dit dans ce palais; il y a toujours quelqu'un dans le mur qui vous entend.

DAFNE. — Allons, dépêche-toi donc, nous causerons une autre fois. Madame attend.

REGINELLA, *rangeant toujours, et les yeux fixés sur la table.* — Si tu es si pressée, va devant. Je te suis. (*Dafne sort et referme la porte sans que Reginella s'en aperçoive.*) Mais vois-tu, Dafne, je te recommande le silence dans ce maudit palais. Il n'y a que cette chambre où l'on soit en sûreté. Ah! ici, du moins, on est tranquille. On peut dire tout ce qu'on veut, c'est le seul endroit où, quand on parle, on soit sûr de ne pas être écouté.

Pendant qu'elle prononce ces derniers mots, un dressoir adossé au mur à droite tourne sur lui-même, donne passage à Homodei sans qu'elle s'en aperçoive et se referme.

HOMODEI. — C'est le seul endroit où, quand on parle, on soit sûr de ne pas être écouté.

REGINELLA, *se retournant.* — Ciel !

HOMODEI. — Silence ! (*Il entr'ouvre sa robe et découvre son pourpoint de velours noir où sont brodées en argent ces trois lettres C. D. X. Reginella regarde les lettres et l'homme avec terreur.*) Lorsqu'on a vu l'un de nous et qu'on laisse deviner à qui que ce soit, par un signe quelconque, qu'on nous a vu, avant la fin du jour on est mort. — On parle de nous dans le peuple, tu dois savoir que cela se passe ainsi.

REGINELLA — Jésus ! Mais par quelle porte est-il entré ?

HOMODEI. — Par aucune.

REGINELLA. — Jésus !

HOMODEI. — Réponds à toutes mes questions, et ne me trompe sur rien. Il y va de ta vie. Où donne cette porte ?
Il montre la grande porte du fond.

REGINELLA. — Dans la chambre de nuit de monseigneur.

HOMODEI, *montrant la petite porte près de la grande.* — Et celle-ci ?

REGINELLA. — Dans un escalier secret qui communique avec les galeries du palais. Monseigneur seul en a la clef.

HOMODEI, *désignant la porte près du prie-Dieu.* — Et celle-ci ?

REGINELLA. — Dans l'oratoire de madame.

HOMODEI. — Y a-t-il une issue à cet oratoire ?

REGINELLA. Non. L'oratoire est dans une tourelle. Il n'y a qu'une fenêtre grillée.

HOMODEI, *allant à la fenêtre.* — Qui est au niveau de celle-ci. C'est bien. Quatre-vingts pieds de mur à pic, et la Brenta au bas. Le grillage est du luxe. — Mais il y a un petit escalier dans cet oratoire. Où monte-t-il ?

REGINELLA. — Dans ma chambre qui est aussi celle de Dafne, monseigneur.

HOMODEI. — Y a-t-il une issue à cette chambre ?

REGINELLA. — Non, monseigneur. Une fenêtre grillée, et pas d'autre porte que celle qui descend dans l'oratoire.

HOMODEI. — Dès que ta maîtresse sera rentrée, tu monteras dans ta chambre, et tu y resteras sans rien écouter et sans rien dire.

REGINELLA. — J'obéirai, monseigneur.

HOMODEI. — Où est ta maîtresse ?

REGINELLA. — Dans l'oratoire, elle fait sa prière.

homodei. — Elle reviendra ici ensuite?

reginella. — Oui, monseigneur.

homodei. — Pas avant une demi-heure?

reginella. — Non, monseigneur.

homodei. — C'est bien. Va-t'en. — Surtout silence! Rien de ce qui va se passer ici ne te regarde. Laisse tout faire sans rien dire. Le chat joue avec la souris, qu'est-ce que cela te fait? Tu ne m'as pas vu, tu ne sais pas que j'existe. Voilà. Tu comprends? Si tu hasardes un mot, je l'entendrai : un clin d'œil, je le verrai; un geste, un signe, un serrement de main, je le sentirai. Va maintenant.

reginella. — Oh! mon Dieu! qui est-ce donc qui va mourir ici?

homodei. — Toi, si tu parles. (*Au signe de Homodei, elle sort par la petite porte près du prie-Dieu. Quand elle est sortie, Homodei s'approche du dressoir, qui tourne de nouveau sur lui-même et laisse voir un couloir obscur.*) — Monseigneur Rodolfo, vous pouvez venir à présent. Neuf marches à monter.

On entend des pas dans l'escalier que masque le dressoir.
Rodolfo paraît.

SCÈNE II.

HOMODEI, RODOLFO, enveloppé d'un manteau.

homodei. — Entrez.

rodolfo. — Où suis-je?

homodei. — Où vous êtes? — Peut-être sur la planche de votre échafaud.

rodolfo. — Que voulez-vous dire?

homodei. — Est-il venu jusqu'à vous qu'il y a dans Padoue une chambre, chambre redoutable, quoique pleine de fleurs, de parfums et d'amour peut-être, où nul homme ne peut pénétrer quel qu'il soit, noble ou sujet, jeune ou vieux, car y entrer, en entr'ouvrir la porte seulement, c'est un crime puni de mort.

RODOLFO. — Oui, la chambre de la femme du podesta.

HOMODEI. — Justement.

RODOLFO. — Eh bien ! cette chambre ?...

HOMODEI. — Vous y êtes.

RODOLFO. — Chez la femme du podesta ?

HOMODEI. — Oui.

RODOLFO. — Celle que j'aime ?

HOMODEI. — S'appelle Catarina Bragadini, femme d'Angelo Malipieri, podesta de Padoue.

RODOLFO. — Est-il possible ? Catarina Bragadini ! la femme du podesta ?

HOMODEI. — Si vous avez peur, il est temps encore, voici la porte ouverte, allez-vous-en.

RODOLFO. — Peur pour moi, non ; mais pour elle. Qui est-ce qui me répond de vous ?

HOMODEI. — Ce qui vous répond de moi, je vais vous le dire, puisque vous le voulez. Il y a huit jours, à une heure avancée de la nuit, vous passiez sur la place de San-Prodocimo. Vous étiez seul. Vous avez entendu un bruit d'épées et des cris derrière l'église. Vous y avez couru.

RODOLFO. — Oui, et j'ai débarrassé de trois assassins qui l'allaient tuer un homme masqué...

HOMODEI. — Lequel s'en est allé sans vous dire son nom et sans vous remercier. Cet homme masqué, c'était moi. Depuis cette nuit-là, monseigneur Ezzelino, je vous veux du bien. Vous ne me connaissez pas, mais je vous connais. J'ai cherché à vous rapprocher de la femme que vous aimez. C'est de la reconnaissance. Rien de plus. Vous fiez-vous à moi maintenant ?

RODOLFO. — Oh ! oui ! oh ! merci ! je craignais quelque

trahison pour elle. J'avais un poids sur le cœur, tu me l'ôtes. Ah! tu es mon ami, mon ami à jamais! tu fais plus pour moi que je n'ai fait pour toi. Oh ! je n'aurais pas vécu plus longtemps sans voir Catarina. Je me serais tué, vois-tu ; je me serais damné. Je n'ai sauvé que ta vie ; toi, tu sauves mon cœur, tu sauves mon âme !

HOMODEI. — Ainsi vous restez?

RODOLFO. — Si je reste ! si je reste ! je me fie à toi, te dis-je ! Oh ! la revoir ! elle ! une heure, une minute, la revoir ! Tu ne comprends donc pas ce que c'est que cela, la revoir ? — Où est-elle ?

HOMODEI. — Là, dans son oratoire.

RODOLFO. — Où la reverrai-je ?

HOMODEI. — Ici.

RODOLFO. — Quand?

HOMODEI. — Dans un quart d'heure.

RODOLFO. — Oh, mon Dieu !

HOMODEI, *lui montrant toutes les portes l'une après l'autre.* — Faites attention. Là, au fond, est la chambre de nuit du podesta. Il dort en ce moment, et rien ne veille à cette heure dans le palais, hors madame Catarina et nous. Je pense que vous ne risquez rien cette nuit. Quant à l'entrée qui nous a servi, je ne puis vous en communiquer le secret, qui n'est connu que de moi seul ; mais au matin il vous sera aisé de vous échapper. (*Allant au fond.*) Cela donc est la porte du mari. Quant à vous, seigneur Rodolfo, qui êtes l'amant (*il montre la fenêtre*), je ne vous conseille pas d'user de celle-ci en aucun cas. Quatre-vingts pieds à pic, et la rivière au fond. A présent je vous laisse.

RODOLFO. — Vous m'avez dit dans un quart d'heure ?

HOMODEI. — Oui.

RODOLFO. — Viendra-t-elle seule ?

HOMODEI. — Peut-être que non. Mettez-vous à l'écart quelques instants.

RODOLFO. — Où?

HOMODEI. — Derrière le lit ; ah! tenez, sur le balcon. Vous vous montrerez quand vous le jugerez à propos. Je crois qu'on remue les chaises dans l'oratoire. Madame Catarina va rentrer. Il est temps de nous séparer. Adieu.

RODOLFO, *près du balcon.* — Qui que vous soyez, après un tel service, vous pourrez désormais disposer de tout ce qui est à moi, de mon bien, de ma vie!

Il se place sur le balcon, où il disparaît.

HOMODEI, *revenant sur le devant du théâtre. (A part.)* — Elle n'est plus à vous, monseigneur.

Il regarde si Rodolfo ne le voit plus, puis tire de sa poitrine une lettre qu'il dépose sur la table. Il sort par l'entrée secrète, qui se referme sur lui. — Entrent, par la porte de l'oratoire, Catarina et Dafne, Catarina en costume de femme noble vénitienne.

SCÈNE III.

CATARINA, DAFNE, RODOLFO, caché sur le balcon

CATARINA. — Plus d'un mois! Sais-tu qu'il y a plus d'un mois, Dafne? Oh! c'est donc fini. Encore si je pouvais dormir, je le verrais peut-être en rêve, mais je ne dors plus. Où est Reginella?

DAFNE. — Elle vient de monter dans sa chambre, où elle s'est mise en prière. Vais-je l'appeler pour qu'elle vienne servir madame?

CATARINA. — Laisse-la servir Dieu. Laisse-la prier. Hélas! moi, cela ne me fait rien de prier.

DAFNE. — Fermerai-je cette fenêtre, madame?

CATARINA. — Cela tient à ce que je souffre trop, vois-tu, ma pauvre Dafne. Il y a pourtant cinq semaines, cinq semaines éternelles que je ne l'ai vu! — Non, ne ferme pas la fenêtre. Cela me rafraîchit un peu. J'ai la tête brûlante. Touche. — Et je ne le verrai plus! Je suis enfermée, gardée, en prison. C'est fini. Pénétrer dans cette chambre, c'est un crime de mort. Oh! je ne voudrais pas même le voir. Le voir ici! Je tremble rien que d'y songer. Hélas. mon Dieu! cet amour était donc bien coupable, mon Dieu! Pourquoi est-il revenu à Padoue? Pourquoi me suis-je laissé reprendre à ce bonheur qui devait durer si peu? Je le voyais une heure de temps en temps. Cette heure, si étroite et si vite fermée, c'était le seul soupirail par où il entrait un peu d'air et de soleil dans ma vie. Maintenant tout est muré. Je ne verrai plus ce visage d'où le jour me venait. Oh! Rodolfo! Dafne, dis-moi la vérité. n'est-ce pas que tu crois bien que je ne le verrai plus?

DAFNE. — Madame...

CATARINA. — Et puis, moi, je ne suis pas comme les autres femmes. Les plaisirs, les fêtes, les distractions, tout cela ne me ferait rien. Moi, Dafne, depuis sept ans, je n'ai dans le cœur qu'une pensée, l'amour, qu'un sentiment, l'amour, qu'un nom, Rodolfo. Quand je regarde en moi-même, j'y trouve Rodolfo, toujours Rodolfo, rien que Rodolfo. Mon âme est faite à son image. Vois-tu, c'est impossible autrement. Voilà sept ans que je l'aime. J'étais toute jeune. Comme on vous marie sans pitié! Par exemple, mon mari, eh bien! je n'ose seulement pas lui parler. Crois-tu que cela fasse une vie bien heureuse? Quelle position que la mienne! Encore si j'avais ma mère!

DAFNE. — Chassez donc toutes ces idées tristes, madame.

CATARINA. — Oh! par des soirées pareilles, Dafne, nous avons passé, lui et moi, de bien douces heures. Est-ce que c'est coupable tout ce que je te dis là de lui? Non, n'est-ce pas? Allons, mon chagrin t'afflige, je ne veux pas te faire de peine. Va dormir. Va retrouver Reginella.

DAFNE. — Est-ce que madame ?...

CATARINA. — Oui, je me déferai seule. Dors bien, ma bonne Dafne. Va.

DAFNE. — Que le ciel vous garde cette nuit, madame !

Elle sort par la porte de l'oratoire.

SCÈNE IV.

CATARINA, RODOLFO, d'abord sur le balcon.

CATARINA, *seule*. — Il y avait une chanson qu'il chantait. Il la chantait à mes pieds avec une voix si douce ! Oh ! il y a des moments où je voudrais le voir. Je donnerais mon sang pour cela ! Ce couplet surtout qu'il m'adressait. (*Elle prend la guitare.*) Voici l'air, je crois. (*Elle joue quelques mesures d'une musique mélancolique.*) Je voudrais me rappeler les paroles. Oh ! je vendrais mon âme pour les lui entendre chanter, à lui, encore une fois ! sans le voir, de là-bas, d'aussi loin qu'on voudrait. Mais sa voix ! entendre sa voix !

RODOLFO, *du balcon où il est caché.*

Il chante.

Mon âme à ton cœur s'est donnée ;
Je n'existe qu'à ton côté ;
Car une même destinée
Nous joint d'un lien enchanté ;
Toi l'harmonie et moi la lyre,
Moi l'arbuste et toi le zéphyre,
Moi la lèvre et toi le sourire,
Moi l'amour et toi la beauté !

CATARINA, *laissant tomber la guitare.* — Ciel !

RODOLFO, *continuant.* *Toujours caché.*

Tandis que l'heure
S'en va fuyant,
Mon chant qui pleure
Dans l'ombre effleure
Ton front riant !

CATARINA. — Rodolfo !

RODOLFO, *paraissant et jetant son manteau sur le balcon derrière lui.* — Catarina !

Il vient tomber à ses pieds.

CATARINA. — Vous êtes ici ? comment ! vous êtes ici ?-Oh Dieu ! je meurs de joie et d'épouvante. Rodolfo ! savez-vous où vous êtes ? Est-ce que vous vous figurez que vous êtes ici dans une chambre comme une autre, malheureux ? Vous risquez votre tête.

RODOLFO. — Que m'importe ! Je serais mort de ne plus vous voir, j'aime mieux mourir pour vous avoir revue.

CATARINA. — Tu as bien fait. Eh bien oui, tu as eu raison de venir. Ma tête aussi est risquée. Je te revois, qu'importe le reste ! Une heure avec toi, et ensuite que ce plafond croule, s'il veut !

RODOLFO. — D'ailleurs le ciel nous protégera ; tout dort dans le palais, il n'y a pas de raison pour que je ne sorte pas comme je suis entré.

CATARINA. — Comment as-tu fait ?

RODOLFO. — C'est un homme auquel j'ai sauvé la vie... Je vous expliquerai cela. Je suis sûr des moyens que j'ai employés.

CATARINA. — N'est-ce pas ? oh ! si tu es sûr, cela suffit. O Dieu ! mais regarde-moi donc que je te voie !

RODOLFO. — Catarina !

CATARINA. — Oh ! ne pensons plus qu'à nous, toi à moi, moi à toi. Tu me trouves bien changée n'est-ce pas ? Je vais t'en dire la raison, c'est que depuis cinq semaines je n'ai fait que pleurer. Et toi, qu'as-tu fait tout ce temps-là? As-tu été bien triste au moins? Quel effet cela t'a-t-il fait, cette séparation? Dis-moi cela. Parle-moi. Je veux que tu me parles.

RODOLFO. —O Catarina, être séparé de toi, c'est avoir les ténèbres sur les yeux, le vide au cœur! C'est sentir qu'on meurt un peu chaque jour! C'est être sans lampe dans un cachot, sans étoile dans la nuit! C'est ne plus vivre, ne plus penser, ne plus savoir rien! Ce que j'ai fait, dis-tu? je l'ignore. Ce que j'ai senti, le voilà.

CATARINA. — Eh bien! moi aussi! eh bien! moi aussi! Eh bien! moi aussi! Oh! je vois que nos cœurs n'ont pas été séparés. Il faut que je te dise bien des choses. Par où commencer? On m'a enfermée. Je ne puis plus sortir. J'ai bien souffert. Vois-tu, il ne faut pas t'étonner si je n'ai pas tout de suite sauté à ton cou, c'est que j'ai été saisie. O Dieu! quand j'ai entendu ta voix, je ne puis pas te dire, je ne savais plus où j'étais. Voyons, assieds-toi là, tu sais, comme autrefois. Parlons bas seulement. Tu resteras jusqu'au matin. Dafne te fera sortir. Oh! quelles heures délicieuses! Eh bien! maintenant, je n'ai plus peur du tout, tu m'as pleinement rassurée. Oh! je suis joyeuse de te voir. Toi ou le paradis, je choisirais toi. Tu demanderas à Dafne comme j'ai pleuré! elle a bien eu soin de moi, la pauvre fille. Tu la remercieras. Et Reginella aussi. Mais dis-moi, tu as donc découvert mon nom? Oh! tu n'es embarrassé de rien, toi. Je ne sais pas ce que tu ne ferais pas quand tu veux une chose. Oh dis! auras-tu moyen de revenir?

RODOLFO. — Oui. Et comment vivrais-je sans cela? Catarina, je t'écoute avec ravissement. Oh! ne crains rien. Vois comme cette nuit est calme. Tout est amour en nous, tout est repos autour de nous. Deux âmes comme les nôtres qui s'épanchent l'une dans l'autre, Catarina, c'est quelque chose de limpide et de sacré que Dieu ne voudrait pas troubler ! Je t'aime, tu m'aimes, et Dieu nous voit. Il n'y a que nous trois d'éveillés à cette heure ! Ne crains rien.

CATARINA. — Non. Et puis il y a des moments où l'on oublie tout. On est heureux, on est ébloui l'un de l'autre. Vois, Rodolfo : séparés, je ne suis qu'une pauvre femme prisonnière, tu n'es qu'un pauvre homme banni ; ensemble, nous ferions envie aux anges ! Oh! non, ils ne sont pas tant au ciel que nous. Rodolfo, on ne meurt pas de joie. car je serais morte. Tout est mêlé dans ma tête. Je t'ai fait mille questions tout à l'heure, je ne puis me rappeler un mot de ce que je t'ai dit. T'en souviens-tu, toi. seulement? Quoi ! ce n'est pas un rêve? Vraiment, tu es là. toi ?

RODOLFO. — Pauvre amie !

CATARINA. — Non, tiens, ne me parle pas, laisse-moi rassembler mes idées; laisse-moi te regarder, mon âme! laisse-moi penser que tu es là. Tout à l'heure je te répondrai. On a des moments comme cela, tu sais, où l'on veut regarder l'homme qu'on aime et lui dire : Tais-toi, je te regarde ! Tais-toi, je t'aime ! Tais-toi, je suis heureuse ! (*Il lui baise la main. Elle se retourne et aperçoit la lettre qui est sur la table.*) Qu'est-ce que c'est que cela ? O mon Dieu ! Voici un papier qui me réveille ! une lettre ! Est-ce toi qui as mis cette lettre là?

RODOLFO. — Non. Mais c'est sans doute l'homme qui est venu avec moi.

CATARINA. — Il est venu un homme avec toi ! Qui? Voyons ! Qu'est-ce que c'est que cette lettre? (*Elle décachète avidement la lettre et lit.*) « Il y a des gens qui ne s'enivrent que de vin de Chypre. Il y en a d'autres qui ne jouissent que de la vengeance raffinée. Madame, un sbire qui aime est bien petit, un sbire qui se venge est bien grand. »

4.

RODOLFO. — Grand Dieu! qu'est-ce que cela veut dire?

CATARINA. — Je connais l'écriture. C'est un infâme qui a osé m'aimer, et me le dire, et venir un jour chez moi, à Venise, et que j'ai fait chasser. Cet homme s'appelle Homodei.

RODOLFO. — En effet.

CATARINA. — C'est un espion du conseil des Dix.

RODOLFO. — Ciel!

CATARINA. — Nous sommes perdus! Il y a un piége, et nous sommes pris. (*Elle va au balcon et regarde.*) Ah Dieu!

RODOLFO. — Quoi?

CATARINA. — Éteint ce flambeau, vite!

RODOLFO, *éteignant le flambeau.* — Qu'as-tu?

CATARINA. — La galerie qui donne sur le pont Molino...

RODOLFO. — Eh bien?

CATARINA. — Je viens d'y voir paraître et disparaître une lumière.

RODOLFO. — Misérable insensé que je suis! Catarina! la cause de ta perte, c'est moi!

CATARINA. — Rodolfo, je serais venue à toi comme tu es venu à moi. (*Prêtant l'oreille à la petite porte du fond.*) Silence! — Ecoutons. — Je crois entendre du bruit dans le corridor. Oui! on ouvre une porte! on marche! — Par où es-tu entré?

RODOLFO. — Par une porte masquée, là, que ce démon a refermée.

CATARINA. — Que faire?

RODOLFO. — Cette porte?

CATARINA. — Donne chez mon mari!

RODOLFO. — La fenêtre?

CATARINA. — Un abîme!

RODOLFO. — Cette porte-ci?

CATARINA. — C'est mon oratoire, où il n'y a pas d'issue.

Aucun moyen de fuir. C'est égal, entres-y. (*Elle ouvre l'oratoire, Rodolfo s'y précipite. Elle referme la porte. Restée seule.*) Fermons-la à double tour. (*Elle prend la clef qu'elle cache dans sa poitrine.*) Qui sait ce qui va arriver? Il voudrait peut-être me porter secours. Il sortirait, il se perdrait. (*Elle va à la petite porte du fond.*) Je n'entends plus rien. Si! on marche. On s'arrête. Pour écouter sans doute. Ah! mon Dieu! feignons toujours de dormir. (*Elle quitte sa robe de surtout et se jette sur le lit.*) Ah! mon Dieu! je tremble. On met une clef dans la serrure! Oh! je ne veux pas voir ce qui va entrer!

Elle ferme les rideaux du lit. La porte s'ouvre.

SCÈNE V.

CATARINA, LA TISBE

Entre la Tisbe, pâle, une lampe à la main. Elle avance à pas lents, regardant autour d'elle. Arrivée à la table, elle examine le flambeau qu'on vient d'éteindre.

LA TISBE. — Le flambeau fume encore. (*Elle se tourne, aperçoit le lit, y court et tire le rideau.*) Elle est seule! elle fait semblant de dormir. (*Elle se met à faire le tour de la chambre, examinant les portes et le mur.*) Ceci est la porte du mari. (*Heurtant du revers de la main sur la porte de l'oratoire qui est masquée dans la tenture.*) Il y a ici une porte.

Catarina s'est dressée sur son séant et la regarde faire avec stupeur.

CATARINA. — Qu'est-ce que c'est que ceci?

LA TISBE. — Ceci? ce que c'est? Tenez, je vais vous le dire. C'est la maîtresse du podesta qui tient dans ses mains la femme du podesta!

CATARINA. — Ciel !

LA TISBE. — Ce que c'est que ceci, madame? C'est une comédienne, une fille de théâtre, une baladine, comme vous nous appelez, qui tient dans ses mains, je viens de vous le dire, une grande dame, une femme mariée, une femme respectée, une vertu! qui la tient dans ses mains, dans ses ongles, dans ses dents! qui peut en faire ce qu'elle voudra de cette grande dame, de cette bonne renommée dorée, et qui va la déchirer, la mettre en pièces, la mettre en lambeaux, la mettre en morceaux! Ah! mesdames les grandes dames, je ne sais pas ce qui va arriver; mais ce qui est sûr, c'est que j'en ai une là sous mes pieds, une de vous autres! et que je ne la lâcherai pas! et qu'elle peut être tranquille! et qu'il aurait mieux valu pour elle la foudre sur sa tête que mon visage devant le sien! Dites donc, madame, je vous trouve hardie d'oser lever les yeux sur moi quand vous avez un amant chez vous!

CATARINA. — Madame...

LA TISBE. — Caché !

CATARINA. — Vous vous trompez!...

LA TISBE. — Ah! tenez, ne niez pas. Il était là! Vos places sont encore marquées par vos fauteuils. Vous auriez dû les déranger au moins. Et que vous disiez-vous? Mille choses tendres, n'est-ce pas? mille choses charmantes, n'est-ce pas? Je t'aime! je t'adore! je suis à toi!... — Ah! ne me touchez pas, madame!

CATARINA. — Je ne puis comprendre...

LA TISBE. — Et vous ne valez pas mieux que nous, mesdames! Ce que nous disons tout haut à un homme en plein jour, vous le lui balbutiez honteusement la nuit. Il n'y a que les heures de changées! Nous vous prenons vos maris, vous nous prenez nos amants. C'est une lutte. Fort bien, luttons! Ah! fard, hypocrisie, trahison, vertus singées, fausses femmes que vous êtes! Non, pardieu! vous ne nous valez pas! Nous ne trompons personne, nous! Vous, vous trompez le monde, vous trompez vos familles, vous trompez vos maris, vous tromperiez le bon Dieu, si vous pouviez! Oh! les vertueuses femmes qui passent voilées dans les rues! Elles vont à l'église! rangez-vous donc! inclinez-vous donc! prosternez-vous donc! Non, ne vous rangez pas, ne vous inclinez pas, ne vous prosternez pas; allez droit à elles, arrachez le voile, derrière le voile il y a un masque; arrachez le masque, derrière le masque il y a une bouche qui ment! — Oh! cela m'est égal, je suis la maîtresse du podesta, et vous êtes sa femme, et je veux vous perdre!

CATARINA. — Grand Dieu! Madame...

LA TISBE. — Où est-il?

CATARINA. — Qui?

LA TISBE. — Lui.

CATARINA. — Je suis seule ici, vraiment seule. Toute seule. Je ne comprends rien à ce que vous me demandez. Je ne vous connais pas, mais vos paroles me glacent d'épouvante, madame. Je ne sais pas ce que j'ai fait contre vous. Je ne puis croire que vous ayez un intérêt dans tout ceci...

LA TISBE. — Si j'ai un intérêt dans ceci! Je le crois bien que j'en ai un! Vous en doutez, vous! ces femmes vertueuses sont incroyables! Est-ce que je vous parlerais comme je viens de vous parler si je n'avais pas la rage au cœur? Qu'est-ce que cela me fait, à moi, tout ce que je vous ai dit? Qu'est-ce que cela me fait que vous soyez une grande dame et que je sois une comédienne! Cela m'est bien égal, je suis aussi belle que vous! J'ai la haine dans le cœur, te dis-je, et je t'insulte comme je peux! Où est cet homme? Le nom de cet homme? Je veux voir cet homme! Oh! quand je pense qu'elle faisait semblant de dormir! Véritablement, c'est infâme!

CATARINA. — Dieu! mon Dieu! qu'est-ce que je vais devenir? Au nom du ciel, madame! si vous saviez...

LA TISBE. — Je sais qu'il y a là une porte! Je suis sûre qu'il est là.

CATARINA. — C'est mon oratoire, madame. Rien autre chose. Il n'y a personne, je vous le jure. Si vous saviez! on vous a trompée sur mon compte. Je vis retirée, isolée, cachée à tous les yeux...

LA TISBE. — Le voile!

CATARINA. — C'est mon oratoire, je vous assure. Il n'y a là que mon prie-Dieu et mon livre d'heures...

LA TISBE. — Le masque!

CATARINA. — Je vous jure qu'il n'y a personne de caché là, madame!

LA TISBE. — La bouche qui ment!

CATARINA. — Madame...

LA TISBE. — C'est bien cela. Mais êtes-vous folle de me parler ainsi et d'avoir l'air d'une coupable qui a peur! Vous ne niez pas avec assez d'assurance. Allons, redressez-vous, madame, mettez-vous en colère, si vous l'osez, et faites donc la femme innocente! (*Elle aperçoit tout à coup le manteau qui est resté à terre près du balcon, elle y court et le ramasse.*) Ah! tenez, cela n'est plus possible. Voici le manteau.

CATARINA. — Ciel!

LA TISBE. — Non, ce n'est pas un manteau, n'est-ce pas? Ce n'est pas un manteau d'homme? Malheureusement, on ne peut reconnaître à qui il appartient, tous ces manteaux-là se ressemblent. Allons, prenez garde à vous, dites-moi le nom de cet homme!

CATARINA. — Je ne sais ce que vous voulez dire.

LA TISBE. — C'est votre oratoire, cela? Eh bien! ouvrez-le-moi.

CATARINA. — Pourquoi?

LA TISBE. — Je veux prier Dieu aussi, moi. Ouvrez

CATARINA. — J'en ai perdu la clef.

LA TISBE. — Ouvrez donc !

CATARINA. — Je ne sais qui a la clef

LA TISBE. — Ah ! c'est votre mari qui l'a. — Monseigneur Angelo ! Angelo ! Angelo !

Elle veut courir à la porte du fond, Catarina se jette devant et la retient.

CATARINA. — Non ! vous n'irez pas à cette porte. Non. vous n'irez pas ! Je ne vous ai rien fait. Je ne vois pas du tout ce que vous avez contre moi. Vous ne me perdrez pas, madame. Vous aurez pitié de moi. Arrêtez un instant. Vous allez voir. Je vais vous expliquer. Un instant, seulement. Depuis que vous êtes là, je suis tout étourdie, tout effrayée ; et puis vos paroles, tout ce que vous m'avez dit, je suis vraiment troublée, je n'ai pas tout compris ; vous m'avez dit que vous étiez une comédienne, que j'étais une grande dame, je ne sais plus, je vous jure qu'il n'y a personne là. Vous ne m'avez pas parlé de ce sbire, je suis sûre cependant que c'est lui qui est cause de tout, c'est un homme affreux qui vous trompe. Un espion ! On ne croit pas un espion ! Oh ! écoutez-moi un instant. Entre femmes on ne se refuse pas un instant. Un homme que je prierais ne serait pas si bon. Mais vous, ayez pitié. Vous êtes trop belle pour être méchante. Je vous disais donc que c'est ce misérable homme, cet espion, ce sbire ; il suffit de s'entendre, vous auriez regret ensuite d'avoir causé ma mort. N'éveillez pas mon mari. Il me ferait mourir. Si vous saviez ma position, vous me plaindriez. Je ne suis pas coupable, pas très-coupable, vraiment. J'ai peut-être fait quelque imprudence, mais c'est que je n'ai plus ma mère. Je vous avoue que je n'ai plus ma mère ! Oh ! ayez pitié de moi, n'allez pas à cette porte, je vous en prie, je vous en prie, je vous en prie !

LA TISBE. — C'est fini ! Non ! je n'écoute plus rien ! Monseigneur ! monseigneur !

CATARINA. — Arrêtez ! Ah ! Dieu ! Ah ! arrêtez ! Vous ne savez donc pas qu'il va me tuer ! laissez-moi au moins un instant, encore un petit instant, pour prier Dieu ! Non, je ne sortirai pas d'ici. Voyez-vous, je vais me mettre à genoux là... (*Lui montrant le crucifix de cuivre au-dessus du prie-Dieu.*) devant ce crucifix. (*L'œil de la Tisbe s'attache au crucifix.*) Oh ! tenez, par grâce, priez à côté de moi. Voulez-vous, dites ? Et puis après, si vous voulez toujours ma mort, si le bon Dieu vous laisse cette pensée-là, vous ferez ce que vous voudrez.

LA TISBE, *se précipitant sur le crucifix et l'arrachant du mur.* — Qu'est-ce que c'est que ce crucifix ? D'où vous vient-il ? D'où le tenez-vous ? Qui vous l'a donné ?

CATARINA. — Quoi ? ce crucifix ? Oh ! je suis anéantie. Oh ! cela ne vous sert à rien de me faire des questions sur ce crucifix.

LA TISBE. — Comment est-il en vos mains ? dites vite !

Le flambeau est resté sur une crédence près du balcon. Elle s'en approche et examine le crucifix. Catarina la suit.

CATARINA. — Eh bien ! c'est une femme. Vous regardez le nom qui est au bas, c'est un nom que je ne connais pas, *Tisbe*, je crois. C'est une pauvre femme qu'on voulait faire mourir. J'ai demandé sa grâce, moi. Comme c'était mon père, il me l'a accordée. A Brescia. J'étais tout enfant. Oh ! ne me perdez pas, ayez pitié de moi, madame. Alors la femme m'a donné ce crucifix, en me disant qu'il me porterait bonheur. Voilà tout. Je vous jure que voilà bien tout. Mais qu'est-ce que cela vous fait ? A quoi bon me faire dire des choses inutiles ? Oh ! je suis épuisée !

LA TISBE, *à part.* — Ciel ! O ma mère !

La porte du fond s'ouvre. Angelo paraît vêtu d'une robe de nuit.

CATARINA, *revenant sur le devant du théâtre.* — Mon mari! Je suis perdue!

SCÈNE VI.

CATARINA, LA TISBE, ANGELO.

ANGELO, *sans voir la Tisbe, qui est restée près du balcon.* — Qu'est-ce que cela signifie, madame? Il me semble que je viens d'entendre du bruit chez vous.

CATARINA. — Monsieur...

ANGELO. — Comment se fait-il que vous ne soyez pas couchée à cette heure?

CATARINA. — C'est que...

ANGELO. — Mon Dieu, vous êtes toute tremblante. Il y a quelqu'un chez vous, madame!

LA TISBE, *s'avançant du fond du théâtre.* — Oui, monseigneur. Moi.

ANGELO. — Vous, Tisbe!

LA TISBE. — Oui, moi.

ANGELO. — Vous ici! au milieu de la nuit! Comment se fait-il que vous soyez ici, que vous y soyez à cette heure, et que madame...

LA TISBE. — Soit toute tremblante? Je vais vous dire cela, monseigneur. Ecoutez-moi. La chose en vaut la peine.

CATARINA, *à part.* — Allons! c'est fini.

LA TISBE. — Voici, en deux mots. Vous deviez être assassiné demain matin.

ANGELO. — Moi?

LA TISBE. — En vous rendant de votre palais au mien. Vous savez que le matin vous sortez ordinairement seul. J'en ai reçu l'avis cette nuit même, et je suis venue en toute hâte avertir madame qu'elle eût à vous empêcher de sortir demain. Voilà pourquoi je suis ici, pourquoi j'y suis au milieu de la nuit, et pourquoi madame est toute tremblante.

CATARINA, *à part*. — Grand Dieu! qu'est-ce que c'est que cette femme?

ANGELO. — Est-il possible? Eh bien! cela ne m'étonne pas! Vous voyez que j'avais bien raison quand je vous parlais des dangers qui m'entourent. Qui vous a donné cet avis?

LA TISBE. — Un homme inconnu, qui a commencé par me faire promettre que je le laisserais évader. J'ai tenu ma promesse.

ANGELO. — Vous avez eu tort. On promet, mais on fait arrêter. Comment avez-vous pu entrer au palais?

LA TISBE. — L'homme m'y a fait entrer. Il a trouvé moyen d'ouvrir une petite porte qui est sous le pont Molino.

ANGELO. — Voyez-vous cela! Et pour pénétrer jusqu'ici?

LA TISBE. — Eh bien! et cette clef que vous m'avez donnée vous-même!

ANGELO. — Il me semble que je ne vous avais pas dit qu'elle ouvrit cette chambre.

LA TISBE. — Si vraiment. C'est que vous ne vous en souvenez pas.

ANGELO, *apercevant le manteau*. — Qu'est-ce que c'est que ce manteau?

LA TISBE. — C'est un manteau que l'homme m'a prêté pour entrer dans le palais. J'avais aussi le chapeau, je ne sais plus ce que j'en ai fait.

ANGELO — Penser que de pareils hommes entrent comme ils veulent chez moi! Quelle vie que la mienne! J'ai toujours un pan de ma robe pris dans quelque piége. Et dites-moi, Tisbe?...

LA TISBE. — Ah! remettez à demain les autres questions, monseigneur, je vous prie. Pour cette nuit, on vous sauve la vie, vous devez être content. Vous ne nous remerciez seulement pas, madame et moi.

ANGELO. — Pardon, Tisbe.

LA TISBE. — Ma litière est en bas qui m'attend. Me donnerez-vous la main jusque-là? Laissons dormir madame à présent.

ANGELO. — Je suis à vos ordres, dona Tisbe. Passons par mon appartement, s'il vous plaît, que je prenne mon épée. (*Allant à la grande porte du fond.*) Holà! des flambeaux!

LA TISBE. — (*Elle prend Catarina à part sur le devant du théâtre.*) Faites-le évader tout de suite! par où je suis venue. Voici la clef. (*Se tournant vers l'oratoire.*) Oh! cette porte! Oh! que je souffre! Ne pas même savoir réellement si c'est lui!

ANGELO, *qui revient.* — Je vous attends, madame.

LA TISBE, *à part.* — Oh! si je pouvais seulement le voir passer! Aucun moyen! il faut s'en aller! Oh!... (*A Angelo.*) Allons! venez, monseigneur!

CATARINA, *les regardant sortir.* — C'est donc un rêve!

TROISIÈME JOURNÉE

LE BLANC POUR LE NOIR

PREMIÈRE PARTIE

La chambre de Catarina. Les rideaux de l'estrade qui environne le lit sont fermés.

SCÈNE PREMIÈRE.

ANGELO, deux Prêtres.

ANGELO, *au premier des deux prêtres.* — Monsieur le doyen de Saint-Antoine de Padoue, faites tendre de noir sur-le-champ la nef, le chœur et le maître-autel de votre église. Dans deux heures, — dans deux heures, — vous y ferez un service solennel pour le repos de l'âme de quelqu'un d'illustre qui mourra en ce moment-là même. Vous assisterez à ce service avec tout le chapitre. Vous ferez découvrir la châsse du saint. Vous allumerez trois cents flambeaux de cire blanche comme pour les reines. Vous aurez six cents pauvres qui recevront chacun un ducaton d'argent et un sequin d'or. Vous ne mettrez sur la tenture noire d'autre ornement que les armes de Malipieri et les armes de Bragadini. L'écusson de Malipieri est d'or, à la serre d'aigle; l'écusson de Bragadini est coupé d'azur et d'argent, à la croix rouge.

LE DOYEN. — Magnifique podesta...

ANGELO. — Ah! — Vous allez descendre sur-le-champ avec tout votre clergé, croix et bannière en tête, dans le caveau de ce palais ducal, où sont les tombes des Romana. Une dalle y a été levée. Une fosse y a été creusée. Vous bénirez cette fosse. Ne perdez pas de temps. Vous prierez aussi pour moi.

LE DOYEN. — Est-ce que c'est quelqu'un de vos parents, monseigneur?

ANGELO. — Allez. (*Le doyen s'incline profondément et sort par la porte du fond. L'autre prêtre se dispose à le suivre. Angelo l'arrête.*) Vous, monsieur l'archiprêtre, restez. — Il y a ici à côté, dans cet oratoire, une personne que vous allez confesser tout de suite.

L'ARCHIPRÊTRE. — Un homme condamné, monseigneur?

ANGELO. — Une femme.

L'ARCHIPRÊTRE. — Est-ce qu'il faudra préparer cette femme à la mort?

ANGELO. — Oui. — Je vais vous introduire.

UN HUISSIER, *entrant*. — Votre excellence a fait mander dona Tisbe. Elle est là.

ANGELO. — Qu'elle entre, et qu'elle m'attende ici un instant. (*L'huissier sort. Le podesta ouvre l'oratoire et fait signe à l'archiprêtre d'entrer sur le seuil; il l'arrête.*) Monsieur l'archiprêtre, sur votre vie, quand vous sortirez d'ici, ayez soin de ne dire à qui que ce soit au monde le nom de la femme que vous allez voir.

Il entre dans l'oratoire avec le prêtre. La porte du fond s'ouvre, l'huissier introduit la Tisbe.

LA TISBE, *à l'huissier*. — Savez-vous ce qu'il me veut?
L'HUISSIER. — Non, madame.

Il sort.

SCÈNE II.

LA TISBE, seule.

Ah! cette chambre! me voilà donc encore dans cette chambre! Que me veut le podesta? Le palais a un air sinistre ce matin. Que m'importe! je donnerais ma vie pour oui ou non. Oh! cette porte! cela me fait un étrange effet de revoir cette porte le jour! C'est derrière cette porte qu'il était! Qui? Qui est-ce qui était derrière cette porte? Suis-je sûre que ce fût lui, seulement? Je n'ai même pas revu cet espion. Oh! l'incertitude! affreux fantôme qui vous obsède et qui vous regarde d'un œil louche sans rire ni pleurer! Si j'étais sûre que ce fût Rodolfo, — bien sûre, là, de ces preuves!... — Oh! je le perdrais, je le dénoncerais au podesta. Non. Mais je me vengerais de cette femme. Non. Je me tuerais. Oh oui! moi sûre que Rodolfo ne m'aime plus, moi sûre qu'il me trompe, moi sûre qu'il en aime une autre, eh bien! qu'est-ce que j'aurais à faire de la vie? cela me serait bien égal! je mourrais. Oh! sans me venger donc? Pourquoi pas? Oh oui, je dis cela dans ce moment-ci, mais c'est que je suis bien capable aussi de me venger! Puis-je répondre de ce qui se passerait en moi s'il m'était prouvé que l'homme de cette nuit c'est Rodolfo? O mon Dieu! préservez-moi d'un accès de rage! O Rodolfo! Catarina! Oh! si cela était, qu'est-ce que je ferais! Vraiment! Qu'est-ce que je ferais? Qui ferais-je mourir? eux ou moi? Je ne sais!

Rentre Angelo.

SCÈNE III.

LA TISBE, ANGELO.

LA TISBE. — Vous m'avez fait appeler, monseigneur?

ANGELO. — Oui, Tisbe. J'ai à vous parler. J'ai tout à fait à vous parler. Des choses assez graves. Je vous le disais, dans ma vie, chaque jour un piége, chaque jour une trahison, chaque jour un coup de poignard à recevoir ou un coup de hache à donner. En deux mots, voilà : ma femme a un amant.

LA TISBE. — Qui s'appelle?...

ANGELO — Qui était chez elle cette nuit quand nous y étions.

LA TISBE. — Qui s'appelle?...

ANGELO. — Voici comment la chose s'est découverte? Un homme, un espion du conseil des Dix... — Il faut vous dire que les espions du conseil des Dix sont vis-à-vis de nous autres podestas de terre ferme dans une position singulière. Le conseil leur défend sur leur tête de nous écrire, de nous parler, d'avoir avec nous quelque rapport que ce soit jusqu'au jour où ils sont chargés de nous arrêter. — Un de ces espions donc a été trouvé poignardé ce matin au bord de l'eau, près du pont Altina. Ce sont les deux guetteurs de nuit qui l'ont relevé. Etait-ce un duel? un guet-apens? On ne sait. Ce sbire n'a pu prononcer que quelques mots. Il se mourait. Le malheur est qu'il soit mort! Au moment où il a été frappé, il a eu, à ce qu'il paraît, la présence d'esprit de conserver sur lui une lettre qu'il venait sans doute d'intercepter et qu'il a remise pour moi aux guetteurs de nuit. Cette lettre m'a été apportée en effet par ces deux hommes. C'est une lettre écrite à ma femme par un amant.

LA TISBE. — Qui s'appelle?

ANGELO. — La lettre n'est pas signée. Vous me demandez le nom de l'amant? c'est justement ce qui m'embarrasse. L'homme assassiné a bien dit ce nom aux deux guetteurs de nuit. Mais, les imbéciles! ils l'ont oublié. Ils ne peuvent se le rappeler. Ils ne sont d'accord en rien sur ce nom. L'un dit Roderigo, l'autre Pandolfo!

LA TISBE. — Et la lettre, l'avez-vous là?

ANGELO, *fouillant dans sa poitrine.* — Oui, je l'ai sur moi. C'est justement pour vous la montrer que je vous ai fait venir. Si par hasard vous en connaissiez l'écriture, vous me le diriez. (*Il tire la lettre.*) La voilà.

LA TISBE. — Donnez.

ANGELO, *froissant la lettre dans ses mains.* — Mais je suis dans une anxiété affreuse, Tisbe! Il y a un homme qui a osé — qui a osé lever les yeux sur la femme d'un Malipieri! Il y a un homme qui a osé faire une tache au livre d'or de Venise, à la plus belle page, à l'endroit où est mon nom! ce nom là! Malipieri! Il y a un homme qui était cette nuit dans cette chambre, qui a marché à la place où je suis peut-être! Il y a un misérable homme qui a écrit la lettre que voici, et je ne saisirai pas cet homme! et je ne clouerai pas ma vengeance sur mon affront! et cet homme, je ne lui ferai pas verser une mare de sang sur ce plancher-ci, tenez! Oh! pour savoir qui a écrit cette lettre, je donnerais l'épée de mon père, et dix ans de ma vie, et ma main droite, madame!

LA TISBE. — Mais montrez-la-moi, cette lettre.

ANGELO, *la lui laissant prendre.* — Voyez.

LA TISBE.— (*Elle déploie la lettre et y jette un coup d'œil.*) *A part.* C'est Rodolfo!

ANGELO. — Est-ce que vous connaissez cette écriture?

LA TISBE. — Laissez-moi donc lire. (*Elle lit.*) « Catarina, « ma pauvre bien-aimée, tu vois bien que Dieu nous pro-« tége. C'est un miracle qui nous a sauvés cette nuit de « ton mari et de cette femme.. » (*A part.*) Cette femme ! (*Elle continue à lire.*) « Je t'aime, ma Catarina. Tu es la « seule femme que j'aie aimée. Ne crains rien pour moi, je « suis en sûreté. »

ANGELO. — Eh bien ! connaissez-vous l'écriture ?

LA TISBE, *lui rendant la lettre.* — Non, monseigneur.

ANGELO. — Non, n'est-ce pas ? Et que dites-vous de la lettre ? Ce ne peut être un homme qui soit depuis peu à Padoue. C'est le langage d'un ancien amour. Oh ! je vais fouiller toute la ville ! il faudra bien que je trouve cet homme ! Que me conseillez-vous, Tisbe ?

LA TISBE. — Cherchez.

ANGELO. — J'ai donné l'ordre que personne ne pût entrer aujourd'hui librement dans le palais, hors vous et votre frère, dont vous pourriez avoir besoin. Que tout autre fût arrêté et amené devant moi. J'interrogerai moi-même. En attendant, j'ai une moitié de ma vengeance sous la main, je vais toujours la prendre.

LA TISBE. — Quoi ?

ANGELO. — Faire mourir la femme.

LA TISBE. — Votre femme !

ANGELO — Tout est prêt. Avant qu'il soit une heure, Catarina Bragadini sera décapitée comme il convient.

LA TISBE. — Décapitée !

ANGELO. — Dans cette chambre.

LA TISBE. — Dans cette chambre !

ANGELO. — Ecoutez. Mon lit souillé se change en tombe. Cette femme doit mourir. Je l'ai décidé. Je l'ai décidé trop froidement pour qu'il y ait quelque chose à faire à cela. La prière n'aurait aucune colère à éteindre en moi. Mon meilleur ami, si j'avais un ami, intercéderait pour elle, que je prendrais en défiance mon meilleur ami. Voilà tout. Causons-en si vous voulez. D'ailleurs, Tisbe, je la hais, cette femme! Une femme à laquelle je me suis laissé marier pour des raisons de famille, parce que mes affaires s'étaient dérangées dans les ambassades, pour complaire à mon oncle l'évêque de Castello! une femme qui a toujours eu le visage triste et l'air opprimé devant moi! qui ne m'a jamais donné d'enfants! Et puis, voyez-vous, la haine, c'est dans notre sang, dans notre famille, dans nos traditions. Il faut toujours qu'un Malipieri haïsse quelqu'un. Le jour où le lion de Saint-Marc s'envolera de sa colonne, la haine ouvrira ses ailes de bronze et s'envolera du cœur des Malipieri. Mon aïeul haïssait le marquis Azzo, et il l'a fait noyer la nuit dans les puits de Venise. Mon père haïssait le procurateur Badoër, et il l'a fait empoisonner à un régal de la reine Cornaro. Moi, c'est cette femme que je hais. Je ne lui aurais pas fait de mal. Mais elle est coupable. Tant pis pour elle. Elle sera punie. Je ne vaux pas mieux qu'elle, c'est possible, mais il faut qu'elle meure. C'est une nécessité. Une résolution prise. Je vous dis que cette femme mourra. La grâce de cette femme! les os de ma mère me parleraient pour elle, madame, qu'ils ne l'obtiendraient pas!

LA TISBE. — Est-ce que la sérénissime seigneurie de Venise vous permet?...

ANGELO. — Rien pour pardonner. Tout pour punir.

LA TISBE. — Mais la famille Bragadini, la famille de votre femme?...

ANGELO. — Me remerciera.

LA TISBE. — Votre résolution est prise, dites-vous. Elle mourra. C'est bien. Je vous approuve. Mais puisque tout est secret encore, puisque aucun nom n'a été prononcé, ne pourriez-vous épargner à elle un supplice, à ce palais une tache de sang, à vous la note publique et le bruit? Le bourreau est un témoin. Un témoin est de trop.

ANGELO — Oui. Le poison vaudrait mieux. Mais il faudrait un poison rapide, et vous ne me croirez pas, je n'en ai pas ici.

LA TISBE. — J'en ai, moi.

ANGELO. — Où?

LA TISBE. — Chez moi.

ANGELO. — Quel poison?

LA TISBE. — Le poison Malaspina. Vous savez, cette boîte que m'a envoyée le primicier de Saint-Marc?

ANGELO. — Oui, vous m'en avez déjà parlé. C'est un poison sûr et prompt. Eh bien! vous avez raison. Que tout se passe entre nous. Cela vaut mieux. Ecoutez, Tisbe. J'ai toute confiance en vous. Vous comprenez que ce que je suis forcé de faire est légitime. C'est mon honneur que je venge, et tout homme agirait de même à ma place. Eh bien! c'est une chose sombre et difficile que celle où je suis engagé. Je n'ai ici d'autre ami que vous. Je ne puis me fier qu'à vous. La prompte exécution, le secret sont dans l'intérêt de cette femme comme dans le mien. Assistez-moi. J'ai besoin de vous. Je vous le demande. Y consentez-vous?

LA TISBE. — Oui.

ANGELO. — Que cette femme disparaisse sans qu'on sache comment, sans qu'on sache pourquoi. Une fosse se creuse, un service se chante, mais personne ne sait pour qui. Je ferai enlever le corps par ces deux mêmes hommes, les guetteurs de nuit, que je garde sous clef. Vous avez raison, mettons de l'ombre sur tout ceci. Envoyez chercher ce poison.

LA TISBE. — Je sais seule où il est. J'y vais aller moi-même.

ANGELO. — Allez, je vous attends. (*Sort la Tisbe.*) Oui, c'est mieux. Il y a eu des ténèbres sur le crime, qu'il y en ait sur le châtiment. (*La porte de l'oratoire s'ouvre; l'archiprêtre en sort les yeux baissés et les bras en croix sur la poitrine. Il traverse lentement la chambre. Au moment où il va sortir par la porte du fond, Angelo se tourne vers lui.)* Est-elle prête?

L'ARCHIPRÊTRE. — Oui, monseigneur.

Il sort. Catarina paraît sur le seuil de l'oratoire.

SCÈNE IV.

ANGELO, CATARINA.

CATARINA. — Prête à quoi?

ANGELO. — A mourir.

CATARINA. — Mourir! c'est donc vrai! c'est donc possible! Oh! je ne puis me faire à cette idée-là! Mourir! non, je ne suis pas prête, je ne suis pas prête, je ne suis pas prête du tout, monsieur!

ANGELO. — Combien de temps vous faut-il pour vous préparer?

CATARINA. — Oh! je ne sais pas, beaucoup de temps!

ANGELO. — Allez-vous manquer de courage, madame?

CATARINA. — Mourir tout de suite comme cela! Mais je n'ai rien fait qui mérite la mort, je le sais bien, moi! Monsieur! monsieur! encore un jour! non, pas un jour! je sens que je n'aurais pas plus de courage demain. Mais la vie! Laissez-moi la vie! Un cloître! Là, dites, est-ce que c'est vraiment impossible que vous me laissiez la vie?

ANGELO. — Si. Je puis vous la laisser, je vous l'ai déjà dit, à une condition.

CATARINA. — Laquelle? Je ne m'en souviens plus.

ANGELO. — Qui a écrit cette lettre? dites-le-moi. Nommez-moi l'homme! livrez-moi l'homme!

CATARINA, *se tordant les mains.* — Mon Dieu!

ANGELO. — Si vous me livrez cet homme, vous vivrez.

L'échafaud pour lui, le couvent pour vous, cela suffira. Décidez-vous.

CATARINA. — Mon Dieu!

ANGELO. — Eh bien! vous ne me répondez pas?

CATARINA. — Si, je vous réponds. Mon Dieu!

ANGELO. — Oh! décidez-vous, madame.

CATARINA. — J'ai eu froid dans cet oratoire. J'ai bien froid.

ANGELO. — Écoutez. Je veux être bon pour vous, madame. Vous avez devant vous une heure, une heure qui est encore à vous, pendant laquelle je vais vous laisser seule. Personne n'entrera ici. Employez cette heure à réfléchir. Je mets la lettre sur la table. Ecrivez au bas le nom de l'homme, et vous êtes sauvée. Catarina Bragadini! c'est une bouche de marbre qui vous parle, il faut livrer cet homme ou mourir. Choisissez. Vous avez une heure.

CATARINA. — Oh!... un jour!

ANGELO. — Une heure.

Il sort.

SCÈNE V.

CATARINA, restée seule.

Cette porte... (*Elle va à la porte.*) Oh! je l'entends qui la referme au verrou! (*Elle va à la fenêtre.*) Cette fenêtre... (*Elle regarde.*) Oh! que c'est haut! (*Elle tombe sur un fauteuil.*) Mourir! O mon Dieu! c'est une idée qui est bien terrible quand elle vient vous saisir ainsi tout à coup au moment où l'on ne s'y attend pas! N'avoir plus qu'une heure à vivre et se dire : je n'ai plus qu'une heure! Oh! il faut que ces choses-là vous arrivent à vous-même pour savoir jusqu'à quel point c'est horrible! J'ai les membres brisés. Je suis mal sur ce fauteuil. (*Elle se lève.*) Mon lit me reposerait mieux, je crois. Si je pouvais avoir un instant de trêve ! (*Elle va à son lit.*) Un instant de repos ! (*Elle tire le rideau et recule avec terreur. A la place du lit il y a un billot couvert d'un drap noir et une hache.*) Ciel ! qu'est-ce que je vois là ? Oh ! c'est épouvantable ! (*Elle referme le rideau avec un mouvement convulsif.*) Oh ! je ne veux plus voir cela ! Oh ! mon Dieu ! c'est pour moi cela ! Oh ! mon Dieu ! je suis seule avec cela ici ! (*Elle se traîne jusqu'au fauteuil.*) Derrière moi ! c'est derrière moi ! Oh ! je n'ose plus tourner la tête. Grâce ! grâce ! Ah ! vous voyez bien que ce n'est pas un rêve, et que c'est bien réel ce qui se passe ici, puisque voilà des choses là derrière le rideau !

La petite porte du fond s'ouvre. On voit paraître Rodolfo.

SCÈNE VI.

CATARINA, RODOLFO.

CATARINA, *à part*. — Ciel ! Rodolfo !

RODOLFO, *accourant*. — Oui, Catarina, c'est moi, moi pour un instant. Tu es seule. Quel bonheur... — Eh bien ! tu es toute pâle ! Tu as l'air troublé !

CATARINA. — Je le crois bien. Les imprudences que vous faites. Venir ici en plein jour à présent !

RODOLFO. — Ah ! c'est que j'étais trop inquiet. Je n'ai pas pu y tenir.

CATARINA. — Inquiet de quoi ?

RODOLFO. — Je vais vous dire, ma Catarina bien-aimée... — Ah ! vraiment, je suis bien heureux de vous trouver ici aussi tranquille !

CATARINA. — Comment êtes-vous entré ?

RODOLFO. — La clef que tu m'as remise toi-même.

CATARINA. — Je sais bien, mais dans le palais ?

RODOLFO. — Ah! voilà précisément une des choses qui m'inquiètent. Je suis entré aisément, mais je ne sortirai pas de même.

CATARINA. — Comment?

RODOLFO. — Le capitaine-grand m'a prévenu à la porte du palais que personne n'en sortirait avant la nuit.

CATARINA. — Personne avant la nuit! (*A part.*) Pas d'évasion possible! O Dieu!

RODOLFO. — Il y a des sbires en travers de tous les passages. Le palais est gardé comme une prison. J'ai réussi à me glisser dans la grande galerie, et je suis venu. Vraiment! tu me jures qu'il ne se passe rien ici?

CATARINA. — Non. Rien, rien. Sois tranquille, mon Rodolfo. Tout est comme à l'ordinaire ici. Regarde. Tu vois bien qu'il n'y a rien de dérangé dans cette chambre. Mais va-t'en vite. Je tremble que le podesta ne rentre.

RODOLFO. — Non, Catarina, ne crains rien de ce côté. Le podesta est en ce moment sur le pont Molino, là en bas. Il interroge des gens qu'on vient d'arrêter. Oh! j'étais inquiet, Catarina! Tout a un air étrange aujourd'hui, la ville comme le palais. Des bandes d'archers et de cernides vénitiens parcourent les rues. L'église Saint-Antoine est tendue de noir, et l'on y chante l'office des morts. Pour qui? On l'ignore. Le savez-vous?

CATARINA. — Non.

RODOLFO. — Je n'ai pu pénétrer dans l'église. La ville est frappée de stupeur. Tout le monde parle bas. Il se passe à coup sûr une chose terrible quelque part. Où? Je ne sais. Ce n'est pas ici, c'est tout ce qu'il me faut. Pauvre amie, tu ne te doutes pas de tout cela dans ta solitude!

CATARINA. — Non.

RODOLFO. — Que nous importe au reste? Dis, es-tu remise de l'émotion de cette nuit? Oh! quel événement! Je n'y comprends rien encore. Catarina ! je t'ai délivrée de ce sbire Homodei. Il ne te fera plus de mal.

CATARINA. — Tu crois ?

RODOLFO. — Il est mort. Catarina ! tiens, décidément tu as quelque chose ! tu as l'air triste ! Catarina ! tu ne me caches rien ? Il ne t'arrive rien au moins ? Oh ! c'est qu'on aurait ma vie avant la tienne !

CATARINA. — Non, il n'y a rien. Je te jure qu'il n'y a rien. Seulement je te voudrais dehors. Je suis effrayée pour toi.

RODOLFO. — Que faisais-tu quand je suis entré ?

CATARINA. — Ah ! mon Dieu ! tranquillisez-vous, mon Rodolfo, je n'étais pas triste, bien au contraire. J'essayais de me rappeler cet air que vous chantez si bien. Tenez, vous voyez, j'ai encore là ma guitare.

RODOLFO. — Je t'ai écrit ce matin. J'ai rencontré Reginella, à qui j'ai remis la lettre. La lettre n'a pas été interceptée ? Elle t'est bien arrivée ?

CATARINA. — La lettre m'est si bien arrivée que la voilà.

Elle lui présente la lettre.

RODOLFO. — Ah ! tu l'as ! C'est bien. On est toujours inquiet quand on écrit.

CATARINA. — Oh ! toutes les issues de ce palais gardées ! Personne ne sortira avant la nuit !

RODOLFO. — Personne. Je l'ai déjà dit. C'est l'ordre.

CATARINA. — Allons ! maintenant vous m'avez parlé, vous m'avez vue, vous êtes rassuré, vous voyez que, si la ville est en rumeur, tout est tranquille ici. Partez, mon Rodolfo, au nom du ciel ! Si le podesta entrait ! Vite ! partez. Puisque tu es obligé de rester dans ce palais jusqu'au soir, voyons, je vais te fermer moi-même ton manteau. Comme cela. Ton chapeau sur la tête. Et puis, devant les sbires, aie l'air naturel, à ton aise, pas d'affectation à les éviter, pas de précaution. La précaution dénonce. Et puis, si l'on voulait te faire écrire quelque chose par hasard, un espion, quelqu'un qui te tendrait un piége, trouve un prétexte, n'écris pas !

RODOLFO. — Pourquoi cette recommandation, Catarina?

CATARINA. — Pourquoi? Je ne veux pas qu'on voie de ton écriture, moi. C'est une idée que j'ai. Mon ami, vous savez bien que les femmes ont des idées. Je te remercie d'être venu, d'être entré, d'être resté, j'ai eu la joie de te voir! Là, tu vois bien que je suis tranquille, gaie, contente, que j'ai ma guitare là et ta lettre. Maintenant va-t'en vite. Je veux que tu t'en ailles. — Encore un mot seulement.

RODOLFO. — Quoi ?

CATARINA. — Rodolfo, vous savez que je ne vous ai jamais rien accordé ; tu le sais bien, toi.

RODOLFO. — Eh bien?

CATARINA. — Aujourd'hui, c'est moi qui vais te demander. Rodolfo! un baiser!

RODOLFO, *la serrant dans ses bras.* — Oh! c'est le ciel !

CATARINA. — Je le vois qui s'ouvre !

RODOLFO. — O bonheur !

CATARINA. — Tu es heureux ?

RODOLFO. — Oui !

CATARINA. — A présent sors, mon Rodolfo !

RODOLFO. — Merci.

CATARINA. — Adieu ! — Rodolfo ! (*Rodolfo, qui est à la porte, s'arrête.*) Je t'aime !

Rodolfo sort.

SCÈNE VII.

CATARINA, seule.

Fuir avec lui! Oh! j'y ai songé un moment! Oh! Dieu! fuir avec lui! impossible. Je l'aurais perdu inutilement. Oh! pourvu qu'il ne lui arrive rien! pourvu que les sbires ne l'arrêtent pas! pourvu qu'on le laisse sortir ce soir! Oh! oui, il n'y a pas de raison pour que le soupçon tombe sur lui. Sauvez-le, mon Dieu! (*Elle va écouter à la porte du corridor.*) J'entends encore son pas. Mon bien-aimé! il s'éloigne. Plus rien. C'est fini. Va en sûreté, mon Rodolfo! (*La grande porte s'ouvre.*) Ciel!

Entrent Angelo et la Tisbe.

SCÈNE VIII.

CATARINA, ANGELO, LA TISBE.

CATARINA, *à part*. — Quelle est cette femme? La femme de nuit!

ANGELO. — Avez-vous fait vos réflexions, madame?

CATARINA. — Oui, monsieur.

ANGELO. — Il faut mourir ou me livrer l'homme qui a écrit la lettre. Avez-vous pensé à me livrer cet homme, madame?

CATARINA. — Je n'y ai pas pensé seulement un instant, monsieur.

LA TISBE, *à part*. — Tu es une bonne et courageuse femme, Catarina!

Angelo fait signe à la Tisbe, qui lui remet une fiole d'argent.
Il la pose sur la table.

ANGELO. — Alors vous allez boire ceci.

CATARINA. — C'est du poison ?

ANGELO. — Oui, madame.

CATARINA. — O mon Dieu! vous jugerez un jour cet homme. Je vous demande grâce pour lui !

ANGELO. — Madame, le provéditeur Urseolo, un des Bragadini, un de vos pères, a fait périr Marcella Galbaï, sa femme, de la même façon, pour le même crime.

CATARINA. — Parlons simplement. Tenez, il n'est pas question des Bragadini. Vous êtes infâme. Ainsi vous venez froidement là, avec le poison dans les mains ! Coupable ? Non, je ne le suis pas; pas comme vous le croyez du moins. Mais je ne descendrai pas à me justifier. Et puis, comme vous mentez toujours, vous ne me croiriez pas. Tenez, vraiment, je vous méprise ! Vous m'avez épousée pour mon argent, parce que j'étais riche, parce que ma famille a un droit sur l'eau des citernes de Venise. Vous avez dit : Cela rapporte cent mille ducats par an, prenons cette fille. Et quelle vie ai-je eue avec vous depuis cinq ans? dites ! Vous ne m'aimez pas. Vous êtes jaloux cependant. Vous me tenez en prison. Vous, vous avez des maîtresses, cela vous est permis. Tout est permis aux hommes. Toujours dur, toujours sombre avec moi; jamais une bonne parole; parlant sans cesse de vos pères, des doges qui ont été de votre famille; m'humiliant dans la mienne. Si vous croyez que c'est là ce qui rend une femme heureuse ! Oh ! il faut avoir souffert ce que j'ai souffert pour savoir ce que c'est que le sort des femmes ! Eh bien ! oui, monsieur, j'ai aimé avant de vous connaître un homme, que j'aime encore. Vous me tuez pour cela ; si vous avez ce droit-là, il faut convenir que c'est un horrible temps que le nôtre. Ah ! vous êtes bien heureux, n'est-ce pas? d'avoir une lettre, un chiffon de papier, un prétexte! Fort bien. Vous me jugez, vous me condamnez, et vous m'exécutez! Dans l'ombre. En secret. Par le poison. Vous avez la force. — C'est lâche! (*Se tournant vers la Tisbe.*) Que pensez-vous de cet homme, madame?

ANGELO. — Prenez garde!...

CATARINA, *à la Tisbe.* — Et vous, qui êtes-vous? qu'est-ce que vous me voulez? C'est beau ce que vous faites là! Vous êtes la maîtresse publique de mon mari, vous avez intérêt à me perdre, vous m'avez fait espionner, vous m'avez prise en faute, et vous me mettez le pied sur la tête. Vous assistez mon mari dans l'abominable chose qu'il fait! Qui sait même? c'est peut-être vous qui fournissez le poison! (*A Angelo.*) Que pensez-vous de cette femme, monsieur?

ANGELO. — Madame!

CATARINA. — En vérité, nous sommes tous les trois d'un bien exécrable pays! C'est une bien odieuse république que celle où un homme peut marcher impunément sur une malheureuse femme, comme vous faites, monsieur! et où les autres hommes lui disent : Tu fais bien. Foscari a fait mourir sa fille, Loredano sa femme, Bragadini... — Je vous demande un peu si ce n'est pas infâme! Oui, tout Venise est dans cette chambre en ce moment! Tout Venise en vos deux personnes! Rien n'y manque! (*Montrant Angelo.*) Venise despote, la voilà. (*Montrant la Tisbe.*) Venise courtisane, la voici. (*A la Tisbe.*) Si je vais trop loin dans ce que je dis, madame, tant pis pour vous, pourquoi êtes-vous là!

ANGELO, *lui saisissant le bras.* — Allons, madame, finissons-en!

CATARINA. (*Elle s'approche de la table où est le flacon.*) — Allons, je vais acccomplir ce que vous voulez. (*Elle avance la main vers le flacon*). Puisqu'il le faut... (*Elle recule.*) Non! c'est affreux! je ne veux pas! je ne pourrais jamais! Mais pensez-y donc encore un peu, tandis qu'il en est temps. Vous qui êtes tout-puissant, réfléchissez. Une femme, une femme qui est seule, abandonnée, qui n'a pas de force, qui est sans défense, qui n'a pas de parents ici, pas de famille, pas d'amis, qui n'a personne! l'assassiner! l'empoisonner misérablement dans un coin de sa maison! — Ma mère! ma mère! ma mère!

LA TISBE. — Pauvre femme!

CATARINA. — Vous avez dit pauvre femme, madame! Vous l'avez dit! Oh! je l'ai bien entendu! Oh! ne me dites pas que vous ne l'avez pas dit! Vous avez donc pitié, madame! Oh oui! laissez-vous attendrir! Vous voyez bien qu'on veut m'assassiner! Est-ce que vous en êtes, vous? Oh! ce n'est pas possible. Non, n'est-ce pas? Tenez, je vais vous expliquer, vous conter la chose à vous. Vous parlerez au podesta après. Vous lui direz que ce qu'il fait là est horrible. Moi, c'est tout simple que je dise cela. Mais vous, cela fera plus d'effet. Il suffit quelquefois d'un mot dit par une personne étrangère pour ramener un homme à la raison. Si je vous ai offensée tout à l'heure, pardonnez-le-moi. Madame, je n'ai rien fait qui fût mal, vraiment mal. Je suis toujours restée honnête. Vous me comprenez, vous, je le vois bien. Mais je ne puis dire cela à mon mari. Les hommes ne veulent jamais nous croire, vous savez? Cependant nous leur disons quelquefois des choses bien vraies. Madame! ne me dites pas d'avoir du courage, je vous en prie. Est-ce que je suis forcée d'avoir du courage, moi? Je n'ai pas honte de n'être qu'une femme bien faible et dont il faudrait avoir pitié. Je pleure parce que la mort me fait peur. Ce n'est pas ma faute.

ANGELO. — Madame, je ne puis attendre plus longtemps.

CATARINA. — Ah! vous m'interrompez. (*A la Tisbe.*) Vous voyez bien qu'il m'interrompt. Ce n'est pas juste. Il a vu que je vous disais des choses qui allaient vous émouvoir. Alors il m'empêche d'achever, il me coupe la parole. (*A Angelo.*) Vous êtes un monstre !

ANGELO. — C'en est trop. Catarina Bragadini, le crime fait veut un châtiment, la fosse ouverte veut un cercueil, le mari outragé veut une femme morte. Tu perds toutes les paroles qui sortent de ta bouche, j'en jure par Dieu qui est au ciel ! (*Montrant le poison.*) Voulez-vous, madame ?

CATARINA. — Non !

ANGELO. — Non ? — J'en reviens à ma première idée alors. Les épées ! les épées ! Troïlo ! Qu'on aille me chercher... J'y vais !

Il sort violemment par la porte du fond, qu'on entend refermer au dehors.

SCÈNE IX.

CATARINA, LA TISBE.

LA TISBE. — Ecoutez ! Vite ! nous n'avons qu'un instant. Puisque c'est vous qu'il aime, ce n'est plus qu'à vous qu'il faut songer. Faites ce qu'on veut, ou vous êtes perdue. Je ne puis pas m'expliquer plus clairement. Vous n'êtes pas raisonnable. Tout à l'heure il m'est échappé de dire : Pauvre femme ! Vous l'avez répété tout haut comme une folle devant le podesta, à qui cela pouvait donner des soupçons ! Si je vous disais la chose, vous êtes dans un état trop violent, vous feriez quelque imprudence, et tout serait perdu. Laissez-vous faire ! Buvez ! Les épées ne pardonnent pas, voyez-vous. Ne résistez plus. Que voulez-vous que je vous dise ? C'est vous qui êtes aimée, et je veux que quelqu'un m'ait une obligation. Vous ne comprenez pas ce que je vous dis là ; eh bien ! de vous le dire, cela m'arrache le cœur pourtant !

CATARINA. — Madame...

LA TISBE. — Faites ce qu'on vous dit. Pas de résistance, pas une parole. Surtout n'ébranlez pas la confiance que votre mari a en moi. Entendez-vous? Je n'ose vous en dire plus avec votre manie de tout redire! Oui, il y a dans cette chambre une pauvre femme qui doit mourir, mais ce n'est pas vous. Est-ce dit?

CATARINA. — Je ferai ce que vous voulez, madame.

LA TISBE. — Bien. Je l'entends qui revient. (*La Tisbe se jette sur la porte du fond au moment où elle s'ouvre.*) Seul! seul! entrez seul!

On entrevoit des sbires, l'épée nue, dans la chambre voisine. Angelo entre. La porte se referme.

SCÈNE X.

CATARINA, LA TISBE, ANGELO.

LA TISBE. — Elle se résigne au poison.

ANGELO, *à Catarina*. — Alors, tout de suite, madame.

CATARINA, *prenant la fiole*. — (*A la Tisbe.*) Je sais que vous êtes la maîtresse de mon mari. Si votre pensée secrète était une pensée de trahison, le besoin de me perdre, l'ambition de prendre ma place, que vous auriez tort d'envier, ce serait une action abominable, madame; et, quoiqu'il soit dur de mourir à vingt-deux ans, j'aimerais encore mieux ce que je fais que ce que vous faites.

Elle boit.

LA TISBE, *à part*. — Que de paroles inutiles, mon Dieu!

ANGELO, *allant à la porte du fond qu'il entr'ouvre*. — Allez-vous-en!

CATARINA. — Ah! ce breuvage me glace le sang! (*Regardant fixement la Tisbe.*) Ah! madame! (*A Angelo.*)

Êtes-vous content, monsieur Je sens bien que vais mourir. Je ne vous crains plus. Eh bien! je vous le dis maintenant, à vous qui êtes mon démon, comme je le dirai tout à l'heure à mon Dieu, j'ai aimé un homme, mais je suis pure!

ANGELO. — Je ne vous crois pas, madame.

LA TISBE, *à part.* — Je la crois, moi.

CATARINA. — Je me sens défaillir... Non. Pas ce fauteuil-là. Ne me touchez point. Je vous l'ai déjà dit, vous êtes un homme infâme! (*Elle se dirige en chancelant vers son oratoire.*) Je veux mourir à genoux, devant l'autel qui est là. Mourir seule, en repos, sans avoir vos deux regards sur moi. (*Arrivée à la porte, elle s'appuie sur le rebord.*) Je veux mourir en priant Dieu. (*A Angelo.*) Pour vous, monsieur.

Elle entre dans l'oratoire.

ANGELO. — Troïlo! (*Entre l'huissier.*) Prends dans mon aumônière la clef de ma salle secrète. Dans cette salle tu trouveras deux hommes. Amène-les-moi sans leur dire un mot. (*L'huissier sort. — A la Tisbe.*) Il faut maintenant que j'aille interroger les hommes arrêtés. Quand j'aurai parlé aux deux guetteurs de nuit, Tisbe, je vous confierai le soin de veiller sur ce qui reste à faire. Le secret, surtout!

Entrent les deux guetteurs de nuit, introduits par l'huissier, qui se retire.

SCÈNE XI.

ANGELO, LA TISBE, les deux Guetteurs de nuit.

ANGELO, *aux deux guetteurs de nuit.* — Vous avez été souvent employés aux exécutions de nuit dans ce palais. Vous connaissez la cave où sont les tombes?

L'UN DES GUETTEURS DE NUIT. — Oui, monseigneur.

ANGELO. — Y a-t-il des passages tellement cachés qu'aujourd'hui, par exemple, que ce palais est plein de soldats, vous puissiez descendre dans ce caveau, y entrer et puis sortir du palais sans être vus de personne ?

LE GUETTEUR DE NUIT. — Nous entrerons et nous sortirons sans être vus de personne, monseigneur.

ANGELO. — C'est bien. (*Il entr'ouvre la porte de l'oratoire. — Aux deux guetteurs.*) Il y a là une femme qui est morte. Vous allez descendre cette femme secrètement dans le caveau. Vous trouverez dans ce caveau une dalle du pavé qu'on a déplacée et une fosse qu'on a creusée. Vous mettrez la femme dans la fosse et puis la dalle à sa place. Vous entendez?

LE GUETTEUR DE NUIT. — Oui, monseigneur.

ANGELO. — Vous êtes forcés de passer par mon appartement. Je vais en faire sortir tout le monde. (*A la Tisbe.*) Veillez à ce que tout se fasse en secret.

Il sort.

LA TISBE, *tirant une bourse de son aumônière.* — (*Aux deux hommes.*) Deux cents sequins d'or dans cette bourse. Pour vous ! et demain matin le double, si vous faites bien tout ce que je vais vous dire.

LE GUETTEUR DE NUIT, *prenant la bourse.* — Marché conclu, madame. Où faut-il aller?

LA TISBE. — Au caveau d'abord.

DEUXIÈME PARTIE.

Une chambre de nuit. Au fond, une alcôve à rideaux avec un lit. De chaque côté de l'alcôve, une porte : celle de droite masquée dans la tenture. Tables, meubles, fauteuils, sur lesquels sont épars des masques, des éventails, des écrins à demi ouverts, des costumes de théâtre.

SCÈNE PREMIÈRE.

LA TISBE, les deux Guetteurs de nuit, un Page noir; CATARINA, enveloppée d'un linceul et posée sur un lit; on distingue sur sa poitrine le crucifix de cuivre.

La Tisbe prend un miroir et découvre le visage pâle de Catarina.

LA TISBE, *au page noir*. — Approche avec ton flambeau. (*Elle place le miroir devant les lèvres de Catarina.*) Je suis tranquille! (*Elle referme les rideaux de l'alcôve. — Aux deux guetteurs de nuit.*) Vous êtes sûrs que personne ne vous a vus dans le trajet du palais ici?

UN DES GUETTEURS DE NUIT. — La nuit est très-noire. La ville est déserte à cette heure. Vous savez bien que nous n'avons rencontré personne, madame. Vous nous avez vus mettre le cercueil dans la fosse et le recouvrir avec la dalle. Ne craignez rien. Nous ne savons pas si cette femme est morte, mais ce qui est certain, c'est que pour le monde entier elle est scellée dans la tombe. Vous pouvez en faire ce que vous voudrez.

LA TISBE. — C'est bien. (*Au page noir.*) Où sont les habits d'homme que je t'ai dit de tenir prêts ?

LE PAGE NOIR, *montrant un paquet dans l'ombre.* — Les voici, madame.

LA TISBE. — Et les deux chevaux que je t'ai demandés, sont-ils dans la cour ?

LE PAGE NOIR. — Sellés et bridés.

LA TISBE. — De bons chevaux ?

LE PAGE NOIR. — J'en réponds, madame.

LA TISBE. — C'est bien. (*Aux guetteurs de nuit.*) Dites-moi, vous, combien faut-il de temps, avec de bons chevaux, pour sortir de l'État de Venise ?

LE GUETTEUR DE NUIT. — C'est selon. Le plus court, c'est d'aller tout de suite à Montebacco, qui est au pape. Il faut trois heures. Beau chemin.

LA TISBE. — Cela suffit. Allez maintenant. Le silence sur tout ceci ! et revenez demain matin chercher la récompense promise. (*Les deux guetteurs de nuit sortent.* — *Au page noir.*) Toi, va fermer la porte de la maison. Sous quelque prétexte que ce soit, ne laisse entrer personne.

LE PAGE NOIR. — Le seigneur Rodolfo a son entrée particulière, madame. Faut-il la fermer aussi ?

LA TISBE. — Non, laisse-la libre. S'il vient, qu'il entre. Mais lui seul, et personne autre. Aie soin que qui que ce soit au monde ne puisse pénétrer ici, surtout si Rodolfo venait. Toi-même, fais attention à n'entrer que si je t'appelle. A présent laisse-moi.

Sort le page noir.

SCÈNE II.

LA TISBE, CATARINA dans l'alcôve.

LA TISBE. — Je pense qu'il n'y a plus très-longtemps à attendre. — Elle ne voulait pas mourir. Je le comprends, quand on sait qu'on est aimée ! — Mais autrement, plutôt que de vivre sans son amour. (*Se tournant vers le lit.*) Oh ! tu serais morte avec joie, n'est-ce pas ? — Ma tête brûle. Voilà pourtant trois nuits que je ne dors pas. Avant-hier, cette fête ; hier, ce rendez-vous où je les ai surpris ; aujourd'hui... — Oh ! la nuit prochaine, je dormirai ! (*Elle jette un coup d'œil sur les toilettes de théâtre éparses autour d'elle.*) Oh oui ! nous sommes bien heureuses nous autres ! On nous applaudit au théâtre. Que vous avez bien joué la Rosmonda, madame ! Les imbéciles ! Oui, on nous admire, on nous trouve belles, on nous couvre de fleurs, mais le cœur saigne dessous. Oh ! Rodolfo ! Rodolfo ! Croire à son amour, c'était une idée nécessaire à ma vie ! Dans le temps où j'y croyais, j'ai souvent pensé que si je mourais je voudrais mourir près de lui, mourir de telle façon qu'il lui fût impossible d'arracher ensuite mon souvenir de son âme, que mon ombre restât à jamais à côté de lui, entre toutes les autres femmes et lui ! Oh ! la mort, ce n'est rien. L'oubli, c'est tout. Je ne veux pas qu'il m'oublie. Hélas ! voilà donc où j'en suis venue ! Voilà où je suis tombée ! Voilà ce que le monde a fait pour moi ! Voilà ce que l'amour a fait de moi ! (*Elle va au lit, écarte les rideaux, fixe quelques instants son regard sur Catarina immobile, et prend le crucifix.*) Oh ! si ce crucifix a porté bonheur à quelqu'un dans ce monde, ce n'est pas à votre fille, ma mère !

Elle pose le crucifix sur la table. La petite porte masquée s'ouvre. Entre Rodolfo.

SCÈNE III.

LA TISBE, RODOLFO, CATARINA, toujours dans l'alcôve fermée.

LA TISBE. — C'est vous, Rodolfo ! Ah ! tant mieux ! j'ai à vous parler, justement ! Ecoutez-moi.
RODOLFO. — Et moi aussi j'ai à vous parler, et c'est vous qui allez m'écouter, madame !
LA TISBE. — Rodolfo !...
RODOLFO. — Etes-vous seule, madame ?
LA TISBE. — Seule.
RODOLFO. — Donnez l'ordre que personne n'entre.
LA TISBE. — Il est déjà donné.
RODOLFO. — Permettez-moi de fermer ces deux portes.

Il va fermer les deux portes au verrou.

LA TISBE. — J'attends ce que vous avez à me dire.
RODOLFO. — D'où venez-vous ? De quoi êtes-vous pâle ? Qu'avez-vous fait aujourd'hui, dites ? Qu'est-ce que ces mains-là ont fait, dites ? Où avez-vous passé les exécrables heures de cette journée, dites ? Non, ne le dites pas. Je vais le dire. Ne répondez pas, ne niez pas, n'inventez pas, ne mentez pas. Je sais tout ! Je sais tout, vous dis-je ! Vous voyez bien que je sais tout, madame ; il y avait là Dafne. A deux pas de vous. Séparée seulement par une porte. Dans l'oratoire. Il y avait Dafne qui a tout vu, qui a tout entendu, qui était là, à côté, tout près, qui entendait, qui voyait ! — Tenez, voilà des paroles que vous avez prononcées. Le podesta disait : Je n'ai pas de poison ; vous avez dit : j'en ai, moi ! — J'en ai, moi ! j'en ai, moi ! L'avez-vous dit, oui ou non ? Mentez un peu, voyons ! Ah !

vous avez du poison, vous! Eh bien ! moi, j'ai un couteau !

Il tire un poignard de sa poitrine.

LA TISBE. — Rodolfo...

RODOLFO. — Vous avez un quart d'heure pour vous préparer à la mort, madame !

LA TISBE. — Ah ! vous me tuez ! Ah ! c'est la première idée qui vous vient ! Vous voulez me tuer ainsi, vous-même, tout de suite, sans plus attendre, sans être bien sûr ? Vous pouvez prendre une résolution pareille aussi facilement ! Vous ne tenez pas à moi plus que cela ! Vous me tuez pour l'amour d'une autre ! O Rodolfo, c'est donc bien vrai, dites-le-moi de votre bouche, vous ne m'avez donc jamais aimée ?

RODOLFO. — Jamais !

LA TISBE. — Eh bien ! c'est ce mot-là qui me tue, malheureux ! ton poignard ne fera que m'achever.

RODOLFO. — De l'amour pour vous, moi ! Non, je n'en ai pas ! je n'en ai jamais eu ! Je puis m'en vanter, Dieu merci ! De la pitié tout au plus !

LA TISBE. — Ingrat ! Et, encore un mot, dis-moi, elle ! tu l'aimais donc bien ?

RODOLFO. — Elle ! si je l'aimais ! elle ! Oh ! écoutez cela puisque c'est votre supplice, malheureuse. Si je l'aimais ! une chose pure, sainte, chaste, sacrée, une femme qui est un autel, ma vie, mon sang, mon trésor, ma consolation, ma pensée, la lumière de mes yeux, voilà comme je l'aimais !

LA TISBE. — Alors, j'ai bien fait.

RODOLFO. — Vous avez bien fait ?

LA TISBE. — Oui. J'ai bien fait. Es-tu sûr seulement de ce que j'ai fait ?

RODOLFO. — Je ne suis pas sûr, dites-vous ! Voilà la se-

conde fois que vous le dites. Mais il y avait là Dafne, je vous
répète qu'il y avait là Dafne, et ce qu'elle m'a dit, je l'ai
encore dans l'oreille. — Monsieur, monsieur! ils n'étaient
qu'eux trois dans cette chambre, elle, le podesta, et une
autre femme, une horrible femme que le podesta appelait
Tisbe. Monsieur, deux grandes heures, deux heures d'agonie
et de pitié, monsieur, ils l'ont tenue là, la malheureuse,
pleurant, priant, suppliant, demandant grâce, demandant
la vie. — Tu demandais la vie, ma Catarina bien-aimée!
— à genoux, les mains jointes, se traînant à leurs pieds,
et ils disaient non! Et le poison, c'est la femme Tisbe qui
l'a été chercher! et c'est elle qui a forcé madame de le
boire! et le pauvre corps mort, monsieur, c'est elle qui l'a
emporté, cette femme, ce monstre, la Tisbe! — Où l'avez-
vous mis, madame? — Voilà ce qu'elle a fait, la Tisbe!
Si j'en suis sûr! (*Tirant un mouchoir de sa poitrine.*) Ce
mouchoir que j'ai trouvé chez Catarina, à qui est-il? A vous.
(*Montrant le crucifix.*) Ce crucifix que je trouve chez vous,
à qui est-il? A elle! — Si j'en suis sûr! Allons, priez,
pleurez, criez, demandez grâce, faites promptement ce que
vous avez à faire, et finissons!

LA TISBE. — Rodolfo...

RODOLFO. — Qu'avez-vous à dire pour vous justifier? Vite.
Parlez vite. Tout de suite.

LA TISBE. — Rien, Rodolfo. Tout ce qu'on t'a dit est vrai.
Crois tout. Rodolfo, tu arrives à propos, je voulais mourir.
Je cherchais un moyen de mourir près de toi, à tes pieds.
Mourir de ta main! oh! c'est plus que je n'aurais osé es-
pérer! Mourir de ta main, oh! je tomberai peut-être dans
tes bras. Je te rends grâce. Je suis sûre au moins que tu
entendras mes dernières paroles. Mon dernier souffle, quoique tu n'en veuilles pas, tu l'auras. Vois-tu, je n'ai pas du
tout besoin de vivre, moi. Tu ne m'aimes pas, tue-moi.
C'est la seule chose que tu puisses faire à présent pour moi,

mon Rodolfo. Ainsi, tu veux bien te charger de moi. C'est dit. Je te rends grâce.

RODOLFO. — Madame...

LA TISBE. — Je vais te dire. Ecoute-moi seulement un instant. J'ai toujours été bien à plaindre, va. Ce ne sont pas là des mots, c'est un pauvre cœur gonflé qui déborde. On n'a pas beaucoup pitié de nous autres, on a tort. On ne sait pas tout ce que nous avons souvent de vertu et de courage. Crois-tu que je doive tenir beaucoup à la vie? Songe donc que je mendiais tout enfant, moi. Et puis, à seize ans, je me suis trouvée sans pain. J'ai été ramassée dans la rue par des grands seigneurs. Je suis tombée d'une fange dans l'autre. La faim ou l'orgie! Je sais bien qu'on vous dit : Mourez de faim, mais j'ai bien souffert, va! Oh oui! toute la pitié est pour les grandes dames nobles. Si elles pleurent, on les console. Si elles font mal, on les excuse. Et puis, elles se plaignent! Mais nous, tout est trop bon pour nous. On nous accable. Va, pauvre femme! marche toujours! de quoi te plains-tu? Tous sont contre toi. Eh bien! est-ce que tu n'es pas faite pour souffrir, fille de joie? — Rodolfo, dans ma position, est-ce que tu ne sens pas que j'avais besoin d'un cœur qui comprît le mien? Si je n'ai pas quelqu'un qui m'aime, qu'est-ce que tu veux que je devienne, là, vraiment? Je ne te dis pas cela pour t'attendrir, à quoi bon? Il n'y a plus rien de possible maintenant. Mais je t'aime, moi! O Rodolfo! à quel point cette pauvre fille qui te parle t'a aimé, tu ne le sauras qu'après ma mort, quand je n'y serai plus! Tiens, voilà six mois que je te connais, n'est-ce pas? Six mois que je fais de ton regard ma vie, de ton sourire ma joie, de ton souffle mon âme! Eh bien, juge! depuis six mois je n'ai pas eu un seul instant l'idée, l'idée nécessaire à ma vie, que tu m'aimais. Tu sais que je t'ennuyais toujours de ma jalousie, j'avais mille indices qui me troublaient, maintenant cela m'est expliqué. Je ne t'en veux pas. Ce n'est pas ta faute. Je sais que ta pensée était à cette femme depuis sept ans. Moi, j'étais pour toi une distraction, un passe-temps. C'est tout simple. Je ne t'en veux pas. Mais que veux-tu que je fasse? Aller devant moi comme cela, vivre sans ton amour, je ne le peux pas. Enfin il faut bien respirer. Moi, c'est par toi que je respire! Vois, tu ne m'écoutes seulement pas! Est-ce que cela te fatigue que je te parle? Ah! je suis si malheureuse vraiment, que je crois que quelqu'un qui me verrait aurait pitié de moi!

RODOLFO. — Si j'en suis sûr! Le podesta est allé chercher quatre sbires, et pendant ce temps-là vous avez dit à elle tout bas des choses terribles qui lui ont fait prendre le poison! Madame! est-ce que vous ne voyez pas que ma raison s'égare? Madame! où est Catarina? Répondez? Est-ce que c'est vrai, madame, que vous l'avez tuée, que vous l'avez empoisonnée? Où est-elle? dites! Où est-elle? Savez-vous que c'est la seule femme que j'aie jamais aimée, madame! la seule, la seule, entendez-vous? La seule!

LA TISBE. — La seule! la seule! Oh! c'est mal de me donner tant de coups de poignard! par pitié (*elle lui montre le couteau qu'il tient*), vite le dernier avec ceci!

RODOLFO. — Où est Catarina, la seule que j'aime? Oui, la seule!

LA TISBE. — Ah! tu es sans pitié! tu me brises le cœur! Eh bien, oui! je la hais, cette femme! entends-tu? je la hais! Oui, on t'a dit vrai, je me suis vengée, je l'ai empoisonnée, je l'ai tuée!

RODOLFO. — Ah! vous le dites donc! Ah! vous voyez bien que c'est vous qui le dites! Par le ciel! je crois que vous vous en vantez, malheureuse !

LA TISBE. — Oui, et ce que j'ai fait, je le ferais encore! Frappe!

RODOLFO, *terrible*. — Madame!

LA TISBE. — Je l'ai tuée, te dis-je! Frappe donc!

RODOLFO. — Misérable !

Il la frappe.

LA TISBE. — (*Elle tombe.*) Ah ! au cœur ! Tu m'as frappée au cœur ! C'est bien. — Mon Rodolfo ! ta main ! (*Elle lui prend la main et la baise.*) Merci ! Tu m'as délivrée ! Laisse-la-moi, ta main. Je ne veux pas te faire du mal, tu vois bien. Mon Rodolfo bien-aimé, tu ne te voyais pas quand tu es entré, mais de la manière dont tu as dit : Vous avez un quart d'heure ! en levant ton couteau, je ne pouvais plus vivre après cela. Maintenant que je vais mourir, sois bon, dis-moi un mot de pitié. Je crois que tu feras bien.

RODOLFO. — Madame...

LA TISBE. — Un mot de pitié ! Veux-tu ?

On entend une voix sortir de derrière les rideaux de l'alcôve.

CATARINA. — Où suis-je ? Rodolfo !

RODOLFO. — Qu'est-ce que j'entends ? Quelle est cette voix ?

Il se retourne et voit la figure blanche de Catarina qui a entr'ouvert les rideaux.

CATARINA. — Rodolfo !

RODOLFO *court à elle et l'enlève dans ses bras.* — Catarina ! Grand Dieu ! Tu es ici ! Vivante ! Comment cela se fait-il ? Juste ciel ! (*Se retournant vers la Tisbe.*) Ah ! qu'ai-je fait !

LA TISBE, *se traînant vers lui avec un sourire.* — Rien. Tu n'as rien fait. C'est moi qui ai fait tout. Je voulais mourir. J'ai poussé ta main.

RODOLFO. — Catarina ! tu vis, grand Dieu ! par qui as-tu été sauvée ?

LA TISBE. — Par moi, pour toi !

RODOLFO. — Tisbe ! Du secours ! Misérable que je suis !

LA TISBE. — Non. Tout secours est inutile. Je le sens bien. Merci. Ah ! livre-toi à la joie comme si je n'étais pas là. Je ne veux pas te gêner. Je sais bien que tu dois être content. J'ai trompé le podesta. J'ai donné un narcotique au lieu d'un poison. Tout le monde l'a crue morte. Elle n'était qu'endormie. Il y a là des chevaux tout prêts. Des habits d'homme pour elle. Partez tout de suite. En trois heures vous serez hors de l'Etat de Venise. Soyez heureux. Elle est déliée. Morte pour le podesta. Vivante pour toi. Trouves-tu cela bien arrangé ainsi?

RODOLFO. — Catarina!... Tisbe!...

Il tombe à genoux, l'œil fixé sur la Tisbe expirante.

LA TISBE, *d'une voix qui va s'éteignant.* — Je vais mourir, moi. Tu penseras à moi quelquefois, n'est-ce pas? et tu diras : Eh bien, après tout, c'était une bonne fille, cette pauvre Tisbe. Oh! cela me fera tressaillir dans mon tombeau! Adieu! — Madame, permettez-moi de lui dire encore une fois mon Rodolfo! Adieu, mon Rodolfo! Partez vite à présent. Je meurs. Vivez. Je te bénis!

Elle meurt.

FIN D'ANGELO.

NOTES

NOTE I.

L'auteur l'a dit ailleurs : *Confirmer ou réfuter des critiques, c'est la besogne du temps.* C'est pour cela qu'il s'est toujours abstenu et qu'il s'abstiendra toujours de toute réponse aux diverses objections qui accueillent d'ordinaire à leur apparition les ouvrages, d'ailleurs si incomplets, qu'il publie ou qu'il fait représenter. Il ne veut pas cependant qu'on suppose que, s'il se tait, c'est qu'il n'a rien à dire; et pour prouver, une fois pour toutes, que ce ne sont pas les raisons qui lui manqueraient dans une polémique à laquelle sa dignité se refuse, il répondra ici, par exception et seulement pour donner un exemple, à l'une des critiques les plus radicales, les plus accréditées et les plus fréquemment répétées qu'*Angelo* ait eu à subir. La partie du public qui fait attention à tout se souvient peut-être qu'à l'époque où *Angelo* fut représenté, une des principales objections, sinon la principale, qu'éleva contre ce drame la critique parisienne presque unanime, avait pour base l'*invraisemblance* et l'*impossibilité* de ces corridors secrets, de ces couloirs à espions, de ces portes masquées, de ces clefs mystérieuses, moyens absurdes et faux, disait-on, inventés par l'auteur, et non puisés dans les mœurs réelles de Venise, commodes pour faire jaillir de quelques scènes un effet mélodramatique, et non la vraie terreur historique, etc. — Or, voici ce qu'on lit dans Amelot, *Histoire du Gouvernement de Venise*, tome I, page 245 :

« Les inquisiteurs d'État font des visites nocturnes dans
« le palais de Saint-Marc, où ils entrent et d'où ils sor-
« tent par des endroits secrets dont ils ont la clef ; et il
« est aussi dangereux de les voir que d'en être vu. Ils
« iraient, s'ils voulaient, jusqu'au lit du doge, entreraient
« dans son cabinet, ouvriraient ses cassettes, feraient son
« inventaire et sans que ni lui ni toute sa famille osât té-
« moigner de s'en apercevoir. »

Qu'ajouter après cela ?

Observons en passant que cette jalouse et insolente puissance de l'espionnage n'est pas une chose nouvelle dans l'histoire. Toutes les tyrannies aboutissent à se ressembler. Un despote vaut une oligarchie. Tibère vaut Venise. *Præcipua miserarium pars*, dit Tacite, *erat videre et aspici*.

L'auteur, appuyé, à défaut de talent, sur des études sérieuses, pourrait démontrer par des preuves non moins concluantes la réalité de tous les autres aspects historiques de ce drame, et ce qu'il dit pour *Angelo*, il pourrait le dire pour toutes ses pièces. Selon lui, les œuvres de théâtre doivent toujours être, par les mœurs, sinon par les événements, des œuvres d'histoire. A ceux qui, non sans quelque étourderie ou sans quelque ignorance, reprochent à ses drames italiens l'usage et, ajoute-t-on communément, l'abus du poison, il pourrait faire lire, par exemple, entre autres choses curieuses, cette page du Voyage de Burnet, évêque de Salisbury :

« Une personne de considération m'a dit qu'il y avait à
« Venise un empoisonneur général qui avait des gages,
« lequel était employé par les inquisiteurs pour dépêcher

« secrètement ceux dont la mort publique aurait pu causer
« quelque bruit. Il me protesta que c'était la pure vérité,
« et qu'il le tenait d'une personne dont le frère avait été
« sollicité de prendre cet emploi. »

M. Daru, qui avait été au fond des documents dans lesquels l'auteur a tâché de ne pas fouiller moins avant que lui, dit au tome VI de son Histoire, page 249 :

« C'était une opinion répandue dans Venise que, lorsque
« le baile de la république partait pour Constantinople, on
« lui remettait une cassette et une boîte de poisons. Cet
« usage s'était perpétué, dit-on, jusqu'à ces derniers
« temps ; non qu'il faille en conclure que l'atrocité des
« mœurs était la même, mais les formes de la république
« ne changeaient jamais. »

Enfin, l'auteur ne croit pas inutile de terminer cette longue note par quelques extraits étranges et authentiques de ces célèbres *Statuts de l'inquisition d'État*, restés secrets jusqu'au jour où la République française, en dissolvant par son seul contact la république vénitienne, a soufflé sur les poudreuses archives du Conseil des Dix, et en a éparpillé les mille feuillets au grand jour. C'est ainsi qu'est venu mourir en pleine lumière ce code monstrueux, qui, depuis trois cent cinquante ans, rampait dans les ténèbres. Éclos dans l'ombre à côté du fatal doge Foscari en 1454, il a expiré sous les huées de nos caporaux en 1797. Nous recommandons aux esprits réfléchis ces extraits pleins d'explications et d'enseignements. C'est dans ces sombres *statuts* que l'auteur a puisé son drame ; c'est là que Venise puisait sa puissance. **Dominationis arcana.**

STATUTS DE L'INQUISITION D'ÉTAT.

(12 juin 1454.)

....
6° Sia procurado dà noi, e dà nostri successori de haver più numero di raccordanti che sia possibile tanto del ordene nobile quanto de' cittadini, e popolari, come anco de' religiosi.

....
12° Per haver questa intratura se puòl servire de qualche racordante religioso ò de qualche zudio, che sono persone chr facilmente trattano con tutti.

....
16° Se occoresse che per el nostro magistrato se dovesse dar la morte ad alcun, non se faccia mai dimostracion publica, mà questa secretamente si adempisca, co mandarlo ad annegar in canal Orfano di notte tempo.

....
28° Se qualche nobile nostro venisse ad avvertirci di esser sta tentado per parte de alcun ambassador, sia procurado che el continua la pratica, tanto che se possa concertar de mandar a retenir la persona in fragrante, e quando se possa in

....
6° Le tribunal aura le plus grand nombre possible d'observateurs choisis, tant dans l'ordre de la noblesse que parmi les citadins, les populaires et les religieux.

....
12° On fera faire les ouvertures par quelque moine ou par quelque juif, ces sortes de gens s'introduisant partout.

....
16° Quand le tribunal aura jugé nécessaire la mort de quelqu'un, l'exécution ne sera jamais publique. Le condamné sera noyé secrètement, la nuit, dans le canal Orfano.

....
28° Si quelque noble vénitien révèle au tribunal des propositions qui lui auraient été faites de la part de quelque ambassadeur, il sera autorisé à continuer cette pratique; et, quand on aura acquis la certitude du fait, l'agent intermé-

quello istante verificar el dito di quel nobile nostro, quella persona sia mandata subito ad annegar, mentre però non sia l'ambassador istesso et anco il suo secretario, perchè ij altri se può finzer de non conoscerli.

29º..... E quando non se possa far altro, ij siano fatta ammazzar privatamente.

．．．．．．．．．．．．．．．．．．．．．．．

40º Sia procurado del magistrato nostro di aver raccordanti, non solo in Venetia, mà anco nelle nostre città principali, massime de confin, li quali doi volte l'anno debbano personalmente comparir al tribunal, per referir se li rettori nostri havessero qualche commercio con i principi confinanti, come anco altri particolari importanti circa i loro portamenti. E quando se intendesse cosa alcuna contro il stato, sia provisto da noi vigorosamente.

．．．．．．．．．．．．．．．．．．．．．．．

AGGIONTA FATTA AL CAPITOLARE DELLI INQUISITORI DI STATO.

1º Siano incaricati tutti li raccordanti, di qual si voglia condition, ad invigilar a questa

diaire de cette intelligence sera enlevé et noyé, pourvu que ce ne soit ni l'ambassadeur lui-même ni le secrétaire de la légation, mais une personne que l'on puisse feindre de ne pas connaître.

29º..... On emploiera tous les moyens pour l'arrêter, et si, enfin, on ne peut faire autrement, on le fera assassiner secrètement.

．．．．．．．．．．．．．．．．．．．．．．．

40º Il y aura des surveillants, non-seulement à Venise, mais encore dans les principales villes de l'Etat, et principalement sur les frontières, lesquels devront se présenter en personne deux fois l'an devant le tribunal, pour y déclarer s'il est à leur connaissance que les gouverneurs, ou d'autres personnages marquants, aient quelques intelligences avec les princes voisins, ou qu'ils se conduisent mal. Au moindre avis de quelque désordre nuisible au service public, le tribunal y remédiera avec vigueur.

．．．．．．．．．．．．．．．．．．．．．．．

SUPPLÉMENT AUX CAPITULAIRES DES INQUISITEURS D'ÉTAT.

1º Les surveillants de toutes conditions sont chargés d'écouter attentivement et de rap-

sorte di discorsi, et di tutti darne parte al magistrato nostro, e dovcremo noi e li successori nostri, in ogni tempo che ciò succeda, far chiamar quelli che havessero havuto hardimento di proferir concetti sì licentiosi, e farli risoluta ammonition che mai più ardiscano proferir cose simili in pena della vita ; e quando pure se facessero tanto licentiosi et disobedienti di rinovar questi discorsi, provata che sia giudiciaramente, ò vero estragiudiciaramente la recità, siane con ogni prestezza mandato uno ad annegar per esempio dell' attri, accio se estirpi a fatto questa arroganza.

. . . .

3° A tra questi che vivono più presenti scelierne uno che habbi conditione di buon zelo verso la patria, di ingegno habile à maneggiare un negocio, e bisogno di migliorare le sue fortune, como sarebbe in questa consideratione pèr esempio un vescovo di titolo. Scelta che sij la persona, fare che con ogni riguardo s'abbochi prima con alcuno di noi inquisitori, et per ultimo con tutti trè ; et à questo prelato restri offerito un premor sicuro di cento ducati al mese.

. . . .

17° Si anco in avvantaggio scritto all' ambasciador nostro

porter au tribunal les discours absurdes qui pourraient mettre le trouble dans la République Il est arrêté que, dans toute occurrence semblable, ceux qui auraient proféré des paroles si audacieuses seront mandés ; on leur intimera l'ordre de ne pas se permettre de pareils discours, sous peine de la vie ; et s'ils étaient assez hardis pour recommencer, et qu'on pût en acquérir la preuve judiciaire ou extra-judiciaire, on en ferait noyer un pour l'exemple.

. . . .

3° Parmi les prélats qui résident plus habituellement à Venise, on en choisira un dont le zèle pour la patrie soit bien connu, l'esprit habile à manier les affaires, et la fortune assez médiocre pour qu'il ait besoin de l'augmenter, comme pourrait être un évêque de titre (*in partibus*). Le choix fait, un des inquisiteurs d'abord, et ensuite tous les trois, s'aboucheront avec ce prélat pour lui offrir un traitement de cent ducats par mois (afin d'en faire un espion).

. . . .

17° Il sera écrit à l'ambassadeur de la République en Es-

8.

in Spagna, che applichi l'ingegno per contaminare alcun huomo della nacione loro; acciò fingendo qualche negocio particolari in Italia, si porti in Venetia, et con lettere di raccommandatione di alcun soggetto autorevole di quei contorni, procuri adito et hospitio in casa dell' ambasciadore Spagnuolo residente appresso di noi, ove fermandosi qualche tempo, come forestiere, non dara sospetto alcuno alla corte, e ne meno ad altri che pratticassero nella medesima, col supposto di essere persona sconoscente, e applicato solo à servigio particolare; in tal modo potrebbe questo tale referire tutti li andomenti della corte stessa à chi sarà poi appostato da noi.

. . . .

28º Formato il processo, et conosciuto in conscienga che sij reo di morte, s'operi con puntualissimo riguardo che alcun carcerio, mostrando affetto di guadagno, le oferisca modo di romper la carcere, et di notte tempo fugirsi, et il giorno attendenté alla fuga le sij nel cibo dato il veleno, che operi come insensibilmente et non lassi segno di violenza : in tal modo sarà suplito al riguardo publico et al rispetto privato, et sarà uno stesso in fine della

pagne de chercher un homme de cette nation qui, sous le prétexte de ses affaires particulières, fasse un voyage en Italie, et, arrivé à Venise avec des lettres de recommandation de personnes considérables de son pays, se procure un accès facile chez l'ambassadeur espagnol résidant auprès de nous. Cet étranger s'y fixera pendant quelque temps, sans être suspect ni au ministre ni aux autres habitués de la cour, parce qu'il passera pour n'être point au courant des affaires et occupé uniquement des siennes; il pourra, par conséquent, observer facilement tout ce qui se passe dans le palais de l'ambassadeur, et communiquer ses observations à un agent que nous aurons aposté près de lui.

. . . .

28º Si l'instruction du procès donne la conviction de la culpabilité du détenu et le fait juger digne de mort, on aura soin que quelque geôlier, feignant d'avoir été gagné pour de l'argent, lui offre les moyens de s'enfuir la nuit, et, la veille du jour où il devra s'évader, on lui fera donner parmi ses aliments un poison qui n'agisse que lentement et ne laisse point de trace; de cette manière, on n'offensera pas le regard public et le respect privé, et

giustitia, perchè il viaggio un poco più longo, ma più sicuro.	le but de la justice sera atteint par un chemin un peu plus long, mais plus sûr.

NOTE II.

Note qui accompagnait les premières éditions.

La loi d'optique du théâtre, qui oblige souvent à ne présenter que des raccourcis, surtout vers les dénoûments, exige impérieusement que le rideau tombe au mot : *Par moi, pour toi!* La vraie fin de la piéce n'est pourtant pas là, comme on peut s'en convaincre en lisant. Il est évident aussi que lorsque Angelo Malipieri, à la première scène de la troisième journée, explique aux prêtres le blason des Bragadini, il devrait dire : la *croix de gueules* et non la *croix rouge*. Espérons qu'un jour un seigneur vénitien pourra dire tout bonnement sans péril son blason sur le théâtre. C'est un progrès qui viendra. A l'heure qu'il est, il n'est guère permis à un gentilhomme de se targuer sur le théâtre d'autre chose que d'un champ d'*azur*. *Sinople* ne serait pas compris; *gueules* ferait rire; *azur* est charmant.

Pour tout ce qui regarde la mise en scène, MM. les directeurs de province ne peuvent mieux faire que de se modeler sur le Théâtre-Français, où la pièce a été montée avec un soin extrême. Ajoutons que la piéce est jouée, dans ses moindres détails, avec un ensemble et une dignité qui rappellent les plus belles époques de la vieille Comédie-Française. M. Provost a reproduit avec une fermeté sculpturale le profil sombre et mystérieux d'Homodei. M. Geffroi réalise avec un talent plein de nerf et de chaleur ce Rodolfo mélancolique et violent, passionné et fatal, frappé comme homme par l'amour, comme prince par l'exil. M. Beauvallet, qui peut mettre une belle voix au service d'une belle intelligence, a posé puissamment la figure haute et sévère de cet Angelo, tyran de la ville, maître de la maison. La création de ce rôle place pour tout le monde M. Beauvallet au rang des meilleurs acteurs qu'il y ait au théâtre en ce moment. Quant à mademoiselle Mars, si charmante si spirituelle, si pathétique, si profonde par éclairs, si parfaite toujours ; quant à madame Dorval, si vraie, si gracieuse, si pénétrante, si poignante, que pourrions-nous en dire après ce que dit, au milieu des bravos, des acclamations, des applaudissements et des larmes, cette foule immense et émerveillée qu'éblouit chaque soir le choc étincelant des deux sublimes actrices ?

FIN DES NOTES D'ANGELO.

PROCÈS

D'ANGELO ET D'HERNANI

Comme *le Roi s'amuse*, *Hernani*, *Marion de Lorme* et *Angelo* ont eu leur procès. Au fond, c'est toujours la même affaire. Contre *le Roi s'amuse*, c'était une persécution littéraire cachée sous une tracasserie politique; contre *Hernani*, *Marion de Lorme* et *Angelo*, c'était une persécution littéraire cachée sous des chicanes de coulisse. Il faut le dire, nous sentons quelque hésitation et quelque pudeur en prononçant ce mot ridicule : *persécution littéraire*, car il est étrange qu'au temps où nous vivons les préjugés littéraires, les animosités littéraires, les intrigues littéraires aient encore assez de consistance et de solidité pour qu'on puisse, en les amoncelant, en faire une barricade devant la porte d'un théâtre.

L'auteur a dû briser cette barricade. Censure littéraire, interdit politique, empêchements de coulisses, il a dû faire solennellement justice et des motifs secrets et des prétextes publics. Il a dû traîner au grand jour et les petites cabales et les grosses haines. La triple muraille des coteries, depuis si longtemps maçonnée dans l'ombre, se dressait devant lui, il a dû ouvrir dans cette muraille une brèche assez large pour que tout le monde y pût passer.

Si peu de chose qu'il soit, cette mission lui était donnée par les circonstances ; il l'a acceptée. Il n'est, et il le sait, qu'un simple et obscur soldat de la pensée ; mais le soldat a sa fonction comme le capitaine. Le soldat combat, le capitaine triomphe.

Depuis quinze ans qu'il est au plus fort de la mêlée, dans cette grande bataille que les idées propres à ce siècle soutiennent si fièrement contre les idées des autres temps, l'auteur n'a d'autre prétention que celle d'avoir combattu.

Quand les vainqueurs se compteront, il sera peut-être parmi les morts. Qu'importe ! on peut à la fois être mort et vainqueur.

Qu'on ne s'étonne donc pas si, au milieu de ce procès, l'affaire étant déjà engagée, il s'est levé tout à coup, et a parlé. C'est qu'il venait d'en sentir subitement le besoin ; c'est qu'il venait d'apercevoir soudain, au tournant de la plaidoirie de ses adversaires, un grand intérêt de morale publique et de liberté littéraire qui le sollicitait d'élever la voix ; c'est qu'il venait de voir surgir brusquement la question générale du milieu de la question privée. Et il fera toujours ainsi.

En quelque situation de la vie que le devoir vienne le saisir à l'improviste, il suivra le devoir.

Ce procès sera un jour de l'histoire littéraire ; non, certes, à cause des trois pièces quelconques qui en étaient l'occasion, mais à cause du procès lui-même, à cause des révélations étranges qui en ont jailli, à cause de la lumière qu'il a jetée dans certaines cavernes, à cause des théâtres dont il a dévoilé les plaies, à cause de la littérature dont il a consacré les droits, à cause du public dont il a si profondément éveillé l'attention et remué la sympathie.

Ce que nous avons fait pour *le Roi s'amuse*, nous le faisons pour **Hernani**. Nous joignons le procès au drame, la lutte à l'œuvre. Désormais, aucune édition ne sera complète si ce procès n'en fait partie.

Nous imprimons les quatre audiences devant les deux juridictions d'après la *Gazette des Tribunaux*, qui les a fidèlement rapportées. Il y aura toujours dans cette lecture, nous le pensons, plus d'un genre d'enseignement et plus d'un genre d'intérêt. Il est bon que le public qui viendra après nous puisse savoir un jour, si par hasard les pages que nous écrivons arrivent jusqu'à lui, à quelles aventures les tragédies étaient exposées au dix-neuvième siècle.

Et maintenant que l'auteur a expliqué toute sa pensée, qu'il lui soit permis de remercier ici, pas en son nom, mais au nom de la littérature entière, les juges consulaires dont l'admirable bon sens a si bien compris que dans une petite question il y en avait une grande, et que dans l'intérêt du poëte il y avait l'intérêt de tout le monde.

Qu'il lui soit permis de remercier la cour souveraine, dont l'austère équité s'est si complétement associée à la probité intelligente des premiers juges.

Qu'il lui soit permis de remercier enfin le jeune et honorable avocat pour lequel cette cause n'a été qu'un continuel triomphe, M. Paillard de Villeneuve, esprit incisif et noble cœur, beau talent dans lequel toutes les qualités ingénieuses et fines se corrigent et se complètent par toutes les qualités élevées et généreuses.

20 décembre 1837.

TRIBUNAL DE COMMERCE

DE LA SEINE

(PRÉSIDENCE DE MONSIEUR PIERRUGUES.)

Audience du 6 novembre.

MONSIEUR VICTOR HUGO CONTRE LA COMÉDIE-FRANÇAISE.

Un public nombreux, et qui se compose en grande partie d'hommes de lettres et d'acteurs, est réuni dans la salle d'audience du Tribunal de commerce. Monsieur Victor Hugo est assis au barreau.

Me Paillard de Villeneuve, avocat de monsieur Victor Hugo, expose ainsi la demande :

« Monsieur Victor Hugo demande que la Comédie-Française soit condamnée vis-à-vis de lui en des dommages-intérêts pour n'avoir pas représenté les ouvrages dont il est auteur : il demande, en outre, pour l'avenir, que vous ordonniez, sous une sanction pénale, la représentation de ces ouvrages.

« De son côté, la Comédie-Française vient lutter contre l'exécution des obligations qu'à trois reprises différentes elle a consenties, et que depuis cinq ans elle a constamment méconnues. Est-ce à dire que monsieur Victor Hugo soit un de ces hommes qui, pour s'imposer à la solitude d'un théâtre, ont besoin de se placer sous la sauvegarde d'un mandement de justice? Est-ce à dire que la Comédie-Française, dans cette lutte qu'elle soutient contre ses propres engagements, puisse s'en excuser par les sacrifices qu'ils lui imposeraient et rejeter en quelque sorte sur le public lui-même la solidarité d'une résistance et d'un abandon dont il se rend complice? Non, telle n'est pas, de part ni d'autre, la position des parties; et nos adversaires eux-mêmes n'essayeront pas, à cet égard, de vous donner le change.

« Monsieur Victor Hugo est un de ceux auxquels la Comédie-Française doit ses plus brillants et ses plus profitables succès, un de ceux que, dans ses moments de détresse, elle vient supplier de songer à elle, et autour desquels la foule se presse encore avec un avide enthousiasme.

« Ces engagements, contre lesquels le théâtre vient plaider aujourd'hui, c'est lui-même qui les a sollicités. Il savait, il sait encore, qu'il n'y a pour lui aucun péril à s'y soumettre; et ce n'est pas là une des moindres bizarreries de cette cause qu'à côté de l'intérêt privé de monsieur Hugo se trouve aussi l'intérêt de la Comédie-Française.

« Quel est donc le mot de ce procès? Quelle circonstance nous a donc fait à tous deux cette étrange position?

« C'est ici, messieurs, que la cause prend un caractère de généralité qui l'élève au-dessus des intérêts d'un débat privé et qui la recommande puissamment à vos méditations.

« Au fond de tout cela, en effet, il y a une question de liberté littéraire, une question de monopole théâtral. Il s'agit de savoir si un théâtre que l'État subventionne, qui vit aux dépens du budget, doit être ouvert à tous, ou s'il n'est que le monopole exclusif de quelques-uns; s'il est dévolu à tel système dramatique plutôt qu'à tel autre, et si des engagements cessent d'être sacrés parce qu'ils peuvent blesser ce qu'on appelle des scrupules littéraires. Bizarre position que celle-là, qui semble nous rejeter au temps où les arrêts de la justice venaient prêter main-forte aux enseignements d'Aristote : mais cette position, ce n'est pas nous qui l'avons faite, et vous l'allez voir se développer avec chacun des faits de ce procès.

« A l'époque où monsieur Victor Hugo composa *Marion de Lorme* et *Hernani*, deux systèmes littéraires se trouvaient en présence.

« Les uns, admirateurs exclusifs du passé, n'imaginaient pas que l'esprit humain pût aller à côté ni au delà ; dans leur impuissance de produire, ils s'étaient dévoués à n'être que d'inhabiles imitateurs, et s'étaient condamnés à tourner perpétuellement autour d'un grand siècle dont ils s'étaient faits les pâles satellites.

« D'autres, jeunes, ardents, consciencieux, et à leur tête monsieur Victor Hugo, avaient cru, au contraire, que, tout en admirant les chefs-d'œuvre du passé, il pouvait y avoir une nouvelle carrière à frayer : ils s'étaient dit que, dans les arts comme dans la politique, dans la morale comme dans les sciences, chaque époque devait avoir une mission qui lui fût propre ; qu'à des mœurs nouvelles, qu'à des besoins nouveaux, il fallait de nouvelles formes, de nouveaux aliments ; ils avaient pensé enfin que notre siècle n'était pas tellement déshérité qu'il dût n'être qu'un écho du passé, et qu'il ne pût avoir, lui aussi, son cachet original, son horizon de gloire et d'immortalité.

« Qui se trompait ? Qu'importe !

« A tous la carrière était ouverte : l'opinion publique était là pour voir et pour juger.

« Vous vous rappelez ces luttes si vives, si acharnées, qui éclatèrent alors. On attendait avec impatience que la scène française fût enfin ouverte à ce qu'on appelait la nouvelle école.

« Mais cette épreuve devait, à ce qu'il paraît, effrayer ceux qui jusqu'alors étaient en possession de cette scène, qu'ils regardaient comme inféodée à eux seuls, et il fallut à tout prix fermer à de hardis novateurs le seul théâtre sur lequel ils pussent se rencontrer avec leurs adversaires.

« C'est alors que commença à se manifester contre monsieur Victor Hugo, et contre ce qu'on appelle son école, cette série d'intrigues, qui depuis n'ont cessé de l'envelopper, qui pendant sept années l'ont poursuivi, harcelé, et dont enfin sa patience lassée vient vous demander aujourd'hui réparation.

« C'était dans le mois de mars 1829 : une pétition fut adressée au Roi; elle était signée par sept académiciens, fournisseurs habituels du Théâtre-Français, vieux débris de cette littérature impériale qui se vantait d'avoir eu des parterres de rois, et qui, dans son orgueilleuse naïveté, se figurait ne devoir qu'à son génie l'éclat éphémère qu'avait rejeté sur elle son public couronné.

« Cette pétition demandait que le Théâtre-Français fût fermé aux productions de l'école nouvelle; et que, notamment, les représentations d'*Hernani* fussent interdites. Vous savez, messieurs, la réponse que fit le roi Charles X à ces singuliers pétitionnaires.

« En fait de littérature, leur dit-il, je n'ai, comme cha-
« cun de vous, messieurs, que ma place au parterre. »

« Et *Hernani* obtint cinquante représentations consécutives.

« Ce furent pour le théâtre les recettes les plus brillantes.

« Lorsque survint la Révolution de juillet et avec elle l'abolition de la censure, le Théâtre-Français voulut reprendre *Marion de Lorme*. Monsieur Victor Hugo s'y opposa.

« Celui que tout à l'heure on vous représentera peut-être comme un auteur insatiable ne voulut pas consentir aux représentations qu'on sollicitait de lui. *Marion de Lorme* avait été interdite par la censure comme pouvant être attentatoire par allusion à la majesté royale : il y avait pourtant alors une réaction favorable au succès, à l'enthousiame...

« Mais monsieur Victor Hugo n'est pas de ceux qui pensent que le scandale est une bonne chose quand il peut se résoudre en applaudissements et en droits d'auteurs. Il se rappela que la dynastie déchue avait droit à cette compassion respectueuse que tout homme de cœur doit à des proscrits, et qu'il ne lui convenait pas, à lui, de spéculer un succès sur l'effervescence qui alors se ruait contre Charles X, et sur des allusions auxquelles il n'avait jamais songé. Il se borna à demander à la Comédie-Française la reprise d'*Hernani*.

« Mais les intrigues dont vous avez vu le germe dans la pétition de 1829 se réveillèrent, et il fut impossible d'obtenir cette reprise. »

Ici l'avocat passe en revue les différents traités qui ont été passés entre monsieur Victor Hugo et la Comédie-Française.

Le premier, du 12 août 1832, relatif au drame célèbre intitulé *le Roi s'amuse*, stipulait qu'*Hernani* serait repris en janvier 1833. Ce premier traité fut violé.

Un second intervint le 10 avril 1835, à l'occasion d'*Angelo*, et il fut stipulé qu'*Hernani* et *Marion de Lorme* seraient repris dans le courant de l'année.

Cette double clause fut encore violée, malgré les vives réclamations de monsieur Hugo.

Enfin, un troisième engagement de monsieur Védel.

du 12 avril 1837, relatif à la reprise d'*Angelo* et d'*Hernani*, est encore inexécuté. Le défenseur, rappelant les divers arrêtés de censure pris contre *le Roi s'amuse* et *Antony*, rapprochant les motifs de ces arrêtés de la pétition de 1829 et des discussions littéraires qui s'élèvent chaque année dans les chambres à l'occasion du budget du Théâtre-Français et de la menace faite, à plusieurs reprises, de retirer au Théâtre-Français une subvention qu'il profane au contact des novateurs littéraires, s'attache à démontrer que tous ces actes se lient à un système général de monopole et d'exclusion contre une doctrine littéraire qui blesse certaines répugnances et porte ombrage à certaines célébrités.

« Quel serait, en effet, continue le défenseur, le motif de cette violation perpétuelle des contrats ? un intérêt d'argent, une question de recettes. A cela nous répondrons, chiffres en main, que les recettes de monsieur Victor Hugo sont égales, supérieures à celles que le théâtre considère comme les plus fructueuses, celles de mademoiselle Mars. Ainsi la moyenne des 85 représentations de monsieur Hugo est de 2,914 francs 25 centimes. La moyenne de mademoiselle Mars dans l'hiver de 1835 est de 2,618 francs.

« Faut-il d'autres preuves de ce système dont je vous parlais ? Pourquoi ne pas vous les donner encore ? car ici monsieur Hugo ne parle pas seulement au nom de son intérêt privé, il parle au nom de tous ceux qui marchent avec lui dans la même carrière, au nom d'une question d'art et de liberté théâtrale ; et il faut bien que vous sachiez jusqu'où peut aller l'abus contre lequel nous venons protester aujourd'hui.

« Parmi les hommes que la faveur publique accompagne de son estime et de ses applaudissements, mais qui ne se rencontrent pas avec monsieur Victor Hugo dans les mêmes voies littéraires, et qui ne sont pas comme lui sous l'embargo censorial, il en est deux surtout, au talent, à l'habileté desquels plus que personne nous rendons hommage, dont les succès ont été grands et le sont encore. Certes, ce n'est pas d'eux que nous vient la position qui nous est faite.

« L'exclusion qui pèse sur certains auteurs, qui les repousse malgré des engagements sacrés, est loin de leur pensée ; et si un monopole en découle, ils le subissent plutôt qu'ils ne le préparent.

« Je suis convaincu même que les deux personnes dont je parle ne se sont point encore aperçues de tout cela. Je veux seulement montrer que la Comédie-Française ne tend à rien moins qu'à déshériter de sa publicité tous ceux dont les doctrines ne sympathisent pas avec la littérature officielle qui lui est imposée. »

L'avocat met sous les yeux du tribunal une statistique des diverses représentations du Théâtre-Français, et il examine dans quelle position se trouvent les quarante ou cinquante auteurs dont les ouvrages sont au répertoire.

Voici un extrait de ce curieux document, qui excite quelques marques d'étonnement dans l'auditoire.

« En 1834, sur 362 représentations, et déduction faite des représentations du vieux répertoire, les deux auteurs dont il s'agit en obtiennent 180 ; pour tous les autres auteurs il ne reste que 45 jours.

« En 1835 et 1836, ces deux auteurs ont 113, 115 jours, tous les autres n'ont que 50 et 54 jours.

« Enfin, du 1er janvier 1837 jusqu'à ce moment, ces deux auteurs ont obtenu 112 représentations ; 34 seulement ont été accordées aux autres. »

Après avoir fait ressortir tout ce qu'il y a de grave dans un pareil abus, de la part d'un théâtre que son institution même doit ouvrir à tous les travaux, à tous les succès, après avoir ajouté d'ailleurs que rien ne serait plus légitime que de jouer souvent des auteurs qui réussissent beaucoup, à la condition seulement de ne pas exclure d'autres auteurs qui ne réussissent pas moins, Mᵉ Paillard de Villeneuve arrive à l'examen des traités en eux-mêmes, et s'attache à justifier, dans une discussion lumineuse, les conclusions prises au nom de monsieur Victor Hugo.

« Cette cause, dit-il en terminant, ne vous offre-t-elle pas un étrange spectacle ? Depuis huit années, malgré de nombreux et éclatants succès, malgré la foi due à des engagements sacrés, monsieur Hugo n'a pu s'ouvrir les portes de ce théâtre, sur lequel cependant il avait jeté quelque gloire ; et, tandis que la Comédie-Française luttait ainsi pour le condamner au silence et à l'oubli, monsieur Victor Hugo pouvait voir ses œuvres traduites dans toutes les langues : il pouvait apprendre que sur les divers théâtres de l'Europe, à Londres, à Vienne, à Madrid, à Moscou, ses ouvrages étaient glorieusement représentés, couronnés d'applaudissements... C'est seulement en France, dans son pays, qu'il ne lui a pas été donné d'en entendre l'écho. »

Mᵉ Delangle, avocat de la Comédie-Française, prend la parole.

« Messieurs, dit-il, je ne m'attendais pas à voir la question placée sur le terrain que mon adversaire a choisi. Je ne voyais dans cette affaire qu'une question d'intérêt privé, qu'une appréciation d'actes, et non une question d'art, de monopole littéraire.

« N'attendez donc pas de moi que je suive l'avocat de monsieur Hugo dans la discussion qu'il vient d'entamer ; qu'il me suffise de vous dire que notre adversaire est assez mal venu dans ses plaintes et ses récriminations ; car, sur six drames dont l'illustre poëte est auteur, quatre ont été reçus par l'administration de la rue Richelieu ; trois, *Hernani, le Roi s'amuse, Angelo*, ont été joués par les comédiens français.

« Si *Marion de Lorme* n'a pas eu le même sort, il ne faut en attribuer la faute qu'au *veto* de la censure.

« En droit, les traités dont monsieur Victor Hugo réclame l'exécution sont entachés d'une nullité radicale. Effectivement, d'après un arrêté des consuls de nivôse an XIII, le décret impérial de Moscou et une ordonnance royale de 1816, l'administration de la compagnie qui exploite le Théâtre-Français ne peut engager cette même compagnie qu'autant que le conseil judiciaire a donné son approbation et le commissaire royal apposé son visa sur les traités.

« Sans doute, à l'époque où les règlements dont s'agit ont été rendus, la Comédie-Française était régie par des administrateurs qu'elle choisissait elle-même parmi ses sociétaires, et, depuis lors, la gérance a été confiée par l'autorité administrative à un directeur rétribué et qui n'a d'autre responsabilité que celle de ses faits personnels.

« Mais l'attribution de la gérance à un tiers, étranger à la société de la Comédie-Française, n'a dérogé en rien aux règlements antérieurs de cette société, règlements qui sont d'ordre public, et que nul n'est censé ignorer. Or, monsieur Victor Hugo a traité d'abord avec monsieur Desmousseaux, sociétaire-administrateur, et ensuite avec monsieur Jouslin de Lasalle, directeur, sans avoir obtenu le visa de monsieur le commissaire royal baron Taylor, ni l'approbation du conseil établi près de la Comédie-Française, indépendant de l'administration théâtrale, et qui se compose d'un avocat, d'un agréé, d'un notaire, d'un avoué, etc.

« Le demandeur est donc dans la même position que s'il avait traité avec un fils de famille en état de minorité, avec une femme mariée non assistée de son mari. Indépendamment de cette fin de non-recevoir insurmontable, il en existe d'autres encore.

« Ainsi, monsieur Victor Hugo n'a fait aucune mise

en demeure, aucunes diligences pour obtenir l'exécution des prétendues obligations qu'on nous oppose aujourd'hui.

« Il y a plus : en admettant la validité des actes en eux-mêmes, que peut demander monsieur Hugo? rien évidemment, si nous démontrons qu'il n'a de son côté rempli aucune des conditions qui lui étaient imposées.

« Ainsi, d'après un des articles du décret que j'ai cité, « les auteurs sont tenus de distribuer *en double* tous les rôles de leurs ouvrages. » Or, à l'égard d'*Hernani*, monsieur Hugo ne l'a pas fait.

« Une première distribution fut faite en 1829; mais Michelot, qui remplissait le rôle de Charles-Quint, s'est retiré; mademoiselle Mars a renoncé au rôle de dona Sol. Depuis, monsieur Victor Hugo n'a fait aucune distribution nouvelle. »

M. VICTOR HUGO : « Vous vous trompez. La distribution a été faite en 1834. Elle est écrite sur les registres du théâtre, de la main même de monsieur Jouslin de Lasalle. Le rôle de Charles-Quint était donné à monsieur Ligier, qui me l'avait vivement demandé. »

Mᵉ DELANGLE : « J'ignorais le fait. Mais, fût-il exact, il n'y aurait là qu'une distribution de rôles seulement aux chefs d'emploi, et non en double comme l'exige le décret.

« En effet, l'un est tout aussi important que l'autre; car, si le chef d'emploi est empêché, il faut qu'on puisse avoir le *double* tout prêt, pour que les représentations ne soient pas arrêtées tout à coup, au détriment des intérêts du théâtre.

« La nécessité d'une distribution de rôles *en second* a été reconnue formellement par la Cour royale dans l'affaire Vander-Burch.

« Relativement à *Angelo*, ajoute Mᵉ Delangle, la Comédie-Française a accompli toutes ses obligations : elle a donné les dix représentations stipulées dans le traité de 1835, et, si elle a cru devoir interrompre les représentations de cet ouvrage, c'est qu'apparemment le public commençait à s'en éloigner, car la dernière recette ayant été au-dessous de 1,500 francs, somme à laquelle s'élèvent les frais de chaque jour, les règlements en autorisent le retrait.

« Quant à *Marion de Lorme*, la position de la Comédie-Française est également justifiée par les règlements du théâtre.

« Cet ouvrage fut, il est vrai, en 1829, soumis au comité de lecture du théâtre et reçu par acclamations.

« Vous savez que la censure en arrêta les représentations. En 1831, après l'abolition de la censure, la Comédie-Française voulut représenter cet ouvrage; mais monsieur Victor Hugo l'avait retiré et donné au théâtre de la Porte-Saint-Martin, pour lequel il avait alors une vive prédilection. Cette pièce fut donc soumise au public.

« Mais, que monsieur Victor Hugo me permette de le lui dire, car il est un de ces hommes dont le talent, dont le génie n'est méconnu de personne, et auxquels on peut dire la vérité, *Marion de Lorme* n'a pas eu un grand succès. »

M. VICTOR HUGO : « Elle a eu soixante-huit représentations. » (Mouvement.)

Mᵉ DELANGLE : « Je n'en persiste pas moins dans ma pensée. » (On rit.)

« Cependant, je le sais, il fut convenu, dans le traité de 1835, que *Marion de Lorme* serait reprise; mais il était sous-entendu que cet ouvrage serait de nouveau soumis à l'approbation du comité de lecture. La réception de 1829 était considérée comme non avenue, par suite du retrait qu'en avait fait monsieur Hugo : c'était en quelque sorte une pièce nouvelle qui devait être soumise aux mêmes conditions.

« Or, tant que *Marion de Lorme* n'aura pas été soumise à la lecture, monsieur Victor Hugo ne peut réclamer l'exécution du traité. Est-il donc de ces auteurs qui doivent avoir à redouter une pareille épreuve? et comment nous expliquer son refus de s'y soumettre?

« Ainsi j'ai démontré qu'à l'égard de *Marion de Lorme* la Comédie-Française n'a aucune obligation à remplir tant que monsieur Hugo n'aura pas rempli les siennes.

« Pour *Angelo*, nous sommes dans les termes de l'équité, de la loi, qui ne peuvent nous forcer à remplir un engagement préjudiciable.

« Enfin, quant à *Hernani*, si le tribunal croyait que le traité est valable et qu'il y a lieu d'en ordonner la représentation, nous demanderons un délai suffisant pour effectuer la reprise.

« Dans tous les cas, aucuns dommages-intérêts ne sauraient être accordés; car, d'une part, il n'y a pas eu de mise en demeure, et, d'autre part, monsieur Hugo n'a rempli aucune des obligations que de son côté il avait à exécuter. »

Me Paillard de Villeneuve réplique avec force et examine successivement les fins de non-recevoir apportées par la Comédie-Française. Quant à la nullité des traités pour défaut de capacité du directeur, l'avocat soutient que c'est là un moyen de mauvaise foi que le tribunal ne peut admettre.

Trois traités ont été faits par les divers directeurs : tant qu'il s'agissait d'obliger monsieur Hugo, on les trouvait capables d'agir, et leur prétendue incapacité n'est invoquée que lorsqu'il s'agit de leurs propres obligations.

L'avocat soutient d'ailleurs que les prétendues exigences du règlement de Moscou n'ont jamais été exécutées, pas plus en ce qui touche les droits du Comité d'administration que la nécessité de distribution des rôles en double, etc.

Après avoir discuté en droit la validité des traités, le défenseur établit qu'à l'égard d'*Hernani*, monsieur Hugo a fait tout ce qui dépendait de lui pour obtenir l'exécution du traité ; et qu'à l'égard de *Marion de Lorme*, le traité de 1835 n'exige pas la nécessité d'une lecture qui n'a jamais lieu d'après les usages du théâtre pour les ouvrages déjà représentés.

L'avocat repousse ensuite le moyen qu'on cherche à tirer des recettes d'*Angelo* en reproduisant un état des chiffres auxquels elles se sont élevées, et qui donnent une moyenne de 2,300 francs. L'avocat termine en demandant une condamnation qui soit tout à la fois une réparation pour monsieur Hugo et un châtiment pour l'insigne mauvaise foi de la Comédie-Française.

Me Delangle insiste sur les arguments qu'il a déjà développés au nom du Théâtre-Français, et revient avec de nouveaux développements sur les fins de non-recevoir qui s'opposent à la demande de monsieur Victor Hugo.

Monsieur Victor Hugo se lève. (Vif mouvement de curiosité.)

« Messieurs, dit-il, je ne m'attendais pas à parler dans cette affaire. Mon avocat a complétement ruiné, dans son argumentation, tout à la fois si éloquente et si précise, l'étrange système adopté par l'avocat du Théâtre-Français, et s'il ne s'agissait que de moi dans ce procès, je ne prendrais pas la parole ; mais ce n'est pas seulement de moi qu'il s'agit : c'est de la littérature dont la cause est en ce moment mêlée à la mienne. Je dois donc élever la voix. Parler pour son intérêt privé, c'est un droit : j'aurais facilement renoncé à un droit; parler pour l'intérêt de tous, c'est un devoir : je ne recule jamais devant un devoir.

« Et, en effet, messieurs, l'attitude que prend le Théâtre-Français dans cette affaire est un grave avertissement pour la littérature dramatique tout entière. Il y a là un système qu'il faut signaler, une leçon dont il importe que tous les auteurs prennent leur part. La loyauté de la Comédie-Française mérite d'être connue. Mettons-la au grand jour.

« De la singulière défense à laquelle le Théâtre-Français a eu recours il résulte deux choses.

« La première, la voici : c'est que le directeur du Théâtre-Français est un homme double.

« Le directeur du Théâtre-Français a deux visages, l'un pour nous, auteurs, l'autre pour vous, tribunal.

« Le directeur du Théâtre-Français... (Ici monsieur Victor Hugo se retourne vers le barreau et dit : « Et je regrette de ne pas le trouver à cette barre pour confirmer mes paroles. Puis il continue) : Le directeur du Théâtre-Français a besoin de moi ; il vient me trouver. Ses recettes baissent, me dit-il, il compte sur moi pour relever son théâtre ; il me demande une pièce, il m'offre toutes les conditions que je pourrai désirer ; il me propose un traité ; il a pleins pouvoirs ; il est le directeur du Théâtre-Français. J'accepte. Je consens à donner la pièce qu'on me demande.

« Le directeur écrit le traité en entier de sa main ; je le signe, puis il le signe aussi. Voilà un engagement formel, complet, sacré, dites-vous. Non, messieurs, c'est une tromperie.

« Vous l'avez entendu, je ne l'invente pas, c'est l'avocat du théâtre qui vous l'a dit lui-même, le directeur, qu'il s'appelle Védel ou Jouslin de Lasalle, peu importe, le directeur n'avait pas qualité pour traiter ; le directeur est venu chez moi sachant cela ; et pourquoi est-il venu chez moi ? pour traiter avec moi.

« J'étais de bonne foi, moi auteur ; lui directeur mentait et me trompait. Il y avait derrière lui un décret de Moscou, un règlement des consuls, une ordonnance de 1816, que sais-je! J'ignorais ce décret, ce règlement, cette ordonnance.

« Le directeur savait que je l'ignorais, il a profité de mon ignorance.

« Grâce à mon ignorance, il a obtenu de moi des pièces pour lesquelles d'autres théâtres me faisaient des offres sincères. Quoique sans pouvoir pour traiter, il a traité avec moi, il m'a trompé, dis-je, et, vous venez de l'entendre, c'est de cela que la Comédie-Française se vante.

« Qu'est-il arrivé? Moi, auteur, j'ai exécuté religieusement les conventions : j'ai donné aux époques convenues les pièces promises ; le théâtre, lui, n'a été fidèle qu'à violer ses engagements : il les a violés trois fois de suite.

« J'ai eu beau réclamer, je ne sais si c'est là ce qu'on appelle *mettre à demeure*, j'ai eu beau réclamer, le théâtre n'a fait que des réponses évasives, le théâtre a éludé, le théâtre a promis, le théâtre m'a trompé et promené d'année en année par des commencements d'exécution. Bref, le théâtre n'a pas exécuté.

« Pourtant, je dois le déclarer, aucun directeur n'avait jamais osé me faire entrevoir même l'ombre de ce système que l'avocat du théâtre vient d'exposer tout à l'heure, — exposer, c'est le mot — à la face de la justice.

« Après sept ans d'attente, de bons procédés, de patience, de silence, de graves dommages et dans mes ouvrages et dans mes intérêts, je me décide à en appeler aux tribunaux; j'ai recours à la protection de la loi, qui ne doit pas moins couvrir la propriété littéraire que les autres propriétés ; j'appelle à votre barre, qui? le directeur du Théâtre-Français. Alors, qu'arrive-t-il? Messieurs, devant vous le directeur du Théâtre-Français s'évanouit.

« L'homme que j'ai vu, qui m'a écrit, qui m'a parlé, qui est venu chez moi, qui avait tout pouvoir, qui a traité et qui a signé, cet homme-là n'est plus qu'une ombre. C'est un être invalide, c'est un individu sans qualité; c'est un mineur.

Il a traité, c'est vrai, mais il ne pouvait pas traiter : il y a le décret de Moscou. Il a signé, c'est vrai, mais il ne devait pas signer : il y a le règlement des consuls. Il a donné sa parole, c'est vrai ; mais comment ai-je pu croire à sa parole? c'est son avocat qui le dit. Voilà la défense du Théâtre-Français.

« N'avais-je pas raison de vous le dire en commençant, messieurs, le directeur du Théâtre-Français a deux visages.

« Ces deux visages sont deux masques : avec l'un on trompe les auteurs; avec l'autre on trompe la justice. (Sensation.)

« Encore une fois, messieurs, quand je dis le directeur du Théâtre-Français, je n'entends désigner personne, pas plus monsieur tel que monsieur tel. Ce n'est pas l'homme qui a occupé, qui occupe ou qui occupera la position de directeur que j'accuse ; c'est la position elle-même, c'est cette situation ambiguë et inqualifiable que je vous signale. D'ailleurs, vous le voyez bien, le directeur du Théâtre-Français est une ombre qui échappe aux auteurs d'une part, et à la justice de l'autre.

« Ce qui résulte encore de la plaidoirie du théâtre, le voici : c'est que si vous êtes auteur, si vous avez produit à la Comédie-Française quatre-vingt-cinq recettes ; si, en présence des frais du théâtre, qui sont de 1,500 francs par jour, ces recettes ont donné une moyenne de 2,914 francs, c'est-à-dire quatre-vingt-cinq fois 1,414 francs de bénéfice pour le théâtre, cela ne signifie rien, absolument rien. Il y a dans vos quatre-vingt-cinq représentations bien des recettes qui dépassent 3,000, 4,000, 5,000 francs; qu'importe! s'il s'en trouve dans le nombre une ou deux qui soient au-dessous de 1,500 francs, voilà celles que le théâtre déclarera, voilà celles qu'il dénoncera à la justice, et il poussera sur ses pertes de grands gémissements! En vérité, cela ne fait-il pas pitié?

« Je n'en dirai pas davantage sur ces chiffres, sur ces chicanes, sur ces misères. Je ne suivrai pas l'avocat du théâtre dans l'inextricable dédale d'arguties où il a essayé d'enfermer mon bon droit. Je dédaigne, messieurs, toute cette discussion qui est complétement inattendue pour moi, je le déclare, et que M. Védel désavouerait tout le premier, je l'espère pour lui, s'il était présent à cette audience... »

Me DELANGLE : « Je n'ai plaidé que d'après les instructions de mon client. »

M. VICTOR HUGO : « Je le crois, mais cela m'étonne, car je connais la loyauté de M. Védel; il m'est pénible de penser qu'il ait pu consentir à invoquer contre moi à l'audience des arguments dont il paraissait si éloigné dans ses conversations particulières.

« Il est un autre point, messieurs, je le dis en passant, sur lequel je m'étonne que l'avocat de la Comédie-Française n'ait pas de lui-même appelé votre attention. La moyenne des recettes d'*Hernani* est de 3,312 francs.

Me DELANGLE : « Je n'ai pas ce chiffre. »

M. VICTOR HUGO : « 3,312 francs, le chiffre est exact... et 12 centimes si vous le voulez absolument. » (Sourires.)

M. VICTOR HUGO, continuant : « Je n'ai plus qu'un mot à ajouter, messieurs; j'ai été de bonne foi dans cette affaire, la Comédie a été de mauvaise foi. Chose rare! c'est elle-même qui le déclare, et qui fait de sa mauvaise foi son système de défense. J'ai signé des traités qui étaient sérieux pour moi et que j'ai exécutés; les directeurs successifs du théâtre ont signé des traités qui étaient dérisoires pour eux et qu'ils ont violés.

« Ce théâtre a eu souvent besoin de moi; il est venu me trouver : je ne cite ici que des faits, des faits que personne n'ignore. Je lui ai rendu des services qu'il ne nie pas; il m'a répondu par des déceptions qu'il ne nie pas non plus.

« Vous êtes des juges d'équité, vous apprécierez cette façon d'agir et cette façon de se défendre.

« Vous apprendrez à ce théâtre, par une condamnation sévère, qu'il est immoral de faire des traités et de les faire invalides exprès pour pouvoir les violer ensuite.

« Vous briserez le monopole qui confisque ce théâtre au détriment de toute la littérature, à laquelle deux Théâtres-Français suffiraient à peine.

« Vous n'admettrez pas le système de la Comédie-Française par pudeur pour elle-même; vous lui apprendrez, puisqu'elle a besoin que la justice le lui apprenne, que la signature de ses directeurs est une signature valable, que la parole de ses directeurs est une parole sérieuse.

« Vous ne ferez pas à ces directeurs l'injure de leur donner gain de cause en déclarant leur signature nulle et leur parole menteuse.

« Et moi, messieurs, j'aurai à me féliciter de vous avoir donné une nouvelle occasion de prouver que vos jugements sont tout à la fois l'écho de vos consciences et l'écho de la conscience publique. »

Après cette brillante improvisation, qui est suivie d'un murmure général d'approbation, monsieur le président annonce que la cause est mise en délibéré pour le jugement être prononcé à quinzaine.

10.

Audience du 20 novembre 1837.

Une foule nombreuse, impatiente de connaître le résultat de cette affaire, était encore réunie aujourd'hui dans l'enceinte du tribunal de commerce.

Voici le texte exact du jugement qui a été rendu, et qui, indépendamment des questions spéciales élevées sur la nature des divers traités invoqués par monsieur Hugo, pose d'importants principes en matière de littérature dramatique :

« Le tribunal, en ce qui touche les représentations d'*Hernani* :

« Attendu que, par les conventions verbales du 12 août 1832, Victor Hugo, d'une part; et, d'autre part, Desmousseaux, représentant la Comédie-Française, se sont engagés, le premier à livrer à la Comédie-Française un drame intitulé *le Roi s'amuse*; le second, à faire jouer le drame, et, de plus, à préparer la reprise d'*Hernani* pour le courant du mois de janvier 1833 ;

« Attendu que Victor Hugo a satisfait à cette convention par la livraison du drame *le Roi s'amuse*, tandis que la Comédie-Française s'est bornée à jouer ce drame et a négligé de remplir l'obligation relative à la reprise d'*Hernani* ;

« Attendu qu'à la date du 25 janvier 1835, par un autre traité verbal intervenu entre Victor Hugo et Jouslin de Lasalle, alors directeur du Théâtre-Français, traitant au nom de la Comédie-Française, il a été stipulé de nouveau qu'*Hernani* serait repris, et ce dans les six mois qui suivraient le 10 avril lors prochain, sans que la Comédie-Française ait rempli ce nouvel engagement ;

« Attendu qu'il résulte de la correspondance entre Victor Hugo et Védel, directeur actuel du Théâtre-Français, que le 2 avril 1837 celui-ci s'est engagé à son tour à effectuer la reprise d'*Hernani*, et que ce troisième engagement n'a point reçu jusqu'à aujourd'hui l'exécution promise ;

« Que c'est à tort que l'on reproche à Victor Hugo de n'avoir point distribué, conformément aux règlements, les rôles d'*Hernani* en premier et en double, parce que, dans l'usage, cette distribution se fait de concert par l'auteur et le directeur, et que, dans l'espèce, il y a eu une distribution de ces rôles ;

« En ce qui touche la représentation de *Marion de Lorme* ;

« Attendu que, dans le traité verbal ci-dessus mentionné entre Victor Hugo et Jouslin de Lasalle, Victor Hugo, en promettant de livrer à la Comédie-Française un nouveau drame intitulé : *Angelo* ou *Padoue en* 1549, ce qu'il a exécuté, a stipulé en sa faveur non-seulement qu'*Hernani* serait repris, mais encore que *Marion de Lorme* serait jouée deux fois au moins par la Comédie-Française, dans l'année, à compter du mois de novembre 1835, lors prochain ;

« Attendu que jusqu'à ce jour aucune diligence n'a été faite par la Comédie-Française pour représenter *Marion de Lorme ;* que si cette pièce, après avoir été reçue au Théâtre Français en 1829, a été retirée et portée au théâtre de la Porte-Saint-Martin, où elle a eu soixante-huit représentations, on ne peut trouver dans cette circonstance un motif suffisant pour la Comédie-Française de se soustraire à ses obligations, puisque c'était longtemps après, et nonobstant les représentations de *Marion de Lorme* sur un autre théâtre, que Jouslin de Lasalle avait pris l'engagement de la faire jouer par la Comédie-Française ; que vainement on objecte contre Victor Hugo sa négligence à provoquer une lecture de *Marion de Lorme* devant le comité compétent ; que ce préliminaire, indispensable dans la nouveauté d'une œuvre dramatique, peut être omis dans l'espèce, puisque dès l'année 1828 *Marion de Lorme* a été lue et reçue au Théâtre-Français ; que d'ailleurs il n'est pas sans exemple, à ce théâtre, que des pièces représentées d'abord sur d'autres scènes aient été jouées ensuite sur la scène française sans lecture préalable ;

« En ce qui touche la reprise d'*Angelo :*

« Attendu qu'il a été convenu entre Victor Hugo et Védel qu'*Angelo* serait repris et joué quinze fois au moins du 2 avril au 22 septembre 1837 ; que, malgré cette convention, *Angelo* n'a été représenté que cinq fois dans l'intervalle de temps susmentionné ; que la médiocrité de certaines recettes, dont on excipe pour justifier la négligence de la Comédie-Française, peut avoir eu pour cause des circonstances étrangères au mérite de la pièce ; que d'ailleurs, et quelles qu'en soient les causes, l'engagement est pris par Védel sans réserves ni restrictions, et que, s'il a fait un mauvais calcul, il n'en est pas moins obligé par son engagement, et ne peut ni ne doit en imputer qu'à lui-même les conséquences, surtout lorsque ces conséquences pèsent sur un théâtre subventionné par l'État ;

« Attendu que, si les diverses conventions verbales invoquées par Victor Hugo n'ont pas été accompagnées de l'approbation du commissaire royal attaché au théâtre, il est constant pour le tribunal que cette approbation n'était pas indispensable pour valider lesdites conventions ; que l'usage prouve qu'on ne s'y conforme pas toujours ;

« Attendu, d'ailleurs, que l'approbation est devenue superflue là où il y a eu exécution commencée, et que la Comédie-Française, ayant laissé exécuter les traités dont il s'agit dans la partie qui paraissait la plus favorable à ses intérêts, n'est que plus mal fondée à en invoquer la nullité lorsqu'il s'agit des clauses stipulées en faveur de l'auteur;

« Attendu que, si Victor Hugo n'a pas mis la Comédie-Française en demeure d'accomplir ses obligations, il résulte des faits de la cause que des réclamations nombreuses ont été faites par lui dans ce but, et que d'ailleurs chacun des traités verbaux qui se sont succédé portent en eux-mêmes la preuve de l'inexécution des conditions imposées à la Comédie-Française; que dès lors il n'y a lieu d'invoquer ni la nullité ni la péremption de ces traités, ni le défaut d'une mise en demeure par huissier;

« Attendu que la propriété littéraire, qui est le produit des plus nobles facultés de l'homme, doit trouver devant les tribunaux une protection équitable contre la violation des conventions où elle est intéressée;

« Attendu qu'il est digne d'un peuple qui doit à la culture du drame tragique et comique une de ses gloires les plus belles, d'ouvrir à tous les systèmes de littérature, à tous les talents, un théâtre national où ils puissent, à leurs risques et périls, se produire devant un public éclairé, et, par une lutte de gloire plutôt que d'argent, concourir tous ensemble à l'illustration des lettres françaises;

« Attendu que, par suite de l'inexécution de ses obligations, la Comédie-Française a causé à Victor Hugo un préjudice dont elle lui doit la réparation; que, de plus, il est juste que les engagements pris reçoivent pleine et entière exécution;

« Par ces motifs,

« Le tribunal, admettant, d'après les informations de la cause, le tort souffert par Victor Hugo, et jugeant en dernier ressort;

« Condamne Védel, et par corps, à payer à Victor Hugo 6,000 francs à titre de dommages-intérêts;

« Ordonne que dans le délai de deux mois, à compter de ce jour, Védel, en sa qualité de directeur de la Comédie-Française, sera tenu de représenter *Hernani*;

« Que dans le délai de trois mois, aussi à compter de ce jour, ledit Védel sera tenu de représenter *Marion de Lorme*;

« Que dans le délai de cinq mois Védel complétera les quinze représentations d'*Angelo*, sinon, et faute par lui de le faire dans lesdits délais, condamne dès à présent Védel, par les voies de droit, et même par corps, à payer à Victor Hugo 150 francs par chaque jour de retard;

« Condamne Védel aux dépens; ordonne l'exécution provisoire sans caution. »

COUR ROYALE DE PARIS

(PRÉSIDENCE DE MONSIEUR SÉGUIER, PREMIER PRÉSIDENT.)

Audience du 5 décembre.

A l'ouverture des portes, une foule considérable se précipite dans la salle. On remarque dans les rangs du public un grand nombre de littérateurs et d'artistes dramatiques.

Monsieur Victor Hugo a quelque peine à se placer dans la tribune particulière qui lui a été réservée, et qui est déjà envahie par des avocats.

Me Delangle prend la parole en ces termes :

« En 1829, monsieur Victor Hugo présenta à la Comédie *Marion de Lorme* : il était le chef de cette école qui, se frayant des routes nouvelles, annonçait la prétention et manifestait l'espérance de raviver la littérature. L'ouvrage fut lu, reçu ; le contrat était formé : mais la censure empêcha la représentation ; cette intervention établissait la force majeure, et la pièce fut retirée.

« En 1830, *Hernani* fut accepté et monté avec soin ; mademoiselle Mars y remplissait le principal rôle ; tout fut mis en œuvre pour exciter la curiosité.

« Un journal, donnant son opinion sur ma plaidoirie devant le tribunal de commerce, a dit que je n'étais pas un homme littéraire.

« Je n'ai pas de prétention à ce titre ; mais il me sera

permis de rappeler, comme un fait notoire, que certains spectateurs, à l'occasion de la pièce nouvelle, dépassèrent toutes les limites connues de l'admiration, et que, dans leur enthousiasme, ils voulurent imposer leur sentiment d'une façon peu littéraire : il faut le dire, on se battit au parterre; ce fut, du reste, un nouvel attrait pour l'avide curiosité du public.

« Quarante-huit représentations produisirent de bonnes recettes.

« Survint la révolution de Juillet et l'abolition de la censure. Les comédiens se rappelèrent la déconvenue de *Marion de Lorme*, ils la redemandèrent à l'auteur, qui refusa, par l'honorable motif qu'on pourrait voir dans cet ouvrage des allusions à la récente expulsion du roi Charles X.

« Depuis, *Marion de Lorme* fut par lui donnée à la Porte-Saint-Martin, où elle eut soixante-huit représentations. Le contrat originaire, deux fois brisé, cessait donc d'enchaîner aucune des parties à l'égard de cet ouvrage.

« Le 12 août 1832, *le Roi s'amuse* devint, entre monsieur Victor Hugo et monsieur Desmousseaux, artiste du Théâtre-Français, agissant au nom du Comité d'administration, l'occasion d'un traité spécial.

« M. Desmousseaux promettait de reprendre *Hernani* pour le courant du mois de janvier 1833. Il était nécessaire de distribuer de nouveau les rôles, mademoiselle Mars renonçant à celui de dona Sol, et Michelot, chargé de celui de Charles-Quint, ayant quitté le théâtre. En outre, pour plaire à l'auteur, on engageait madame Dorval; puis on lui accordait une prime avantageuse dès avant la lecture.

« Il n'y eut aucun retard dans l'exécution de la première de ces promesses : *le Roi s'amuse* fut représenté ; mais la pièce fut défendue par la censure après la première représentation. Fut-ce par l'effet d'une intrigue littéraire ?

« Ce qui est certain, c'est qu'un procès, fait par l'auteur au ministre de l'intérieur, devant le tribunal de commerce, demeura sans succès, et que les comédiens, qui avaient dépensé pour monter la pièce 20,000 francs et beaucoup de temps, en furent pour leur temps et leur argent.

« Un nouveau traité intervint, le 24 février 1835, avec monsieur Jouslin de Lasalle.

« Quel était monsieur Jouslin de Lasalle? Il remplaçait le comité d'administration jusque-là chargé de faire les marchés relatifs à l'exploitation du théâtre, mais avec l'obligation de prendre l'avis du conseil judiciaire et d'obtenir le visa du commissaire royal, dépendant lui-même du ministre de l'intérieur.

« Le traité avait pour objet la reprise d'*Hernani* dans les six mois qui suivraient le 10 avril, lors prochain, la réception de *Marion de Lorme*, la représentation d'*Angelo, tyran de Padoue*, et l'allocation à monsieur Victor Hugo d'une prime de 4,000 francs payable même avant la lecture.

« Ce traité était-il légal? On reconnaîtra au moins que le passé était purgé et que la plainte n'était plus permise à l'égard du retard qu'avait éprouvé la reprise d'*Hernani*.

« Aujourd'hui, procès et assignation au tribunal de commerce; elle ne tendait à rien moins qu'à des dommages-intérêts pour le passé, et à la reprise des trois pièces dans le plus bref délai.

« Le débat s'est agrandi devant le tribunal; on a signalé le monopole exercé par certains auteurs et le favoritisme dont ils sont l'objet, tandis que la nouvelle école est l'objet de l'anathème et du dédain. Monsieur Victor Hugo lui-même n'a pas dédaigné de prendre la parole, et le lendemain les amateurs de comptes fidèlement rendus ont pu lire son discours dans la *Gazette des Tribunaux*.

« La Comédie répondait que le traité n'était pas obligatoire ; que, si une obligation en résultait, il n'était dû néanmoins aucuns dommages-intérêts pour le passé ; enfin qu'un délai suffisant devait être accordé pour reprendre les trois pièces de monsieur Victor Hugo.

« La contagion ayant en quelque sorte gagné les juges du tribunal de commerce, ils ont rendu, par des motifs moitié en droit, moitié littéraires, le jugement sévère qui est déféré à la Cour. »

Après avoir donné lecture de ce jugement, maître Delangle fait d'abord observer qu'il est déraisonnable d'avoir condamné par corps monsieur Védel, simple agent et directeur, auquel on ne peut opposer des faits personnels.

« Dans ce jugement, ajoute l'avocat, on rencontre à la fois la théorie littéraire et l'appréciation des actes et des faits.

« Toutefois, bien qu'il n'y ait à s'occuper que des actes, un mot sur la théorie. C'est le reflet des plaintes de monsieur Victor Hugo ; mais il n'y a pas ombre de justice.

« Il suffit de rappeler comment l'illustre écrivain était accueilli au Théâtre-Français, et quelle belle part lui était faite, y compris les 4,000 francs de prime qui lui étaient alloués même avant la lecture de ses drames. Mais c'est ainsi que raisonne l'intérêt personnel.

« Lorsqu'à la chambre des députés il fut question de la subvention à allouer au Théâtre-Français, on se récria contre la nature des ouvrages joués depuis quelque temps sur ce théâtre. Je veux que ces doléances soient venues de personnages du *contraire parti* (on rit) ; mais enfin, après de telles plaintes, après les préférences, on peut le dire, dont il était l'objet, monsieur Victor Hugo n'avait pas le droit de se plaindre.

« Qu'on dise, comme l'a fait le tribunal de commerce,
« qu'il est digne d'un peuple qui doit à la culture du drame
« tragique et comique une de ses gloires les plus belles,

« d'ouvrir à tous les systèmes de littérature, à tous les
« talents, un théâtre national où ils puissent, à leurs ris-
« ques et périls, se produire devant un public éclairé, et,
« par une lutte de gloire plutôt que d'argent, concourir
« tous ensemble à l'illustration des lettres françaises, »
c'est fort poétique et fort libéral sans doute. S'il n'y avait
risque et péril que pour les auteurs, passe encore; mais
qui se trouve exposé ? les comédiens, et c'est à leurs dépens que se fait la poésie et le libéralisme. »

L'avocat, s'expliquant sur le traité dont le Théâtre-Français demande la nullité, fait remarquer qu'on ne peut imputer aucune mauvaise foi à monsieur Védel, qui n'est pas
l'auteur de ce traité, qui a voulu l'exécuter, en tant qu'il
eût été exécutable, et qui enfin ne fait que suivre la direction qui lui est imprimée par le conseil judiciaire du
théâtre.

M⁰ Delangle résume rapidement les moyens qu'il a présentés.

M⁰ Paillard de Villeneuve prend la parole pour monsieur
Victor Hugo.

« Messieurs, dit-il, on vous a dit que c'était une question commerciale que vous aviez à juger. On a eu raison ;
car la propriété littéraire, quelles que soient la noblesse
de son origine et la gloire de ses résultats, en l'absence
de lois particulières qui la régissent, n'est autre chose,
dans de pareils débats, qu'une marchandise.

« Soit donc, plaidons sur cette marchandise, mais au
moins ne la rejetons pas au-dessous des marchandises les
plus vulgaires. Plaidons sur une question commerciale,
mais n'oublions pas alors qu'en pareille matière il faut,
avant tout, bonne foi, loyauté, principes incontestables
et sacrés, qu'il semble que dans tout cette discussion on
ait voulu prendre à tâche de méconnaître et de violer. Éla-
guons donc pour un moment, de cette cause ainsi rétrécie,

et le nom glorieux de l'auteur que je représente, et les graves conséquences que la liberté littéraire attend de votre décision.

« Il s'agit de savoir si les traités que la Comédie-Française a demandés, implorés comme une grâce, doivent être exécutés au profit de monsieur Victor Hugo, comme ils l'ont été au profit du théâtre. Telle est la seule question du procès.

« Avant d'y arriver, quelques mots sur les faits.

« En 1829, monsieur Victor Hugo composa *Marion de Lorme*, dont les représentations furent arrêtées par un véto de la censure. En transmettant cet ordre à monsieur Victor Hugo, monsieur le ministre de l'intérieur lui envoya comme compensation l'ampliation d'une ordonnance qui portait à 6,000 francs la pension de 2,000 francs qu'il tenait de la volonté spontanée de Louis XVIII. Monsieur Hugo refusa cette pension; quelles que fussent les insistances du ministre, il persista dans ce refus; et, plus tard, en 1832, lorsqu'à l'occasion du *Roi s'amuse* il se vit contraint de plaider contre le ministre de l'intérieur, il renonça de lui-même à cette pension de 2,000 francs, dont on semblait lui faire reproche, pour l'arrêter dans la lutte qu'il soutenait.

« Ces faits me semblent de nature à être rappelés dans une discussion où l'on paraît nous accuser d'élever des questions d'argent. Je puis rappeler aussi, au nom d'un auteur qu'on représente comme demandant à être joué par autorité de justice, que monsieur Hugo, en 1830, après l'abolition de la censure, refusa de laisser jouer *Marion de Lorme*, parce qu'il ne lui convenait pas de faire servir un œuvre littéraire à des passions politiques, et qu'il n'était pas dans sa pensée de spéculer sur un succès injurieux pour une dynastie tombée. »

L'avocat rappelle les divers traités intervenus, et dont

il rattache la violation à des intrigues de camaraderie et à un système de monopole qui ferme les portes du Théâtre-Français à un des genres de la littérature dramatique.

« On a posé d'abord une question d'argent, poursuit l'avocat; il importe d'y répondre. Si la Comédie-Française, a-t-on dit, recule devant l'exécution des traités, c'est que cette exécution la menace d'un épouvantable déficit : tenir sa parole, ce serait pour elle une ruine inévitable. Voyons :

« Il y a au théâtre, pour les recettes, une espèce de thermomètre qui indique la situation la plus prospère. Ce sont les recettes de mademoiselle Mars.

« Or, pendant l'hiver de 1835, saison favorable, comme on sait, la moyenne de ces recettes a été de 2,618 francs 95 centimes : je prends depuis la plus forte, celle du *Misanthrope*, qui est de 4,321 francs, jusqu'à la plus faible, celle de l'*École des vieillards*, qui n'est que de 1,230 fr. : ce qui prouve, soit dit en passant, que la Comédie-Française n'exécute pas toujours aussi rigoureusement le règlement qui repousse du théâtre toute pièce qui ne fait pas les frais.

« Or, la moyenne des quatre-vingt-cinq recettes de monsieur Victor Hugo, toutes faites dans la saison d'été, est de 2,914 francs.

« Admet-on les cinq représentations d'*Angelo*, données en vue du procès et dans des circonstances que je signalerai plus tard : cette moyenne est de 2,856 francs. Et si nous défalquons les frais du théâtre, d'après le chiffre même qu'il nous donne, il en résulte que le bénéfice net sur les deux ouvrages de monsieur Hugo, *Angelo* et *Hernani*, est de 125,600 francs.

« Ce sont là, sans doute, de misérables détails, je le sais; mais enfin il faut bien répondre par des chiffres aux étranges lamentations de ce théâtre.

« Nous aurions désiré que la Comédie-Française nous

mit, par la communication de ses registres, à même de comparer ce qu'on appelle la situation pécuniaire de monsieur Hugo avec celle des auteurs les plus favorisés du théâtre.

« Cette communication a été refusée. Mais j'ai pu me procurer ce chiffre : or, la moyenne des recettes de l'un de ces auteurs est de 1,917 francs; celle de l'autre, poëte tragique, est de 1,803 ; et cependant nous verrons de quelle singulière faveur jouissent ces deux auteurs qui, lorsqu'il nous est impossible, à nous, d'obtenir l'exécution de nos traités, obtiennent de la volonté toute gracieuse des comédiens, en 1836, par exemple, 115 représentations, et tous les autres auteurs 54 seulement; en 1837, en dix mois, 119, et les autres 34. »

Me DELANGLE : C'est inexact.

Me PAILLARD DE VILLENEUVE : « On m'arrête... Ah! je sais que monsieur Védel, comme certain personnage d'un drame moderne, va vous dire: « Mais le *Constitutionnel*...» (Rires dans l'auditoire.) Oui, je sais que le *Constitutionnel*, qui a voulu jeter dans cette question une intervention littéraire que je veux croire impartiale, prétend que j'ai, devant les premiers juges, annoncé un fait matériellement inexact en soutenant qu'en 1836 ces deux auteurs avaient obtenu 115 représentations, attendu, ajoute ce journal, que l'un de ces auteurs n'avait eu que 98 représentations, et l'autre 17.

« Or, le journal en question trouve ridicule que j'aie additionné ces deux chiffres par 115. (On rit.)

« Arrivons à quelque chose de plus sérieux; voyons les traités. Ils sont nuls, dit-on ; ceux qui les ont signés étaient incapables. (On rit.)

« Ainsi, on s'est présenté chez monsieur Victor Hugo avec une qualité qu'on n'avait pas, qu'on savait ne pas avoir.

« On lui a proposé des traités, on lui a imposé des obligations. Il les a, lui, exécutées fidèlement, loyalement; et lorsqu'à son tour il en demande l'exécution contre le théâtre... on l'arrête.

« Tout cela n'était qu'un jeu; ces traités n'étaient que des mensonges : ces directeurs qui sont allés chez vous, ils ont trompé votre bonne foi, c'étaient des comédiens qui ont joué leur rôle; c'étaient des signatures imaginaires, comme la veille, au théâtre, celle de Crispin... Non, non, ce n'est pas ainsi qu'on se joue de la sainteté des conventions; ce n'est pas avec de tels moyens qu'on abuse la justice; et, je n'en doute pas, messieurs Desmousseaux et Védel, tous deux hommes honorables, je me plais à le dire, gémissent, dans leur loyauté, d'en être réduits à de pareils moyens. »

Ici l'avocat discute les dispositions du décret de 1812; il s'attache à démontrer que, d'après ce décret, le Comité d'administration avait droit de traiter, ainsi qu'il l'a fait par l'entremise de monsieur Desmousseaux, son délégué; que les incapacités et les nullités doivent être formellement écrites; que le décret ne parle ni de visa, ni de conseil judiciaire; que ces formalités intrinsèques et non essentielles ne se trouvent que dans l'ordonnance de 1822, laquelle est toute de règlement intérieur, n'a point été insérée au Bulletin des lois, et n'a pu abroger ni modifier le décret de 1812.

Me Paillard de Villeneuve soutient de plus que, de l'aveu même de monsieur Védel, aucun des traités par lui souscrits n'a été soumis à ces formalités d'avis préalable et de visa; qu'il y a eu ratification des traités par l'exécution partielle qu'en a consentie le Comité.

Il répond ensuite aux objections tirées du défaut de mise en demeure.

« On prétend, ajoute l'avocat, que la lettre de 1837,

écrite par monsieur Védel, a eu pour effet de résoudre les traités. C'est un moyen nouveau dont il n'a pas été dit un mot en première instance.

« Or, s'il pouvait avoir quelque fondement, je m'étonnerais qu'il eût échappé à la pénétration de mon habile adversaire; et, certes, au lieu de se jeter dans des fins de non-recevoir toujours peu honorables, la Comédie-Française n'eût pas manqué d'argumenter de cette renonciation de monsieur Hugo à ses droits.

« Quoi donc! l'obligation s'éteint par cette lettre qui est du débiteur lui-même? Où donc est la renonciation du créancier? C'est une novation qu'on invoque ici.

« Or, aux termes de la loi, la novation ne se présume pas; elle doit être stipulée dans des termes exprès.

« Faut-il maintenant nous expliquer sur les diverses fins de non-recevoir opposées à chacun des drames dont monsieur Victor Hugo demande que vous ordonniez la représentation?

« Quant à *Hernani*, monsieur Victor Hugo, dit-on, devait distribuer les rôles en premier et en double. Il ne l'a pas fait, bien que l'ordonnance de 1822 lui en fît une obligation expresse. Il ne doit donc imputer qu'à lui-même un retard qu'il a ainsi occasionné par sa propre négligence.

« A cet égard, la Comédie-Française s'est vue forcée de modifier aujourd'hui les allégations qu'elle n'avait pas craint de produire en première instance.

« Aucune distribution n'avait eu lieu, disait-elle. Or, les registres du Comité constatent qu'elle a été faite par monsieur Hugo et par monsieur Jouslin de Lasalle.

« On est forcé d'en convenir aujourd'hui, et on se contente de dire que la distribution n'a pas été faite *en double*. A cet égard, nous dirons, et monsieur Védel ne nous démentira pas, que cette distribution en double ne se fait jamais; que non-seulement les directeurs ne la demandent pas, mais qu'ils s'y refuseraient, car la troupe n'y pourrait suffire, et les doubles ne prennent jamais place au répertoire que lorsque les chefs d'emploi, par caprice ou par nécessité, abandonnent leurs rôles.

« Sur ce point, monsieur Védel, je le répète, confirmera mes assertions; il l'a lui-même déclaré lors du délibéré de première instance.

« Toutes les formalités, à l'égard d'*Hernani*, ont donc été remplies par l'auteur, et la lettre de monsieur Jouslin de Lasalle ne laisse aucun doute sur ce point. Elle constate que lorsqu'il a quitté la direction, tout était prêt, acteurs, décors, costumes, pour la reprise d'*Hernani*.

« Quant à *Marion de Lorme*, on soutient qu'elle devait être soumise aux nouvelles formalités d'une lecture et d'une approbation par le Comité.

« Comment! *Marion de Lorme* a été reçue en 1830 par acclamations, c'est mon adversaire qui l'a dit, elle a obtenu soixante-huit représentations; et quand la Comédie-Française s'engage à en effectuer la reprise, elle a, dites-vous, sous-entendu la condition préalable d'une nouvelle lecture!

« Mais, lorsque la reprise a été stipulée, ne connaissait-on pas cet ouvrage? les comédiens n'avaient-ils pas battu des mains à sa lecture? ne l'avaient-ils pas accueilli avec l'enthousiasme le plus ardent? et le public ne l'avait-il pas applaudi durant soixante-huit représentations consécutives?

« Oui, sans doute, dites-vous; mais les comédiens ont un goût si sûr, si épuré; depuis sept années, leurs études littéraires ont grandi, ont pris une direction nouvelle : il faut que leur judicieux contrôle s'exerce encore sur cette œuvre que peut-être, en 1829, ils ont mal appréciée, et que le public ignorant a eu le tort d'applaudir si souvent.

« Soyez plus francs! dites que vous ne voulez pas exécuter le traité qui vous lie.

« Je le répète, jamais dans les traités on n'a songé aux nécessités d'une lecture nouvelle : elle serait en dehors de tous les usages du théâtre. Et je pourrais citer vingt ouvrages qui, joués sur d'autres théâtres, ont été sans lecture admis au Théâtre-Français : *Marino Faliero*, les *Vêpres siciliennes*, les *Comédiens*, etc.

« A l'occasion d'*Angelo*, on excipe de cinq recettes inférieures, dit-on, au chiffre des frais. Il est des auteurs auxquels on n'oppose pas cette rigueur du règlement.

« D'ailleurs, vous connaissez la moyenne des recettes de monsieur Victor Hugo; mais, nous l'avons dit et nous le répétons, ces cinq représentations ont été données en vue du procès, et le théâtre a fait tout son possible pour en annuler la recette.

« Faut-il vous dérouler les mille intrigues, les misérables tracasseries auxquelles monsieur Hugo a été en butte? Vous pouvez, sur ce point, vous en rapporter aux bureaux et aux comédiens, dont les misérables inimitiés s'acharnent contre lui.

« Ainsi, par exemple, on annonce *Angelo;* au jour indiqué, indisposition subite de madame Volnys; le lendemain, rétablissement tout aussi subit qui lui permet de jouer avec beaucoup de vigueur et de talent dans la *Camaraderie;* le surlendemain, *Angelo* est encore annoncé; mais, tant la santé de ces dames est chose délicate et capricieuse (on rit), seconde indisposition subite de l'actrice, qui force de remettre la représentation; et le lendemain encore, second rétablissement subit qui permet au public de l'admirer et de l'applaudir dans *Don Juan d'Autriche*.

« Je n'en finirais pas, si, depuis les caprices des premiers sujets jusqu'aux maladresses du souffleur, je vous racontais ce qui se passe quand il s'agit de nuire à l'auteur. Il y a pour cela un terme en argot de coulisses... je l'oublie en ce moment.

« Ainsi, on commence à six heures au lieu de sept, de telle sorte qu'à moins d'arriver à jeun, le public est menacé de ne voir que le dénoûment ; la seconde pièce sera ce qu'on appelle un *repoussoir*...; on jouera l'ouvrage, comme on l'a fait à l'égard d'*Angelo*, le jour où des réjouissances publiques appellent toute la population sur la place publique ; on saura choisir les conditions les plus défavorables, afin de s'en prévaloir plus tard, lors du procès qu'on attend... Que sais-je ? Je le répète, fiez-vous-en pour tout cela aux comédiens ! »

L'avocat, dont la brillante plaidoirie a constamment captivé au plus haut point l'attention des juges et de l'auditoire, s'attache ensuite à justifier chacune des dispositions du jugement, quant aux dommages-intérêts et aux délais fixés pour la représentation des ouvrages de monsieur Victor Hugo.

Ces délais sont précisément ceux que la Comédie-Française a fixés dans ses traités. Elle a reconnu elle-même qu'ils étaient suffisants pour la mise en scène des deux ouvrages.

« J'ai justifié, dit l'avocat en terminant, chacune des dispositions du jugement de première instance : vous le confirmerez dans son entier.

« A côté des motifs de ce jugement, qui consacrent les droits privés de monsieur Victor Hugo, il en est d'autres qui formulent en thèse générale les droits de la propriété littéraire, et rappellent au Théâtre-Français le but de son institution en protestant contre le scandaleux monopole qui l'exploite. Vous accorderez à l'une et à l'autre de ces pensées des premiers juges l'autorité de votre haute sanction ; et, en donnant ainsi à la Comédie-Française une leçon de bonne foi, vous consacrerez, au profit de la littérature dramatique, un principe tutélaire de liberté. »

M⁰ Delangle, en quelques mots de réplique, cherche à rétablir les chiffres des recettes qu'il avait présentés, et qui donnent lieu à de vives interpellations auxquelles prennent part messieurs Victor Hugo et Védel.

M. VICTOR HUGO : « Je dénie formellement les chiffres présentés par l'avocat, ils sont inexacts, et, la Comédie le sait, le directeur m'a refusé communication des registres. »

M. VÉDEL : « C'est vrai. J'ai cru devoir le faire. »

M. LE PREMIER PRÉSIDENT, sévèrement : « Pourquoi avez-vous refusé vos registres? Vous avez eu tort, monsieur. »

Monsieur Védel garde le silence.

M. LE PREMIER PRÉSIDENT : « La parole est à monsieur l'avocat général. »

M. VICTOR HUGO : « Je prie la cour de me permettre quelques observations. »

M. LE PREMIER PRÉSIDENT : « Parlez, monsieur Victor Hugo, parlez. »

VICTOR HUGO (mouvement d'attention) : « Ainsi que je l'ai dit devant les premiers juges, si je prends la parole dans cette affaire, c'est qu'il y va d'un intérêt général.

« Ce n'est pas de moi seulement qu'il s'agit, messieurs, c'est de toute la littérature. Ce procès résoudra une question vitale pour elle.

« Aussi ai-je dû intenter ce procès; aussi ai-je dû ajouter ma parole, dévouée aux intérêts de tous, à l'éloquente parole de mon avocat.

« Ce devoir, je l'ai accompli une première fois devant le tribunal de commerce; je viens l'accomplir une seconde fois devant la cour.

« Et en effet, messieurs, le fait si grave que je viens d'énoncer résulte du procès tout entier. Qu'est-ce donc que ce procès? Examinons-le.

« Dans ce procès, j'ai deux adversaires : l'un public ; l'autre latent, secret, caché.

« L'adversaire public n'est pas sérieux, c'est le Théâtre-Français ; l'adversaire caché est le seul réel. Qui est-il ? Vous le saurez tout à l'heure.

« Je dis que mon adversaire public, le Théâtre, n'est pas un adversaire sérieux.

« Et, en effet, que suis-je pour le Théâtre-Français ? Un auteur dramatique. Et quel auteur dramatique ?

« Ici, messieurs, est toute la question. Messieurs, il n'y a pour les théâtres que deux espèces d'auteurs dramatiques : les auteurs qui les enrichissent et les auteurs qui les ruinent. Pour les théâtres, les pièces qui rapportent de l'argent sont les bonnes pièces ; les pièces qui ne rapportent pas d'argent sont les mauvaises.

« Sans doute c'est là une grossière façon de juger, et la postérité classe les poëtes d'après d'autres raisons.

« Mais nous n'avons pas à traiter ici la question littéraire : nous ne sommes pas la postérité, nous sommes les contemporains.

« Et pour les contemporains, pour les tribunaux en particulier, entre les critiques qui affirment qu'une pièce est bonne et les critiques qui affirment qu'une pièce est mauvaise, il n'y a qu'une chose certaine, qu'une chose prouvée, qu'une chose irrécusable : c'est le fait matériel, c'est le chiffre, c'est la recette, c'est l'argent.

« Les contemporains jugent souvent mal, c'est possible. Le *Misanthrope* a ruiné le théâtre, *Tiridate* l'a enrichi. Eh bien ! devant les contemporains, le *Misanthrope* a tort et *Tiridate* a raison.

« La postérité casse parfois les jugements des contemporains ; mais, je le répète, pour les auteurs vivants, nous ne sommes pas la postérité ! Acceptons donc pour vérité, sinon littéraire, du moins commerciale, ce fait que, pour les théâtres, il n'y a que deux espèces d'auteurs : les auteurs qui les ruinent et les auteurs qui les enrichissent.

« Eh bien! que suis-je pour le Théâtre-Français? Suis-je un auteur qui le ruine? Suis-je un auteur qui l'enrichit?

« Voici le premier point dont il importe d'avoir la solution. Cette solution rayonnera ensuite sur toute la cause.

« Je n'ai fait recevoir au Théâtre-Français que quatre pièces, *Marion de Lorme*, *Hernani*, *le Roi s'amuse*, *Angelo*. De ces quatre pièces, deux, *Marion de Lorme* et *le Roi s'amuse*, ont été, à deux époques différentes, arrêtées par la censure; deux seulement, *Hernani* et *Angelo*, ont pu être librement représentées.

« Maintenant, combien ces deux dernières pièces ont-elles eu de représentations? 91. Quelle somme totale ont produite ces 91 représentations?

« Ici, messieurs, je dois le dire, dans le premier procès, justement indigné des manœuvres de la Comédie-Française contre les dernières représentations d'*Angelo*, j'avais cru devoir rejeter du total de mes recettes ces quelques recettes évidemment préparées artificiellement par le théâtre pour le besoin de la cause et pour servir d'argument, comme mon avocat vous l'a excellemment démontré, et comme l'a jugé le tribunal de commerce. J'avais cru, dis-je, devoir rejeter ces recettes; mais à quoi bon? que m'importe?

« Ma cause n'est-elle pas victorieuse, même en admettant ces recettes? Je les admets donc.

« Eh bien! messieurs, même en y comptant ces mauvaises représentations, résultat des intrigues du théâtre, les recettes de mes 91 représentations à la Comédie-Française donnent un total de 259,963 francs 15 centimes, et une moyenne de 2,856 francs 67 centimes.

« Les frais sont de 1,470 francs par représentation. Callez le bénéfice.

« La moyenne des recettes de mademoiselle Mars dans

l'ancien et le nouveau répertoire, de mademoiselle Mars, la célèbre actrice, qui a 40,000 francs d'appointements pour les énormes recettes qu'elle produit, — prise dans les conditions les plus favorables, dans l'hiver, pendant que mes pièces ont toujours été jouées l'été, — la moyenne des recettes de mademoiselle Mars est de 2,618 francs 96 centimes.

« Calculez la différence. En faveur de qui est-elle ? En ma faveur.

« Je puis donc le dire, et le dire hautement, — cela d'ailleurs ne préjuge en rien la valeur littéraire de mes ouvrages, — je suis pour la Comédie-Française au nombre des auteurs qui l'enrichissent ; cela résulte invinciblement des faits, des preuves, des chiffres... »

M. VÉDEL, interrompant : « Je ne l'ai jamais contesté ; monsieur Victor Hugo n'avait pas même besoin d'insister là-dessus ; monsieur Victor Hugo est au-dessus de cette discussion.

M. VICTOR HUGO : « Je le crois, monsieur, je l'aurais même dédaignée, cette discussion de chiffres, parce que la notoriété publique suffirait pour la trancher ; mais votre avocat ayant avancé des allégations, j'ai dû lui répondre par des preuves. »

Ici monsieur Victor Hugo se retourne vers la cour et ajoute :

« Et, messieurs, il n'a pas tenu à moi que ces preuves fussent plus complètes encore.

« Je voulais, par un dépouillement étendu des registres de la Comédie-Française, mettre les tribunaux à même de comparer mes recettes avec celles des auteurs privilégiés qu'on joue le plus souvent à ce théâtre. Une vive lumière eût jailli de ce rapprochement.

« J'ai demandé au théâtre communication de ses registres. Le théâtre a refusé.

« Ainsi, dans cette cause, nos chiffres sont publiés, le théâtre cache les siens.

« Tout ce qui nous concerne est mis au jour, le théâtre se retranche dans l'ombre.

« Nous combattons à visage découvert; la Comédie combat masquée. De quel côté est la loyauté?

« On se récrie, on discute, on publie des chiffres dans certains journaux.

« Qui nous prouve que ces chiffres sont exacts? La vérification ne pourrait s'en faire que sur les registres du théâtre : le théâtre refuse ses registres. Jugez entre nos adversaires et nous, messieurs.

« Je reprends.

« Que suis-je donc pour le Théâtre-Français? Un auteur dramatique. Quel auteur dramatique? Un auteur dramatique qui remplit la caisse du théâtre. Voilà les faits.

« De quelle façon est-ce que je me présente dans cette cause? Avec des drames dans une main et des traités dans l'autre. Qu'est-ce que ces drames? Je viens de vous le dire. Qu'est-ce que ces traités? Je vais vous le dire.

« Les drames ont-ils été profitables au théâtre? Oui, messieurs.

« Les traités sont-ils valables? Oui, également.

« Eh! messieurs, ces traités, mon avocat vous l'a dit et l'avocat du théâtre n'a pu le contester : ce n'est pas moi qui les ai faits, c'est la Comédie-Française. Ce n'est pas moi qui les ai demandés : c'est la Comédie-Française. Ce n'est pas moi qui ai été chercher le théâtre, c'est le théâtre qui est venu me chercher.

« Au nom du théâtre, monsieur Taylor est venu me trouver; au nom du théâtre, monsieur Desmousseaux est venu me trouver; au nom du théâtre, monsieur Jouslin de Lasalle est venu me trouver; au nom du théâtre, monsieur

Védel est venu me trouver. Pourquoi? pour m'offrir ces mêmes traités que le théâtre repousse maintenant.

« Et je dis tout cela devant monsieur Védel, qui connaît les faits comme moi et qui ne me démentira pas.

« Ces traités, les directeurs successifs du théâtre les ont écrits en entier de leur main.

« Ces traités, ils les ont réclamés de moi, ils les ont sollicités, ils les ont obtenus comme une faveur, et bientôt ils me demanderont de nouveaux ouvrages. »

M. VÉDEL : « Certainement, et c'est ce que j'ai toujours demandé.

M. VICTOR HUGO : « Vous l'entendez. (Mouvement.) C'est qu'apparemment mes traités sont valables, et le théâtre le sait bien. Mes pièces ont rempli la caisse, et le théâtre le sait bien.

« Le théâtre, je l'ai dit en commençant, n'est pas sérieusement mon adversaire. Le théâtre a eu besoin de moi; et je ne crains pas de le dire, il en aura besoin encore. Avant trois mois, vous le verrez, si les recettes baissent, le directeur de la Comédie-Française saura retrouver le chemin de ma maison Il me trouvera bienveillant.

« Il me trouvera bienveillant. Pourquoi? parce que dans toute cette affaire, je le répète, le théâtre, en vérité, n'est pas mon adversaire réel.

« La Comédie a mis beaucoup de mauvaise foi dans cette lutte, mais c'est une mauvaise foi qu'on lui a imposée, je le sais; elle en rougira un jour, et je la lui pardonne dès à présent.

« Mais si les comédiens français ne sont pas mes adversaires véritables, quels sont donc mes adversaires?

« Ici, messieurs, j'arrive à la véritable question, à la question importante, à la question générale, à la question qui m'a fait prendre la parole, à la question dont la solution intéresse la littérature dramatique tout entière.

« Non, ce n'est pas au théâtre que sont mes réels adversaires. Où sont-ils donc? Je vais vous le dire.

« Messieurs, mon adversaire dans cette cause, ce n'est pas le gouvernement, ce serait mettre un trop grand mot sur de petites tracasseries ; ce n'est pas le ministère, ce n'est pas même un ministre.

« J'en suis fâché ; j'aurais souhaité avoir affaire à quelqu'un de considérable dans cette occasion ; ne fût-ce que par dignité, j'aime mieux les grands ennemis que les petits ennemis : mais, il faut bien que j'en convienne, mes ennemis ne sont pas grands. (Sensation.)

« Mon adversaire, dans cette cause, c'est une petite coterie embusquée dans les bureaux du ministère de l'intérieur, qui, sous prétexte que la subvention passe par le ministère pour aller au Théâtre-Français, prétend régir et gouverner souverainement à sa guise ce malheureux théâtre.

« Je dis ceci hautement, messieurs, pour que l'avertisment sévère de mes paroles aille jusqu'au ministre.

« Si ce procès a lieu aujourd'hui, c'est que cette coterie l'a voulu ; si le Théâtre-Français a manqué à ses engagements, c'est que cette coterie toute-puissante l'a voulu ; si, à l'heure qu'il est, trois ou quatre auteurs seulement sont représentés constamment au Théâtre-Français à l'exclusion de tous les autres, c'est que cette coterie le veut. C'est un groupe d'influences uni, compacte, impénétrable, une *camaraderie*, — ce n'est pas moi qui ai inventé le mot (on rit), mais puisqu'on l'a fait, je m'en sers ! — une camaraderie, dis-je, qui bloque et qui obstrue l'avenue du théâtre.

« Tout un grand côté de la littérature est mis par elle à l'index. C'est à la littérature presque tout entière que cette coterie prétend fermer la porte du théâtre. Cette porte, messieurs, votre arrêt la rouvrira.

« Je le dis parce que c'est un fait, mais c'est un fait bien étrange, cette coterie a déjà la censure politique, elle veut avoir en outre la censure littéraire.

« Que pensez-vous de la prétention, messieurs?

« Aussi c'est un devoir que j'accomplis maintenant. En 1832, j'ai flétri la censure politique; en 1837, je démasque la censure littéraire. La censure littéraire! comprenez-vous, messieurs, tout ce que ce mot a d'odieux et de ridicule?

« La fantaisie d'un commis, le bon goût d'un commis, la poétique d'un commis, la bonne ou mauvaise digestion littéraire d'un commis, voilà la loi suprême qui régira la littérature désormais!

« L'opinion sans contrôle et sans appel d'un censeur qui ne saura pas toujours le français, voilà la règle souveraine qui ouvrira et qui fermera désormais aux poëtes le théâtre de Corneille et de Molière! La censure littéraire! et avec cela la censure politique!

« Deux censures, bon Dieu! N'était-ce pas déjà trop d'une! (Vive impression.)

« Et en terminant, messieurs, permettez-moi une observation. Pour attaquer toute espèce de censure, je suis dans une position simple et bonne. Dans un temps où une licence déchaînée avait envahi les théâtres, moi, partisan de la liberté des théâtres, je me suis censuré moi-même.

« Mon avocat et l'avocat de la Comédie-Française vous l'ont raconté de concert, et je ne rappelle ici qu'un fait connu de tout le monde.

« En août 1830, j'ai refusé au Théâtre-Français d'autoriser la représentation de *Marion de Lorme;* je l'ai refusé afin que le quatrième acte de *Marion de Lorme* ne fût pas une occasion d'injure et d'outrage contre le roi tombé.

« L'avocat du théâtre vous l'a dit lui-même, un immense succès de scandale politique m'était offert, je n'en ai pas voulu. J'ai déclaré qu'il n'était pas digne de moi de faire

de l'argent, — comme on dit à la comédie, — avec l'infortune d'une royale famille, et de vendre, en plein théâtre, aux passions haineuses d'une révolution, le manteau fleurdelisé du roi déchu. J'ai déclaré, en propres termes, quant à ma pièce, que j'aimais mieux *qu'elle tombât littérairement que de réussir politiquement;* et, un an après, en racontant ces faits dans la préface de *Marion de Lorme*, j'imprimais ces paroles, qui seront toujours, en pareille occasion, la règle de toute ma vie : « C'est quand il n'y a
« plus de censure que les auteurs doivent se censurer eux-
« mêmes, honnêtement, consciencieusement, sévèrement.
« Quand on a toute liberté, il sied de garder toute me-
« sure. » (Mouvement d'approbation.)

« Le tribunal de Commerce a apprécié tous ces faits, messieurs. Il a entendu le débat public des plaidoiries, il a approfondi les moindres détails de la cause dans son délibéré. Il a vu qu'il y avait au fond de la résistance du Théâtre-Français dans cette affaire une intrigue fatale à la littérature. Il a senti qu'il était injuste que ce théâtre, le seul national, le seul subventionné, le seul littéraire, fût ouvert à quelques auteurs et fermé pour tous les autres.

« Le tribunal consulaire, dans sa loyale équité, est venu au secours des lettres. Il a rendu un jugement mémorable que vous consacrerez, je n'en doute pas, par une mémorable confirmation. Il a rouvert à deux battants pour tout le monde la porte du Théâtre-Français : ce n'est pas vous, messieurs, qui la fermerez.

« Vous aussi, messieurs, vous êtes la conscience vivante du pays. Vous aussi, vous viendrez en aide à la littérature dramatique persécutée de tant de façons honteuses, et vous ferez voir à tous, à nous comme à nos adversaires, à la littérature dont je défends ici les libertés et les intérêts, à cette foule qui nous écoute et qui entoure ma cause d'une si profonde adhésion, vous ferez voir, dis-je, qu'au-dessus des petites cavernes de police il y a des tribunaux; qu'au-dessus de l'intrigue il y a la justice, qu'au-dessus des commis il y a la loi. » (Sensation profonde et prolongée.)

M. LE PREMIER PRÉSIDENT : « La cause est remise à huitaine pour entendre monsieur l'avocat général. »

Audience du 12 décembre.

Une affluence aussi considérable qu'au jour des plaidoiries remplit l'auditoire et les places réservées.

Monsieur Victor Hugo est assis dans une tribune près du barreau.

Monsieur Pécourt, avocat général, prend la parole en ces termes :

« Cette cause est importante pour monsieur Victor Hugo et pour tous ceux qui suivent la même carrière que lui.

« Toutefois, il ne s'agit pas ici d'un examen littéraire sur la préférence à accorder à tel ou tel genre de compositions dramatiques; il s'agit uniquement de la validité et de l'exécution d'actes et de traités souscrits de bonne foi, et les principes les plus certains comme les plus ordinaires du droit suffisent à l'appréciation et au jugement de ces contrats.

« Le Théâtre-Français conteste cette validité et se refuse à cette exécution. Entrons donc dans cette appréciation. »

Monsieur l'avocat général rappelle que le décret du 15 octobre 1812, dit décret de *Moscou*, attribue à un Comité d'administration du Théâtre Français la passation de tous marchés, obligations pour le service, ou actes relatifs à la société, et n'exige ni le visa du commissaire impérial, ni l'avis du conseil judiciaire.

En 1822, une ordonnance royale prescrivit ce visa et cet avis; mais ces formalités, qui ne sont pas imposées comme conditions essentielles de la validité des traités, sont, dans l'usage, sans application.

« Nous devons même dire, ajoute monsieur l'avocat général, que monsieur le commissaire royal du Théâtre-Français nous a avoué avec la plus honorable franchise que les traités ont lieu maintenant sans l'une ni l'autre de ces formalités. D'ailleurs, l'exécution que le théâtre a donnée aux traités faits par monsieur Victor Hugo en est la ratification la plus complète.

« On prétend que monsieur Hugo aurait renoncé à leur exécution, et cette prétention s'appuie sur les expressions de monsieur Védel, dans lesquelles il remercie l'auteur d'avoir bien voulu modifier les clauses des traités.

« Mais ces expressions n'ont rien d'explicite pour établir la renonciation de l'auteur, qui n'a point écrit cette lettre, mais à qui elle a été adressée. Ce serait d'ailleurs ici une novation qui ne se présume pas et que rien ne justifie avoir eu lieu de la part de monsieur Victor Hugo.

« Les traités doivent donc être exécutés, et leur inexécution donne lieu à des dommages-intérêts envers l'auteur, qui, depuis sept ans, en a vainement réclamé le bénéfice. Ces dommages-intérêts ont été fixés par le Tribunal de Commerce à 6,000 francs, et nous devons dire qu'examen fait de tous les documents que nous avons eus sous les yeux, nous avons la conviction la plus entière que la représentation des drames de monsieur Victor Hugo aurait produit à leur auteur une somme bien supérieure.

« La Comédie-Française reproche à monsieur Victor Hugo de ne pas l'avoir mise en demeure par un acte extrajudiciaire.

« Mais cette mise en demeure résulte bien suffisamment des réclamations perpétuelles de l'auteur, certifiées par la correspondance des parties.

« La Comédie prétend aussi qu'il y aurait péril pour sa caisse à représenter les drames de monsieur Victor Hugo, qui, suivant elle, n'amènent que de médiocres recettes.

« Il est, au contraire, établi, par le relevé des recettes produites par ses drames, qu'elles sont supérieures à celles qui sont les plus fructueuses.

« La Comédie-Française refuse d'exhiber ses registres, et monsieur Victor Hugo, qui a montré dans cette cause une complète loyauté, dépose des bordereaux certifiés par l'agent des auteurs près le Théâtre-Français, qui constatent qu'en effet ces recettes dépassent celles des représentations les plus profitables à la Comédie.

« D'ailleurs les plaintes de la Comédie fussent-elles justifiées, et elles ne le sont point, il n'en résulterait pas qu'elle pût se soustraire à ses engagements : un débiteur ne se délie pas de son obligation sous le seul prétexte qu'elle lui est onéreuse. »

Monsieur l'avocat général s'explique ensuite sur chacune des pièces qui ont donné lieu au procès.

« A l'égard d'*Angelo*, poursuit monsieur l'avocat général, la Comédie s'est exécutée, et, depuis les dernières plaidoiries, ce drame a été représenté : nouvelle confirmation des traités.

« Quant à ***Hernani***, la distribution des rôles avait été faite par l'auteur, et la distribution en double, qu'on lui reproche de n'avoir point faite, ne serait point un motif de déchéance de ses droits, et en tous cas elle serait, pour ce drame, matériellement impraticable au Théâtre-Français, dont le personnel n'est pas assez nombreux pour cette distribution en double : c'est au point que plusieurs rôles doivent nécessairement être joués par le même acteur. »

Monsieur l'avocat général rappelle le procès de monsieur Vander-Burch contre le Théâtre-Français, qui alors aussi repoussait cet auteur, sous le prétexte du défaut de la distribution en double.

« La Cour, dit-il, accueillit cette défense du théâtre. Mais la situation était bien différente de celle du procès actuel. Monsieur Vander-Burch, après avoir obtenu un jugement qui ordonnait au théâtre de jouer sa pièce, à peine de 100 francs par jour d'indemnité, avait laissé écouler le délai ; puis il réclamait 3 ou 4,000 francs, montant des jours de retard accumulés. La Cour a bien pu ne pas s'associer à la rigueur de cette demande. Mais aujourd'hui monsieur Hugo réclame simplement l'exécution d'un contrat de bonne foi, qu'on prétend répudier faute de l'accomplissement d'une formalité sans importance et tombée en désuétude.

« Le drame de *Marion de Lorme* offre les mêmes inconvénients pour cette distribution en double. On veut imposer à monsieur Victor Hugo la nécessité d'une nouvelle lecture de ce drame, déjà reçu après lecture au Théâtre-Français par acclamations il y a quelques années. Comment concevoir une pareille prétention, après cette première réception, après soixante-huit représentations productives à un autre théâtre ?

« Quelle doit être, dit en terminant monsieur l'avocat général, la quotité des dommages-intérêts à allouer à monsieur Victor Hugo ?

« Nul doute qu'en ne jouant pas depuis sept ans *Hernani*, et depuis trois ans *Marion de Lorme*, nonobstant les instantes réclamations de l'auteur, on n'ait fait éprouver à monsieur Victor Hugo un préjudice considérable.

« Mais cette cause n'est pas de sa part un procès d'argent, et la position malheureuse dans laquelle se trouve actuellement le Théâtre-Français peut déterminer la Cour à une diminution dans le chiffre adopté par le tribunal de Commerce ; nous pensons, quant à nous, que ce chiffre pourrait être réduit, par ces seuls motifs, à la somme de 3,000 francs.

« Le tribunal de Commerce a fixé à deux mois le délai qu'il accorde au Théâtre-Français pour la représentation d'*Hernani*, et à trois mois celui qu'il impartit au théâtre pour celle de *Marion de Lorme*.

« Nous n'apercevons aucun inconvénient à étendre ces délais à trois et quatre mois, ainsi que le demande la Comédie-Française. Les trois drames d'*Hernani*, d'*Angelo* et de *Marion de Lorme* pourront encore être représentés dans une saison favorable aux recettes.

« Il est encore un point sur lequel porte l'appel de monsieur Védel : simple gérant du théâtre, il se plaint d'avoir été condamné même par corps ; mais une entreprise théâtrale est essentiellement commerciale, et celui qui en est gérant s'expose ainsi à la contrainte par corps.

« C'est en ce sens qu'il a toujours été décidé par la Cour dans toutes les causes où figurait le directeur du Théâtre-Français. »

Monsieur l'avocat général conclut à la confirmation du jugement, sauf la réduction à 3,000 francs des dommages-intérêts et l'extension des délais pour les représentations.

M. LE PREMIER PRÉSIDENT : « La Cour, pour être fait droit aux parties, ordonne qu'il en sera de suite délibéré. »

Après vingt minutes de délibération dans la chambre du conseil, la Cour rentre en séance, et monsieur le premier président prononce, au milieu d'un profond silence, un arrêt par lequel :

« La Cour,

« Adoptant les motifs des premiers juges, confirme purement et simplement le jugement du tribunal de Commerce. »

Des marques unanimes de satisfaction se manifestent dans l'auditoire après le prononcé de cet arrêt, qui satisfait l'opinion publique d'une manière si éclatante; et monsieur Victor Hugo reçoit les vives félicitations du public nombreux qui l'entoure.

FIN DU PROCÈS D'ANGELO ET L'HERNANI.

CROMWELL

A MON PÈRE

Que le lîvre lui soit dédié
Comme l'auteur lui est dévoué.

V. H.

1827

Le drame qu'on va lire n'a rien qui le recommande à l'attention ou à la bienveillance du public. Il n'a point, pour attirer sur lui l'intérêt des opinions politiques, l'avantage du *veto* de la censure administrative, ni même, pour lui concilier tout d'abord la sympathie littéraire des hommes de goût, l'honneur d'avoir été officiellement rejeté par un comité de lecture infaillible.

Il s'offre donc aux regards, seul, pauvre et nu, comme l'infirme de l'Évangile, *solus, pauper, nudus.*

Ce n'est pas, du reste, sans quelque hésitation que l'auteur de ce drame s'est déterminé à le charger de notes et d'avant-propos. Ces choses sont d'ordinaire fort indifférentes aux lecteurs. Ils s'informent plutôt du talent d'un écrivain que de ses façons de voir ; et qu'un ouvrage soit bon ou mauvais, peu leur importe sur quelles idées il est assis, dans quel esprit il a germé. On ne visite guère les caves d'un édifice dont on a parcouru les salles, et quand on mange le fruit de l'arbre on se soucie peu de la racine.

D'un autre côté, notes et préfaces sont quelquefois un moyen commode d'augmenter le poids d'un livre, et d'accroître, en apparence du moins, l'importance d'un travail ; c'est une tactique semblable à celle de ces généraux d'armée qui, pour rendre plus imposant leur front de bataille, mettent en ligne jusqu'à leurs bagages. Puis, tandis que les critiques s'acharnent sur la préface et les érudits sur les notes, il peut arriver que l'ouvrage lui-même leur échappe et passe intact à travers leurs feux croisés, comme une armée qui se tire d'un mauvais pas entre deux combats d'avant-poste et d'arrière-garde.

Ces motifs, si considérables qu'ils soient, ne sont pas ceux qui ont décidé l'auteur. Ce volume n'avait pas besoin d'être *enflé*, il n'est déjà que trop gros. Ensuite, et l'auteur ne sait comment cela se fait, ses préfaces, franches et naïves, ont toujours servi près des critiques plutôt à le compromettre qu'à le protéger. Loin de lui être de bons et fidèles boucliers, elles lui ont joué le mauvais tour de ces costumes étranges qui, signalant dans la bataille le soldat qui les porte, lui attirent tous les coups et ne sont à l'épreuve d'aucun.

Des considérations d'un autre ordre ont influé sur l'auteur. Il lui a semblé que, si, en effet, on ne visite guère par plaisir les caves d'un édifice, on n'est pas fâché quelquefois d'en examiner les fondements. Il se livrera donc, encore une fois, avec une préface, à la colère des feuilletons. *Che sara, sara.* Il n'a jamais pris grand souci de la fortune de ses ouvrages, et il s'effraye peu du « qu'en dira-t-on ? » littéraire. Dans cette flagrante discussion qui met aux prises les théâtres et l'école, le public et les académies, on n'entendra peut-être pas sans quelque intérêt la voix d'un solitaire apprenti de nature et de vérité, qui s'est de bonne heure retiré du monde littéraire par amour des lettres, et qui apporte de la bonne foi à défaut de *bon goût*, de la conviction à défaut de talent, des études à défaut de science.

Il se bornera, du reste, à des considérations générales sur l'art, sans en faire le moins du monde un boulevard à son propre ouvrage, sans prétendre écrire un réquisitoire ni un plaidoyer pour ou contre qui que ce soit. L'attaque ou la défense de son livre est pour lui moins que pour tout autre la chose importante. Et puis les luttes personnelles ne lui conviennent pas. C'est toujours un spectacle misérable que de voir ferrailler les amours-propres. Il proteste donc d'avance contre toute interprétation de ses idées, toute application de ses paroles, disant avec le fabuliste espagnol :

> Quien haga aplicaciones
> Con su pan se lo coma.

A la vérité, plusieurs des principaux champions des « saines doctrines littéraires » lui ont fait l'honneur de lui jeter le gant jusque dans sa profonde obscurité, à lui, simple et imperceptible spectateur de cette curieuse mêlée. Il n'aura pas la fatuité de le relever. Voici, dans les pages qui vont suivre, les observations qu'il pourrait leur opposer ; voici sa fronde et sa pierre : mais d'autres, s'ils veulent, les jetteront à la tête des Goliaths *classiques*.

Cela dit, passons.

Partons d'un fait : la même nature de civilisation, ou, pour employer une expression plus précise, quoique plus étendue, la même société n'a pas toujours occupé la terre. Le genre humain dans son ensemble a grandi, s'est développé, a mûri comme un de nous. Il a été enfant, il a été homme ; nous assistons maintenant à son imposante vieillesse. Avant l'époque que la société moderne a nommée antique, il existe une autre ère, que les anciens appelaient *fabuleuse*, et qu'il serait plus exact d'appeler *primitive.* Voilà donc trois grands ordres de choses successifs dans la civilisation, depuis son origine jusqu'à nos jours. Or, comme la poésie se superpose toujours à la société, nous allons essayer de démêler, d'après la forme de celle-ci, quel a dû être le caractère de l'autre à ces trois grands âges du monde : les temps primitifs, les temps antiques, les temps modernes.

Aux temps primitifs, quand l'homme s'éveille dans un monde qui vient de naître, la poésie s'éveille avec lui. En présence des merveilles qui l'éblouissent et qui l'enivrent, sa première parole n'est qu'un hymne. Il touche encore de si près à Dieu, que toutes ses méditations sont des extases, tous ses rêves des visions. Il s'épanche, il chante comme il respire. Sa lyre n'a que trois cordes : Dieu, l'âme, la création ; mais ce triple mystère enveloppe tout, mais cette triple idée comprend tout. La terre est encore à peu près déserte. Il y a des familles, et pas de peuples ; des pères, et pas de rois. Chaque race existe à l'aise ; point de propriété, point de lois, point de froissements, point de guerres. Tout est à chacun et à tous. La société est une communauté. Rien n'y gêne l'homme. Il mène cette vie pastorale et nomade par laquelle commencent toutes les civilisations, et qui est si propice aux contemplations solitaires, aux capricieuses rêveries. Il se laisse faire. Il se laisse aller. Sa pensée, comme sa vie, ressemble au nuage qui change de forme et de route, selon le vent qui le pousse. Voilà le premier homme, voilà le premier poëte. Il est jeune, il est lyrique. La prière est toute sa religion ; l'ode est toute sa poésie.

Ce poëme, cette ode des temps primitifs, c'est la Genèse.

Peu à peu cependant cette adolescence du monde s'en va. Toutes les sphères s'agrandissent ; la famille devient tribu, la tribu devient nation. Chacun de ces groupes d'hommes se parque autour d'un centre commun, et voilà les royaumes. L'instinct social succède à l'instinct nomade. Le camp fait place à la cité, la tente au palais, l'arche au temple. Les chefs de ces naissants États sont bien encore pasteurs, mais pasteurs de peuples ; leur bâton pastoral a déjà forme de sceptre. Tout s'arrête et se fixe. La religion prend une forme ; les rites règlent la prière ; le dogme vient encadrer le culte. Ainsi le prêtre et le roi se partagent la paternité du peuple ; ainsi à la communauté patriarcale succède la société théocratique.

Cependant les nations commencent à être trop serrées sur le globe ; elles se gênent et se froissent : de là les chocs d'empire, la guerre. Elles débordent les unes sur les autres : de là les migrations de peuples, les voyages. La poésie reflète ces grands événements ; des idées elle passe aux choses. Elle chante les siècles, les peuples, les empires. Elle devient épique, elle enfante Homère.

Homère, en effet, domine la société antique. Dans cette société tout est simple, tout est épique. La poésie est religion, la religion est loi. A la virginité du premier âge a succédé la chasteté du second. Une sorte de gravité solennelle s'est empreinte partout, dans les mœurs domestiques comme dans les mœurs publiques. Les peuples n'ont conservé de la vie errante que le respect de l'étranger et du voyageur. La famille a une patrie ; tout l'y attache : il y a le culte du foyer, le culte du tombeau.

Nous le répétons, l'expression d'une pareille civilisation ne peut être que l'épopée. L'épopée y prendra plusieurs formes, mais ne perdra jamais son caractère. Pindare est plus sacerdotal que patriarcal, plus épique que lyrique. Si les annalistes, contemporains nécessaires de ce second âge du monde, se mettent à recueillir les traditions et commencent à compter avec les siècles, ils ont beau faire, la chronologie ne peut chasser la poésie ; l'histoire reste épopée. Hérodote est un Homère.

Mais c'est surtout dans la tragédie antique que l'épopée ressort de partout. Elle monte sur la scène grecque sans rien perdre en quelque sorte de ses proportions gigantesques et démesurées. Ses personnages sont encore des héros, des demi-dieux, des dieux ; ses ressorts, des songes, des oracles, des fatalités ; ses tableaux, des dénombrements, des funérailles, des combats. Ce que chantaient les rapsodes, les acteurs le déclament : voilà tout.

Il y a mieux. Quand toute l'action, tout le spectacle du poëme épique ont passé sur la scène, ce qui reste, le chœur le prend. Le chœur commente la tragédie, encourage les héros, fait des descriptions, appelle et chasse le jour, se réjouit, se lamente, quelquefois donne la décoration, explique le sens moral du sujet, flatte le peuple qui l'écoute. Or, qu'est-ce que le chœur, que ce bizarre personnage placé entre le spectacle et le spectateur, sinon le poëte complétant son épopée ?

Le théâtre des anciens est comme leur drame, grandiose, pontifical, épique. Il peut contenir trente mille spectateurs ; on y joue en plein air, en plein soleil; les représentations durent tout le jour. Les acteurs grossissent leurs voix, masquent leurs traits, haussent leur stature; ils se font géants, comme leurs rôles. La scène est immense. Elle peut représenter tout à la fois l'intérieur et l'extérieur d'un temple, d'un palais, d'un camp, d'une ville. On y déroule de vastes spectacles. C'est, et nous ne citons ici que de mémoire, c'est Prométhée sur sa montagne; c'est Antigone cherchant du sommet d'une tour son frère Polynice dans l'armée ennemie (*les Phéniciennes*); c'est Évadné se jetant du haut d'un rocher dans les flammes où brûle le corps de Capanée (*les Suppliantes* d'Euripide); c'est un vaisseau qu'on voit surgir au port, et qui débarque sur la scène cinquante princesses avec leur suite (*les Suppliantes* d'Eschyle). Architecture et poésie, là, tout porte un caractère monumental. L'antiquité n'a rien de plus solennel, rien de plus majestueux. Son culte et son histoire se mêlent à son théâtre. Ses premiers comédiens sont des prêtres; ses jeux scéniques sont des cérémonies religieuses, des fêtes nationales.

Une dernière observation qui achève de marquer le caractère épique de ces temps, c'est que par les sujets qu'elle traite, non moins que par les formes qu'elle adopte, la tragédie ne fait que répéter l'épopée. Tous les tragiques anciens détaillent Homère. Mêmes fables, mêmes catastrophes, mêmes héros. Tous puisent au fleuve homérique. C'est toujours l'Iliade et l'Odyssée. Comme Achille traînant Hector, la tragédie grecque tourne autour de Troie.

Cependant l'âge de l'épopée touche à sa fin. Ainsi que la société qu'elle représente, cette poésie s'use en pivotant sur elle-même. Rome calque la Grèce; Virgile copie Homère; et, comme pour finir dignement, la poésie épique expire dans ce dernier enfantement.

Il était temps. Une autre ère va commencer pour le monde et pour la poésie.

Une religion spiritualiste, supplantant le paganisme matériel et extérieur, se glisse au cœur de la société antique, la tue, et, dans ce cadavre d'une civilisation décrépite, dépose le germe de la civilisation moderne. Cette religion est complète, parce qu'elle est vraie; entre son dogme et son culte elle scelle profondément la morale. Et d'abord, pour premières vérités, elle enseigne à l'homme qu'il a deux vies à vivre : l'une passagère, l'autre immortelle; l'une de la terre, l'autre du ciel. Elle lui montre qu'il est double comme sa destinée, qu'il y a en lui un animal et une intelligence, une âme et un corps; en un mot, qu'il est le point d'intersection, l'anneau commun des deux chaînes d'êtres qui embrassent la création, de la série des êtres matériels et de la série des êtres incorporels : la première, partant de la pierre pour arriver à l'homme; la seconde, partant de l'homme pour finir à Dieu.

Une partie de ces vérités avait peut-être été soupçonnée par certains sages de l'antiquité, mais c'est de l'Évangile que date leur pleine, lumineuse et large révélation. Les écoles païennes marchaient à tâtons dans la nuit, s'attachant aux mensonges comme aux vérités dans leur route de hasard. Quelques-uns de leurs philosophes jetaient parfois sur les objets de faibles lumières qui n'en éclairaient qu'un côté, et rendaient plus grande l'ombre de l'autre. De là tous ces fantômes créés par la philosophie ancienne. Il n'y avait que la sagesse divine qui pût substituer une vaste et égale clarté à toutes ces illuminations vacillantes de la sagesse humaine. Pythagore, Épicure, Socrate, Platon, sont des flambeaux; le Christ, c'est le jour.

Du reste, rien de plus matériel que la théogonie antique. Loin qu'elle ait songé, comme le christianisme, à diviser l'esprit du corps, elle donne forme et visage à tout, même aux essences, même aux intelligences. Tout chez elle est visible, palpable, charnel. Ses dieux ont besoin d'un nuage pour se dérober aux yeux. Ils boivent, mangent, dorment. On les blesse, et leur sang coule; on les estropie, et les voilà qui boitent éternellement. Cette religion a des dieux et des moitiés de dieux. Sa foudre se forge sur une enclume, et l'on y fait entrer, entre autres ingrédients, trois rayons de pluie tordue, *tres imbris torti radios*. Son Jupiter suspend le monde à une chaîne d'or; son soleil monte un char à quatre chevaux; son enfer est un précipice dont la géographie marque la bouche sur le globe; son ciel est une montagne.

Aussi le paganisme, qui pétrit toutes ses créations de la même argile, rapetisse la divinité et grandit l'homme. Les héros d'Homère sont presque de même taille que ses dieux. Ajax défie Jupiter. Achille vaut Mars. Nous venons de voir comme, au contraire, le christianisme sépare profondément le souffle de la matière. Il met un abîme entre l'âme et le corps, un abîme entre l'homme et Dieu.

A cette époque, et pour n'omettre aucun trait de l'esquisse à laquelle nous nous sommes aventuré, nous ferons remarquer qu'avec le christianisme et par lui s'introduisait dans l'esprit des peuples un sentiment nouveau, inconnu des anciens et singulièrement développé chez les modernes, un sentiment qui est plus que la gravité et moins que la tristesse : la mélancolie. Et, en effet, le cœur de l'homme, jusqu'alors engourdi par des cultes purement hiérarchiques et sacerdotaux, pouvait-il ne pas s'éveiller et sentir germer en lui quelque faculté inattendue au souffle d'une religion, humaine parce qu'elle est divine, d'une religion qui fait de la prière du pauvre la richesse du riche; d'une religion d'égalité, de liberté, de charité? Pouvait-il ne pas voir toutes choses sous un aspect nouveau, depuis que l'Évangile lui avait montré l'âme à travers les sens, l'éternité derrière la vie?

D'ailleurs, en ce moment-là même, le monde subissait une si profonde révolution, qu'il était impossible qu'il ne s'en fît pas une dans les esprits. Jusqu'alors les catastrophes des empires avaient été rarement jusqu'au cœur des populations; c'étaient des rois qui tombaient, des majestés qui s'évanouissaient : rien de plus. La foudre n'éclatait que dans les hautes régions, et, comme nous l'avons déjà indiqué, les événements semblaient se dérouler avec toute la solennité de l'épopée. Dans la société antique, l'individu était placé si bas, que, pour qu'il fût frappé, il fallait que l'adversité descendît jusque dans sa famille. Aussi ne connaissait-il guère l'infortune, hors des douleurs domestiques. Il était presque inouï que les malheurs généraux de l'État dérangeassent sa vie. Mais à l'instant où vint s'établir la société chrétienne, l'ancien continent était bouleversé. Tout était remué jusqu'à la racine. Les événements, chargés de ruiner l'ancienne Europe, et d'en rebâtir une nouvelle, se heurtaient, se précipitaient sans relâche, et poussaient les nations pêle-mêle, celles-ci au jour, celles-là dans la nuit. Il se faisait tant de bruit sur la terre, qu'il était impossible que quelque chose de ce tumulte n'arrivât pas jusqu'au cœur des peuples. Ce fut plus qu'un écho, ce fut un contre-coup. L'homme, se repliant sur lui-même en présence de ces hautes vicissitudes, commença à prendre en pitié l'humanité, à méditer sur les amères dérisions de la vie. De ce sentiment qui avait été pour Caton païen le désespoir, le christianisme fit la mélancolie.

En même temps, naissait l'esprit d'examen et de curiosité. Ces grandes catastrophes étaient aussi de grands spectacles, de frappantes péripéties. C'était le Nord se ruant sur le Midi, l'univers romain changeant de forme, les dernières convulsions de tout un monde à l'agonie. Dès que ce monde fut mort, voici que des nuées de rhéteurs, de grammairiens, de sophistes, viennent s'abattre, comme des moucherons, sur son immense cadavre. On les voit pulluler, on les entend bourdonner dans ce foyer de putréfaction. C'est à qui examinera, commentera, discutera. Chaque membre, chaque muscle, chaque fibre du grand corps gisant est retournée en tous sens. Certes, ce dut être une joie pour ces anatomistes de la pensée, que de pouvoir, dès leur coup d'essai, faire des expériences en grand ; que d'avoir, pour premier *sujet*, une société morte à disséquer.

Ainsi, nous voyons poindre à la fois et comme se donnant la main le génie de la mélancolie et de la méditation, le démon de l'analyse et de la controverse. A l'une des extrémités de cette ère de transition est Longin, à l'autre saint Augustin. Il faut se garder de jeter un œil dédaigneux sur cette époque où était en germe tout ce qui a depuis porté fruit, sur ce temps dont les moindres écrivains, si l'on nous passe une expression triviale, mais franche, ont fait fumier pour la moisson qui devait suivre. Le moyen âge est enté sur le Bas-Empire.

Voilà donc une nouvelle religion, une société nouvelle; sur cette double base, il faut que nous voyions grandir une nouvelle poésie. Jusqu'alors, et qu'on nous pardonne d'exposer un résultat que de lui-même le lecteur a déjà dû tirer de ce qui a été dit plus haut; jusqu'alors, agissant en cela comme le polythéisme et la philosophie antique, la muse purement épique des anciens n'avait étudié la nature que sous une seule face, rejetant sans pitié de l'art presque tout ce qui, dans le monde soumis à son imitation, ne se rapportait pas à un certain type du beau. Type d'abord magnifique, mais, comme il arrive toujours de ce qui est systématique, devenu dans les derniers temps faux, mesquin et conventionnel. Le christianisme amène la poésie à la vérité. Comme lui, la muse moderne verra les choses d'un coup d'œil plus haut et plus large. Elle sentira que tout dans la création n'est pas humainement *beau*, que le laid y existe à côté du beau, le difforme près du gracieux, le grotesque au revers du sublime, le mal avec le bien, l'ombre avec la lumière. Elle se demandera si la raison étroite et relative de l'artiste doit avoir gain de cause sur la raison infinie, absolue du Créateur ; si c'est à l'homme à rectifier Dieu; si une nature mutilée en sera plus belle; si l'art a le droit de dédoubler, pour ainsi dire, l'homme, la vie, la création ; si chaque chose marchera mieux quand on lui aura ôté son muscle et son ressort; si enfin c'est le moyen d'être harmonieux que d'être incomplet. C'est alors que, l'œil fixé sur des événements tout à la fois risibles et formidables, et sous l'influence de cet esprit de mélancolie chrétienne et de critique philosophique que nous observions tout à l'heure, la poésie fera un grand pas, un pas décisif, un pas qui, pareil à la secousse d'un tremblement de terre, changera toute la face du monde intellectuel. Elle se mettra à faire comme la nature, à mêler dans ses créations, sans pourtant les confondre, l'ombre à la lumière, le grotesque au sublime, en d'autres termes, le corps à l'âme, la bête à l'esprit; car le point de départ de la religion est toujours le point de départ de la poésie. Tout se tient.

Aussi voilà un principe étranger à l'antiquité, un type nouveau introduit dans la poésie; et comme une condition de plus dans l'être modifie l'être tout entier, voilà une forme nouvelle qui se développe dans l'art. Ce type, c'est le grotesque. Cette forme, c'est la comédie.

Et ici qu'il nous soit permis d'insister; car nous venons d'indiquer le trait caractéristique, la différence fondamentale qui sépare, à notre avis, l'art moderne de l'art antique, la forme actuelle de la forme morte, ou, pour nous servir de mots plus vagues, mais plus accrédités, la littérature *romantique* de la littérature *classique*.

« Enfin! vont dire ici les gens qui, depuis quelque temps! nous *voient venir*, nous vous tenons! vous voilà pris sur le fait, Donc, vous faites du *laid* un type d'imitation, du *grotesque* un élément de l'art! Mais les grâces... mais le bon goût... Ne savez-vous pas que l'art doit rectifier la nature? qu'il faut l'*ennoblir*? qu'il faut *choisir*? Les anciens ont-ils jamais mis en œuvre le laid et le grotesque? Ont-ils jamais mêlé la comédie à la tragédie? l'exemple des anciens, messieurs! D'ailleurs, Aristote... D'ailleurs, Boileau... D'ailleurs, La Harpe... » — En vérité!

Ces arguments sont solides, sans doute, et surtout d'une rare nouveauté. Mais notre rôle n'est pas d'y répondre. Nous ne bâtissons pas ici de systèmes, parce que Dieu nous garde des systèmes. Nous constatons un fait. Nous sommes historien, et non critique. Que ce fait plaise ou déplaise, peu importe! il est. — Revenons donc, et essayons de faire voir que c'est de la féconde union du type grotesque au type sublime que naît le génie moderne, si complexe, si varié dans ses formes, si inépuisable dans ses créations, et bien opposé en cela à l'uniforme simplicité du génie antique; montrons que c'est de là qu'il faut partir pour établir la différence radicale et réelle des deux littératures.

Ce n'est pas qu'il fût vrai de dire que la comédie et le grotesque étaient absolument inconnus des anciens. La chose serait d'ailleurs impossible. Rien ne vient sans racine; la seconde époque est toujours en germe dans la première. Dès l'*Iliade*, Thersite et Vulcain donnent la comédie, l'un aux hommes, l'autre aux dieux. Il y a trop de nature et trop d'originalité dans la tragédie grecque pour qu'il n'y ait pas quelquefois de la comédie. Ainsi, pour ne citer toujours que ce que notre mémoire nous rappelle: la scène de Ménélas avec la portière du palais (*Hélène*, acte I); la scène du Phrygien (*Oreste*, acte IV). Les Tritons, les Satyres, les Cyclopes, sont des grotesques; les Sirènes, les Furies, les Parques, les Harpies, sont des grotesques; Polyphème est un grotesque terrible, Silène est un grotesque bouffon.

Mais on sent ici que cette partie de l'art est encore dans l'enfance. L'épopée qui, à cette époque, imprime sa forme à tout, l'épopée pèse sur elle et l'étouffe. Le grotesque antique est timide, et cherche toujours à se cacher. On voit qu'il n'est pas sur son terrain, parce qu'il n'est pas dans sa nature. Il se dissimule le plus qu'il peut. Les Satyres, les Tritons, les Sirènes sont à peine difformes. Les Parques, les Harpies, sont plutôt hideuses par leurs attributs que par leurs traits; les Furies sont belles, et on les appelle *Euménides*, c'est-à-dire, *douces, bienfaisantes*. Il y a un voile de grandeur ou de divinité sur d'autres grotesques. Polyphème est géant; Midas est roi; Silène est dieu.

Aussi la comédie passe-t-elle presque inaperçue dans le grand ensemble épique de l'antiquité. A côté des chars olympiques, qu'est-ce que la charrette de Thespis? Près des colosses homériques, Eschyle, Sophocle, Euripide, que sont Aristophane et Plaute? Homère les emporte avec lui, comme Hercule emportait les Pygmées, cachés dans sa peau de lion.

Dans la pensée des modernes, au contraire, le grotesque a un rôle immense. Il y est partout: d'une part, il crée le difforme et l'horrible; de l'autre, le comique et le bouffon. Il attache autour de la religion mille superstitions originales, autour de la poésie mille imaginations pittoresques. C'est lui qui sème à pleines mains dans l'air, dans l'eau, dans la terre, dans le feu, ces myriades d'êtres intermédiaires que nous retrouvons tous vivants dans les traditions populaires du moyen âge; c'est lui qui fait tourner dans l'ombre la ronde effrayante du sabbat, lui encore qui donne à Satan les cornes, les pieds de bouc, les ailes de chauve-souris. C'est lui, toujours lui, qui tantôt jette dans l'enfer chrétien ces hideuses figures qu'évoquera l'âpre génie de Dante et de Milton, tantôt le peuple de ces formes ridicules au milieu desquelles se jouera Callot, le Michel-Ange burlesque. Si du monde idéal il passe au monde réel, il y déroule d'intarissables parodies de l'humanité. Ce sont des créations de sa fantaisie que ces Scaramouches, ces Crispins, ces Arlequins, grimaçantes silhouettes de l'homme, types tout à fait inconnus à la grave antiquité, et sortis pourtant de la classique Italie. C'est lui enfin qui, colorant tour à tour le même drame de l'imagination du Midi et de l'imagination du Nord, fait gambader Sganarelle autour de don Juan et ramper Méphistophélès autour de Faust.

Et comme il est libre et franc dans son allure ! comme il fait hardiment saillir toutes ces formes bizarres que l'âge précédent avait si timidement enveloppées de langes ! La poésie antique, obligée de donner des compagnons au boîteux Vulcain, avait tâché de déguiser leur difformité en l'étendant en quelque sorte sur des proportions colossales. Le génie moderne conserve ce mythe des forgerons surnaturels, mais il lui imprime brusquement un caractère tout opposé et qui le rend bien plus frappant : il change les géants en nains, des Cyclopes il fait les Gnomes C'est avec la même originalité qu'à l'Hydre, un peu banale, de Lerne, il substitue tous ces dragons locaux de nos légendes : la Gargouille de Rouen, le Gra-Ouilli de Metz, la Chair-Sallée de Troyes, la Drée de Montlhéry, la Tarasque de Tarascon, monstres de formes si variées et dont les noms baroques sont un caractère de plus. Toutes ces créations puisent dans leur propre nature cet accent énergique et profond devant lequel il semble que l'antiquité ait parfois reculé. Certes, les Euménides grecques sont bien moins horribles, et par conséquent bien moins vraies, que les sorcières de *Macbeth*. Pluton n'est pas le diable.

Il y aurait, à notre avis, un livre bien nouveau à faire sur l'emploi du grotesque dans les arts. On pourrait montrer quels puissants effets les modernes ont tirés de ce type fécond sur lequel une critique étroite s'acharne encore de nos jours. Nous serons peut-être tout à l'heure amenés par notre sujet à signaler en passant quelques traits de ce vaste tableau. Nous dirons seulement ici que, comme objectif auprès du sublime, comme moyen de contraste, le grotesque est, selon nous, la plus riche source que la nature puisse ouvrir à l'art. Rubens le comprenait sans doute ainsi, lorsqu'il se plaisait à mêler à des déroulements de pompes royales, à des couronnements, à d'éclatantes cérémonies, quelque hideuse figure de nain de cour. Cette beauté universelle que l'antiquité répandait solennellement sur tout n'était pas sans monotonie ; la même impression, toujours répétée, peut fatiguer à la longue. Le sublime sur le sublime produit malaisément un contraste, et l'on a besoin de se reposer de tout, même du beau. Il semble, au contraire, que le grotesque soit un temps d'arrêt, un terme de comparaison, un point de départ d'où l'on s'élève vers le beau avec une perception plus fraîche et plus excitée. La salamandre fait ressortir l'ondine ; le gnome embellit le sylphe.

Et il serait exact aussi de dire que le contact du difforme a donné au sublime moderne quelque chose de plus pur, de plus grand, de plus sublime enfin que le beau antique, et cela doit être.

14.

Quand l'art est conséquent avec lui-même, il mène bien plus sûrement chaque chose à sa fin. Si l'Élysée homérique est fort loin de ce charme éthéré, de cette angélique suavité du paradis de Milton, c'est que, sous l'Éden, il y a un enfer bien autrement horrible que le Tartare païen. Croit-on que Françoise de Rimini et Béatrix seraient aussi ravissantes chez un poëte qui ne nous enfermerait pas dans la tour de la Faim et ne nous forcerait point à partager le repoussant repas d'Ugolin? Dante n'aurait pas tant de grâce s'il n'avait pas tant de force. Les naïades charnues, les robustes tritons, les zéphyrs libertins ont-ils la fluidité diaphane de nos ondins et de nos sylphides? N'est-ce pas que l'imagination moderne sait faire rôder hideusement dans nos cimetières les vampires, les ogres, les aulnes, les psylles, les goules, les brucolaques, les aspioles, qu'elle peut donner à ses fées cette forme incorporelle, cette pureté d'essence dont approchent si peu les nymphes païennes? La Vénus antique est belle, admirable sans doute; mais qui a répandu sur les figures de Jean Goujon cette élégance svelte, étrange, aérienne? Qui leur a donné ce caractère inconnu de vie et de grandiose, sinon le voisinage des sculptures rudes et puissantes du moyen âge?

Si, au milieu de ces développements nécessaires, et qui pourraient être beaucoup plus approfondis, le fil de nos idées ne s'est pas rompu dans l'esprit du lecteur, il a compris sans doute avec quelle puissance le grotesque, ce germe de la comédie, recueilli par la Muse moderne, a dû croître et grandir dès qu'il a été transporté dans un terrain plus propice que le paganisme et l'épopée. En effet, dans la poésie nouvelle, tandis que le sublime représentera l'âme telle qu'elle est, épurée par la morale chrétienne, lui jouera le rôle de la bête humaine. Le premier type, dégagé de tout alliage impur, aura en apanage tous les charmes, toutes les grâces, toutes les beautés : il faut qu'il puisse créer un jour Juliette, Desdémona, Ophélia. Le second prendra tous les ridicules, toutes les infirmités, toutes les laideurs. Dans ce partage de l'humanité et de la création, c'est à lui que reviendront les passions, les vices, les crimes; c'est lui qui sera luxurieux, rampant, gourmand, avare, perfide, brouillon, hypocrite; c'est lui qui sera tour à tour Iago, Tartufe, Basile, Polonius, Harpagon, Bartholo, Falstaff, Scapin, Figaro. Le beau n'a qu'un type; le laid en a mille. C'est que le beau, à parler humainement, n'est que la forme considérée dans son rapport le plus simple, dans sa symétrie la plus absolue, dans son harmonie la plus intime avec notre organisation. Aussi nous offre-t-il toujours un ensemble complet, mais restreint comme nous. Ce que nous appelons le laid, au contraire, est un détail d'un grand ensemble qui nous échappe, et qui s'harmonise non pas avec l'homme, mais avec la création tout entière. Voilà pourquoi il nous présente sans cesse des aspects nouveaux, mais incomplets.

C'est une étude curieuse que de suivre l'avénement et la marche du grotesque dans l'ère moderne. C'est d'abord une invasion, une irruption, un débordement; c'est un torrent qui a rompu sa digue. Il traverse en naissant la littérature latine qui se meurt, y colore Perse, Pétrone, Juvénal, et y laisse l'*Ane d'or* d'Apulée. De là, il se répand dans l'imagination des peuples nouveaux qui refont l'Europe. Il abonde à flots dans les conteurs, dans les chroniqueurs, dans les romanciers. On le voit s'étendre du sud au septentrion. Il se joue dans les rêves des nations tudesques, et en même temps vivifie de son souffle ces admirables *Romanceros* espagnols, véritable Iliade de la chevalerie. C'est lui, par exemple, qui, dans le roman de la *Rose*, peint ainsi une cérémonie auguste, l'élection d'un roi :

> Un grand vilain lors ils élurent,
> Le plus ossu qu'entre eux ils eurent.

Il imprime surtout son caractère à cette merveilleuse architecture qui, dans le moyen âge, tient la place de tous les arts. Il attache son stigmate au front des cathédrales, encadre ses enfers et ses purgatoires sous l'ogive des portails, les fait flamboyer sur les vitraux, déroule ses monstres, ses dogues, ses démons autour des chapiteaux, le long des frises, au bord des toits. Il s'étale sous d'innombrables formes, sur la façade de bois des maisons, sur la façade de marbre des palais. Des arts il passe dans les mœurs; et tandis qu'il fait applaudir par le peuple les *graciosos* de comédie, il donne aux rois les fous de cour. Plus tard, dans le siècle de l'étiquette, il nous montrera Scarron sur le bord même de la couche de Louis XIV. En attendant, c'est lui qui meuble le blason, et qui dessine sur l'écu des chevaliers ces symboliques hiéroglyphes de la féodalité. Des mœurs il pénètre dans les lois; mille coutumes bizarres attestent son passage dans les institutions du moyen âge. De même qu'il avait fait bondir dans son tombereau Thespis barbouillé de lie, il danse avec la bazoche sur cette fameuse table de marbre qui servait tout à la fois de théâtre aux farces populaires et aux banquets royaux. Enfin, admis dans les arts, dans les mœurs, dans les lois, il entre jusque dans l'église. Nous le voyons ordonner, dans chaque ville de la catholicité, quelqu'une de ces cérémonies singulières, de ces processions étranges où la religion marche accompagnée de toutes les superstitions, le sublime environné de tous les grotesques. Pour le peindre d'un trait, telle est, à cette aurore des lettres, sa verve, sa vigueur, sa séve de création, qu'il jette du premier coup, sur le seuil de la poésie moderne, trois Homères bouffons : Arioste en Italie; Cervantès, en Espagne ; Rabelais, en France.

Il serait surabondant de faire ressortir davantage cette influence du grotesque dans la troisième civilisation. Tout démontre, à l'époque dite *romantique*, son alliance intime et créatrice avec le beau. Il n'y a pas jusqu'aux plus naïves légendes populaires qui n'expliquent quelquefois avec un admirable instinct ce mystère de l'art moderne. L'antiquité n'aurait pas fait la Belle et la Bête.

Il est vrai de dire qu'à l'époque où nous venons de nous arrêter, la prédominance du grotesque sur le sublime, dans les lettres, est vivement marquée. Mais c'est une fièvre de réaction, une ardeur de nouveauté qui passe; c'est un premier flot qui se retire peu à peu. Le type du beau reprendra bientôt son rôle et son droit, qui n'est pas d'exclure l'autre principe, mais de prévaloir sur lui. Il est temps que le grotesque se contente d'avoir un coin du tableau dans les fresques royales de Murillo, dans les pages sacrées de Véronèse ; d'être mêlé aux deux admirables *jugements derniers* dont s'enorgueilliront les arts, à cette scène de ravissement et d'horreur dont Michel-Ange enrichira le Vatican, à ces effrayantes chutes d'hommes que Rubens précipitera le long des voûtes de la cathédrale d'Anvers. Le moment est venu où l'équilibre entre les deux principes va s'établir. Un homme, un poëte roi, *poeta soverano*, comme Dante le dit d'Homère, va tout fixer. Les deux génies rivaux unissent leur double flamme, et de cette flamme jaillit Shakspeare.

Nous voici parvenus à la sommité poétique des temps modernes. Shakspeare, c'est le drame ; et le drame qui fond sous un même souffle le grotesque et le sublime, le terrible et le bouffon, la tragédie et la comédie, le drame est le caractère propre de la troisième époque de poésie, de la littérature actuelle.

Ainsi, pour résumer rapidement les faits que nous avons observés jusqu'ici, la poésie a trois âges, dont chacun correspond à une époque de la société : l'ode, l'épopée, le drame. Les temps primitifs sont lyriques, les temps antiques sont épiques, les temps modernes sont dramatiques. L'ode chante l'éternité, l'épopée solennise l'histoire, le drame peint la vie. Le caractère de la première poésie est la naïveté, le caractère de la seconde est la simplicité, le caractère de la troisième, la vérité. Les rapsodes marquent la transition des poëtes lyriques aux poëtes épiques, comme les romanciers des poëtes épiques aux poëtes dramatiques. Les historiens naissent avec la seconde époque ; les chroniqueurs et les critiques avec la troisième. Les personnages de l'ode sont des colosses : Adam, Caïn, Noé ; ceux de l'épopée sont des géants : Achille, Atrée, Oreste ; ceux du drame sont des hommes : Hamlet, Macbeth, Othello. L'ode vit de l'idéal, l'épopée du grandiose, le drame du réel. Enfin, cette triple poésie découle de trois grandes sources : la Bible, Homère, Shakspeare.

Telles sont donc, et nous nous bornons en cela à relever un résultat, les diverses physionomies de la pensée aux différentes ères de l'homme et de la société. Voilà ses trois visages, de jeunesse, de virilité et de vieillesse. Qu'on examine une littérature en particulier, ou toutes les littératures en masse, on arrivera toujours au même fait : les poëtes lyriques avant les poëtes épiques, les poëtes épiques avant les poëtes dramatiques. En France, Malherbe avant Chapelain, Chapelain avant Corneille ; dans l'ancienne Grèce, Orphée avant Homère, Homère avant Eschyle ; dans le livre primitif, la *Genèse* avant les *Rois*, les *Rois* avant *Job*; ou, pour reprendre cette grande échelle de toutes les poésies que nous parcourions tout à l'heure, la Bible avant l'Iliade, l'Iliade avant Shakspeare.

La société, en effet, commence par chanter ce qu'elle rêve, puis raconte ce qu'elle fait, et enfin se met à peindre ce qu'elle pense. C'est, disons-le en passant, pour cette dernière raison que tout le drame, unissant les qualités les plus opposées, peut être à la fois plein de profondeur et plein de relief, philosophique et pittoresque.

Il serait conséquent d'ajouter ici que tout, dans la nature et dans la vie, passe par ces trois phases, du lyrique, de l'épique et du dramatique, parce que tout naît, agit et meurt. S'il n'était pas ridicule de mêler les fantasques rapprochements de l'imagination aux déductions sévères du raisonnement, un poëte pourrait dire que le lever du soleil, par exemple, est un hymne, son midi une éclatante épopée, son coucher un sombre drame où lutte le jour et la nuit, la vie et la mort. Mais ce serait là de la poésie, de la folie peut-être ; et *qu'est-ce que cela prouve ?*

Tenons-nous-en aux faits rassemblés plus haut : complétons-les d'ailleurs par une observation importante. C'est que nous n'avons aucunement prétendu assigner aux trois époques de la poésie un domaine exclusif, mais seulement fixer leur caractère dominant. La Bible, ce divin monument lyrique, renferme, comme nous l'indiquions tout à l'heure, une épopée et un drame en germe, les *Rois* et *Job*. On sent dans tous les poëmes homériques un reste de poésie lyrique et un commencement de poésie dramatique. L'ode et le drame se croisent dans l'épopée. Il y a de tout dans tout; seulement il existe dans chaque chose un élément générateur auquel se subordonnent tous les autres, et qui impose à l'ensemble son caractère propre.

Le drame est la poésie complète. L'ode et l'épopée ne le contiennent qu'en germe; il les contient l'une et l'autre en développement. Il les résume et les enserre toutes deux. Certes, celui qui a dit : *les Français n'ont pas la tête épique*, a dit une chose juste et fine; si même il eût dit, *les modernes*, le mot spirituel eût été un mot profond. Il est incontestable cependant qu'il y a surtout du génie épique dans cette prodigieuse *Athalie*, si haute et si simplement sublime, que le siècle royal ne l'a pu comprendre. Il est certain encore que la série des drames chroniques de Shakspeare présente un grand aspect d'épopée. Mais c'est surtout la poésie lyrique qui sied au drame : elle ne le gêne jamais, se plie à tous ses caprices, se joue sous toutes ses formes, tantôt sublime dans Ariel, tantôt grotesque dans Caliban. Notre époque, dramatique avant tout, est par cela même éminemment lyrique. C'est qu'il y a plus d'un rapport entre le commencement et la fin ; le coucher du soleil a quelques traits de son lever; le vieillard redevient enfant. Mais cette dernière enfance ne ressemble pas à la première; elle est aussi triste que l'autre est joyeuse. Il en est de même de la poésie lyrique. Éblouissante, rêveuse à l'aurore des peuples, elle reparaît sombre et pensive à leur déclin. La Bible s'ouvre riante avec la Genèse, et se ferme sur la menaçante Apocalypse. L'ode moderne est toujours inspirée, mais elle n'est plus ignorante. Elle médite plus qu'elle ne contemple; sa rêverie est mélancolie. On voit, à ses enfantements, que cette muse s'est accouplée au drame.

Pour rendre sensibles par une image les idées que nous venons d'aventurer, nous comparerions la poésie lyrique primitive à un lac paisible qui reflète les nuages et les étoiles du ciel; l'épopée est le fleuve qui en découle et court, en réfléchissant ses rives, forêts, campagnes et cités, se jeter dans l'océan du drame. Enfin, comme le lac, le drame réfléchit le ciel ; comme le fleuve, il réfléchit ses rives; mais seul il a des abîmes et des tempêtes.

C'est donc au drame que tout vient aboutir dans la poésie moderne. Le *Paradis perdu* est un drame avant d'être une épopée. C'est, on le sait, sous la première de ces formes qu'il s'était présenté d'abord à l'imagination du poëte, et qu'il reste toujours imprimé dans la mémoire du lecteur, tant l'ancienne charpente dramatique est encore saillante sous l'édifice épique de Milton! Lorsque Dante Alighieri a terminé son redoutable *Enfer*, qu'il en a refermé les portes, et qu'il ne lui reste plus qu'à nommer son œuvre, l'instinct de son génie lui fait voir que ce poëme multiforme est une émanation du drame, non de l'épopée ; et sur le frontispice du gigantesque monument il écrit de sa plume de bronze : *Divina Commedia*.

On voit donc que les deux seuls poëtes des temps modernes qui soient de la taille de Shakspeare se rallient à son unité. Ils concourent avec lui à empreindre de la teinte dramatique toute notre poésie ; ils sont comme lui mêlés de grotesque et de sublime ; et, loin de tirer à eux dans ce grand ensemble littéraire qui s'appuie sur Shakspeare, Dante et Milton sont en quelque sorte les deux arcs-boutants de l'édifice dont il est le pilier central, les contre-forts de la voûte dont il est la clef.

Qu'on nous permette de reprendre ici quelques idées déjà énoncées, mais sur lesquelles il faut insister. Nous y sommes arrivé, maintenant il faut que nous en repartions.

Du jour où le christianisme a dit à l'homme : « Tu es double, tu es composé de deux êtres, l'un périssable, l'autre immortel, l'un charnel, l'autre éthéré, l'un enchaîné par les appétits, les besoins et les passions, l'autre emporté sur les ailes de l'enthousiasme et de la rêverie ; celui-ci enfin toujours courbé vers la terre, sa mère, celui-là sans cesse élancé vers le ciel, sa patrie, » de ce jour le drame a été créé. Est-ce autre chose en effet que ce contraste de tous les jours, que cette lutte de tous les instants entre deux principes opposés qui sont toujours en présence dans la vie, et qui se disputent l'homme depuis le berceau jusqu'à la tombe ?

La poésie née du christianisme, la poésie de notre temps est donc le drame ; le caractère du drame est le réel ; le réel résulte de la combinaison toute naturelle de deux types, le sublime et le grotesque, qui se croisent dans le drame, comme ils se croisent dans la vie et dans la création. Car la poésie vraie, la poésie complète, est dans l'harmonie des contraires. Puis il est temps de le dire hautement, et c'est ici surtout que les exceptions confirmeraient la règle, tout ce qui est dans la nature est dans l'art.

En se plaçant à ce point de vue pour juger nos petites règles conventionnelles, pour débrouiller tous ces labyrinthes scolastiques, pour résoudre tous ces problèmes mesquins que les critiques des deux derniers siècles ont laborieusement bâtis autour de l'art, on est frappé de la promptitude avec laquelle la question de théâtre moderne se nettoie. Le drame n'a qu'à faire un pas pour briser tous ces fils d'araignée dont les milices de Lilliput ont cru l'enchaîner dans son sommeil.

Ainsi, que des pédants étourdis (l'un n'exclut pas l'autre) prétendent que le difforme, le laid, le grotesque, ne doit jamais être un objet d'imitation pour l'art, on leur répond que le grotesque, c'est la comédie, et qu'apparemment la comédie fait partie de l'art. Tartufe n'est pas beau, Pourceaugnac n'est pas noble; Pourceaugnac et Tartufe sont d'admirables jets de l'art.

Que si, chassés de ce retranchement dans leur seconde ligne de douanes, ils renouvellent leur prohibition du grotesque allié au sublime, de la comédie fondue dans la tragédie, on leur fait voir que, dans la poésie des peuples chrétiens, le premier de ces deux types représente la bête humaine, le second l'âme. Ces deux tiges de l'art, si l'on empêche leurs rameaux de se mêler, si on les sépare systématiquement, produiront pour tous fruits, d'une part des abstractions de vices, de ridicules ; de l'autre, des abstractions de crime, d'héroïsme et de vertu. Les deux types, ainsi isolés et livrés à eux-mêmes, s'en iront chacun de leur côté, laissant entre eux le réel, l'un à sa droite, l'autre à sa gauche. D'où il suit qu'après ces abstractions il restera quelque chose à représenter, l'homme; après ces tragédies et ces comédies, quelque chose à faire, le drame.

Dans le drame, tel qu'on peut, sinon l'exécuter, du moins le concevoir, tout s'enchaîne et se déduit ainsi que dans la réalité. Le corps y joue son rôle comme l'âme; et les hommes et les événements, mis en jeu par ce double agent, passent tout à tour bouffons et terribles, quelquefois terribles et bouffons tout ensemble. Ainsi le juge dira : *A la mort, et allons dîner!* Ainsi le sénat romain délibérera sur le turbot de Domitien. Ainsi Socrate, buvant la ciguë et conversant de l'âme immortelle et du Dieu unique, s'interrompra pour recommander qu'on sacrifie un coq à Esculape. Ainsi Élisabeth jurera et parlera latin. Ainsi Richelieu subira le capucin Joseph, et Louis XI son barbier, maître Olivier le Diable. Ainsi Cromwell dira : *J'ai le parlement dans mon sac et le Roi dans ma poche;* ou, de la main qui signe l'arrêt de mort de Charles Ier, barbouillera d'encre le visage d'un régicide qui le lui rendra en riant. Ainsi César dans le char de triomphe aura peur de verser. Car les hommes de génie, si grands qu'ils soient, ont toujours en eux leur bête qui parodie leur intelligence. C'est par là qu'ils touchent à l'humanité, c'est par là qu'ils sont dramatiques. « Du sublime au ridicule il n'y a qu'un pas, » disait Napoléon, quand il fut convaincu d'être homme; et cet éclair d'une âme de feu qui s'entr'ouvre illumine à la fois l'art et l'histoire ; ce cri d'angoisse est le résumé du drame et de la vie.

Chose frappante! tous ces contrastes se rencontrent dans les poëtes eux-mêmes, pris comme hommes. A force de méditer sur l'existence, d'en faire éclater la poignante ironie, de jeter à flots le sarcasme et la raillerie sur nos infirmités, ces hommes qui nous font tant rire deviennent profondément tristes. Ces Démocrites sont aussi des Héraclites. Beaumarchais était morose, Molière était sombre, Shakspeare mélancolique.

C'est donc une des suprêmes beautés du drame que le grotesque. Il n'en est pas seulement une convenance, il en est souvent une nécessité. Quelquefois il y arrive par masses homogènes, par caractères complets : Dandin, Prusias, Trissotin, Brid'oison, la nourrice de Juliette ; quelquefois empreint de terreur, ainsi Richard III, Bégearss, Tartufe, Méphistophélès ; quelquefois même voilé de grâce et d'élégance, comme Figaro, Osrick, Mercutio, don Juan. Il s'infiltre partout ; car, de même que les plus vulgaires ont maintes fois leurs accès de sublime, les plus élevés payent fréquemment tribut au trivial et au ridicule. Aussi, souvent insaisissable, souvent imperceptible, est-il toujours présent sur la scène, même quand il se tait, même quand il se cache. Grâce à lui, point d'impressions monotones. Tantôt il jette du rire, tantôt de l'horreur dans la tragédie. Il fera rencontrer l'apothicaire à Roméo, les trois sorcières à Macbeth, les fossoyeurs à Hamlet. Parfois enfin il peut sans discordance, comme dans la scène du roi Léar et de son fou, mêler sa voix criarde aux plus sublimes, aux plus lugubres, aux plus rêveuses musiques de l'âme.

Voilà ce qu'a su faire entre tous, d'une manière qui lui est propre et qu'il serait aussi inutile qu'impossible d'imiter, Shakspeare, ce dieu du théâtre, en qui semblent réunis, comme dans une trinité, les trois grands génies caractéristiques de notre scène : Corneille, Molière, Beaumarchais.

On voit combien l'arbitraire distinction des genres croule vite devant la raison et le goût. On ne ruinerait pas moins aisément la prétendue règle des deux unités. Nous disons deux et non *trois* unités, l'unité d'action ou d'ensemble, la seule vraie et fondée, étant depuis longtemps hors de cause.

Des contemporains distingués, étrangers et nationaux, ont déjà attaqué, et par la pratique et par la théorie, cette loi fondamentale du code pseudo-aristotélique. Au reste, le combat ne devait pas être long. A la première secousse elle a craqué, tant elle était vermoulue, cette solive de la vieille masure scolastique.

Ce qu'il y a d'étrange, c'est que les routiniers prétendent appuyer leur règle des deux unités sur la vraisemblance, tandis que c'est précisément le réel qui la tue. Quoi de plus invraisemblable et de plus absurde en effet que ce vestibule, ce péristyle, cette antichambre, lieu banal où nos tragédies ont la complaisance de venir se dérouler, où arrivent, on ne sait comment, les conspirateurs pour déclamer contre le tyran, le tyran pour déclamer contre les conspirateurs, chacun à leur tour, comme s'ils s'étaient dit bucoliquement :

Alternis cantemus : amant alterna Camenæ.

Où a-t-on vu vestibule ou péristyle de cette sorte? Quoi de plus contraire, nous ne dirons pas à la vérité, les scolastiques en font bon marché, mais à la vraisemblance? Il résulte de là que tout ce qui est trop caractéristique, trop intime, trop local, pour se passer dans l'antichambre ou dans le carrefour, c'est-à-dire tout le drame, se passe dans la coulisse. Nous ne voyons en quelque sorte sur le théâtre que les coudes de l'action ; ses mains sont ailleurs. Au lieu de scènes, nous avons des récits ; au lieu de tableaux, des descriptions. De graves personnages, placés, comme le chœur antique, entre le drame et nous, viennent nous raconter ce qui se fait dans le temple, dans le palais, dans la place publique, de façon que, souventesfois, nous sommes tentés de leur crier : « Vraiment! mais conduisez-nous donc là-bas. On s'y doit bien amuser, cela doit être beau à voir! » A quoi ils répondraient sans doute : « Il serait possible que cela vous amusât ou vous intéressât, mais ce n'est point là la question ; nous sommes les gardiens de la dignité de la Melpomène française. » Voilà!

Mais, dira-t-on, cette règle que vous répudiez est empruntée du théâtre grec. — En quoi le théâtre et le drame grecs ressemblent-ils à notre drame et à notre théâtre? D'ailleurs nous avons déjà fait voir que la prodigieuse étendue de la scène antique lui permettait d'embrasser une localité tout entière, de sorte que le poëte pouvait, selon les besoins de l'action, la transporter à son gré d'un point du théâtre à un autre, ce qui équivaut bien à peu près aux changements de décorations. Bizarre contradiction! le théâtre grec, tout asservi qu'il était à un but national et religieux, est bien autrement libre que le nôtre, dont le seul objet cependant est le plaisir, et, si l'on veut, l'enseignement du spectateur. C'est que l'un n'obéit qu'aux lois qui lui sont propres, tandis que l'autre s'applique des conditions d'être parfaitement étrangères à son essence. L'un est artiste, l'autre est artificiel.

On commence à comprendre de nos jours que la localité exacte est un des premiers éléments de la réalité. Les personnages partants ou agissants ne sont pas les seuls qui gravent dans l'esprit du spectateur la fidèle empreinte des faits. Le lieu où telle catastrophe s'est passée en devient un témoin terrible et inséparable, et l'absence de cette sorte de personnage muet décompléterait dans le drame les plus grandes scènes de l'histoire. Le poëte oserait-il assassiner Rizzio ailleurs que dans la chambre de Marie Stuart? poignarder Henri IV ailleurs que dans cette rue de la Féronnerie, tout obstruée de haquets et de voitures? brûler Jeanne d'Arc autre part que dans le Vieux-Marché? dépêcher le duc de Guise autre part que dans ce château de Blois, où son ambition fait fermenter une assemblée populaire? décapiter Charles Ier et Louis XVI ailleurs que dans ces places sinistres d'où l'on peut voir White-Hall et les Tuileries, comme si leur échafaud servait de pendant à leur palais?

L'unité de temps n'est pas plus solide que l'unité de lieu. L'action, encadrée de force dans les vingt-quatre-heures, est aussi ridicule qu'encadrée dans le vestibule. Toute action a sa durée propre comme son lieu particulier. Verser la même dose de temps à tous les événements! appliquer la même mesure sur tout! On rirait d'un cordonnier qui voudrait mettre le même soulier à tous les pieds. Croiser l'unité de temps à l'unité de lieu comme les barreaux d'une cage et y faire pédantesquement entrer, de par Aristote, tous ces faits, tous ces peuples, toutes ces figures que la Providence déroule à si grandes masses dans la réalité! c'est mutiler hommes et choses; c'est faire grimacer l'histoire. Disons mieux : tout cela mourra dans l'opération, et c'est ainsi que les mutilateurs dogmatiques arrivent à leur résultat ordinaire : ce qui était vivant dans la chronique est mort dans la tragédie. Voilà pourquoi, bien souvent, la cage des unités ne renferme qu'un squelette.

Et puis, si vingt-quatre heures peuvent être comprises dans deux, il sera logique que quatre heures puissent en contenir quarante-huit. L'unité de Shakspeare ne sera donc pas l'unité de Corneille. Pitié!

Ce sont là pourtant les pauvres chicanes que depuis deux siècles la médiocrité, l'envie et la routine font au génie! C'est ainsi qu'on a borné l'essor de nos plus grands poëtes. C'est avec les ciseaux des unités qu'on leur a coupé l'aile. Et que nous a-t-on donné en échange de ces plumes d'aigle retranchées à Corneille et à Racine? Campistron.

Nous concevons qu'on pourrait dire : Il y a dans des changements trop fréquents de décorations quelque chose qui embrouille et fatigue le spectateur, et qui produit sur son attention l'effet de l'éblouissement; il peut aussi se faire que des translations multipliées d'un lieu à un autre lieu, d'un temps à un autre temps, exigent des contre-expositions qui le refroidissent; il faut craindre encore de laisser dans le milieu d'une action des lacunes qui empêchent les parties du drame d'adhérer étroitement entre elles, et qui en outre déconcertent le spectateur parce qu'il ne se rend pas compte de ce qu'il peut y avoir dans ces vides... — Mais ce sont là précisément les difficultés de l'art. Ce sont là de ces obstacles propres à tels ou tels sujets, et sur lesquels on ne saurait statuer une fois pour toutes. C'est au génie à les résoudre, non aux *poétiques* à les éluder.

Il suffirait enfin, pour démontrer l'absurdité de la règle des deux unités, d'une dernière raison, prise dans les entrailles de l'art. C'est l'existence de la troisième unité, l'unité d'action, la seule admise de tous parce qu'elle résulte d'un fait: l'œil ni l'esprit humain ne sauraient saisir plus d'un ensemble à la fois. Celle-là est aussi nécessaire que les deux autres sont inutiles. C'est elle qui marque le point de vue du drame; or, par cela même, elle exclut les deux autres. Il ne peut pas plus y avoir trois unités dans le drame que trois horizons dans un tableau. Du reste, gardons-nous de confondre l'unité avec la simplicité d'action. L'unité d'ensemble ne répudie en aucune façon les actions secondaires sur lesquelles doit s'appuyer l'action principale. Il faut seulement que ces parties, savamment subordonnées au tout, gravitent sans cesse vers l'action centrale et se groupent autour d'elle aux différents étages ou plutôt sur les divers plans du drame. L'unité d'ensemble est la loi de perspective du théâtre.

Mais, s'écrieront les douaniers de la pensée, de grands génies les ont pourtant subies, ces règles que vous rejetez! Eh oui, malheureusement! Qu'auraient-ils donc fait, ces admirables hommes, si on les eût laissés faire? Ils n'ont pas du moins accepté vos fers sans combat. Il faut voir comme Pierre Corneille, harcelé à son début pour sa merveille du *Cid*, se débat sous Mairet, Claveret, d'Aubignac et Scudéry! comme il dénonce à la postérité les violences de ces hommes, qui, dit-il, se font *tout blancs d'Aristote!* Il faut voir comme on lui dit, et nous citons des textes du temps: « Ieune homme, il faut apprendre auant que d'enseigner, et a « moins que d'être vn Scaliger ou vn Heinsius, cela n'est pas « supportable! » Là-dessus Corneille se révolte et demande si c'est donc qu'on veut le faire descendre « beaucoup au dessovs « de Claueret? » Ici Scudéry s'indigne de tant d'orgueil et rap-

pelle à « ce trois fois grand avthevr du Cid... » « Les modestes
« paroles par où le Tasse, le plus grand homme de son siècle, a
« commencé l'Apologie du plus beau de ses ouurages, contre la plus
« aigre et la plus iniuste Censure, qu'on fera peut-être iamais.
« M. Corneille, ajoute-t-il, tesmoigne bien en ses Responses qu'il
« est aussi loing de la modération que du mérite de cet excellent
« autheur. » Le *jeune homme* si *justement* et si *doucement censuré*
ose résister ; alors Scudéry revient à la charge, il appelle à son
secours l'*académie éminente* : « Prononcez, o mes IvGes, un arrest
« digne de vous, et qui face sçavoir à toute l'Euroque que *le Cid*
« n'est point le chef-d'œuure du plus grand homme de France,
« mais ouy bien la moins iudicieuse pièce de M. Corneille mesme.
« Vous le devez, et pour vostre gloire en particulier, et pour celle
« de nostre nation en général, qui s'y trouue intéressée : veu
« que les estrangers qui pourroient voir ce beau chef-d'œuure,
« eux qui ont eu des Tassos et des Guarinis, croyroient que nos
« plus grands maistres ne sont que des apprentifs. » Il y a dans
ce peu de lignes instructives toute la tactique éternelle de la routine envieuse contre le talent naissant, celle qui se suit encore de
nos jours, et qui a attaché, par exemple, une si curieuse page aux
jeunes essais de lord Byron. Scudéry nous la donne en quintessence. Ainsi, les précédents ouvrages d'un homme de génie toujours préférés aux nouveaux, afin de prouver qu'il descend au
lieu de monter ; Mélite et *la Galerie du Palais* mis au-dessus du
Cid; puis les noms de ceux qui sont morts toujours jetés à la
tête de ceux qui vivent : Corneille, lapidé avec Tasso et Guarini
(Guarini!), comme plus tard on lapidera Racine avec Corneille,
Voltaire avec Racine ; comme on lapide aujourd'hui tout ce qui s'élève avec Corneille, Racine et Voltaire. La tactique, comme on
voit, est usée ; mais il faut qu'elle soit bonne, puisqu'elle sert toujours. Cependant le pauvre diable de grand homme soufflait encore. C'est ici qu'il faut admirer comme Scudéry, le capitan de
cette tragi-comédie, poussé à bout, le rudoie et le malmène ;
comme il démasque sans pitié son artillerie classique, comme il
« fait voir » à l'auteur du *Cid* « quels doiuent estre les épisodes,
« d'après Aristote qui l'enseigne, aux chapitres dixiesme et
« seiziesme de sa Poétique ; » comme il foudroie Corneille, de
par ce même Aristote, « au chapitre vnziesme de son Art Poé-
« tique, dans lequel on voit la condamnation du *Cid*; » de par
Platon « liure dixiesme de sa République ; » de par Marcelin,
« au livre vingt-septiesme ; on le peut voir ; » de par « les tra-
« gédies de Niobé et de Jephté ; » de par « l'Ajax de Sophocle ; »
de par « l'exemple d'Euripide ; » de par « Heinsius, au cha-

« pitre six, constitution de la Tragédie, et Scaliger le fils dans « ses poésies; » enfin, de par « les Canonistes et les Iurisconsultes, au titre des nopces. » Les premiers arguments s'adressaient à l'Académie, le dernier allait au cardinal. Après les coups d'épingles, le coup de massue; il fallut un juge pour trancher la question. Chapelain décida. Corneille se vit donc condamné : le lion fut muselé, ou, pour dire comme alors, la *corneille* fut *déplumée*. Voici maintenant le côté douloureux de ce drame grotesque ; c'est après avoir été ainsi rompu dès son premier jet que ce génie, tout moderne, tout nourri du moyen âge et de l'Espagne, forcé de mentir à lui-même et de se jeter dans l'antiquité, nous donna cette Rome castillane, sublime sans contredit, mais où, excepté peut-être dans le *Nicomède*, si moqué du dernier siècle pour sa fière et naïve couleur, on ne retrouve ni la Rome véritable, ni le vrai Corneille.

Racine éprouva les mêmes dégoûts, sans faire d'ailleurs la même résistance. Il n'avait, ni dans le génie, ni dans le caractère, l'âpreté hautaine de Corneille. Il plia en silence, et abandonna aux dédains de son temps sa ravissante élégie d'*Esther*, sa magnifique épopée d'*Athalie*. Aussi on doit croire que, s'il n'eût pas été paralysé comme il l'était par les préjugés de son siècle, s'il eût été moins souvent touché par la torpille classique, il n'eût point manqué de jeter Locuste dans son drame entre Narcisse et Néron, et surtout n'eût pas relégué dans la coulisse cette admirable scène du banquet où l'élève de Sénèque empoisonne Britannicus dans la coupe de la réconciliation. Mais peut-on exiger de l'oiseau qu'il vole sous le récipient pneumatique? Que de beautés pourtant nous coûtent les *gens de goût*, depuis Scudéry jusqu'à la Harpe! on composerait une bien belle œuvre de tout ce que leur souffle aride a séché dans son germe. Du reste, nos grands poëtes ont encore su faire jaillir leur génie à travers toutes ces gênes. C'est souvent en vain qu'on a voulu les murer dans les dogmes et dans les règles. Comme le géant hébreu, ils ont emporté avec eux sur la montagne les portes de leur prison.

On répète néanmoins, et quelque temps encore sans doute on ira répétant : « Suivez les règles ! Imitez les modèles ; ce sont les règles qui ont formé les modèles ! » Un moment! Il y a en ce cas deux espèces de modèles : ceux qui se sont faits d'après les règles, et, avant eux, ceux d'après lesquels on a fait les règles. Or, dans laquelle de ces deux catégories le génie doit-il se chercher une place? Quoiqu'il soit toujours dur d'être en contact avec les pédants, ne vaut-il pas mille fois mieux leur donner des leçons qu'en recevoir d'eux? Et puis, imiter! Le reflet vaut-il la lumière? le satellite qui se traîne sans cesse dans le même cercle vaut-il l'astre central et générateur? Avec toute sa poésie, Virgile n'est que la lune d'Homère.

Et voyons : qui imiter? Les anciens? Nous venons de prouver que leur théâtre n'a aucune coïncidence avec le nôtre. D'ailleurs, Voltaire, qui ne veut pas de Shakspeare, ne veut pas des Grecs non plus. Il va nous dire pourquoi : « Les Grecs ont hasardé des spectacles non moins révoltants pour nous. Hippolyte, brisé par sa chute, vient compter ses blessures et pousser des cris douloureux. Philoctète tombe dans ses accès de souffrances : un sang noir coule de sa plaie. Œdipe, couvert du sang qui dégoutte encore du reste de ses yeux qu'il vient d'arracher, se plaint des dieux et des hommes. On entend les cris de Clytemnestre, que son propre fils égorge, et Électre crie sur le théâtre : « Frap- « pez, ne l'épargnez pas, elle n'a pas épargné notre père. » Prométhée est attaché sur un rocher avec des clous qu'on lui enfonce dans l'estomac et dans les bras. Les Furies répondent à l'ombre sanglante de Clytemnestre par des hurlements sans aucunes articulations... L'art était dans son enfance du temps d'Eschyle comme à Londres du temps de Shakspeare. » Les modernes? Ah! imiter des imitations! Grâce!

Mà, nous objectera-t-on encore, à la manière dont vous concevez l'art, vous paraissez n'attendre que de grands poëtes, toujours compter sur le génie? — L'art ne compte pas sur la médiocrité. Il ne lui prescrit rien, il ne la connaît point, elle n'existe point pour lui; l'art donne des ailes et non des béquilles. Hélas! d'Aubignac a suivi les règles, Campistron a imité les modèles. Que lui importe! Il ne bâtit point son palais pour les fourmis. Il les laisse faire leur fourmilière, sans savoir si elles viendront appuyer sur sa base cette parodie de son édifice.

Les critiques de l'école scolastique placent leurs poëtes dans une singulière position. D'une part, ils leur crient sans cesse : « Imitez les modèles! » De l'autre, ils ont coutume de proclamer que « les modèles sont inimitables! » Or, si leurs ouvriers, à force de labeurs, parviennent à faire passer dans ce défilé quelque pâle contre-épreuve, quelque calque décoloré des maîtres, ces ingrats, à l'examen du *refaccimiento* nouveau, s'écrient, tantôt : « Cela ne ressemble à rien! » tantôt : « Cela ressemble à tout! » et, par une logique faite exprès, chacune de ces deux formules est une critique. Disons-le donc hardiment. Le temps en est venu, et il serait étrange qu'à cette époque la liberté, comme la lumière, pénétrât partout, excepté dans ce qu'il y a de plus nativement libre au monde, les choses de la pensée. Mettons le marteau dans les théories, les poétiques et les systèmes. Jetons bas ce vieux plâtrage qui masque la façade de l'art! Il n'y a ni règles ni modèles; ou plutôt il n'y a d'autres règles que les lois générales de la nature qui planent sur l'art tout entier, et les lois spéciales qui, pour chaque composition, résultent des conditions d'existence propres à chaque sujet. Les unes sont éternelles, intérieures, et restent; les autres variables, extérieures, et ne servent qu'une fois. Les premières sont la charpente qui soutient la maison; les secondes, l'échafaudage qui sert à la bâtir et qu'on refait à chaque édifice. Celles-ci enfin sont l'ossement, celles-là le vêtement du drame. Du reste, ces règles-là ne s'écrivent pas dans les poétiques. Richelet ne s'en doute pas. Le génie, qui devine plutôt qu'il n'apprend, extrait, pour chaque ouvrage, les premières de l'ordre général des choses, les secondes de l'ensemble isolé du sujet qu'il traite; non pas à la façon du chimiste, qui allume son fourneau, souffle son feu, chauffe son creuset, analyse et détruit; mais à la manière de l'abeille, qui vole sur ses ailes d'or, se pose sur chaque fleur, et en tire son miel sans que le calice perde rien de son éclat, la corolle rien de son parfum.

Le poëte, insistons sur ce point, ne doit donc prendre conseil que de la nature, de la vérité et de l'inspiration, qui est aussi une vérité et une nature. *Quando he*, dit Lope de Vega,

> Quando he de escrivir una comedia,
> Encierro los preceptos con seis llaves.

Pour enfermer les préceptes, en effet, ce n'est pas trop de *six clefs*. Que le poëte se garde surtout de copier qui que ce soit, pas plus Shakspeare que Molière, pas plus Schiller que Corneille. Si le vrai talent pouvait abdiquer à ce point sa propre nature, et laisser ainsi de côté son originalité personnelle pour se transformer en autrui, il perdrait tout à jouer ce rôle de Sosie. C'est le dieu qui se fait valet. Il faut puiser aux sources primitives. C'est la même séve, répandue dans le sol, qui produit tous les arbres de la forêt, si divers de port, de fruits, de feuillage. C'est la même nature qui féconde et nourrit les génies les plus différents. Le poëte est un arbre qui peut être battu de tous les vents et abreuvé de toutes les rosées, qui porte ses ouvrages comme ses fruits, comme le *fablier* portait ses fables. A quoi bon s'attacher à un maître? se greffer sur un modèle? Il vaut mieux encore être ronce ou chardon, nourri de la même terre que le cèdre et le palmier, que d'être le fungus ou le lichen de ces grands arbres. La ronce vit, le fungus végète. D'ailleurs, quelque grands qu'ils soient, ce cèdre et ce palmier, ce n'est pas avec le suc qu'on en tire qu'on peut devenir grand soi-même. Le parasite d'un géant sera tout au plus un nain. Le chêne, tout colosse qu'il est, ne peut produire et nourrir que le gui.

Qu'on ne s'y méprenne pas, si quelques-uns de nos poëtes ont pu être grands, même en imitant, c'est que, tout en se modelant sur la forme antique, ils ont souvent encore écouté la nature et leur génie, c'est qu'ils ont été eux-mêmes par un côté. Leurs rameaux se cramponnaient à l'arbre voisin, mais leur racine plongeait dans le sol de l'art. Ils étaient le lierre et non le gui. Puis sont venus les imitateurs en sous-ordre, qui, n'ayant ni racine en terre, ni génie dans l'âme, ont dû se borner à l'imitation. Comme dit Charles Nodier, *après l'école d'Athènes l'école d'Alexandrie*. Alors la médiocrité a fait déluge; alors ont pullulé ses poétiques, si gênantes pour le talent, si commodes pour elle. On a dit que tout était fait, on a défendu à Dieu de créer d'autres Molières, d'autres Corneilles. On a mis la mémoire à la place de l'imagination. La chose même a été réglée souverainement : il y a des aphorismes pour cela. « *Imaginer*, dit la Harpe avec son assurance naïve, ce n'est au fond que *se ressouvenir*. »

La nature donc ! La nature et la vérité.—Et ici, afin de montrer que, loin de démolir l'art, les idées nouvelles ne veulent que le reconstruire plus solide et mieux fondé, essayons d'indiquer quelle est la limite infranchissable qui, à notre avis, sépare la réalité selon l'art de la réalité selon la nature. Il y a étourderie à les confondre, comme le font quelques partisans peu avancés du *romantisme*. La vérité de l'art ne saurait jamais être, ainsi que l'ont dit plusieurs, la réalité *absolue*. L'art ne peut donner la chose même. Supposons en effet un de ces promoteurs irréfléchis de la nature absolue, de la nature vue hors de l'art, à la représentation d'une pièce romantique, du *Cid*, par exemple. « Qu'est cela ? dira-t-il au premier mot. Le Cid parle en vers ! Il n'est pas *naturel* de parler en vers. — Comment voulez-vous donc qu'il parle ? — En prose. — Soit. » Un instant après : « Quoi ! reprendra-t-il s'il est conséquent, le Cid parle français ! — Eh bien ? — La *nature* veut qu'il parle sa langue, il ne peut parler qu'espagnol. — Nous n'y comprendrons rien ; mais soit encore. » Vous croyez que c'est tout ? Non pas : avant la dixième phrase castillane, il doit se lever, et demander si ce Cid qui parle est le véritable Cid en chair et en os. De quel droit cet acteur, qui s'appelle Pierre ou Jacques, prend-il le nom de Cid ? Cela est *faux*. — Il n'y a aucune raison pour qu'il n'exige pas ensuite qu'on substitue le soleil à cette rampe, des arbres *réels*, des maisons *réelles*, à ces menteuses coulisses. Car, une fois dans cette voie, la logique vous tient au collet, on ne peut plus s'arrêter.

On doit donc reconnaître, sous peine de l'absurde, que le domaine de l'art et celui de la nature sont parfaitement distincts. La nature et l'art sont deux choses, sans quoi l'une ou l'autre n'existerait pas. L'art, outre sa partie idéale, a une partie terrestre et positive. Quoi qu'il fasse, il est encadré entre la grammaire et la prosodie, entre Vaugelas et Richelet. Il a, pour ses créations les plus capricieuses, des formes, des moyens d'exécution, tout un matériel à remuer. Pour le génie, ce sont des instruments ; pour la médiocrité, des outils.

D'autres, ce me semble, l'ont déjà dit : le drame est un miroir où se réfléchit la nature. Mais si ce miroir est un miroir ordinaire, une surface plane et unie, il ne renverra des objets qu'une image terne et sans relief, fidèle, mais décolorée : on sait ce que la couleur et la lumière perdent à la réflexion simple. Il faut donc que le drame soit un miroir de concentration qui, loin de les affaiblir, ramasse et condense les rayons colorants, qui fasse d'une lueur une lumière, d'une lumière une flamme. Alors seulement le drame est avoué de l'art.

Le théâtre est un point d'optique. Tout ce qui existe dans le monde, dans l'histoire, dans la vie, dans l'homme, tout doit et peut s'y réfléchir, mais sous la baguette magique de l'art. L'art feuillette les siècles, feuillette la nature, interroge les chroniques, s'étudie à reproduire la réalité des faits, surtout celle des mœurs et des caractères, bien moins léguée au doute et à la contradiction que les faits, restaure ce que les annalistes ont tronqué, harmonise ce qu'ils ont dépareillé, devine leurs omissions et les répare, comble leurs lacunes par des imaginations qui aient la couleur du temps, groupe ce qu'ils ont laissé épars, rétablit le jeu des fils de la Providence sous les marionnettes humaines, revêt le tout d'une forme poétique et naturelle à la fois, et lui donne cette vie de vérité et de saillie qui enfante l'illusion, ce prestige de réalité qui passionne le spectateur, et le poëte le premier, car le poëte est de bonne foi. Ainsi, le but de l'art est presque divin : ressusciter, s'il fait de l'histoire ; créer, s'il fait de la poésie.

C'est une grande et belle chose que de voir se déployer avec cette largeur un drame où l'art développe puissamment la nature ; un drame où l'action marche à la conclusion d'une allure ferme et facile, sans diffusion et sans étranglement ; un drame enfin où le poëte remplisse pleinement le but multiple de l'art, qui est d'ouvrir au spectateur un double horizon, d'illuminer à la fois l'intérieur et l'extérieur des hommes : l'extérieur, par leurs discours et leurs actions ; l'intérieur, par les *a parte* et les monologues ; de croiser, en un mot, dans le même tableau, le drame de la vie et le drame de la conscience.

On conçoit que, pour une œuvre de ce genre, si le poëte doit *choisir* dans les choses (et il le doit), ce n'est pas le *beau*, mais le *caractéristique*. Non qu'il lui convienne de *faire*, comme on dit aujourd'hui, *de la couleur locale*, c'est-à-dire d'ajouter après coup quelques touches arides çà et là sur un ensemble du reste parfaitement faux et conventionnel. Ce n'est point à la surface du drame que doit être la couleur locale, mais au fond, dans le cœur même de l'œuvre, d'où elle se répand au dehors, d'elle-même, naturellement, également, et, pour ainsi parler, dans tous les coins du drame, comme la séve qui monte de la racine à la dernière feuille de l'arbre. Le drame doit être radicalement imprégné de cette couleur des temps, elle doit en quelque sorte y être dans l'air, de façon qu'on ne s'aperçoive qu'en y entrant et qu'en en sortant qu'on a changé de siècle et d'atmosphère. Il faut quelque étude, quelque labeur, pour en venir là ; tant mieux. Il est bon que les avenues de l'art soient obstruées de ces ronces devant lesquelles tout recule, excepté les volontés fortes. C'est d'ailleurs cette étude, soutenue d'une ardente inspiration, qui garantira le drame d'un vice qui le tue, le *commun*. Le commun est le défaut des poëtes à courte vue et à courte haleine. Il faut qu'à cette optique de la scène, toute figure soit ramenée à son trait le plus saillant, le plus individuel, le plus précis. Le vulgaire et le trivial même doivent avoir un accent. Rien ne doit être abandonné. Comme Dieu, le vrai poëte est présent partout à la fois dans son œuvre. Le génie ressemble au balancier qui imprime l'effigie royale aux pièces de cuivre comme aux écus d'or.

Nous n'hésitons pas, et ceci prouverait encore aux hommes de bonne foi combien peu nous cherchons à déformer l'art ; nous n'hésitons point à considérer le vers comme un des moyens les plus propres à préserver le drame du fléau que nous venons de signaler, comme une des digues les plus puissantes contre l'irruption du *commun*, qui, ainsi que la démocratie, coule toujours à pleins bords dans les esprits. Et ici, que la jeune littérature, déjà riche de tant d'hommes et de tant d'ouvrages, nous permette de lui indiquer une erreur où il nous semble qu'elle est tombée, erreur trop justifiée d'ailleurs par les incroyables aberrations de la vieille école. Le nouveau siècle est dans cet âge de croissance où l'on peut encore aisément se redresser.

Il s'est formé, dans les derniers temps, comme une pénultième ramification du vieux tronc classique, ou mieux comme une de ces excroissances, un de ces polypes que développe la décrépitude et qui sont bien plus un signe de décomposition qu'une preuve de vie ; il s'est formé une singulière école de poésie dramatique. Cette école nous semble avoir eu pour maître et pour souche le poëte qui marque la transition du dix-huitième siècle au dix-neuvième, l'homme de la description et de la périphrase, ce Delille, qui, dit-on, vers sa fin, se vantait, à la manière des dénombrements d'Homère, d'avoir *fait* douze chameaux, quatre chiens, trois chevaux, y compris celui de Job, six tigres, deux chats, un jeux d'échecs, un trictrac, un damier, un billard, plusieurs hivers, beaucoup d'étés, force printemps, cinquante couchers de soleil et tant d'aurores, qu'il se perdait à les compter. Or Delille a passé dans la tragédie. Il est le père (lui, et non Racine, grand Dieu !) d'une prétendue école d'élégance et de bon goût qui a flori récemment. La tragédie n'est pas pour cette école ce qu'elle est pour le bonhomme Gilles Shakspeare, par exemple : une source d'émotions de toute nature ; mais un cadre commode à la solution d'une foule de petits problèmes descriptifs qu'elle se propose chemin faisant. Cette muse, loin de repousser, comme la véritable école classique française, les trivialités et les bassesses de la vie, les recherche au contraire et les ramasse avidement. Le grotesque, évité comme mauvaise compagnie par la tragédie de Louis XIV, ne peut passer tranquille devant celle-ci : *Il faut qu'il soit décrit!* c'est-à-dire *anobli*. Une scène de corps de garde, une révolte de populace, le marché aux poissons, le bagne, le cabaret, la *poule au pot* de Henri IV, sont une bonne fortune pour elle. Elle s'en saisit, elle débarbouille cette canaille, et coud à ces vilenies son clinquant et ses paillettes ; *purpureus assuitur pannus*. Son but paraît être de délivrer des lettres de noblesse à toute cette roture du drâme ; et chacune de ces lettres du grand sceel est une tirade. Cette muse, on le conçoit, est d'une bégueulerie rare. Accoutumée qu'elle est aux caresses de la périphrase, le mot propre, qui la rudoierait quelquefois, lui fait horreur. Il n'est point de sa dignité de parler naturellement. Elle *souligne* le vieux Corneille pour ses façons de dire crûment :

.... *Un tas d'hommes perdus de dettes* et de crimes.
.... *Chimène, qui l'eût cru ?* Rodrigue, qui l'eût dit ?
.... Quand leur Flaminius *marchandait* Annibal.
.... Ah ! ne me *brouillez* pas avec la république, *etc., etc.*

Elle a encore sur le cœur son : *Tout beau, monsieur !* Et il a fallu bien des *Seigneur!* et bien des *Madame!* pour faire pardonner à notre admirable Racine ses *chiens*, si monosyllabiques, et ce *Claude* si brutalement *mis dans le lit* d'Agrippine.

Cette *Melpomène*, comme elle s'appelle, frémirait de toucher une chronique. Elle laisse au costumier le soin de savoir à quelle époque se passent les drames qu'elle fait. L'histoire à ses yeux est de mauvais ton et de mauvais goût. Comment, par exemple, tolérer des rois et des reines qui jurent? Il faut les élever de leur dignité royale à la dignité tragique. C'est dans une promotion de ce genre qu'elle a anobli Henri IV. C'est ainsi que le roi du peuple, nettoyé par M. Legouvé, a vu son *ventre-saint-gris* chassé honteusement de sa bouche par deux sentences, et qu'il a été réduit, comme la jeune fille du fabliau, à ne plus laisser tomber de cette bouche royale que des perles, des rubis et des saphirs; le tout faux, à la vérité.

En somme, rien n'est si *commun* que cette élégance et cette noblesse de convention. Rien de trouvé, rien d'imaginé, rien d'inventé dans ce style. Ce qu'on a vu partout : rhétorique, ampoule, lieux communs, fleurs de collége, poésie de vers latins. Des idées d'emprunt vêtues d'images de pacotille. Les poëtes de cette école sont élégants à la manière des princes et princesses de théâtre, toujours sûrs de trouver dans les cases étiquetées du magasin manteaux et couronnes de similor, qui n'ont que le malheur d'avoir servi à tout le monde. Si ces poëtes ne feuillettent pas la Bible, ce n'est pas qu'ils n'aient aussi leur gros livre : le *Dictionnaire des rimes*. C'est là leur source de poésie, *fontes aquarum*. On comprend que dans tout cela la nature et la vérité deviennent ce qu'elles peuvent. Ce serait grand hasard qu'il en surnageât quelque débris dans ce cataclysme de faux art, de faux style, de fausse poésie. Voilà ce qui a causé l'erreur de plusieurs de nos réformateurs les plus distingués. Choqués de la roideur, de l'apparat, du *pomposo* de cette prétendue poésie dramatique, ils ont cru que les éléments de notre langue poétique étaient incompatibles avec le naturel et le vrai. L'alexandrin les avait tant de fois ennuyés, qu'ils l'ont condamné, en quelque sorte, sans vouloir l'entendre, et ont conclu, un peu précipitamment peut-être, que le drame devait être écrit en prose. Ils se méprenaient. Si le faux règne en effet dans le style comme dans la conduite de certaines tragédies françaises, ce n'était pas au vers qu'il fallait s'en prendre, mais aux versificateurs. Il fallait condamner, non la forme employée, mais ceux qui avaient employé cette forme; les ouvriers, et non l'outil. Pour se convaincre du peu d'obstacles que la nature de notre poésie oppose à la libre expression de tout ce qui est vrai, ce n'est peut-être pas dans Racine qu'il faut étudier notre vers, mais souvent dans Corneille, toujours dans Molière. Racine, divin poëte, est élégiaque, lyrique, épique; Molière est dramatique. Il est temps de faire justice des critiques entassées par le mauvais goût du dernier siècle sur ce style admirable, et de dire hautement que Molière occupe la sommité de notre drame, non-seulement comme poëte, mais encore comme écrivain. *Palmas vere habet iste duas.* Chez lui le vers embrasse l'idée, s'y incorpore étroitement, la serre et la développe tout à la fois, lui prête une figure plus svelte, plus stricte, plus complète, et nous la donne en quelque sorte en élixir. Le vers est la forme optique de la pensée. Voilà pourquoi il convient surtout à la perspective scénique. Fait d'une certaine façon, il communique son relief à des choses qui, sans lui, passeraient insignifiantes et vulgaires. Il rend plus solide et plus fin le tissu du style. C'est le nœud qui arrête le fil. C'est la ceinture qui soutient le vêtement et lui donne tous ses plis. Que pourraient donc perdre à entrer dans le vers la nature et le vrai? Nous le demandons à nos prosaïstes eux-mêmes, que perdent-ils à la poésie de Molière? Le vin, qu'on nous permette une trivialité de plus, cesse-t-il d'être du vin pour être en bouteille?

Que si nous avions le droit de dire quel pourrait être, à notre gré, le style du drame, nous voudrions un vers libre, franc, loyal, osant tout dire sans pruderie, tout exprimer sans recherche; passant d'une naturelle allure de la comédie à la tragédie, du sublime au grotesque; tour à tour positif et poétique, tout ensemble artiste et inspiré, profond et soudain, large et vrai; sachant briser à propos et déplacer la césure pour déguiser sa monotonie d'alexandrin; plus ami de l'enjambement qui l'allonge que de l'inversion qui l'embrouille; fidèle à la rime, cette esclave reine, cette suprême grâce de notre poésie, ce générateur de notre mètre; inépuisable dans la variété de ses tours, insaisissable dans ses secrets d'élégance et de facture; prenant, comme Protée, mille formes sans changer de type et de caractère; fuyant la *tirade*; se jouant dans le dialogue; se cachant toujours derrière le personnage; s'occupant avant tout d'être à sa place et, lorsqu'il lui adviendrait d'être *beau*, n'étant beau en quelque sorte que par hasard, malgré lui et sans le savoir; lyrique, épique, dramatique, selon le besoin; pouvant parcourir toute la gamme poétique, aller de haut en bas, des idées les plus élevées aux plus vulgaires, des plus bouffonnes aux plus graves, des plus extérieures aux plus abstraites, sans jamais sortir des limites d'une scène parlée: en un mot, tel que le ferait l'homme qu'une fée aurait doué de l'âme de Corneille et de la tête de Molière. Il nous semble que ce vers-là serait bien *aussi beau que de la prose.*

Il n'y aurait aucun rapport entre une poésie de ce genre et celle dont nous faisions tout à l'heure l'autopsie cadavérique. La nuance qui les sépare sera facile à indiquer, si un homme d'esprit, auquel l'auteur de ce livre doit un remercîment personnel, nous permet de lui en emprunter la piquante distinction : l'autre poésie était descriptive, celle-ci serait pittoresque. Répétons-le surtout. Le vers au théâtre doit dépouiller tout amour-propre, toute exigence, toute coquetterie. Il n'est là qu'une forme, et une forme qui doit tout admettre, qui n'a rien à imposer au drame, et au contraire doit tout recevoir de lui pour tout transmettre au spectateur : français, latin, textes de lois, jurons royaux, locutions populaires, comédie, tragédie, rire, larmes, prose et poésie. Malheur au poëte si son vers fait la petite bouche ! Mais cette forme est une forme de bronze qui encadre la pensée dans son mètre, sous laquelle le drame est indestructible, qui le grave plus avant dans l'esprit de l'acteur, avertit celui-ci de ce qu'il omet et de ce qu'il ajoute, l'empêche d'altérer son rôle, de se substituer à l'auteur, rend chaque mot sacré, et fait que ce qu'a dit le poëte se retrouve longtemps après encore debout dans la mémoire de l'auditeur. L'idée, trempée dans le vers, prend soudain quelque chose de plus incisif et de plus éclatant. C'est le fer qui devient acier. On sent que la prose, nécessairement bien plus timide, obligée de sevrer le drame de toute poésie lyrique ou épique, réduite au dialogue et au positif, est loin d'avoir ces ressources. Elle a les ailes bien moins larges. Elle est ensuite d'un beaucoup plus facile accès ; la médiocrité y est à l'aise ; et pour quelques ouvrages distingués comme ceux que ces derniers temps ont vus paraître, l'art serait bien vite encombré d'avortons et d'embryons. Une autre fraction de la réforme inclinerait pour le drame écrit en vers et en prose tout à la fois, comme a fait Shakspeare. Cette manière a ses avantages. Il pourrait cependant y avoir disparate dans les transitions d'une forme à l'autre ; et quand un tissu est homogène, il est bien plus solide. Au reste, que le drame soit écrit en prose, qu'il soit écrit en vers, qu'il soit écrit en vers et en prose, ce n'est là qu'une question secondaire. Le rang d'un ouvrage doit se fixer, non d'après sa forme, mais d'après sa valeur intrinsèque. Dans des questions de ce genre, il n'y a qu'une solution. Il n'y a qu'un poids qui puisse faire pencher la balance de l'art : c'est le génie.

Au demeurant, prosateur ou versificateur, le premier, l'indispensable mérite d'un écrivain dramatique, c'est la correction.

Non cette correction toute de surface, qualité ou défaut de l'école descriptive, qui fait de Lhomond et de Restaut les deux ailes de son Pégase; mais cette correction intime, profonde, raisonnée, qui s'est pénétrée du génie d'un idiome, qui en a sondé les racines, fouillé les étymologies; toujours libre, parce qu'elle est sûre de son fait, et qu'elle va toujours d'accord avec la logique de la langue. Notre-Dame la grammaire mène l'autre aux lisières; celle-ci tient en lesse la grammaire. Elle peut oser, hasarder, créer, inventer son style : elle en a le droit. Car, bien qu'en aient dit certains hommes qui n'avaient pas songé à ce qu'ils disaient, et parmi lesquels il faut ranger notamment celui qui écrit ces lignes, la langue française n'est point *fixée* et ne se fixera point. Une langue ne se fixe pas. L'esprit humain est toujours en marche, ou, si l'on veut, en mouvement, et les langues avec lui. Les choses sont ainsi. Quand le corps change, comment l'habit ne changerait-il pas? Le français du dix-neuvième siècle ne peut pas plus être le français du dix-huitième que celui-ci n'est le français du dix-septième, que le français du dix-septième n'est celui du seizième. La langue de Montaigne n'est plus celle de Rabelais, la langue de Pascal n'est plus celle de Montaigne, la langue de Montesquieu n'est plus celle de Pascal. Chacune de ces quatre langues, prise en soi, est admirable, parce qu'elle est originale. Toute époque a ses idées propres, il faut qu'elle ait aussi les mots propres à ces idées. Les langues sont comme la mer : elles oscillent sans cesse. A certains temps, elles quittent un rivage du monde de la pensée et en envahissent un autre. Tout ce que leur flot déserte ainsi sèche et s'efface du sol. C'est de cette façon que des idées s'éteignent, que des mots s'en vont. Il en est des idiomes humains comme de tout. Chaque siècle y apporte et en emporte quelque chose. Qu'y faire? cela est fatal. C'est donc en vain que l'on voudrait pétrifier la mobile physionomie de notre idiome sous une forme donnée. C'est en vain que nos Josué littéraires crient à la langue de s'arrêter; les langues ni le soleil ne s'arrêtent plus. Le jour où elles se *fixent*, c'est qu'elles meurent. — Voilà pourquoi le français de certaine école contemporaine est une langue morte.

Telles sont, à peu près, et moins les développements approfondis qui en pourraient compléter l'évidence, les idées *actuelles* de l'auteur de ce livre sur le drame; il est loin du reste d'avoir la prétention de donner son essai dramatique comme une émanation de ces idées, qui bien au contraire ne sont peut-être elles-mêmes, à parler naïvement, que des révélations de l'exécution. Il lui serait fort commode sans doute et plus adroit d'asseoir son livre sur sa préface et de les défendre l'un par l'autre. Il aime mieux moins d'habileté et plus de franchise. Il veut donc être le premier à montrer la ténuité du nœud qui lie cet avant-propos à ce drame. Son premier projet, bien arrêté d'abord par sa paresse, était de donner l'œuvre toute seule au public; *el demonio sin las cuernas,* comme disait Yriarte. C'est après l'avoir dûment close et terminée qu'à la sollicitation de quelques amis, probablement bien aveuglés, il s'est déterminé à compter avec lui-même dans une préface, à tracer, pour ainsi parler, la carte du voyage poétique qu'il venait de faire, à se rendre raison des acquisitions bonnes ou mauvaises qu'il en rapportait, et des nouveaux aspects sous lesquels le domaine de l'art s'était offert à son esprit. On prendra sans doute avantage de cet aveu pour répéter le reproche qu'un critique d'Allemagne lui a déjà adressé, de « faire une poétique pour sa poésie. » Qu'importe! il a d'abord eu bien plutôt l'intention de défaire que de faire des poétiques. Ensuite, ne vaudrait-il pas toujours mieux faire des poétiques d'après une poésie, que de la poésie d'après une poétique? Mais, non, encore une fois, il n'a ni le talent de créer, ni la prétention d'établir des systèmes. « Les systèmes, dit spirituellement Voltaire, sont comme « des rats qui passent par vingt trous, et en trouvent enfin deux « ou trois qui ne peuvent les admettre. » C'eût donc été prendre une peine inutile et au-dessus de ses forces. Ce qu'il a plaidé au contraire, c'est la liberté de l'art contre le despotisme des systèmes, des codes et des règles. Il a pour habitude de suivre à tout hasard ce qu'il prend pour son inspiration, et de changer de moule autant de fois que de composition. Le dogmatisme, dans les arts, est ce qu'il fuit avant tout. A Dieu ne plaise qu'il aspire à être de ces hommes, romantiques ou classiques, qui font des *ouvrages dans leur système,* qui se condamnent à n'avoir jamais qu'une forme dans l'esprit, à toujours *prouver* quelque chose, à suivre d'autres lois que celles de leur organisation et de leur nature. L'œuvre artificielle de ces hommes-là, quelque talent qu'ils aient d'ailleurs, n'existe pas pour l'art. C'est une théorie, non une poésie.

Après avoir, dans tout ce qui précède, essayé d'indiquer quelle a été, selon nous, l'origine du drame, quel est son caractère, quel pourrait être son style, voici le moment de redescendre de ces sommités générales de l'art au cas particulier qui nous y a fait monter. Il nous reste à entretenir le lecteur de notre ouvrage, de ce *Cromwell;* et, comme ce n'est pas un sujet qui nous plaise, nous en dirons peu de chose en peu de mots. Olivier Cromwell est du nombre de ces personnages de l'histoire qui sont tout ensemble très-célèbres et très-peu connus. La plupart de ses biographes, et dans le nombre il en est qui sont historiens, ont laissé incomplète cette grande figure. Il semble qu'ils n'aient pas osé réunir tous les traits de ce bizarre et colossal prototype de la réforme religieuse, de la révolution politique d'Angleterre. Presque tous se sont bornés à reproduire sur des dimensions plus étendues le simple et sinistre profil qu'en a tracé Bossuet, de son point de vue monarchique et catholique, de sa chaire d'évêque appuyée au trône de Louis XIV. Comme tout le monde, l'auteur de ce livre s'en tenait là. Le nom d'Olivier Cromwell ne réveillait en lui que l'idée sommaire d'un fanatique régicide, grand capitaine. C'est en furetant la chronique, ce qu'il fait avec amour, c'est en fouillant au hasard les Mémoires anglais du dix-septième siècle, qu'il fut frappé de voir se dérouler peu à peu devant ses yeux un Cromwell tout nouveau. Ce n'était plus seulement le Cromwell militaire, le Cromwell politique de Bossuet ; c'était un être complexe, hétérogène, multiple, composé de tous les contraires, mêlé de beaucoup de mal et de beaucoup de bien, plein de génie et de petitesses ; une sorte de Tibère-Dandin, tyran de l'Europe et jouet de sa famille ; vieux régicide, humiliant les ambassadeurs de tous les rois, torturé par sa jeune fille royaliste ; austère et sombre dans ses mœurs et entretenant quatre fous de cour autour de lui ; faisant de méchants vers ; sobre, simple, frugal et guindé sur l'étiquette ; soldat grossier et politique délié ; rompu aux arguties théologiques et s'y plaisant ; orateur lourd, diffus, obscur, mais habile à parler le langage de tous ceux qu'il voulait séduire ; hypocrite et fanatique ; visionnaire dominé par des fantômes de son enfance, croyant aux astrologues et les proscrivant ; défiant à l'excès, toujours menaçant, rarement sanguinaire ; rigide observateur des prescriptions puritaines, perdant gravement plusieurs heures par jour à des bouffonneries ; brusque et dédaigneux avec ses familiers, caressant avec les sectaires qu'il redoutait ; trompant ses remords avec des subtilités, rusant avec sa conscience ; intarissable en adresse, en piéges, en ressources ; maîtrisant son imagination par son intelligence ; grotesque et sublime ; enfin, un de ces hommes *carrés par la base*, comme les appelait Napoléon, le type et le chef de tous ces hommes complets, dans sa langue exacte comme l'algèbre, colorée comme la poésie.

Celui qui écrit ceci, en présence de ce rare et frappant ensemble, sentit que la silhouette passionnée de Bossuet ne lui suffisait plus. Il se mit à tourner autour de cette haute figure, et il fut pris alors d'une ardente tentation de peindre le géant sous toutes ses faces, sous tous ses aspects. La matière était riche. A côté de l'homme de guerre et de l'homme d'État, il restait à crayonner le théologien, le pédant, le mauvais poëte, le visionnaire, le bouffon, le père, le mari, l'homme-Protée, en un mot le Cromwell double, *homo et vir*.

Il y a surtout une époque dans sa vie où ce caractère singulier se développe sous toutes ses formes. Ce n'est pas, comme on le croirait au premier coup d'œil, celle du procès de Charles Ier, toute palpitante qu'elle est d'un intérêt sombre et terrible ; c'est le moment où l'ambitieux essaya de cueillir le fruit de cette mort. C'est l'instant où Cromwell, arrivé à ce qui eût été pour quelque autre la sommité d'une fortune possible, maître de l'Angleterre dont les mille factions se taisent sous ses pieds, maître de l'Écosse dont il fait un pachalik, et de l'Irlande dont il fait un bagne, maître de l'Europe par ses flottes, par ses armées, par sa diplomatie, essaye enfin d'accomplir le premier rêve de son enfance, le dernier but de sa vie, de se faire roi. L'histoire n'a jamais caché plus haute leçon sous un drame plus haut. Le protecteur se fait d'abord prier ; l'auguste farce commence par des adresses de communautés, des adresses de villes, des adresses de comtés ; puis c'est un bill du parlement. Cromwell, auteur anonyme de la pièce, en veut paraître mécontent ; on le voit avancer une main vers le sceptre et la retirer ; il s'approche à pas obliques de ce trône dont il a balayé la dynastie. Enfin il se décide brusquement : par son ordre, Westminster est pavoisé, l'estrade est dressée, la couronne est commandée à l'orfévre, le jour de la cérémonie est fixé. Dénoûment étrange ! c'est ce jour-là même devant le peuple, la milice, les communes, dans cette grande salle de Westminster, sur cette estrade dont il comptait descendre roi, que subitement, comme en sursaut, il semble se réveiller à l'aspect de la couronne, demande s'il rêve, ce que veut dire cette cérémonie, et dans un discours qui dure trois heures refuse la dignité royale. — Était-ce que ses espions l'avaient averti de deux conspirations combinées des Cavaliers et des Puritains, qui devaient, profitant de sa faute, éclater le même jour ? Était-ce révolution produite en lui par le silence ou les murmures de ce peuple déconcerté de voir son régicide aboutir au trône ? Était-ce seulement sagacité du génie, instinct d'une ambition prudente quoique effrénée, qui sait combien un pas de plus change souvent la position et l'attitude d'un homme, et qui n'ose exposer son édifice plébéien au vent de l'impopularité ? Était-ce tout cela à la fois ? C'est ce que nul document contemporain n'éclaircit souverainement. Tant mieux : la liberté du poëte en est plus entière, et le drame gagne à ces latitudes que lui laisse l'histoire. On voit qu'ici il est immense et unique ; c'est bien là l'heure décisive, la grande péripétie de la vie de Cromwell. C'est le moment où sa chimère lui échappe, où le présent lui tue l'avenir, où, pour employer une vulgarité énergique, sa destinée *rate*. Tout Cromwell est en jeu dans cette comédie qui se joue entre l'Angleterre et lui. Voilà donc l'homme, voilà l'époque qu'on a tenté d'esquisser dans ce livre.

L'auteur s'est laissé entraîner au plaisir d'enfant de faire mouvoir les touches de ce grand clavecin. Certes, de plus habiles en auraient pu tirer une haute et profonde harmonie, non de ces harmonies qui ne flattent que l'oreille, mais de ces harmonies intimes qui remuent tout l'homme, comme si chaque corde du clavier se nouait à une fibre du cœur. Il a cédé, lui, au désir de peindre tous ces fanatismes, toutes ces superstitions, maladies des religions à certaines époques ; à l'envie de *jouer de tous ces hommes*, comme dit Hamlet ; d'étager au-dessous et autour de Cromwell, centre et pivot de cette cour, de ce peuple, de ce monde, ralliant tout à son unité et imprimant à tout son impulsion, et cette double conspiration, tramée par deux factions qui s'abhorrent, se liguent pour jeter bas l'homme qui les gêne, mais s'unissant sans se mêler ; et ce parti puritain, fanatique, divers, sombre, désintéressé, prenant pour chef l'homme le plus petit pour un si grand rôle, l'égoïsme et le pusillanime Lambert ; et ce parti des cavaliers, étourdi, joyeux, peu scrupuleux, insouciant, dévoué, dirigé par l'homme qui, hormi le dévouement, le représente le moins, le probe et sévère Ormond ; et ces ambassadeurs, si humbles devant le soldat de fortune ; et cette cour étrange toute mêlée d'hommes de hasard et de grands seigneurs disputant de bassesse ; et ces quatre bouffons que le dédaigneux oubli de l'histoire permettait d'imaginer ; et cette famille dont chaque membre est une plaie de Cromwell ; et ce Turloë, l'*Achates* du protecteur ; et ce rabbin juif, cet Israël Ben-Manassé, espion, usurier et astrologue, vil de deux côtés, sublime par le troisième, et ce Rochester, ce bizarre Rochester, ridicule et spirituel, élégant et crapuleux, jurant sans cesse, toujours amoureux et toujours ivre, ainsi qu'il s'en vantait à l'évêque Burnet ; mauvais poëte et bon gentilhomme, vicieux et naïf, jouant sa tête et se souciant peu de gagner la partie pourvu qu'elle l'amuse ; capable de tout en un mot, de ruse et d'étourderie, de folie et de calcul, de turpitude et de générosité ; et ce sauvage Carr, dont l'histoire ne dessine qu'un trait, mais bien caractéristique et bien fécond ; et ces fanatiques de tout ordre et de tout genre, Harrison, fanatique pillard ; Barebone, marchand fanatique ; Syndercomb, tueur ; Augustin Garland, assassin larmoyant et dévot ; le brave colonel Overton, lettré un peu déclamateur ; l'austère et rigide Ludlow, qui alla plus tard laisser sa cendre et son épitaphe à Lausanne; enfin, « Milton et quelques autres qui avaient de l'esprit; » comme dit un pamphlet de 1675 (*Cromwell politique*), qui nous rappelle le *Dantem quemdam* de la chronique italienne. Nous n'indiquons pas beaucoup de personnages plus secondaires, dont chacun a cependant sa vie réelle et son individualité marquée, et qui tous contribuaient à la séduction qu'exerçait sur l'imagination de l'auteur cette vaste scène de l'histoire. De cette scène il a fait ce drame. Il l'a jeté en vers, parce que cela lui a plu ainsi. On verra du reste à le lire combien il songeait peu à son ouvrage en écrivant cette préface, avec quel désintéressement, par exemple, il combattait le dogme des unités. Son drame ne sort pas de Londres : il commence le 25 juin 1657 à trois heures du matin, et finit le 26 à midi. On voit qu'il entrerait presque dans la prescription classique, telle que les professeurs de poésie la rédigent maintenant. Qu'ils ne lui en sachent du reste aucun gré. Ce n'est pas avec la permission d'Aristote, mais avec celle de l'histoire, que l'auteur a groupé ainsi son drame, et parce que, à intérêt égal, il aime mieux un sujet concentré qu'un sujet éparpillé.

Il est évident que ce drame, dans ses proportions actuelles, ne pourrait s'encadrer dans nos représentations scéniques. Il est trop long. On reconnaîtra peut-être cependant qu'il a été dans toutes ses parties composé pour la scène. C'est en s'approchant de son sujet pour l'étudier que l'auteur reconnut ou crut reconnaître l'impossibilité d'en faire admettre une reproduction fidèle sur notre théâtre, dans l'état d'exception où il est placé entre le Charybde académique et le Scylla administratif, entre les jurys littéraires et la censure politique. Il fallait opter : ou la tragédie pateline, sournoise, fausse et jouée, ou le drame insolemment vrai et banni. La première chose ne valait pas la peine d'être faite; il a préféré tenter la seconde. C'est pourquoi, désespérant d'être jamais mis en scène, il s'est livré libre et docile aux fantaisies de la composition, au plaisir de la dérouler à plus larges plis, aux développements que son sujet comportait, et qui, s'ils achèvent d'éloigner son drame du théâtre, ont du moins l'avantage de le rendre presque complet sous le rapport historique. Du reste, les comités de lecture ne sont qu'un obstacle de second ordre. S'il arrivait que la censure dramatique, comprenant combien cette innocente, exacte et consciencieuse image de Cromwell et de son temps est prise en dehors de notre époque, lui permît l'accès du théâtre, l'auteur, mais dans ce cas seulement, pourrait extraire de ce drame une pièce qui se hasarderait alors sur la scène, et serait sifflée.

Jusque-là il continuera de se tenir éloigné du théâtre, et il quittera toujours assez tôt, pour les agitations de ce monde nouveau, sa chère et chaste retraite. Fasse Dieu qu'il ne se repente jamais d'avoir exposé la vierge obscurité de son nom et de sa personne aux écueils, aux bourrasques, aux tempêtes du parterre; et surtout (car qu'importe une chute?) aux tracasseries misérables de la coulisse; d'être entré dans cette atmosphère variable, brumeuse, orageuse, où dogmatise l'ignorance, où siffle l'envie, où rampent les cabales, où la probité du talent a si souvent été méconnue, où la noble candeur du génie est quelquefois si déplacée, où la médiocrité triomphe de rabaisser à son niveau les supériorités qui l'offusquent, où l'on trouve tant de petits hommes pour un grand, tant de nullités pour un Talma, tant de mirmidons pour un Achille! Cette esquisse semblera peut-être morose et peu flattée; mais n'achève-t-elle pas de marquer la différence qui sépare notre théâtre, lieu d'intrigues et de tumulte, de la solennelle sérénité du théâtre antique?

Quoi qu'il advienne, il croit devoir avertir d'avance le petit nombre de personnes qu'un pareil spectacle tenterait, qu'une pièce extraite de *Cromwell* n'occuperait toujours pas moins de la durée d'une représentation. Il est difficile qu'un théâtre *romantique* s'établisse autrement. Certes, si l'on veut autre chose que ces tragédies dans lesquelles un ou deux personnages, types abstraits d'une idée purement métaphysique, se promènent solennellement sur un fond sans profondeur, à peine occupé par quelques têtes de confidents, pâles contre-calques des héros, chargés de remplir les vides d'une action simple, uniforme et monocorde; si l'on s'ennuie de cela, ce n'est pas trop d'une soirée entière pour dérouler un peu largement tout un homme d'élite, toute une époque de crise : l'un avec son caractère, son génie qui s'accouple à son caractère, ses croyances qui les dominent tous deux, ses passions qui viennent déranger ses croyances, son caractère et son génie, ses goûts qui déteignent sur ses passions, ses habitudes qui disciplinent ses goûts, musèlent ses passions, et ce cortége innombrable d'hommes de tout échantillon que ces divers agents font tourbillonner autour de lui; l'autre avec ses mœurs, ses lois, ses modes, son esprit, ses lumières, ses superstitions, ses événements, et son peuple que toutes ces causes premières pétrissent tour à tour comme une cire molle. On conçoit qu'un pareil tableau sera gigantesque. Au lieu d'une individualité, comme celle dont le drame abstrait de la vieille école se contente, on en aura vingt, quarante, cinquante, que sais-je? de tout relief et de toute proportion. Il y aura foule dans le drame. Ne serait-il pas mesquin de lui mesurer deux heures de durée pour donner le reste de la représentation à l'opéra-comique ou à la farce? d'étriquer Shakspeare pour Bobêche? — Et qu'on ne pense pas, si l'action est bien gouvernée, que de la multitude des figures qu'elle met en jeu puisse résulter fatigue pour le spectateur ou papillotage dans le drame. Shakspeare, abondant en petits détails, est en même temps, et à cause de cela même, imposant par un grand ensemble : c'est le chêne qui jette une ombre immense avec des milliers de feuilles exiguës et découpées.

Espérons qu'on ne tardera pas à s'habituer en France à consacrer toute une soirée à une seule pièce. Il y a en Angleterre et en Allemagne des drames qui durent six heures. Les Grecs, dont on nous parle tant, les Grecs; et, à la façon de Scudéry, nous invoquons ici le classique Dacier, chap. vii de sa *Poétique*, les Grecs allaient parfois jusqu'à se faire représenter douze ou seize pièces par jour. Chez un peuple ami des spectacles, l'attention est plus *vivace* qu'on ne croit. Le *Mariage de Figaro*, ce nœud de la grande trilogie de Beaumarchais, remplit toute la soirée; et qui a-t-il jamais ennuyé ou fatigué? Beaumarchais était digne de hasarder le premier pas vers ce but de l'art moderne, auquel il est impossible de faire avec deux heures germer ce profond, cet invincible intérêt qui résulte d'une action vaste, vraie et multiforme. Mais, dit-on, ce spectacle, composé d'une seule pièce, serait monotone et paraîtrait long. Erreur! Il perdrait au contraire sa longueur et sa monotonie actuelle. Que fait-on en effet maintenant? On divise les jouissances du spectateur en deux parts bien tranchées. On lui donne d'abord deux heures de plaisir sérieux, puis une heure de plaisir folâtre; avec l'heure d'entr'actes que nous ne comptons pas dans le plaisir, en tout quatre heures. Que ferait le drame romantique? Il broierait et mêlerait artistement ensemble ces deux espèces de plaisir. Il ferait passer à chaque instant l'auditoire du sérieux au rire, des excitations bouffonnes aux émotions déchirantes, *du grave au doux, du plaisant au sévère.* Car, ainsi que nous l'avons déjà établi, le drame, c'est le grotesque avec le sublime, l'âme sous le corps, c'est une tragédie sous une comédie. Ne voit-on pas que, vous reposant ainsi d'une impression par une autre, aiguisant tour à tour le tragique sur le comique, le gai sur le terrible, s'associant même au besoin les fascinations de l'opéra, ces représentations, tout en n'offrant qu'une pièce, en vaudraient bien d'autres? La scène romantique ferait un mets piquant, varié, savoureux, de ce qui sur le théâtre classique est une médecine divisée en deux pilules. Voici que l'auteur de ce livre a bientôt épuisé ce qu'il avait à dire au lecteur. Il ignore comment la critique accueillera et ce drame, et ces idées sommaires, dégarnies de leurs corollaires, appauvries de leurs ramifications, ramassées en courant et dans la hâte d'en finir. Sans doute elles paraîtront aux « disciples de la Harpe » bien effrontées et bien étranges. Mais si, par aventure, toutes nues et tout amoindries qu'elles sont, elles pouvaient concourir à mettre sur la route du vrai ce public dont l'éducation est si avancée, et que tant de remarquables écrits, de critique ou d'application, livres ou journaux, ont déjà mûri pour l'art, qu'il suive cette impulsion sans s'occuper si elle lui vient d'un homme ignoré, d'une voix sans autorité, d'un ouvrage de peu de valeur. C'est une cloche de cuivre qui appelle les populations au vrai temple et au vrai Dieu.

Il y a aujourd'hui l'ancien régime littéraire comme l'ancien régime politique. Le dernier siècle pèse presque de tout point sur le nouveau. Il l'opprime notamment dans la critique. Vous trouvez, par exemple, des hommes vivants qui vous répètent cette définition du goût échappée à Voltaire : « Le goût n'est autre chose « pour la poésie que ce qu'il est pour les ajustements des femmes. » Ainsi, le goût, c'est la coquetterie. Paroles remarquables qui peignent à merveille cette poésie fardée, mouchetée, poudrée, du dix-huitième siècle, cette littérature à paniers, à pompons et à falbalas. Elles offrent un admirable résumé d'une époque avec laquelle les plus hauts génies n'ont pu être en contact sans devenir petits, du moins par un côté, d'un temps où Montesquieu a pu et dû faire le *Temple de Gnide*, Voltaire le *Temple du goût*, Jean-Jacques le *Devin du village*.

Le goût, c'est la raison du génie. Voilà ce qu'établira bientôt une autre critique, une critique forte, franche, savante, une critique du siècle qui commence à pousser des jets vigoureux sous les vieilles branches desséchées de l'ancienne école. Cette jeune critique, aussi grave que l'autre est frivole, aussi érudite que l'autre est ignorante, s'est déjà créé des organes écoutés, et l'on est quelquefois surpris de trouver dans les feuilles les plus légères d'excellents articles émanés d'elle. C'est elle qui, s'unissant à tout ce qu'il y a de supérieur et de courageux dans les lettres, nous délivrera de deux fléaux : le *classicisme* caduc, et le faux *romantisme*, qui ose poindre aux pieds du vrai. Car le génie moderne a déjà son ombre, sa contre-épreuve, son parasite, son *classique*, qui se grime sur lui, se vernit de ses couleurs, prend sa livrée, ramasse ses miettes, et, semblable à l'*élève du sorcier*, met en jeu, avec des mots retenus de mémoire, des éléments d'action dont il n'a pas le secret. Aussi fait-il des sottises que son maître a mainte fois beaucoup de peine à réparer. Mais ce qu'il faut détruire avant tout, c'est le vieux faux goût. Il faut en dérouiller la littérature actuelle. C'est en vain qu'il la ronge et la ternit. Il parle à une génération jeune, sévère, puissante, qui ne le comprend pas. La queue du dix-huitième siècle traîne encore dans le dix-neuvième; mais ce n'est pas nous, jeunes hommes qui avons vu Bonaparte, qui la lui porterons.

Nous touchons donc au moment de voir la critique nouvelle prévaloir, assise, elle aussi, sur une base large, solide et profonde. On comprendra bientôt généralement que les écrivains doivent être jugés, non d'après les règles et les genres, choses qui sont hors de la nature et hors de l'art; mais d'après les principes immuables de cet art et les lois spéciales de leur organisation personnelle. La raison de tous aura honte de cette critique qui a roué vif Pierre Corneille, bâillonné Jean Racine, et qui n'a risiblement réhabilité John Milton qu'en vertu du code épique du P. Le Bossu. On consentira, pour se rendre compte d'un ouvrage, à se placer au point de vue de l'auteur, à regarder le sujet avec ses yeux. On quittera, et c'est M. de Châteaubriand qui parle ici, *la critique mesquine des défauts pour la grande et féconde critique des beautés.* Il est temps que tous les bons esprits saisissent le fil qui lie fréquemment ce que, selon notre caprice particulier, nous appelons *défaut* à ce que nous appelons *beauté.* Les défauts, du moins ce que nous nommons ainsi, sont souvent la condition native, nécessaire, fatale, des qualités.

Scit genius, natale comes qui temperat astrum.

Où voit-on médaille qui n'ait son revers? talent qui n'apporte son ombre avec sa lumière, sa fumée avec sa flamme? Telle tache peut n'être que la conséquence indivisible de telle beauté. Cette touche heurtée qui me choque de près complète l'effet et donne la saillie à l'ensemble. Effacez l'une, vous effacez l'autre. L'originalité se compose de tout cela. Le génie est nécessairement inégal. Il n'est pas de hautes montagnes sans profonds précipices. Comblez la vallée avec le mont, vous n'aurez plus qu'un steppe, une lande, la plaine des Sablons au lieu des Alpes, des alouettes et non des aigles.

Il faut aussi faire la part du temps, du climat, des influences locales. La Bible, Homère, nous blessent quelquefois par leurs sublimités mêmes. Qui voudrait y retrancher un mot? Notre infirmité s'effarouche souvent des hardiesses inspirées du génie, faute de pouvoir s'abattre sur les objets avec une aussi vaste intelligence. Et puis, encore une fois, il y a de ces *fautes* qui ne prennent racine que dans les chefs-d'œuvre ; il n'est donné qu'à certains génies d'avoir certains défauts. On reproche à Shakspeare l'abus de la métaphysique, l'abus de l'esprit, des scènes parasites, des obscénités, l'emploi des friperies mythologiques de mode dans son temps, de l'extravagance, de l'obscurité, du mauvais goût, de l'enflure, des aspérités de style. Le chêne, cet arbre géant que nous comparions tout à l'heure à Shakspeare et qui a plus d'une analogie avec lui, le chêne a le port bizarre, les rameaux noueux, le feuillage sombre, l'écorce âpre et rude ; mais il est le chêne.

Et c'est à cause de cela qu'il est le chêne. Que si vous voulez une tige lisse, des branches droites, des feuilles de satin, adressez-vous au pâle bouleau, au sureau creux, au saule pleureur; mais laissez en paix le grand chêne. Ne lapidez pas qui vous ombrage.

L'auteur de ce livre connaît autant que personne les nombreux et grossiers défauts de ses ouvrages. S'il lui arrive trop rarement de les corriger, c'est qu'il répugne à revenir après coup sur une chose faite. Il ignore cet art de souder une beauté à la place d'une tache, et il n'a jamais pu rappeler l'inspiration sur une œuvre refroidie. Qu'a-t-il fait d'ailleurs qui vaille cette peine ? Le travail qu'il perdrait à effacer les imperfections de ses livres, il aime mieux l'employer à dépouiller son esprit de ses défauts. C'est sa méthode de ne corriger un ouvrage que dans un autre ouvrage.

Au demeurant, de quelque façon que son livre soit traité, il prend ici l'engagement de ne le défendre ni en tout, ni en partie. Si son drame est mauvais, que sert de le soutenir? S'il est bon, pourquoi le défendre ? Le temps fera justice du livre, ou la lui rendra. Le succès du moment n'est que l'affaire du libraire. Si donc la colère de la critique s'éveille à la publication de cet essai, il la laissera faire. Que lui répondrait-il ? Il n'est pas de ceux qui parlent, ainsi que le dit le poëte castillan, *par la bouche de leur blessure,*

        Por la boca de su herida...

Un dernier mot. On a pu remarquer que, dans cette course un peu longue à travers tant de questions diverses, l'auteur s'est généralement abstenu d'étayer son opinion personnelle sur des textes, des citations, des autorités. Ce n'est pas cependant qu'elles

lui eussent fait faute. — « Si le poëte établit des choses impos-
« sibles selon les règles de son art, il commet une faute sans
« contredit; mais elle cesse d'être une faute, lorsque par ce
« moyen il arrive à la fin qu'il s'est proposée : car il a trouvé ce
« qu'il cherchait. » — « Ils prennent pour galimatias tout ce que
« la faiblesse de leurs lumières ne leur permet pas de compren-
« dre. Ils traitent surtout de ridicules ces endroits merveilleux
« où le poëte, afin de mieux entrer dans la raison, sort, s'il
« faut ainsi parler, de la raison même. Ce précepte effectivement
« qui donne pour règle de ne point garder quelquefois de règles,
« est un mystère de l'art qu'il n'est pas aisé de faire entendre à
« des hommes sans aucun goût... et qu'une espèce de bizarrerie
« d'esprit rend insensibles à ce qui frappe ordinairement les
« hommes. » — Qui dit cela? c'est Aristote. Qui dit ceci? c'est
Boileau. On voit à ce seul échantillon que l'auteur de ce drame
aurait pu comme un autre se cuirasser de noms propres et se
réfugier derrière des réputations. Mais il a voulu laisser ce mode
d'argumentation à ceux qui le croient invincible, universel et
souverain. Quant à lui, il préfère des raisons à des autorités; il a
toujours mieux aimé des armes que des armoiries.

Octobre 1827.

PERSONNAGES.

OLIVIER CROMWELL, protecteur.
ELISABETH BOURCHIER.
MISTRESS FLETWOOD.
LADY FALCONBRIDGE.
LADY CLEYPOLE.
LADY FRANCIS.
RICHARD CROMWELL.
FLETWOOD, lieutenant général.
DESBOROUGH, major général.
LE COMTE DE WARWICK.

THURLOE.
LORD BROGHILL.
WITHELOCK, lord commissaire du sceau.
LE COMTE DE CARLISLE.
STOUPE, secrétaire d'Etat.
LE SERGENT MAYNARD.
M. WILLIAM LENTHALL.
LE COLONEL JEPHSON.
LE COLONEL GRACE.
WALLER.
SIR CHARLES WOLSELEY.
PIERPOINT.

LAMBERT, lieutenant général.
JOYCE, colonel.
HARRISON, major général.
LUDLOW, lieutenant général.
OVERTON, colonel.
PRIDE, colonel.
WILDMAN, major.
BAREBONE, corroyeur.
GARLAND, membre du Parlement.
PRINLIMMON, membre du parlement.
VIS-POUR-RESCUSCITER-JEROBOAM-D'EMER.
LOUEZ-DIEU-PIMPLETON.
MORT-AU-PECHE-PALMER.
SYNDERCOMB, soldat.

LORD ORMOND.
WILMOT, LORD ROCHESTER.
LORD BROGHEDA.
LORD ROSEBERRY.
LORD CLIFFORD.
SIR PETERS DOWNIE.
SEDLEY.

DAVENANT.
LE DOCTEUR JENKINS.
SIR RICHARD WILLIS.
SIR WILLIAM MURRAY.
JOHN MILTON.
CARR.
MANASSÉ-BEN-ISRAEL.
TRICK,
GIRAFF,   } les quatre fous
GRAMADOCH,   } de Cromwell.
ELESPURU,
DAME GUGGLIGOY.

LE DUC DE CRÉQUI, ambassadeur de France.
MANCINI.
Leur suite.
DON LUIS DE CARDENAS, ambassadeur d'Espagne.
Sa suite.
FILIPPI, envoyé de Christine de Suède.
Sa suite.
Trois envoyés vaudois.
Six envoyés des Provinces-Unies.
HANNIBAL SESTHEAD, cousin du roi de Danemark.
Ses deux pages.
Le lord-maire.
L'orateur du Parlement.
Le clerc du Parlement.
Un huissier de ville.
Le haut shérif.
LE DOCTEUR LOCKYER.

Le champion d'Angleterre.
Sa suite.
Le crieur public.
Valets de ville.
Seigneurs et gentilshommes.
Des ouvriers.
Gentilshommes gardes du corps du protecteur.
Archers, Hallebardiers. Pertuisaniers.
Pages, sergents d'armes.
Bourgeois.
Le Parlement.
La foule.

Londres — 1657.

I

LES CONJURÉS

ACTE PREMIER

LA TAVERNE DES TROIS-GRUES.

Des tables, des chaises de bois grossier. — Une porte au fond du théâtre, donnant sur une place. — Intérieur d'une vieille maison du moyen âge.

SCÈNE PREMIÈRE.

LORD ORMOND, déguisé en tête-ronde, cheveux coupés très-courts, chapeau à haute forme et à larges bords, habit de drap noir, haut-de-chausse de serge noire, grandes bottes. LORD BROGHILL, costume de cavalier élégant et négligé, chapeau à plumes, haut-de-chausse et pourpoint de satin à taillades, bottines.

LORD BROGHILL.

Il entre par la porte du fond, qui reste entr'ouverte, et qui laisse apercevoir la place et les vieilles maisons éclairées par le petit jour. Il tient un billet ouvert à la main et le lit attentivement. Lord Ormond est assis à une table dans un coin obscur.

« Demain, vingt-cinq juin mil six cent cinquante sept,
« Quelqu'un, que lord Broghill autrefois chérissait,

« Attend de grand matin ledit lord aux *Trois-Grues*,
« Près de la halle au vin, à l'angle des deux rues. »

Il regarde autour de lui.

— Voilà bien la taverne ; — et c'est le même lieu
Que Charle, à Worcester abandonné de Dieu,
Seul, disputant sa tête après son diadème,
Avait, pour fuir Cromwell, choisi dans Londres même.

Il reporte les yeux sur la lettre.

— Mais ce billet qu'hier j'ai reçu, d'où vient-il ?
L'écriture...

LORD ORMOND, *se levant*.

Que Dieu conserve lord Broghill !

LORD BROGHILL, *l'examinant d'un air dédaigneux de la tête aux pieds.*

Quoi ! c'est donc toi, l'ami ! qui me fais à cette heure
Pour ce bouge enfumé déserter ma demeure !
Dis ton nom. — D'où viens-tu ? pourquoi ? de quelle part ?
Que me veux-tu ? J'ai vu cet homme quelque part.

LORD ORMOND.

Lord Broghill !

LORD BROGHILL.

Réponds donc ! Les marauds de ta sorte
Sont faits pour amuser nos gens à notre porte ;
Et c'est là tout l'honneur, pour les traiter fort bien,
Que ceux de notre rang doivent à ceux du tien.
Je te trouve hardi !

LORD ORMOND.

Milord, sans vous déplaire,
Sont-ce là les discours d'un seigneur populaire ?
D'un ami de Cromwell ?

LORD BROGHILL.

Cromwell, vieux puritain,
Si tu le réveillais par hasard si matin,
Te ferait, pour changer le cours de tes idées,

ACTE I, SCÈNE I.

Pendre à quelque gibet haut de trente coudées.
LORD ORMOND, *à part*.
Plutôt que l'éveiller, j'espère l'endormir!
LORD BROGHILL.
Cromwell, qui sur le trône enfin va s'affermir,
Saura bien châtier la canaille insolente...
LORD ORMOND.
Son trône est un billot, et sa pourpre est sanglante.
Transfuge serviteur des Stuarts, je le vois,
Vous l'avez oublié!
LORD BROGHILL.
   Ce regard... cette voix...
Mais qui donc êtes-vous?
LORD ORMOND.
     Broghill me le demande!
Rappelez-vous, milord, les guerres de l'Irlande.
Tous deux ensemble alors nous y servions le roi.
LORD BROGHILL.
C'est le comte d'Ormond! mon vieil ami, c'est toi!
Il lui prend les mains avec affection.
— Toi dans Londre! et, grand Dieu! la veille du jour même
Où Cromwell triomphant s'élève au rang suprême!
Ta tête est mise à prix : si l'on vient à savoir!...
Que fais-tu donc ici, malheureux?
LORD ORMOND.
     Mon devoir.
LORD BROGHILL.
T'ai-je pu méconnaître! Ah! mais cet air sinistre,
Milord, — les ans, — surtout cet habit de ministre...
Vous êtes si changé!
LORD ORMOND.
    Je le suis moins que vous.
Broghill! devant Cromwell vous pliez les genoux.
Broghill se courbe aux pieds d'un régicide infâme!

Moi, j'ai changé d'habits; mais toi, de cœur et d'âme!
Te voilà, toi qu'on vit si grand dans nos combats!
Tu ne montais si haut que pour tomber si bas!

LORD BROGHILL.

Ah!...—vaincu, je vous plains; proscrit, je vous révère:
Mais ce langage...

LORD ORMOND.

Est juste autant qu'il est sévère.
Pourtant, écoute-moi, tu peux tout réparer,
Sers-moi...

LORD BROGHILL.

Près de Cromwell! oui! je cours l'implorer.
Je puis sauver ta vie! elle est proscrite...

LORD ORMOND.

Arrête.
Demande-moi plutôt de protéger ta tête.
Ton insultant appui, ton Protecteur; ton Roi,
Ton Cromwell est plus près de sa perte que moi.

LORD BROGHILL.

Qu'entends-je?

LORD ORMOND.

Ecoute donc: dévoré de tristesse,
Las des titres mesquins de Protecteur, d'Altesse,
Cromwell veut être enfin, au dais royal porté,
Salué par les rois du nom de Majesté.
Cromwell, dans ce butin que chacun se partage,
Prend de Charles Premier le sanglant héritage.
Il l'aura tout entier! son trône et son cercueil!
Le régicide roi saura dans son orgueil
Que la couronne est lourde, et, bien qu'on s'en empare,
Qu'elle écrase parfois les têtes qu'elle pare!

LORD BROGHILL.

Que dis-tu?

ACTE I, SCÈNE I.

LORD ORMOND.

Que demain, à l'heure où Westminster
S'ouvrira pour ce roi, que va sacrer l'enfer,
Sur les marches du trône, un instant usurpées,
On le verra sanglant rouler sous nos épées!

LORD BROGHILL.

Insensé! son cortége est l'armée, et toujours
Ce mouvant mur de fer enveloppe ses jours.
Sais-tu bien seulement le nombre de ses gardes?
Comment percerez-vous trois rangs de hallebardes,
Ses pesants fantassins, ses hérauts, ses massiers,
Ses mousquetaires noirs, ses rouges cuirassiers?

LORD ORMOND.

Ils sont à nous!

LORD BROGHILL.

Quel est l'espoir où tu te fondes
De voir aux cavaliers s'unir les têtes-rondes?

LORD ORMOND.

Tu verras de tes yeux, ici, dans un moment,
Les gens du roi mêlés à ceux du Parlement!
Aux sombres puritains leur fanatisme parle.
Ils ne veulent pas plus d'Olivier que de Charle :
Si Cromwell se fait roi, Cromwell meurt sous leurs coups.
Son rival et leur chef, Lambert, se joint à nous ;
A remplacer Cromwell il ose bien prétendre,
Mais nous verrons plus tard!—L'or d'Espagne et de Flandre
Nous a fait dans ces murs de nombreux affidés.
Bref, la partie est belle et nous jetons les dés !

LORD BROGHILL.

Cromwell est bien adroit! vous jouez votre tête.

LORD ORMOND.

Dieu sait pour qui demain doit être un jour de fête.
Notre complot, Broghill, est d'un succès certain.
Rochester doit ici m'amener ce matin

Sedley, Jenkins, Clifford, Davenant le poëte,
Qui nous porte du Roi la volonté secrète.
Au même rendez-vous viendront Carr, Harrison,
Sir Richard Willis. .

LORD BROGHILL.

Mais ceux-là sont en prison.
Ce sont des ennemis que dans la Tour de Londre
Cromwell tient renfermés...

LORD ORMOND.

Un mot va te confondre.
Liés au même sort par des nœuds différents,
Pour abattre Olivier nous comptons dans nos rangs
Le gardien de la Tour, Barkstead, le régicide,
Que l'espoir du pardon à nous servir décide.
Tu vois avec quel art le complot est formé.
Dans un vaste réseau Cromwell est enfermé.
Il n'échappera pas! les partis unanimes
Sous le trône qu'il dresse ont creusé des abîmes.
Voilà pour quel dessein je viens du continent.
Je voudrais te sauver, Broghill; et maintenant
Je t'interpelle au nom de Charles Deux, mon maître,
Veux-tu vivre fidèle, ou veux-tu mourir traître?

LORD BROGHILL.

Ah! que dis-tu?

LORD ORMOND.

Reviens sous le drapeau royal.

LORD BROGHILL.

Hélas! je fus aussi sujet digne et loyal,
Ormond; pour notre Roi, dans les guerres civiles,
J'ai pris des châteaux forts, j'ai défendu des villes,
Et je suis devenu par un destin cruel,
De soldat des Stuarts courtisan de Cromwell!
Laisse à son triste sort un malheureux transfuge,
Cher Ormond; à ton tour, écoute, et sois mon juge.

— C'était durant la guerre avec le Parlement.
J'étais venu dans Londre armer un régiment;
Et caché comme toi ma tête était proscrite.
Un jour, — d'un inconnu je reçois la visite;
C'était Cromwell : — ma vie était en son pouvoir;
Il me sauva ! Pour lui, j'oubliai mon devoir;
Il s'empara de moi; bientôt, que te dirai-je?
Je devins comme lui rebelle et sacrilége,
A ses républicains mon bras servit d'appui,
Et, levé pour mon Roi, combattit contre lui.
— Depuis, Cromwell m'a fait membre de sa pairie,
Lieutenant général de son artillerie,
Lord de sa haute cour et du conseil privé.
Ainsi, par ses faveurs dans sa cour élevé,
S'il tombe, auprès de lui je dois tomber victime;
Et je ne puis, rebelle à mon roi légitime,
Quelque amour qui me lie à sa noble maison,
Dans la fidélité rentrer sans trahison.

LORD ORMOND.

Triste et commun effet des troubles domestiques!
A quoi tiennent, mon Dieu! les vertus politiques?
Combien doivent leur faute à leur sort rigoureux!
Et combien semblent purs qui ne furent qu'heureux! —
Broghill! brise avec nous le joug qui nous opprime;
Prouve ton repentir!

LORD BROGHILL.

    Quoi! par un nouveau crime!
Non. Je puis être, ami, pour ton fatal secret,
Sinon complice, au moins un confident discret.
Mais c'est là tout. Je dois, neutre dans cette lutte,
Subir votre triomphe, adoucir votre chute,
Quel que soit le vainqueur, toujours fidèle à tous;
Périr avec Cromwell, ou le fléchir pour vous.

LORD ORMOND.

Te taire sans agir! ainsi donc tu vas être
Perfide envers Cromwell sans servir ton vrai maître.
Sois donc ami sincère ou sincère ennemi,
Et ne reste pas traître et fidèle à demi.
Dénonce-moi plutôt!

LORD BROGHILL.

Cette parole, comte,
Si vous n'étiez proscrit, vous m'en rendriez compte!

LORD ORMOND, *lui tendant la main.*

Pardonne, cher Broghill! je suis un vieux soldat,
Vingt ans fidèle au Roi j'ai rempli mon mandat.
Presque tous mes combats, presque tous mes services,
Sont écrits sur mon corps en larges cicatrices;
J'ai reçu des leçons de plus d'un chef expert,
Du marquis de Montrose et du prince Rupert;
J'ai commandé sans morgue, obéi sans murmure;
J'ai blanchi sous le casque et vieilli sous l'armure;
J'ai vu mourir Strafford; j'ai vu périr Derby;
J'ai vu Dunbar, Tredagh, Worcester, Naseby,
Ces luttes des seuls bras qui pouvaient sur la terre
Abattre ou soutenir le trône d'Angleterre;
J'ai vu tomber ce trône, ébranlé dans les camps;
Fait la guerre aux Ranters, aux Saints, aux Prédicants;
Et ma main, aux combats sans relâche occupée,
Sait ce qu'il faut de coups pour émousser l'épée!
Eh bien! je touche enfin au but de mes travaux :
Cromwell va succomber! voici des jours nouveaux!
Mais pour ternir ma joie, empoisonner ma gloire,
Faut-il qu'un vieil ami meure de ma victoire?
Compagnon, souviens-toi que nous avons tous deux
Baigné du même sang nos glaives hasardeux,
Et des mêmes combats respiré la poussière!
Pour la deuxième fois, Broghill! — pour la dernière,

Je t'interpelle au nom du bon plaisir royal :
Veux-tu vivre fidèle ou mourir déloyal?
Réfléchis. Pour répondre, Ormond te laisse une heure.

Il écrit quelques mots sur un papier et le présente à Broghill.

Voici mon nom d'emprunt, ma secrète demeure...

LORD BROGHILL, *repoussant le papier.*

Ah! ne me le dis point! Non. J'en sais trop déjà.
Longtemps la même tente, ami, nous protégea,
Je le sais; mais il faut que mon sort s'accomplisse.
Adieu. Je ne serai délateur ni complice.
J'oublirai tout ceci. Mais écoute un conseil :
Es-tu sûr du succès dans un complot pareil?
Rien n'échappe à Cromwell. Il surveille l'Europe.
Son œil partout l'épie, et sa main l'enveloppe,
Et lorsque ton bras cherche où tu le frapperas,
Peut-être il tient le fil qui fait mouvoir ton bras.
Tremble, Ormond!...

LORD ORMOND, *blessé.*

Lord Broghill! laissez-moi, je vous prie.
Ormond baise les mains de Votre Seigneurie.

Lord Broghill sort et la porte du fond se referme sur lui.

SCÈNE II.

LORD ORMOND, seul.

N'y pensons plus!...

Il s'assied, et paraît méditer profondément. Pendant qu'il rêve, on entend une voix, qui s'approche par degrés, chanter sur un air gai les couplets suivants :

> Un soldat au dur visage
> Une nuit arrête un page,
> Un page à l'œil de lutin.
> — Beau page, beau page alerte,

Où courez-vous si matin,
Lorsque la rue est déserte,
En justaucorps de satin?

— Bon soldat, sous ma simarre.
Je porte épée et guitare ;
Et je vais au rendez-vous.
Je fléchis mainte rebelle,
Et je nargue maint jaloux :
Ma guitare est pour la belle,
Ma rapière est pour l'époux.

La voix s'interrompt. — On frappe à la porte du fond, puis la voix reprend.

Mais la noire sentinelle,
Roulant sa sombre prunelle,
Répond du haut de la tour :
— Beau page, on ne te croit guère.
Qui t'éveille avant le jour?
C'est un rendez-vous de guerre
Plus qu'un rendez-vous d'amour.

On frappe encore plus fort

LORD ORMOND, *se levant pour ouvrir*.

Qui chante ainsi? c'est quelque fou,
Ou Rochester.

Il ouvre et regarde dans la rue.

Lui-même !... Allons ! sur son genou
Le voilà griffonnant!

Lord Rochester entre gaiement, un crayon et un papier à la main.

SCÈNE III.

LORD ORMOND, LORD ROCHESTER, costume de cavalier très-élégant et chargé de bijoux et de rubans, sous un manteau de puritain de gros drap gris; chapeau de tête-ronde à grande forme. Sa calotte noire cache mal des cheveux blonds dont une boucle sort derrière ses oreilles, suivant la mode des jeunes cavaliers d'alors.

LORD ROCHESTER, *avec une légère salutation.*
Pardonnez, milord comte,
J'écrivais ma chanson...—Il faut que je vous conte...
Il se met à écrire sur son genou.
Dieu garde Votre Grâce!... — A peine y voit-on clair...
Vous attendez nos gens?...—Comment trouvez-vous l'air?
Il chante.

  Un soldat au dur visage
  Une nuit arrête un page...

Pour notre instruction l'exil a bien son prix!
C'est un vieil air français qu'on m'apprit à Paris.

LORD ORMOND, *hochant la tête.*
Je crains que le soldat n'arrête le beau page
Tout de bon.

LORD ROCHESTER, *regardant sa chanson.*
  Ah! le reste est au bas de la page.
Il tend la main à lord Ormond.
— Bien, toujours le premier au poste!... Et nos amis?...
Auriez-vous mieux aimé, milord, que j'eusse mis :

  Un soldat au dur visage
  Arrête sur son passage
  Un page à l'œil de lutin...

Au lieu de :

  Un soldat au dur visage
  Une nuit arrête un page,
  Un page... *et cœtera?*

La répétition, *un page*, a de la grâce,
N'est-ce pas? les Français...
    LORD ORMOND.
      Milord, faites-moi grâce;
Je n'ai pas l'esprit fait à juger ce talent.
    LORD ROCHESTER.
Vous, milord? je vous tiens pour un juge excellent,
Et pour vous le prouver, à Votre Seigneurie
Je vais lire un quatrain nouveau :
  Il se drape et prend un accent emphatique.
      « Belle Égérie!... »
  Il s'interrompt.
Devinez, je vous prie, à qui c'est adressé.
    LORD ORMOND.
Milord, l'instant de rire, il me semble, est passé.
  A part.
Charle est fou comme lui, corps Dieu! de me l'adjoindre!
    LORD ROCHESTER.
Mais c'est fort sérieux, et ce n'est pas le moindre
De mes quatrains. D'ailleurs l'objet est si charmant!
C'est pour Francis Cromwell!
    LORD ORMOND.
     Francis Cromwell!
    LORD ROCHESTER.
        Vraiment,
J'en suis fort amoureux.
    LORD ORMOND.
    De la plus jeune fille
De Cromwell!
    LORD ROCHESTER.
   De Cromwell! elle est, d'honneur! gentille;
Que dis-je? c'est un ange enfin!
    LORD ORMOND.
    De par le ciel!

Lord Rochester épris de...

LORD ROCHESTER.
De Francis Cromwell.
A votre étonnement sans peine je devine
Que vous n'avez pas vu cette beauté divine.
Dix-sept ans, cheveux noirs, grand air, blancheur de lis,
Et de si belles mains ! et des yeux si jolis !
Milord ! une sylphide ! une nymphe ; une fée !
C'est hier que je l'ai vue. Elle était mal coiffée ;
N'importe ! tout est bien, tout lui sied, tout lui va !
On dit que l'autre mois dans Londre elle arriva,
Et que, loin de Cromwell par sa tante élevée,
Elle porte en son cœur la loyauté gravée,
Qu'elle aime fort le Roi.

LORD ORMOND.
Pur conte, Rochester !
Mais où l'avez-vous vue ?

LORD ROCHESTER.
Hier même, à Westminster.
A ce banquet royal que la cité de Londre
Donnait au vieux Cromwell (Dieu veuille le confondre !).
J'étais fort curieux de voir le Protecteur.
Mais, quand, de son estrade atteignant la hauteur,
J'eus aperçu Francis, si belle et si modeste,
Immobile et charmé, je n'ai plus vu le reste.
Ivre, en vain en tous sens par la foule poussé,
Mon œil au même objet restait toujours fixé ;
Et je n'aurais pu dire, en sortant de la fête,
Si Cromwell en parlant penche ou lève la tête,
S'il a le front trop bas ou bien le nez trop long,
Ni s'il est triste ou gai, laid ou beau, noir ou blond.
Je n'ai dans tout cela rien vu, rien qu'une femme,
Et depuis cette vue, oui, milord, sur mon âme,
Je suis fou !

18.

LORD ORMOND.

Je vous crois.

LORD ROCHESTER.

Voici mon madrigal.
C'est dans le goût nouveau..

LORD ORMOND.

Cela m'est fort égal.

LORD ROCHESTER.

Egal! non pas vraiment. Vous savez bien qu'en somme
Shakspeare est un barbare et Vithers un grand homme.
Lit-on dans *Henri Huit* un seul rondeau galant?
Le goût anglais fait place au français; le talent...

LORD ORMOND, *à part.*

Peste du goût anglais! du goût français! du diable!
Du quatrain! sa folie est irrémédiable!

Haut.

Excusez-moi, milord. A parler nettement,
Vous devriez plutôt, dans un pareil moment,
Me donner quelque avis, me dire où nous en sommes,
Combien au rendez-vous viendront de gentilshommes,
Si l'on peut dans Lambert voir un appui réel,
Que chanter des quatrains aux filles de Cromwell!

LORD ROCHESTER.

Milord est vif!... Je puis sans trahison, j'espère,
Etre épris d'une fille.

LORD ORMOND.

Et l'êtes-vous du père?

LORD ROCHESTER.

Vous vous fâchez? vraiment, je ne vois pas pourquoi.
Mon histoire, à coup sûr, amuserait le Roi.
Dans sa fille à Cromwell je fais encor la guerre.
Et d'ailleurs avec lui je ne me gêne guère.
Sans nous être jamais rencontrés, que je crois,
Nous avons eu tous deux pour maîtresse à la fois

ACTE I, SCÈNE III.

Cette lady Dysert, qui, cessant le scandale,
Va, dit-on, épouser ce bon lord Lauderdale.
    LORD ORMOND.
Je n'aurais jamais cru qu'on pût calomnier
Cromwell : mais il est chaste, et pourquoi le nier ?
D'un vrai réformateur il a les mœurs austères.
    LORD ROCHESTER, *riant.*
Lui ! cette austérité cache bien des mystères,
Et le vieil hypocrite a par plus d'un côté
Prouvé qu'un puritain touche à l'humanité.
Revenons, s'il vous plaît, au quatrain...
    LORD ORMOND, *à part.*
         Par saint George !
Il me poursuit encor, le quatrain sur la gorge !
 Haut et avec solennité.
Ecoutez, lord Wilmot, comte de Rochester,
Vous êtes jeune, et moi, je vieillis, mon très-cher.
J'ai les traditions de la chevalerie.
C'est pourquoi j'ose dire à Votre Seigneurie
Que tous ces madrigaux, sonnets, quatrains, rondeaux,
Chansons, dont à Paris s'amusent les badauds,
Sont bons, comme une chose entre nous dédaignée,
Pour les bourgeois et gens de petite lignée.
Des avocats en font, milord ! mais vos égaux
Rougiraient d'aligner quatrains et madrigaux.
Milord, vous êtes noble, et de noblesse ancienne.
Votre écusson supporte, autant qu'il m'en souvienne,
La couronne de comte et le manteau de pair,
Avec cette légende : — *Aut nunquam aut semper.* —
Je sais mal le latin, s'il faut que je le dise ;
Mais en anglais voici le sens de la devise :
— *Soyez l'appui du Roi, de vos droits féodaux.
Et ne composez pas de vers et de rondeaux,
C'est le lot du bas peuple !* — Ainsi, lord d'Angleterre,

Ne faites plus, soigneux du rang héréditaire,
Ce que dédaignerait le moindre baronnet
Ou hobereau, portant gambière et bassinet!
Plus de vers!

LORD ROCHESTER.

De par Dieu! c'est un arrêt en forme
Que cela! je conviens que ma faute est énorme.
Mais entre autres rimeurs, tous gens du plus bas lieu,
J'ai pour complice Armand Duplessis-Richelieu,
Le cardinal-poëte : et moi, — pourquoi le taire?
La licorne du Roi, le lion d'Angleterre,
Serviraient de supports à mes deux écussons,
Que je ferais encor des vers et des chansons!

A part.

Le bon vieux gentilhomme est d'une humeur de dogue.

Il regarde à la porte et s'écrie :

Ha! venez varier un peu le dialogue;
Davenant!

Entre Davenant. Simple costume noir, grand manteau et grand chapeau.

SCÈNE IV.

LORD ORMOND, LORD ROCHESTER, DAVENANT.

LORD ROCHESTER, *courant à Davenant.*
Cher poëte, on vous attend ici
Pour vous lire un quatrain!

DAVENANT, *saluant les deux lords.*
C'est un autre souci
Qui m'amène. Que Dieu, milords, vous accompagne!

LORD ORMOND.
Vous apportez, monsieur, des ordres d'Allemagne?

DAVENANT.

Oui, je viens de Cologne.

LORD ORMOND.

Avez-vous vu le Roi?

DAVENANT.

Non. Mais Sa Majesté m'a parlé.

LORD ORMOND.

Sur ma foi,
Je ne vous comprends pas.

DAVENANT.

Voici tout le mystère.
Avant d'autoriser mon départ d'Angleterre,
Cromwell me fit venir, il exigea de moi
Ma parole d'honneur de ne pas voir le Roi.
Je le promis. A peine arrivé dans Cologne,
Je me souvins des tours qu'on m'apprit en Gascogne ;
Et j'écrivis au Roi de souffrir que la nuit
Je fusse, sans lumière, en sa chambre introduit.

LORD ROCHESTER, *riant.*

Vraiment!

DAVENANT, *à lord Ormond.*

Sa Majesté, qui daigna le permettre,
M'entretint, m'honora d'un ordre à vous remettre.
C'est ainsi que fidèle à mon double devoir,
J'ai su parler au Roi, sans toutefois le voir.

LORD ROCHESTER, *riant plus fort.*

Ah! Davenant! la ruse est bien des mieux ourdies.
Ce n'est pas la moins drôle entre vos comédies.

LORD ORMOND, *bas à Rochester.*

Drôle! je n'entends pas chicaner sur ce point;
Au serment d'un poëte on ne regarde point;
Mais ces subtilités, que d'autres noms je nomme,
Ne satisferaient pas l'honneur d'un gentilhomme

A Davenant.
Et l'ordre écrit du Roi?
>>DAVENANT.
>>>Je le porte toujours
Au fond de mon chapeau, dans un sac de velours,
Là, du moins, je suis sûr que nul ne l'ira prendre.

Il tire de son chapeau un sac de velours cramoisi, en extrait un parchemin scellé, et le remet à lord Ormond, qui le reçoit à genoux et l'ouvre après l'avoir baisé avec respect.

>>LORD ROCHESTER, *bas à Davenant.*

Pendant qu'il lit cela, je vais vous faire entendre
Des vers...
>>LORD ORMOND, *lisant moitié haut, moitié bas.*
>>>« Jacques Butler, notre digne et féal
>>« Comte et marquis d'Ormond... Il faut qu'à White-Hall
>>« Jusqu'au près de Cromwell Rochester s'introduise... »
>>>LORD ROCHESTER.

A merveille! le Roi veut-il que je séduise
Sa fille?...
>>*A Davenant.*
>>>Mon quatrain célèbre ses appas.
>>LORD ORMOND, *continuant de lire.*

« Qu'on mêle un narcotique au vin de ses repas...
« ... Endormi, dans son lit il faut qu'on l'investisse...
« Nous l'amener vivant... Nous nous ferons justice.
« D'ailleurs en Davenant ayez toujours crédit.
« C'est notre bon plaisir. Vous le tiendrez pour dit.
« CHARLES, ROI. »

Il remet avec le même cérémonial la lettre royale à Davenant, qui la baise, la replace dans le sac de velours, et cache le tout dans son chapeau.

>>>Mais la chose est plus facile à dire
Qu'à faire, en vérité. Comment diable introduire
Rochester chez Cromwell? il faudrait être adroit!

ACTE I, SCÈNE IV.

DAVENANT.

Je connais chez Cromwell un vieux docteur en droit,
Un certain John Milton, secrétaire interprète,
Aveugle, assez bon clerc, mais fort méchant poëte.

LORD ROCHESTER.

Qui? ce Milton, l'ami des assassins du Roi,
Qui fit l'*Iconoclaste*, et je ne sais plus quoi!
L'antagoniste obscur du célèbre Saumaise!

DAVENANT.

D'être de ses amis aujourd'hui je suis aise
Il manque au Protecteur un chapelain, je croi.

Montrant Rochester.

Milton peut à milord faire obtenir l'emploi.

LORD ORMOND, *riant*.

Rochester chapelain! la mascarade est drôle!

LORD ROCHESTER.

Et pourquoi non, milord? je sais jouer un rôle
Dans une comédie; et j'ai fait le larron,
— Vous savez, Davenant? — Dans le *Roi bûcheron*,
D'un docteur puritain je prends le personnage.
Il suffit de prêcher jusqu'à se mettre en nage,
Et de toujours parler du Dragon, du Veau d'Or,
Des flûtes de Jezer et des antres d'Endor.
Pour entrer chez Cromwell, d'ailleurs, la voie est sûre.

DAVENANT. *Il s'assied à table et écrit un billet.*

Avec ce mot de moi, milord, je vous assure
Qu'au vieux diable Milton vous recommandera,
Et que pour chapelain le diable vous prendra.

LORD ROCHESTER.

Je verrai Francis!

Il avance la main avec empressement pour prendre la lettre de Davenant.

DAVENANT.

Mais souffrez que je la plie.

LORD ROCHESTER.

Francis!

LORD ORMOND, *à lord Rochester.*

Pour la petite, au moins, pas de folie!

LORD ROCHESTER.

Non, non!

A part.

Si je pouvais lui glisser mon quatrain!
Un quatrain quelquefois met les choses en train.

Haut à Davenant.

Çà! dans la place admis, que me faudra-t-il faire?

DAVENANT, *lui remettant une fiole.*

Voici dans cette fiole un puissant somnifère.
On sert toujours le soir au futur souverain
De l'hypocras où trempe un brin de romarin.
Mêlez-y cette poudre, et séduisez la garde
De la porte du parc.

S'adressant à Ormond.

Le reste nous regarde.

LORD ORMOND.

Mais pourquoi donc le Roi veut-il qu'un coup de main
Enlève cette nuit Cromwell, qui meurt demain?
Sa mort par les siens même est jurée...

DAVENANT.

Au contraire.
Aux coups des puritains le Roi veut le soustraire.
Il veut se passer d'eux. D'ailleurs, il est souvent
Bon d'avoir pour otage un ennemi vivant.

LORD ROCHESTER.

Et de l'argent?

DAVENANT.

Un brick mouillé dans la Tamise
Porte une somme en or qui nous sera transmise;
Et pour tout cas urgent, Manassé, juif maudit,

ACTE I, SCÈNE IV.

Nous ouvre au denier douze un généreux crédit.

LORD ORMOND.

Fort bien.

DAVENANT.

Gardons toujours l'appui des têtes-rondes.
Nous ébranlons un chêne aux racines profondes !
Que leur concours nous reste, et que le vieux renard,
S'il trompe nos filets, tombe sous leur poignard !

LORD ROCHESTER.

Bien dit, cher Davenant ! voilà des mots sonores !
C'est bien en vrai poëte user des métaphores !
Cromwell à la fois *chêne* et *renard!* c'est très-beau.
Un renard *poignardé!* — Vous êtes le flambeau
Du Pinde anglais ! Aussi je réclame, mon maître,
Votre avis...

LORD ORMOND, *à part.*

Le quatrain sur l'eau va reparaître.

LORD ROCHESTER.

Sur des vers qu'hier soir...

LORD ORMOND.

Milord, est-ce l'endroit ?...

LORD ROCHESTER, *à part.*

Que tous ces grands seigneurs sont d'un génie étroit !
Qu'un lord ait par hasard de l'esprit, il déroge !

DAVENANT, *à Rochester.*

Milord, quand Charles Deux sera dans Windsor-Loge,
Vous nous direz vos vers, et sur ces mêmes bancs
Nous convirons Vithers, Waller et Saint-Albans. —
Vous plairait-il, milord, qu'à présent je m'abstinsse ?

LORD ORMOND.

Oui, conspirons en paix !

A Davenant.

— C'est parler comme un prince,
Monsieur ! —

A part.

Wilmot devrait mourir de honte ; oui,
Davenant, le poëte, est bien moins fou que lui.

LORD ROCHESTER, *à Davenant.*

Vous ne voulez donc pas écouter ?

DAVENANT.

Mais je pense
Que milord Rochester lui-même m'en dispense.
Nous avons plusieurs points à discuter touchant
Notre complot...

LORD ROCHESTER.

Monsieur croit mon quatrain méchant !
Parce qu'on n'a pas fait des *tragi-comédies !*
Des *mascarades !*... Soit, monsieur !

Bas à lord Ormond.

Des rapsodies !
C'est jalousie, au moins, s'il se récuse !

DAVENANT.

Eh quoi !
Milord se fâcherait ?...

LORD ROCHESTER.

Au diable ! laissez-moi.

DAVENANT.

Ah ! je ne pensais pas vous blesser, sur ma vie !

LORD ORMOND.

Veuillez, milord !...

LORD ROCHESTER, *se détournant.*

L'orgueil !

DAVENANT.

Milord, daignez !...

LORD ROCHESTER, *le repoussant.*

L'envie !

LORD ORMOND *vivement.*

Saint George ! à la douceur je ne suis pas enclin.

ACTE I, SCÈNE IV.

Pour une goutte d'eau déborde un vase plein.
— Milord ! — Le pire fat qui dans Paris s'étale,
Le dernier dameret de la place Royale,
Avec tous ses plumets sur son chapeau tombants,
Son rabat de dentelle et ses nœuds de rubans,
Sa perruque à tuyaux, ses bottes évasées,
A l'esprit, moins que vous, plein de billevesées !

LORD ROCHESTER, *furieux*.

Milord, vous n'êtes point mon père !... A vos discours
Vos cheveux gris pourraient porter un vain secours.
Votre parole est jeune, et nous fait du même âge.
Vous me rendrez, pardieu, raison de cet outrage !

LORD ORMOND.

De grand cœur ! — Votre épée au vent, beau damoiseau !

Ils tirent tous deux leurs épées.

D'honneur ! je m'en soucie autant que d'un roseau !

Ils croisent leurs épées.

DAVENANT, *se jetant entre eux*.

Milords, y pensez-vous ? — La paix ! la paix sur l'heure !

LORD ROCHESTER, *ferraillant*.

L'ami ! la paix est bonne, et la guerre est meilleure.

DAVENANT, *s'efforçant toujours de les séparer*.

Si le crieur de nuit vous entendait ?...

On frappe à la porte.

Je croi
Qu'on frappe...

On frappe plus fort.

Au nom de Dieu, milords !

Les combattants continuent.

Au nom du Roi !

Les deux adversaires s'arrêtent et baissent leurs épées.
On frappe.

Tout est perdu ! — La garde est peut-être appelée.
Paix !

Les deux lords remettent leurs épées dans le fourreau, leurs grands chapeaux sur leur tête, et s'enveloppent de leurs capes. — On frappe encore. — Davenant va ouvrir.

SCÈNE V.

Les Mêmes, CARR, costume complet de tête-ronde.

Il s'arrête gravement sur le seuil de la porte, et salue les trois cavaliers de la main, sans ôter son chapeau.

CARR.

N'est-ce pas ici, mes frères, l'assemblée
Des Saints ?
DAVENANT, *lui rendant son salut.*
Oui.
Bas à lord Ormond.
— C'est ainsi que se nomment entre eux
Ces damnés puritains. —
Haut à Carr.
Soyez le bienheureux,
Le bienvenu, mon frère, en ce conventicule.
Carr s'approche lentement.
LORD ORMOND, *bas à lord Rochester.*
Notre accès belliqueux était fort ridicule,
Milord. Restons-en là. J'avais le premier tort.
Soyons amis.
LORD ROCHESTER, *s'inclinant.*
Je suis à vos ordres, milord.
LORD ORMOND.
Comte, ne pensons plus qu'au Roi, dont le service
A besoin que ma main à la vôtre s'unisse.

ACTE I, SCÈNE V.

LORD ROCHESTER.

Marquis, c'est un bonheur pour moi, comme un devoir.

Ils se serrent la main.

Eh! n'est-ce pas assez, juste Dieu, que d'avoir
Sur le corps, par l'effet de nos guerres fatales,
Exil, proscription, sentences capitales,
Sa tête mise à prix, vendue, *et cœtera,*

Il désigne du geste son déguisement.

Et ce chapeau de feutre, et ce manteau de drap?

CARR.

Il fait lentement quelques pas, joint les mains sur sa poitrine, lève les yeux au ciel, puis les promène tour à tour sur les trois cavaliers.

Frères, continuez! — Quand au prêche j'arrive,
Je suis du saint banquet le moins digne convive.
Que nul pour le vieux Carr ne se lève!... Je vois
Que ce bruit, qu'au dehors m'ont apporté vos voix,
Etait un doux combat d'armes spirituelles.

LORD ROCHESTER, *à part.*

Peste!

CARR, *poursuivant.*

Ces luttes-là me sont habituelles;
Reprenez ces combats qui nourrissent l'esprit.

LORD ROCHESTER, *bas à Davenant.*

Ou le font rendre.

DAVENANT, *de même.*

Paix, milord!

CARR, *continuant.*

Il est écrit:
« *Allez tous par le monde, et prêchez ma parole!...* »

LORD ROCHESTER, *bas à Davenant.*

Je vais de chapelain étudier mon rôle.

CARR, *après une pause.*

J'ai du Long-Parlement mérité le courroux.

19.

Depuis sept ans la Tour me tient sous les verrous,
Pleurant nos libertés sous Cromwell disparues.
Ce matin mon geôlier m'ouvre et dit : « *Aux Trois-Grues*,
« On t'attend. Israël convoque ses tribus;
« On va détruire enfin Cromwell et les abus.
« Va ! » Je vais, et j'arrive à votre porte amie,
Comme autrefois Jacob en Mésopotamie.
Salut ! mon âme attend vos paroles de miel,
Comme la terre sèche attend les eaux du ciel.
La malédiction me souille et m'enveloppe.
Donc, purifiez-moi, frères, avec l'hysope;
Car si vos yeux vers moi ne tournent leur flambeau,
Je serai comme un mort qui descend au tombeau !

    LORD ROCHESTER, *bas à Davenant*.

Quel terrible jargon !

    DAVENANT, *bas à lord Rochester*.
    C'est de l'apocalypse !

    CARR.

Mon âme veut le jour !

    LORD ROCHESTER, *à part*.
      Fais donc cesser l'éclipse !

    LORD ORMOND, *bas à Davenant*.

Je démêle au milieu de ses *donc*, de ses *car*,
Qu'il nous vient de la Tour, et qu'il s'appelle Carr.
C'est un des conjurés que Barksthead nous envoie.
Ce Carr est un sectaire, un vieil oiseau de proie.
Dans la rébellion, assisté de Strachan,
Du camp parlementaire il sépara son camp.
Le Parlement le fit mettre à la Tour de Londre.
Mais, monsieur Davenant, ce qui va vous confondre,
C'est qu'il maudit Cromwell d'avoir par trahison
Dissous le Parlement, qui le mit en prison.

    DAVENANT, *bas*.

Est-il indépendant de l'espèce ordinaire?

ACTE I, SCÈNE V.

Ranter? socinien?
    LORD ORMOND, *bas*.
    Non, il est millenaire.
Il croit que pour mille ans les Saints vont être admis
A gouverner tout seuls. — Les saints sont les amis.
  CARR, *qui a paru absorbé dans une sombre extase*.
Frères, j'ai bien souffert! — On m'oubliait dans l'ombre,
Comme des morts d'un siècle en leur sépulcre sombre.
Le Parlement, qu'hélas! j'ai moi-même offensé,
Par Olivier Cromwell avait été chassé;
Et captif, je pleurais sur la vieille Angleterre,
Semblable au pélican près du lac solitaire;
Et je pleurais sur moi! Par le feu du péché,
Mon front était flétri, mon bras était séché;
Je ressemblais, maudit du Dieu que je proclame,
A du bois à demi consumé par la flamme.
Hélas! j'ai tant pleuré, membres du saint troupeau,
Que mes os sont brûlés et tiennent à ma peau!
Mais enfin le Seigneur me plaint et me relève.
Sur la pierre du temple il aiguise mon glaive.
Il va frapper Cromwell, et chasser de Sion
La désolation de la perdition.
    LORD ROCHESTER, *bas à Davenant*.
Sur mon nom! la harangue est fort originale!
    CARR.
Je reprends parmi vous ma robe virginale.
    LORD ROCHESTER, *à part*.
Tudieu!
    CARR.
  Guidez mes pas dans le chemin étroit;
Et glorifiez-vous, vous dont le cœur est droit!
Les mille ans sont venus. Les saints que Dieu seconde
De Gog jusqu'à Magog vont gouverner le monde.
Vous êtes Saints!

LORD ROCHESTER, *poliment.*
Monsieur, vous nous faites honneur...
CARR, *avec enthousiasme.*
Les pierres de Sion sont chères au Seigneur.
LORD ROCHESTER.
Voilà parler !
CARR.
A moins que mon Dieu ne me touche,
Je suis comme un muet qui n'ouvre point la bouche.
C'est vous que mon oreille écoutera toujours,
Car la manne céleste abonde en vos discours !
Montrant lord Ormond.
Dites-moi, vous étiez d'opinions diverses !
Sur quel texte roulaient vos saintes controverses ?
LORD ROCHESTER.
Tout à l'heure, monsieur ? — C'était sur un verset...
A part.
Pardieu ! si mon quatrain par hasard lui plaisait ?
Il m'écoute déjà d'une ardeur sans pareille !
Quel poëte d'ailleurs pourrait voir une oreille
S'ouvrir si largement sans y jeter des vers ?
Risquons le madrigal à tort comme à travers !
D'abord faisons-le boire. On sait qu'au bruit des verres
Se dérident parfois nos puritains sévères. —
Haut.
Monsieur doit avoir soif ?
CARR.
Jamais ! ni soif, ni faim !
Car je mange la cendre, ami, comme du pain.
LORD ROCHESTER, *à part.*
Il peut bien manger seul, si c'est ainsi qu'il dîne,
N'importe !
Haut.
Hôte ! garçon !
Un garçon de taverne paraît.

ACTE 1, SCÈNE V.

Un broc de muscadine,
Du vin, de l'hypocras !

Le garçon garnit une table de brocs et y pose deux gobelets d'étain. Carr et Rochester y prennent place. Carr se verse à boire le premier et en offre au cavalier, qui continue :

Vous demandiez, — merci ! —
Quel texte tout à l'heure on discutait ici ?
Monsieur, c'est un quatrain...

CARR.

Un quatrain ?

LORD ROCHESTER.

Oui, sans doute.

CARR.

Quatrain ! qu'est cela ?

LORD ROCHESTER.

C'est... comme un psaume.

CARR.

Ah ! j'écoute.

LORD ROCHESTER.

Vous me direz, monsieur, ce que vous en pensez.
« — Belle Egérie !... » Ah !... celle à qui sont adressés
Ces vers a nom Francis ; mais ce nom trop vulgaire
Au bout d'un vers galant ne résonnerait guère.
Il fallait le changer, j'ai longtemps balancé
Entre Griselidis et Parthénolicé.
Puis enfin j'ai choisi le doux nom d'Egérie
Qui du sage Numa fut la nymphe chérie.
Il fut législateur, je suis du Parlement ;
Cela convenait mieux. Ai-je fait sagement ?
Jugez-en ; mais voici l'amoureuse épigramme :

Il prend un air galant et langoureux.

— « Belle Egérie ! hélas ! vous embrasez mon âme.
« Vos yeux, où Cupidon allume un feu vainqueur,

« Sont deux miroirs ardents qui concentrent la flamme
  « Dont les rayons brûlent mon cœur! »
— Qu'en dites-vous?

Carr, qui a écouté d'abord avec attention, puis avec un sombre mécontentement, se lève furieux et renverse la table.

CARR.

Démons! damnation! injure!
Me pardonnent le ciel et les saints si je jure!
Mais comment de sang-froid entendre à mes côtés
Déborder le torrent des impudicités?
Fuis! arrière! Edomite! arrière! Amalécite!
Madianite!

LORD ROCHESTER, *riant.*

Ah Dieu! que de rimes en *ite!*
Un autre original, plus amusant qu'Ormond!

CARR, *indigné.*

Tu m'as, comme Satan, conduit au haut du mont,
Et ta langue m'a dit : — « Tu sors d'un jeûne austère;
« As-tu soif? à tes pieds je mets toute la terre. »

LORD ROCHESTER.

Je vous ai seulement offert un coup de vin.

CARR.

Et moi qui l'écoutais comme un esprit divin!
Moi, dont l'âme s'ouvrait à sa bouche rusée
Comme un lis de Saron aux gouttes de rosée!
Au lieu des purs trésors d'un cœur chaste et serein,
Il me montre une plaie!

LORD ROCHESTER.

Une plaie! un quatrain?

CARR, *s'animant de plus en plus.*

Une plaie effroyable où l'on voit le papisme,
L'amour, l'épiscopat, la volupté, le schisme!
Un incurable ulcère où Moloch-Cupidon
Verse avec Astarté ses souillures!

LORD ROCHESTER.
                    Pardon !
Ce n'est pas Astarté, monsieur, c'est Egérie.
CARR.
Ta bouche est un venin dont mon âme est flétrie.
Retirez-vous de moi, vous tous qui commettez
Les fornications et les iniquités !
Vous desséchez mes os jusque dans leur moelle !
Mais les saints prévaudront ! — Votre engeance cruelle
Ne les courbera point ainsi que des roseaux ;
Et quand déborderont enfin les grandes eaux,
Elles n'atteindront pas à leurs pieds.
LORD ROCHESTER.
                    Tu radotes !
A quoi vous serviraient alors vos grandes bottes ?
S'il ne pleut point sur vous, pourquoi ces grands chapeaux ?
CARR, *avec amertume.*
D'un fils de Zerviah c'est bien là le propos !

En ce moment le manteau de Rochester s'entr'ouvre et laisse apercevoir son riche costume chargé de nœuds, de lacs d'amour et de pierreries. Carr y jette un coup d'œil scandalisé et poursuit :

Mais oui ! — Oui, c'est un mage ! un sphinx à face d'homme,
Vêtu, paré, selon la mode de Sodome !
Satan ne porte pas autrement son pourpoint.
Il se pavane aussi, des manchettes au poing ;
Couvre son pied fourchu, de peur qu'on ne le voie,
De souliers à rosette et de chausses de soie,
Et met sa jarretière au-dessus du genou !
Ces bijoux, ces anneaux consacrés à Wichnou,
De l'idole Nabo sont autant d'amulettes ;
Et pour que l'enfer rie à toutes ces toilettes,
Derrière son oreille il étale au grand jour
L'abomination de la *tresse d'Amour !*

LORD ORMOND.

Fous !

CARR, *au comble de l'indignation.*

Non, ce ne sont pas des saints !

LORD ROCHESTER, *riant.*

Tu t'en désistes ?

CARR.

C'est un club de démons, un sabbat de papistes !
Ce sont des cavaliers ! sortons !

LORD ROCHESTER.

Adieu, mon cher.

CARR, *se dirigeant vers la porte.*

Mes pieds marchent ici sur des charbons d'enfer !

SCÈNE VI.

Les Mêmes, le colonel JOYCE, le major général HARRISON, le corroyeur BAREBONE, le lieutenant général LUDLOW, le colonel OVERTON, le colonel PRIDE, le soldat SYNDERCOMB, le major WILDMAN, les députés GARLAND, PLINLIMMON et autres puritains.

Ils entrent comme processionnellement, enveloppés de manteaux. — Chapeaux rabattus, grandes bottes, longues épées qui soulèvent le bord postérieur de leurs manteaux.

JOYCE, *arrêtant Carr.*

Hé bien ! que fais-tu donc ? tu pars quand on arrive ?

CARR.

Joyce, on t'a trompé ! n'entre pas dans Ninive !
Sors de ce lieu maudit ! — Barebone, Harrison ! —
Ce sont des cavaliers, non des saints ! — Trahison !

JOYCE, *bas à Carr.*

Mais ces cavaliers-là, mon vieux Carr, sont des nôtres.
Il faut bien employer leurs bras, à défaut d'autres.
Ce sont nos alliés !

ACTE I, SCÈNE VI.

CARR.
Mort au parti royal !
Poin d'alliance avec les fils de Bélial!

JOYCE, *à Overton.*
Il est encor bien simple !

A Carr.
Allons, reste ici ! reste !

CARR, *se résignant d'un air sombre.*
Oui, pour vous préserver de leur contact funeste.

Les trois cavaliers se sont assis à une table à droite du théâtre. Les puritains groupés à gauche paraissent s'entretenir à voix basse, et lancent de temps en temps des regards de haine sur les cavaliers. — On doit supposer, durant toutes les scènes qui suivent, qu'il y a assez d'espace entre les deux groupes de conjurés pour que ce qui se dit dans l'un ne soit pas nécessairement entendu par l'autre. Carr seul paraît observer constamment les cavaliers; mais il se tient un peu à l'écart des autres têtes-rondes.

LORD ORMOND, *bas à Davenant.*
Ce poltron de Lambert tarde à venir !... Il faut
Qu'en rêve cette nuit il ait vu l'échafaud.

LORD ROCHESTER, *bas aux deux autres.*
Nos bons amis les saints ont la mine bien sombre !
Nous ne sommes que trois, et, par saint Paul ! leur nombre
Devient inquiétant !... —

Il regarde à la porte.

Mais voici du renfort,
Sedley, — Roseberry, — lord Drogheda, — Clifford...

LORD ORMOND, *se levant.*
Et l'illustre Jenkins, que le tyran écoute,
Tout en persécutant sa vertu qu'il redoute !

SCÈNE VII.

Les Mêmes, SEDLEY, LORD DROGHEDA, LORD ROSEBERRY, SIR PETERS DOWNIE, LORD CLIFFORD, cavaliers couverts de manteaux et de chapeaux à la puritaine ; le docteur JENKINS, vieillard vêtu de noir, et autres royalistes.

Les cavaliers entrent pêle-mêle et en tumulte ; le docteur Jenkins a seul une démarche grave et sévère.

LORD ROSEBERRY, *gaiement.*
Rochester ! lord Ormond ! Davenant ! qu'il fait chaud !
CARR, *dans un coin du théâtre et à part.*
Rochester ! lord Ormond !
LORD ORMOND, *bas et avec un coup d'œil mécontent,*
à lord Roseberry.
Dites nos noms moins haut !
LORD ROSEBERRY, *bas, et regardant de côté les têtes-rondes.*
Ah ! je ne voyais pas ces corbeaux !
LORD ORMOND, *bas à Roseberry.*
D'aventure,
Prenez garde, milord, d'être un jour leur pâture !

Les cavaliers s'approchent de la table où étaient assis Ormond, Rochester et Davenant. Ils remarquent la table et les pots d'étain que Carr a renversés.

LORD CLIFFORD, *gaiement.*
Quoi ! les tables déjà par terre, que je crois !
On a donc commencé ? — Mais deux verres pour trois ?
Qui jeûne d'entre vous ? Réparons ce désordre,

Il relève la table, et appelle un garçon de taverne, qui la couvre de nouveaux brocs de bière et de vin. Les jeunes cavaliers s'empressent de s'y asseoir.

J'ai faim et soif !
CARR, *à part et avec indignation.*
Ils n'ont de bouches que pour mordre ;

Ces païens ! *faim et soif !* c'est leur hymne éternel.
Ils sont ensevelis dans l'appétit charnel !

SCÈNE VIII.

Les Mêmes, SIR RICHARD WILLIS, costume des vieux cavaliers, barbe blanche, air souffrant.

LORD ORMOND.

Sir Richard Willis !

Tous les cavaliers se lèvent et vont à sa rencontre. Il paraît marcher avec peine. Roseberry et Rochester lui offrent le bras et l'aident.

SIR RICHARD WILLIS, *aux cavaliers qui l'entourent*.
      Libre un instant de sa chaîne,
Chers amis, jusqu'à vous le vieux Richard se traîne.
Hélas ! vous me voyez faible et souffrant toujours
Des persécutions qui pèsent sur mes jours.
Mes yeux de la lumière ont perdu l'habitude,
Tant de me tourmenter Cromwell fait son étude !

LORD ORMOND.

Mon pauvre et vieil ami !

SIR RICHARD WILLIS.
      Mais ne me plaignez pas
Si, presque dans la tombe amené pas à pas,
Mon bras meurtri de fers, qu'un saint zèle ranime,
Concourt à relever le trône légitime :
Ou si le ciel permet que, confessant ma foi,
Mon reste de vieux sang coule encor pour mon Roi.

LORD ORMOND.

Sublime loyauté !

LORD ROCHESTER.
      Dévoûment vénérable !

SIR RICHARD WILLIS.

Ah! je suis d'entre vous le moins considérable.
Je n'ai d'autre bonheur, oui, que d'avoir été
Des serviteurs du Roi le plus persécuté!

LE DOCTEUR JENKINS.

Qu'en exemples d'honneur vos vertus sont fécondes!

SIR RICHARD WILLIS, *après un geste de modestie.*

Mais qu'attendons-nous donc? — Voici nos têtes-rondes!

LORD ORMOND.

Lambert nous manque encor. — Les lâches sont tardifs.

LORD ROCHESTER, *buvant aux lords Roseberry et Clifford.*

Qu'avec leurs feutres noirs, coupés en forme d'ifs,
Nos saints sont précieux!

SIR RICHARD WILLIS, *à lord Ormond.*

Qui sont tous ces sectaires?

LORD ORMOND.

Là-bas, c'est Plinlimmon, Ludlow, parlementaires;
Carr, qui nous suit d'un œil de haine et de frayeur;
Le *damné* Barebone, inspiré corroyeur...

SIR RICHARD WILLIS.

Quel est ce Barebone?

DAVENANT, *bas à sir Richard.*

Ah! c'est un homme unique.
Barebone, ennemi du pouvoir tyrannique,
Corroyeur de nos saints, tapissier de Cromwell,
Comme à deux râteliers mange à ce double autel.
Il prépare à la fois le massacre et la fête.
De Cromwell couronné sa voix proscrit la tête,
Et le couronnement se marchande avec lui.
Le brave homme, à deux fins se vouant aujourd'hui,
Travaille, en louant Dieu, pour les pompes du diable.
Marchand officieux et saint impitoyable,
Son fanatisme à Noll, qu'il sert de son crédit,
Vend le plus cher qu'il peut ce trône qu'il maudit.

SIR RICHARD WILLIS.

Son frère fut-il pas orateur de la chambre?

DAVENANT.

Oui, du feu Parlement, dont lui-même fut membre.

SIR RICHARD WILLIS, *à lord Ormond.*

Les autres?

LORD ORMOND.

Harrison, régicide; Overton,
Régicide; Garland, régicide...

LORD CLIFFORD.

Dit-on
Qui des trois est Satan? —

LORD ORMOND.

Paix, milord! — Là déclame
Le ravisseur du Roi, Joyce...

LORD ROSEBERRY.

Race infâme!

LORD ROCHESTER.

Que j'aurais de plaisir à chamailler un peu
Ces têtes-rondes-là qui vont outrageant Dieu!
Que je voudrais, pour prix de leurs pieuses veilles,
Les arrondir encore, en coupant leurs oreilles!
Et quel doux passe-temps je me serais promis
D'attaquer ces coquins, — s'ils n'étaient nos amis!

SCÈNE IX.

Les Mêmes, le lieutenant général LAMBERT, simple costume des autres têtes-rondes, longue épée à large garde de cuivre.

A l'arrivée de Lambert les têtes-rondes s'inclinent avec déférence.

LORD ORMOND.

Enfin voici Lambert!

CARR, *à part.*
Quel bizarre mystère!

LAMBERT.
Salut aux vieux amis de la vieille Angleterre!

LORD ORMOND, *à ses adhérents.*
Le moment va sonner de risquer le grand coup.
Concluons l'alliance et déterminons tout.

Il s'avance vers Lambert, qui vient à sa rencontre.
Jésus crucifié!

LAMBERT.
Pour le salut des hommes!
Nous sommes prêts.

LORD ORMOND.
Sous moi j'ai trois cents gentilshommes
Dont voici les chefs. — Quand frappons-nous le maudit?

LAMBERT.
Quand est-il roi?

LORD ORMOND.
Demain.

LAMBERT.
Frappons demain.

LORD ORMOND.
C'est dit.

LAMBERT.
C'est dit.

LORD ORMOND.
L'heure?

LAMBERT.
Midi.

LORD ORMOND.
Le lieu?

LAMBERT.
Westminster même.

ACTE I, SCÈNE IX.

LORD ORMOND.

Alliance !

LAMBERT.

Amitié !

Ils se serrent un moment la main. — A part.

J'aurai le diadème !
Quand tu m'auras servi comme j'aurai voulu,
L'échafaud de Capell n'est pas si vermoulu
Qu'il ne supporte encore un billot pour ta tête !

LORD ORMOND, *à part.*

Il croit marcher au trône, et son gibet s'apprête !

Une pause.

LAMBERT, *à part.*

Allons ! c'en est donc fait... me voilà compromis !
Ils m'ont choisi pour chef ! — Pourquoi l'ai-je permis ?...
Ah ! n'importe ! avançons. — Ma crainte est ridicule ;
Et sait-on où l'on va, d'ailleurs, quand on recule ?
Parlons !

Il croise les bras sur sa poitrine et lève les yeux au ciel. Les puritains prennent leur attitude d'extase et de prière. Les cavaliers sont assis à table; les jeunes boivent joyeusement. Ormond, Willis, Davenant et Jenkins paraissent seuls écouter la harangue de Lambert.

Pieux amis ! il nous est parvenu
Que, nonobstant ce peuple et son droit méconnu,
Un homme, qui se dit protecteur d'Angleterre,
Veut s'arroger des rois le titre héréditaire.
C'est pourquoi nous venons à vous, vous demandant
S'il convient de punir cet orgueil impudent ;
Et si vous entendez, vengeant par votre épée
Notre antique franchise, abolie, usurpée,
Porter l'arrêt de mort, sans merci ni pardon,
Contre Olivier Cromwell, du comté d'Huntingdon ?

TOUS, *excepté Carr et Harrison*

Meure Olivier Cromwell !

LES TÊTES-RONDES.

Exterminons le traître!

LES CAVALIERS.

Frappons l'usurpateur!

OVERTON.

Point de roi!

LAMBERT.

Point de maître!

HARRISON.

Permettez que j'expose un scrupule humblement.
Notre oppresseur du Ciel me semble un instrument ;
Quoique tyran, il est indépendant dans l'âme ;
Et peut-être est-ce lui que Daniel proclame,
Quand dans sa prophétie il dit : « *Les saints prendront*
« *Le royaume du monde et le posséderont.* »

LUDLOW.

Oui, le texte est formel. Mais le même prophète
Rassure, général, votre âme satisfaite,
Car Daniel ailleurs dit : « *Au peuple des saints*
« *Le royaume sera donné pour mes desseins.* »
Donc, nul ne doit le prendre avant qu'on ne le donne.

JOYCE.

Puis, *le peuple des saints*, c'est nous.

HARRISON.

Je m'abandonne
A vos sagesses. — Mais, en m'avouant vaincu,
Ludlow, je ne suis point pleinement convaincu
Que les textes cités aient le sens que vous dites ;
Et, sur ces questions au profane interdites,
Je voudrais avec vous quelque jour conférer.
Nous nous adjoindrions, pour en délibérer,
Plusieurs amis pieux qui, touchant ces matières,
Pussent de leurs clartés seconder nos lumières.

ACTE I, SCÈNE IX.

LUDLOW.

De grand cœur. Ce sera, s'il vous plaît, vendredi.

Harrison s'incline en signe d'adhésion.

LAMBERT, *à part et comme absorbé dans ses réflexions.*

Ce que je leur disais, vraiment, est très-hardi !

JOYCE, *montrant à Lambert un groupe de têtes-rondes qui est jusqu'alors resté isolé au fond du théâtre.*

Trois nouveaux conjurés sont là. — Leur bras s'indigne
De venir un peu tard travailler à la vigne ;
Mais ces saints ouvriers se présentent à vous,
Sachant qu'il est écrit : « *Même salaire à tous.* »

LAMBERT, *soupirant.*

Dites-leur d'approcher. —

Le groupe s'avance vers Lambert.

Quels sont vos noms, mes frères ?

UN DES NOUVEAUX CONJURÉS.

Quoi-que-puissent-tramer-ceux-qui-vous-sont-contraires-Louez-Dieu-PIMPLETON..

UN SECOND.

Mort-au-péché-PALMER.

UN TROISIÈME.

Vis-pour-ressusciter-JÉROBOAM-D'EMER.

LORD ROCHESTER, *bas à lord Roseberry.*

Que disent-ils ?

LORD ROSEBERRY, *bas à lord Rochester.*

Ils ont l'habitude risible
D'entortiller leur nom d'un verset de la Bible.

LAMBERT.

Vous jurez...

LOUEZ-DIEU-PIMPLETON.

Nous, jurer !

MORT-AU-PÉCHÉ-PALMER.

Loin de nous tout serment !

VIS-POUR-RESSUSCITER-JÉROBOAM-D'ÉMER.

L'enfer seul les écoute, et le ciel les dément.

LOUEZ-DIEU-PIMPLETON.

Des blasphèmes païens que la foi nous délivre !

LAMBERT.

Hé bien ! vous promettez, — la main sur le saint livre,
Il hésite.
D'immoler Cromwell.

TOUS TROIS, *la main sur la Bible.*

Oui !

LAMBERT, *d'une voix plus forte.*

De nous prêter appui,
De vous taire et d'agir.

TOUS TROIS.

Nous le promettons, oui !

LAMBERT.

Soyez les bienvenus !

Les trois conjurés prennent place parmi les puritains.

OVERTON, *bas à Lambert.*

Tout est en bonne route;
Courage ! tout va bien.

LAMBERT, *à part.*

Demain, j'aurai sans doute
La couronne de plus, ou la tête de moins !

OVERTON, *lui montrant les conjurés.*

Regardez : — que d'amis, milord !

LAMBERT, *à part.*

Que de témoins !

SYNDERCOMB, *dans le groupe des conjurés.*

Meure Olivier Cromwell !

CARR, *aux têtes-rondes.*

Frères, quand votre glaive
Aura frappé Cromwell, réveillé dans son rêve,
De Baal renversé qu'on adore à genoux,

Que ferez-vous après ?

     LUDLOW, *pensif.*

    Au fait, que ferons-nous ?
   LORD ORMOND, *à part.*

Je le sais !

     LAMBERT, *embarrassé.*

  Nous créerons un conseil, qui s'arrête
A dix membres au plus...

     A part.

    — Et qui n'ait qu'une tête !

     HARRISON, *vivement.*

Dix membres ! général Lambert ! — Mais c'est trop peu !
Soixante-dix, ainsi qu'au sanhédrin hébreu !
C'est le nombre sacré !

     CARR.

    Le pouvoir légitime,
C'est le Long-Parlement, dispersé par un crime !

     JOYCE.

Un conseil d'officiers !

     HARRISON, *s'échauffant.*

    Croyez ce que je dis :
Il faut pour gouverner être soixante-dix !

     BAREBONE.

Pour l'Angleterre, amis, point de salut possible,
Tant qu'on ne voudra pas, réglant tout sur la Bible,
Imposer aux marchands, pour leurs gains épurés,
Le poids du sanctuaire et les nombres sacrés,
Et, quittant pour Sion l'Egypte et la Chaldée,
Changer le pied en palme et la brasse en coudée.

     GARLAND.

C'est parler sensément.

     JOYCE.

    Barebone est-il fou ?
Taupe, qui ne voit rien au dehors de son trou,

Prendrait-il par hasard son comptoir pour un trône,
Son bonnet pour tiare, et pour sceptre son aune?

    PLINLIMMON, *à Joyce en lui montrant Barebone.*

Ne raillez pas. — L'Esprit souvent l'inspire.
                                  A Barebone.
                                       Ami!

Je l'approuve.

    BAREBONE, *se rengorgeant.*

        Il faut, pour ne rien faire à demi,
Prendre en chaque comté les premiers de leur ville...

    JOYCE, *avec un rire dédaigneux.*

Les corroyeurs!

    BAREBONE, *amèrement à Joyce.*

        Merci! la remarque est civile!
Mais vous-même, avant d'être officier et railleur,
Joyce-le-Cornette, étiez-vous pas tailleur?

    Joyce fait un geste de colère. Barebone poursuit.

Moi que la Cité compte au rang de ses notables...

    Joyce veut se jeter sur lui en le menaçant du poing

    OVERTON, *se plaçant entre eux.*

Allons! allons!

    LORD ROSEBERRY, *aux puritains.*

Il se lève, roule dévotement les yeux, prend un air de componction et pousse un grand soupir.

    Messieurs, la loi des Douze-Tables...

Les tables de la loi... —

    Les puritains s'interrompent, attentifs.

    CARR.

    Que veut-il dire enfin?

    LORD ROSEBERRY, *continuant.*

Ne veulent pas qu'on meure et de soif et de faim.
Je vote un bon repas, nos estomacs sont vides.

    Les têtes-rondes se détournent avec indignation. Les servants de taverne garnissent la table des cavaliers.

CARR, *en contemplation devant les cavaliers qui mangent.*
Que de chair et de vin ces satans sont avides!
> BAREBONE.

Païens!
> CARR, *aux puritains.*

    Avant d'aller plus loin, écoutez-moi!
Est-on sûr que Cromwell songe à se faire roi?
> OVERTON.

Trop sûr! et c'est demain qu'un parlement servile
De ce titre proscrit pare sa tête vile!
> TOUS, *excepté Carr.*

Mort à l'ambitieux!
> HARRISON.

        Mais je ne conçois pas
Ce qui pousse Cromwell à risquer ce grand pas.
Il faut qu'il soit bien fou de désirer le trône!
Il ne reste plus rien des biens de la couronne.
Hampton-Court est vendue au profit du trésor;
On a détruit Woodstock et démeublé Windsor!
> LAMBERT, *bas à Overton.*

Imbécile pillard! qui dans le rang suprême
Ne voit que les rubis scellés au diadème,
Et dans le trône, objet des travaux d'Olivier,
Des aunes de velours à revendre au fripier!
Dévoré d'une soif de l'or que rien ne sèvre,
Harrison n'apprécie un sceptre qu'en orfévre,
Et si quelque couronne à ses désirs s'offrait,
Ne l'usurperait pas, mais il la volerait
> BAREBONE, *en extase.*

Ah! pourquoi Dieu fait-il, dans ces jours de misère,
Du lion de Jacob un vil bouc émissaire?
Olivier, revêtu d'une robe d'honneur,
Semblait toujours marcher à droite du Seigneur;
Il était dans nos champs comme une gerbe mûre;

Il portait de Juda l'invulnérable armure ;
Et quand il paraissait à leur œil ébloui,
Les Philistins fuyaient en s'écriant : « C'est lui ! »
Il était, Israël, l'oreiller de ta couche !
Mais ce miel en poison se change dans ta bouche,
Il s'est fait Tyrien ; et les enfants d'Edom
Ont, avec des clameurs, ri de ton abandon !
Tous les Amorrhéens ont tressailli de joie,
En voyant qu'un démon le poussait dans leur voie ;
Il veut être, échauffé par l'impure Abisag,
Roi comme fut David ; — qu'il le soit comme Agag !

SYNDERCOMB.

Qu'il meure !

LAMBERT.

Il a comblé sa mesure de crimes.

LORD DROGHEDA.

Drogheda fume encor du sang de ses victimes.

VIS-POUR-RESSUSCITER-JÉROBOAM-D'ÉMER.

Sa cour s'ouvre aux enfants de Gomorrhe et de Tyr.

LORD ORMOND.

Il a trempé ses mains au sang du roi martyr !

HARRISON.

Sans respect pour nos droits acquis par tant de guerres,
Il fait aux cavaliers restituer leurs terres !

MORT-AU-PÉCHÉ-PALMER.

Hier, à l'impur banquet qu'au nom de la Cité
Lui donnait le lord-maire, on l'a complimenté !
Il a reçu l'épée, et puis il l'a rendue !

LAMBERT.

Ce sont des airs de roi !

JOYCE.

L'Angleterre est perdue !

LE DOCTEUR JENKINS.

Il juge, taxe, absout, condamne, sans appel !

ACTE I, SCÈNE IX.

SIR RICHARD WILLIS.

Il fit assassiner Hamilton, lord Capell,
Lord Holland ; — de ce tigre ils ont été la proie.

BAREBONE.

Il porte effrontément des justaucorps de soie !

OVERTON.

Il nous refuse à tous ce qui nous serait dû.
Bradshaw est exilé.

LORD ROCHESTER.

Bradshaw n'est pas pendu !

LOUEZ-DIEU-PIMPLETON.

Il tolère, au mépris de la sainte Ecriture,
Les rites du papisme et de la prélature.

DAVENANT.

Il a de Westminster profané les tombeaux.

LUDLOW.

Il a fait enterrer Ireton aux flambeaux !

LES CAVALIERS.

Sacrilége !

LES TÊTES-RONDES.

Idolâtre !

JOYCE.

Amis ! non, point de grâce !

SYNDERCOMB, *tirant son poignard.*

Qu'il meure !

TOUS, *agitant leurs poignards.*

Exterminons le tyran et sa race !

En ce moment on frappe violemment à la porte de la taverne. Les conjurés s'arrêtent. Silence de terreur et de surprise. On frappe de nouveau.

LORD ORMOND, *s'approchant de la porte.*

Qui va là ?

LAMBERT, *à part.*

Diable !

UNE VOIX, *au dehors.*
Ami!
LORD ORMOND.
Que veux-tu?
LA VOIX.
Par le ciel!
Ami! vous dis-je; ouvrez!
LORD ORMOND.
Ton nom?
LA VOIX.
Richard Cromwell.
TOUS LES CONJURÉS.
Richard Cromwell!
LORD ORMOND.
Le fils du Protecteur!
LAMBERT.
La trame
Est découverte!
LORD ROSEBERRY.
Il faut ouvrir!

Il ouvre. — Entre Richard Cromwell.

SCÈNE X.

Les Mêmes, RICHARD CROMWELL, costume de cavalier.

A l'entrée de Richard, tous les puritains s'enveloppent de leurs manteaux et rabattent leurs chapeaux.

RICHARD CROMWELL.
Mais, sur mon âme!
Vit-on jamais repaire ainsi barricadé?
Non, jamais château fort ne fut si bien gardé!
Roseberry, Clifford, sans vos voix charitables,

Qui dominaient le bruit des flacons et des tables,
Votre pauvre Richard se serait rebuté.

Il salue les conjurés autour de lui.

Bonjour, messieurs !... — De qui portiez-vous la santé ?
Aux vœux que vous formiez souffrez que je m'unisse.

LORD CLIFFORD, *embarrassé.*

Cher Richard... nous disions ..

LORD ROCHESTER, *riant.*

Que le ciel vous bénisse !

RICHARD CROMWELL.

Quoi ! vous parliez de moi ? mais vous êtes trop bons !

BAREBONE, *à part.*

Que l'enfer dans ta gorge éteigne ses charbons !

RICHARD CROMWELL.

Je ne vous gêne pas ?

LORD ROSEBERRY, *balbutiant.*

Comment ! vous !... au contraire !...

Trop heureux ! — Venez-vous nous voir pour quelque affaire ?

RICHARD CROMWELL.

Eh ! le même motif que vous m'amène ici.

CARR, *à part.*

Serait-il du complot ?

SIR RICHARD WILLIS, *à part.*

Richard Cromwell aussi !

RICHARD CROMWELL, *élevant la voix.*

Ah çà ! — messieurs Sedley, Roseberry, Downie,
Clifford, je vous accuse ici de félonie !

LORD ROSEBERRY, *effrayé.*

Que dit-il ?

LORD CLIFFORD, *troublé.*

Cher Richard...

A part.

Dieu me damne ! il sait tout !

21.

SEDLEY, *avec angoisse.*

Je vous jure...

RICHARD CROMWELL.

Veuillez m'entendre jusqu'au bout.
Vous vous justifirez après s'il est possible.

LORD ROSEBERRY, *bas aux autres.*

Nous sommes découverts!

DOWNIE.

Oui, la chose est visible!

RICHARD CROMWELL, *aux mêmes.*

Voilà bientôt dix ans que nous sommes amis.
Bals, chasses, jeux, plaisirs permis et non permis,
Tout nous était commun jusqu'ici : nos détresses,
Nos bonheurs, notre bourse, et jusqu'à nos maîtresses!
Vos chiens étaient à moi : vous aviez mes faucons,
Et nous passions les nuits sous les mêmes balcons.
Quoique mon nom m'enrôle en un parti contraire,
Toujours avec vous tous j'ai vécu comme un frère.
Et pourtant vous avez, malgré ce bon accord,
Un secret pour Richard!... Et quel secret encor!

LORD ROSEBERRY.

Tout est perdu. Que dire?

RICHARD CROMWELL.

Interrogez votre âme!
Devais-je enfin m'attendre à cela?... C'est infâme!

SEDLEY.

Croyez, mon cher Richard...

RICHARD CROMWELL.

Oui, cherchez des raisons!
Vous ai-je pas toujours servis de cent façons?
Qui fut votre recours, dans vos terreurs profondes,
Contre les usuriers, pis que les têtes-rondes?
Pour qui, réponds, Clifford, ai-je hier remboursé
Quatre cents nobles d'or au rabbin Manassé?

ACTE I, SCÈNE X.

CLIFFORD, *confus.*
Je ne saurais nier... le maudit juif...
RICHARD CROMWELL.
Downie !
Quoiqu'un bill ait frappé ta famille bannie,
Qui, lorsqu'on t'arrêta, se fit ta caution ?
DOWNIE, *avec embarras.*
C'est toi...
RICHARD CROMWELL.
Roseberry ! quelle protection
Fit garder en prison comme auteur d'un libelle,
Pendant certaine nuit, le mari de ta belle ?
LORD ROCHESTER, *bas à Davenant.*
Il a l'air d'un bon diable.
BAREBONE, *bas à Carr.*
Ah ! l'Hérode éhonté,
Qui prête l'arbitraire à la lubricité !
LORD ROCHESTER, *à Davenant.*
J'admire son moyen d'improviser des veuves !
LORD ROSEBERRY, *à Richard Cromwell.*
Oui, de votre amitié j'eus de touchantes preuves...
Mais...
RICHARD CROMWELL, *croisant les bras sur sa poitrine.*
Et cette amitié, chez moi hors de saison,
Vous y répondez tous par une trahison !
LAMBERT, *à part.*
Trahison !
LORD CLIFFORD.
Trahison !
SEDLEY.
Dieu !
CARR, *étonné.*
Que veulent-ils dire ?

RICHARD CROMWELL, *vivement.*

Oui, vous venez sans moi boire ici !

LORD ROSEBERRY.

Je respire !

Bas aux autres cavaliers.

Le but du rendez-vous échappe à ses regards.
Il a vu les flacons et non pas les poignards.

A Richard Cromwell.

Mon cher Richard, croyez...

RICHARD CROMWELL.

Haute trahison ! dis-je !
Vraiment de votre part ce procédé m'afflige.
Quoi ! vous vous enivrez, et ne m'en dites rien !
Qu'ai-je fait ? suis-je pas comme vous un vaurien ?
Boire sans moi ! c'est mal. D'ailleurs je sais me taire.
Qu'aux puritains sournois vous en fassiez mystère ;
Que vous vous déguisiez sous ces larges chapeaux,
Sous ces manteaux grossiers, je le trouve à propos.
Mais vous cacher de moi, qui, dans ce sanctuaire,
Rirai tout le premier de la loi somptuaire,
Et des sobres Solons dont les bills absolus
Fixent l'écot par tête à trois schellings au plus !
Est-ce là, je vous prie, agir en camarades ?
Reculé-je jamais devant vos algarades ?
M'a-t-on moins vu, malgré les réglements nouveaux,
Dans les combats de coqs, les courses de chevaux ?
Enfin, suivant partout votre audace étourdie,
N'ai-je pas avec vous joué la comédie ?

BAREBONE, *indigné, à part.*

Sadducéen !

RICHARD CROMWELL.

Duels, gais festins, mauvais coups,
Me trouvent toujours prêt : — que me reprochez-vous ?

LORD CLIFFORD.

Vos bonnes qualités, dont le mérite éclate,
Nous sont chères.

RICHARD CROMWELL.

Mais non. Peut-être je me flatte.
Souvent de nos défauts notre œil est écarté ;
Et nous ne nous voyons que du meilleur côté.
Ai-je des torts ?

SEDLEY.

Non pas...

RICHARD CROMWELL.

J'aime qu'on m'avertisse !

LORD ROSEBERRY.

Richard !...

RICHARD CROMWELL.

Vous me rendez sans doute la justice
De croire que je hais ces puritains maudits,
Comme vous ?

BAREBONE.

Comme nous !

RICHARD CROMWELL.

C'est ce que je vous dis.
Eh ! comment supporter ces stupides sectaires,
Souillant les livres saints de sanglants commentaires
Qui, toujours dans le meurtre et toujours louant Dieu,
Font des sermons sans fin, et puis trichent au jeu ?

CARR, *entre ses dents.*

Les saints jouer ! tu mens ! enfant d'Hérodiade !

RICHARD CROMWELL.

J'allais faire comme eux une jérémiade.
Laissons cela ! — Tenez, pour vous prouver, amis,
Combien je crains peu d'être avec vous compromis,
A quel point tous mes vœux aux vôtres se confondent,
Combien j'aime la cause où vos souhaits se fondent, —

Il remplit un verre et le porte à ses lèvres.

Je bois à la santé du Roi Charles!

TOUS LES CONJURÉS, *surpris.*

Du Roi!

RICHARD CROMWELL, *étonné.*

Nous sommes seuls ici. Pourquoi cet air d'effroi?

CARR, *à part.*

J'avais bien deviné qu'Israël était dupe.
Au fond, c'est des Stuarts qu'en cet antre on s'occupe.
Nous verrons!

SIR RICHARD WILLIS, *à part.*

C'est le fils de Cromwell, cependant!
Mais s'il est du complot, il est bien imprudent!

En ce moment on entend le bruit de la trompe au dehors. Nouveau silence d'étonnement et d'inquiétude. Le son de la trompe s'interrompt, et une voix forte crie du dehors:

Au nom du Parlement, qu'on ouvre la taverne!

Mouvement de terreur parmi les conjurés.

LORD ROCHESTER, *à Davenant.*

Pour le coup, nous voilà pris dans notre caverne,
Comme Cacus!

LAMBERT, *bas à Joyce.*

Cromwell nous envoie arrêter!

JOYCE, *bas.*

Il sait tout! cette fois on ne peut en douter.

OVERTON, *bas.*

Hé bien! il faut s'ouvrir passage à coups d'épée!

LAMBERT, *bas.*

Que ferions-nous? La place est sans doute occupée
Par ses gardes?

On entend le bruit de la trompe.

RICHARD CROMWELL, *le verre à la main.*

Au diable! en un pareil moment
Venir nous déranger!

LA VOIX DU DEHORS.

Au nom du Parlement,
Qu'on ouvre la taverne !

BAREBONE.

Obéissons !
Il va ouvrir.

LAMBERT, *à part.*

Ma tête
Sur mes épaules tourne, à tomber déjà prête !

Barebone ouvre la porte de la taverne; les autres conjurés enlèvent les volets; et la toile du fond paraît percée de larges fenêtres grillées, à travers lesquelles on aperçoit le marché au vin couvert de peuple. Au milieu du théâtre est le crieur public à cheval, entouré de quatre valets de ville en livrée, armés de piques, et d'une escorte d'archers et de hallebardiers. Le crieur tient une trompe d'une main et un parchemin déployé de l'autre.

SCÈNE XI.

Les Mêmes, LE CRIEUR PUBLIC, valets de ville, hallebardiers, archers, peuple.

Les conjurés se rangent à droite et à gauche du théâtre.

LE CRIEUR, *après avoir sonné de la trompe.*

Silence ! — Que ceci de tous soit écouté ! —
Hum ! — De par Son Altesse...

HARRISON, *bas à Garland.*

Et bientôt Majesté !

LE CRIEUR.

Olivier Cromwell, lord Protecteur d'Angleterre;
A tout bourgeois, sujet civil et militaire,
Savoir faisons !

OVERTON, *bas à Ludlow.*

Le mot *sujet* est revenu !

LE CRIEUR.

Qu'afin que du Seigneur le vœu soit bien connu,
Touchant la motion qu'un honorable membre,
L'alderman chevalier Pack, a faite à la Chambre,
Savoir : de nommer roi mondit lord Protecteur ;...

LUDLOW, *bas à Overton.*

Bien ! à front découvert marche l'usurpateur !

LE CRIEUR.

Et surtout, pour sauver ce peuple instruit et sage
Des maux que la dernière éclipse lui présage ;
Afin que pour chacun Dieu se fasse clément,
Les communes, séant à Londre en parlement,
Sur l'avis des docteurs que le peuple vénère,
Votent pour aujourd'hui jeûne extraordinaire ;
Enjoignant aux bourgeois de faire l'examen
De leurs crimes, erreurs, péchés. — C'est dit !

UN DES VALETS DE VILLE.

Amen !

LE CRIEUR.

Dieu bénisse à jamais le peuple d'Angleterre !

LE CHEF DES ARCHERS.

Sur ce, vu la teneur du bill parlementaire,
Mandons aux vivandiers, buvetiers, taverniers,
Sous peine d'une amende au moins de vingt deniers,
De clore à l'instant même et taverne et boutiques,
Lieux impurs, où du jeûne on romprait les pratiques.

LAMBERT, *à part.*

Bon ! j'en suis pour la peur quitte encor cette fois !

Bas aux conjurés puritains.

A demain ! — Il est temps de nous quitter, je crois.

GARLAND, *bas.*

Où nous reverrons-nous ?

BAREBONE, *bas.*

Hé ! dans la grande salle

De Westminster. Demain, avant l'heure fatale,
Près de son trône impur par mes soins préparé,
Moi, tapissier de Noll, je vous introduirai.

Les conjurés, groupés autour de Barebone, lui serrent la main en signe d'adhésion.

OVERTON.

Fort bien. Séparons-nous sans bruit, mais sans mystère.

LE CRIEUR ET LES VALETS DE VILLE,

Dieu bénisse à jamais le peuple d'Angleterre !

LES CONJURÉS PURITAINS, *bas.*

Meure Olivier Cromwell !

Ils sortent.

RICHARD CROMWELL, *aux cavaliers qui se disposent à partir.*

Mais c'est fort ennuyeux
D'être ainsi pourchassé dans un festin joyeux !
On voit bien que milord mon père n'est plus jeune.
Je ne voudrais pas, moi, d'un trône au prix d'un jeûne !

Il sort avec les cavaliers

II

LES ESPIONS

ACTE DEUXIÈME

LA SALLE DES BANQUETS, A WHITE-HALL.

Au fond, on voit la croisée par laquelle sortit Charles Ier pour aller à l'échafaud. — A droite, un grand fauteuil gothique près d'une table à tapis de velours où l'on distingue encore le chiffre C. R. (CAROLUS REX). Le même chiffre, doré sur un fond bleu, couvre encore les murs, quoique à demi effacé. — Au moment où la toile se lève, le théâtre est occupé par des groupes nombreux de courtisans en habits de palais, qui semblent s'entretenir à voix basse; les ambassadeurs d'Espagne et de France, avec leur suite, sont sur le devant. — L'ambassadeur d'Espagne, à gauche, entouré de pages, d'écuyers, d'alcades de cour, d'alguazils, au milieu desquels un héraut du conseil de Castille porte sur un coussin de velours noir l'ordre de la Toison d'or. — L'ambassadeur de France, à droite, environné de ses pages et gentilshommes; près de lui Mancini; derrière lui, deux gentilshommes portant sur des coussins de velours bleu, l'un une magnifique épée à poignée d'or ciselé, l'autre une lettre à laquelle pend un grand sceau de cire rouge; quatre pages du cardinal Mazarin soutenant un grand rouleau revêtu de taffetas gommé. — L'ambassadeur d'Espagne porte le costume de chevalier de la Toison d'or; toute sa suite est en noir, satin et velours. — L'ambassadeur de France en costume de chevalier du Saint-Esprit. Sa suite étale un grand bariolage de costumes, d'uniformes et de livrées. — Derrière ces deux groupes principaux, un groupe d'envoyés suédois, un autre d'envoyés piémontais, un autre d'envoyés hollandais, tous remarquables par leurs divers costumes. — Au fond, un der-

nier groupe de seigneurs anglais, parmi lesquels on remarque,
à son habit de brocart d'or et aux deux pages qui le suivent,
Hannibal Sesthead, jeune seigneur danois. — Deux sentinelles
puritaines, le mousquet et la hallebarde sur l'épaule, se promènent de long en large devant une grande porte gothique au
fond de la salle.

SCÈNE PREMIÈRE.

LE DUC DE CRÉQUI, ambassadeur de France; MANCINI, neveu du cardinal Mazarin, et leur suite; DON LUIS DE CAR-
DENAS, ambassadeur d'Espagne, et sa suite; PHILIPPI, envoyé de Christine, et sa suite; trois députés vaudois; six
envoyés de la république hollandaise; HANNIBAL SES-
THEAD, cousin du roi de Danemark, et deux pages; seigneurs et gentilshommes anglais; deux sentinelles.

DON LUIS DE CARDENAS, *à un de ses pages.*
Page, quelle heure est-il?
LE PAGE, *regardant à une grosse montre qui pend à sa
ceinture.*
Midi.
DON LUIS DE CARDENAS.
Voilà pourtant,
Par saint Jacques Majeur, deux heures que j'attends!
Pour grand que soit Cromwell, à sa gloire il importe
Qu'on voie un Castillan se morfondre à sa porte,
J'en conviens! mais il tarde un peu trop cependant.
LE PAGE.
Très-excellent seigneur, tandis qu'en attendant
Le seigneur don Cromwell, Votre Merci déroge,
On dit qu'il tient conseil pour...
DON LUIS DE CARDENAS, *sévèrement et avec un coup d'œil
oblique sur Créqui.*
Qui vous interroge?

MANCINI, *bas au duc de Créqui.*

C'est gai qu'un Espagnol, tremblant dans ce palais,
Mendie en s'indignant un regard d'un Anglais !
La honte avec l'orgueil lutte sur son visage.

DON LUIS DE CARDENAS, *à part.*

Comment le Protecteur prendra-t-il mon message ?

LE DUC DE CRÉQUI, *à Mancini.*

Mancini, quel est donc ce lieu ?

MANCINI.

C'est, monseigneur,
La salle des banquets, qui sert de cour d'honneur.
De Charle assassiné le chiffre oublié reste
Sur ces murs... — et voici la fenêtre funeste
Par où sortit ce roi pour marcher au trépas.
Hors du palais natal il n'eut qu'à faire un pas !
Et c'est un régicide, un impie, un sectaire !

La grande porte s'ouvre à deux battants, et un huissier crie d'une voix éclatante :

Son Altesse milord Protecteur d'Angleterre !

*Tous les assistants se découvrent et s'inclinent avec respect.
— Entre Cromwell, le chapeau sur la tête.*

SCÈNE II.

LES MÊMES, CROMWELL, habit militaire fort simple, justaucorps de buffle, un grand baudrier brodé à ses armes, auquel pend une longue épée; WHITELOCKE, lord commissaire du sceau, longue robe de satin noir bordée d'hermine, grande perruque; LE COMTE DE CARLISLE, capitaine des gardes du Protecteur, vêtu de son uniforme particulier; STOUPE, secrétaire d'Etat pour les affaires étrangères.

Pendant toute la scène, le comte de Carlisle se tient debout derrière le fauteuil du Protecteur, l'épée hors du fourreau : Whitelocke debout à droite, Stoupe debout à gauche, avec un livre ouvert dans la main. — Au moment où Cromwell entre, les assistants se rangent sur deux haies, et restent profondément inclinés jusqu'à ce que le Protecteur soit arrivé à son siége.

CROMWELL, *debout devant son fauteuil.*

Paix et salut aux cœurs de bonne volonté !
Puisque chacun de vous est vers nous député,
Au nom du peuple anglais on vous donne audience.

Il s'assied, ôte et remet son chapeau.

Duc de Créqui, parlez !

Le duc de Créqui, suivi de Mancini et de son ambassade, s'approche avec les mêmes révérences que pour un roi. Tous les assistants se retirent au fond de la salle, hors de la portée de la voix.

LE DUC DE CRÉQUI.

Monseigneur ! — l'alliance
Qui du Roi Très-Chrétien vous assure l'appui,
Par des liens nouveaux se resserre aujourd'hui.
Monsieur de Mancini va vous lire la lettre
Que son oncle éminent par lui vous fait remettre.

Mancini s'approche du Protecteur, fléchit un genou, et lui présente sur le coussin la lettre du cardinal. Cromwell en rompt le cachet et la rend à Mancini.

CROMWELL, *à Mancini.*

Elle est du cardinal Mazarini ? — Lisez.

MANCINI *déploie la lettre et lit.*

« A Son Altesse monseigneur le Protecteur de la république
« d'Angleterre.

« MONSEIGNEUR,

« La part glorieuse que les troupes de Votre Altesse
« ont prise à la guerre actuelle de la France contre l'Es-
« pagne, l'utile secours qu'elles prêtent aux armes du roi
« mon maître dans la campagne de Flandre, redoublent la
« reconnaissance de Sa Majesté pour un allié aussi consi-
« dérable que vous l'êtes, et qui l'aide si efficacement à
« réprimer la superbe de la maison d'Autriche. C'est pour-

« quoi le roi a trouvé bon d'envoyer comme son ambassa-
« deur extraordinaire près votre cour monsieur le duc de
« Créqui, chargé par Sa Majesté de faire savoir à Votre
« Altesse que la ville forte de Mardyke, récemment prise
« par nos gens, a été remise à la disposition des généraux
« de la république d'Angleterre, en attendant que Dunker-
« que, qui tient encore, puisse leur être livrée conformé-
« ment aux traités. Monsieur le duc de Créqui a en outre
« la commission de faire agréer à Votre Altesse une épée
« d'or, que le roi de France vous envoie en témoignage
« de son estime et de son amitié. Monsieur de Mancini,
« mon neveu, vous fera part du contenu de cette lettre,
« et déposera aux pieds de Votre Altesse un petit présent
« que j'ose joindre en mon nom à celui du roi ; c'est une
« tapisserie de la nouvelle manufacture royale dite des
« Gobelins. Je désire que cette marque de mon dévoue-
« ment soit agréable à Votre Altesse. Si je n'étais malade
« à Calais, je serais passé moi-même en Angleterre, afin
« de rendre mes respects à l'un des plus grands hommes
« qui aient jamais existé, à celui que j'eusse le plus am-
« bitionné de servir après mon roi. Privé de cet honneur,
« j'envoie la personne qui me touche de plus près par les
« liens du sang pour exprimer à Votre Altesse toute la vé-
« nération que j'ai pour sa personne, et combien je suis
« résolu d'entretenir entre elle et le roi mon maître une
« éternelle amitié.
 « J'ai la témérité de me dire avec passion,
     « De Votre Altesse,
       « le très-obéissant et très-respectueux serviteur,
                « Giulio Mazarini,
            « Cardinal de la Sainte-Eglise romaine. »

Mancini, après une profonde révérence, remet la lettre à Cromwell, qui la passe à Stoupe. — Sur un signe du duc de Créqui,
les pages en livrée royale déposent sur la table de Cromwell le

coussin qui porte l'épée d'or; et sur l'ordre de Mancini les pages à livrée de Mazarin déroulent sous les pieds du Protecteur un riche tapis des Gobelins.

CROMWELL, *au duc et à Mancini.*

De ces riches présents, qui nous sont adressés,
Veuillez remercier, messieurs, Son Eminence.
L'Angleterre toujours sera sœur de la France.

Bas à Whitelocke.

Ce prêtre, qui me flatte en pliant le genou,
Me dit tout haut : *Grand homme!* et tout bas : *Heureux fou!*

Il se tourne brusquement vers les envoyés vaudois.

Et vous, que voulez-vous?

Les Vaudois s'avancent avec respect.

L'UN DES ENVOYÉS.

Le cœur plein de tristesse,
Nous venons demander secours à Votre Altesse.

CROMWELL.

Et qui donc êtes-vous ?

L'ENVOYÉ.

Nous sommes des Vaudois
Députés vers vous.

CROMWELL, *d'un ton de bienveillance.*

Ah!

L'ENVOYÉ.

De tyranniques lois
Font peser sur nos jours des entraves bien tristes.
Notre prince est romain, nous sommes calvinistes;
Et la flamme et le fer dans nos villes ont lui
Afin de nous contraindre à prier comme lui.
Notre pays en deuil à vos pieds nous envoie.

CROMWELL, *avec indignation.*

Qui vous ose opprimer? qui?

L'ENVOYÉ.

Le duc de Savoie.

CROMWELL, *au duc de Créqui.*

Monsieur l'ambassadeur de France! entendez-vous?
Dites au cardinal que, pour l'amour de nous,
Il intervienne aux maux dont ce peuple est victime.
La France a sous la main ce duc sérénissime;
Qu'il cède! — Il est contraire au précepte divin
D'opprimer pour la foi; — d'ailleurs, j'aime Calvin.

Le duc s'incline.

MANCINI, *bas au duc.*

Pour mieux tracer ces mots : TOLÉRANCE PUBLIQUE,
Il a trempé ses mains dans le sang catholique.

CROMWELL, *à l'envoyé suédois.*

Votre nom? —

Se tournant vers les Vaudois qui se retirent au fond de la salle.

En tout temps comptez sur nous, Vaudois!

L'ENVOYÉ DE SUÈDE, *s'inclinant.*

Philippi. Mon pays, Terracine; et je dois
Mettre aux pieds d'un héros ce don que lui destine
L'auguste Majesté de ma reine Christine.

Il dépose devant Cromwell un petit coffret à cercles d'acier poli, et lui remet une lettre que le Protecteur passe à Stoupe. — Bas à Cromwell.

Sa lettre vous dira par quel ordre et pour qui
Fut dans Fontainebleau tué Monaldeschi.

CROMWELL.

De cet ancien amant elle s'est donc vengée?

L'ENVOYÉ, *toujours à voix basse.*

Mazarin a permis que ma Reine outragée
Jusqu'au sein de la France enfin l'exterminât.

CROMWELL, *bas à Whitelocke.*

De l'hospitalité pour un assassinat!

L'ENVOYÉ, *poursuivant.*

Ma Reine, qui du trône elle-même s'exile,
Près du grand Protecteur sollicite un asile.

ACTE II, SCÈNE II.

CROMWELL, *surpris et mécontent*

Près de moi?... — Je ne puis répondre sans délais...
Pour une Reine ici l'on n'a point de palais.

DON LUIS DE CARDENAS, *à part.*

On en aura bientôt pour un Roi.

CROMWELL, *après un moment de silence, à Philippi,*

Qu'elle reste
En France...—Aux rois déchus l'air de Londre est funeste.

Bas à Whitelocke.

Sa Reine courtisane! une femme sans mœurs!
Qui s'exposerait nue aux publiques rumeurs!

En se retournant, il voit l'envoyé toujours près de lui dans l'attitude d'un homme qui attend. Il l'apostrophe avec surprise

Hé bien!

PHILIPPI, *s'inclinant et lui montrant le coffret.*

Ma mission est encore incomplète.
Plaît-il à Votre Altesse ouvrir cette cassette!

CROMWELL.

Qu'enferme-t-elle?

PHILIPPI, *toujours incliné.*

Ouvrez, seigneur!

CROMWELL.

Vous m'étonnez.
Quel mystère!

PHILIPPI, *lui présentant une clef d'or.*

Seigneur, voici la clef.

CROMWELL.

Donnez.

Il prend la clef; Philippi pose la cassette sur la table, et Cromwell se prépare à l'ouvrir. Whitelocke l'arrête.

WHITELOCKE, *bas à Cromwell.*

Prenez garde, milord! on a vu plus d'un traître,
Pour abattre un grand homme envoyé par son maître,
Lui porter comme à vous, dans un coffre de fer,

Des poisons d'alchimie ou des foudres d'enfer.
Le piége en éclatant dévorait sa victime. —
On vous en veut. — Cet homme a le regard du crime.
Craignez-le. Ce coffret que vous alliez ouvrir
Contient peut-être un piége à vous faire mourir.

CROMWELL, *bas à Whitelocke.*

Vous croyez! — Il se peut. Eh bien! ouvrez vous-même,
Whitelocke.

WHITELOCKE, *effrayé et balbutiant.*

Pour vous, mon dévoûment extrême...

A part.

Ah Dieu!

CROMWELL, *avec un sourire.*

Je le connais, et m'en sers.

A part.

Jugeons-en.

Il lui remet la clef.

WHITELOCKE, *à part.*

Que de courage il faut pour être courtisan!
Quelle perplexité! la mort ou la disgrâce. —
Ah! c'est une autre mort! —

Il s'approche de la cassette, et met la clef en tremblant dans la serrure.

Mourons de bonne grâce.

Il ouvre la cassette avec la précaution d'un homme qui s'attend à une explosion subite, puis y jette un regard timide, et s'écrie:

Une couronne!

L'envoyé de Suède prend un air radieux.

CROMWELL, *étonné.*

Quoi?

WHITELOCKE, *tirant du coffre et posant sur la table une couronne royale, à part.*

C'est bien un piége encor!

ACTE II, SCÈNE II.

CROMWELL, *fronçant le sourcil.*

Que veut dire ceci ?

PHILIPPI, *s'inclinant avec satisfaction.*

Sire !...

CROMWELL, *lui montrant la couronne.*

Est-ce de bon or ?

PHILIPPI.

Ah ! sire, en doutez-vous ?

CROMWELL, *à Whitelocke, haut.*

Bon ! — Qu'on le fasse fondre !
Je donne ce métal aux hôpitaux de Londre.

A Philippi stupéfait.

Je ne puis mieux, je pense, employer ces joyaux,
Ces parures de femme et ces hochets royaux.
Je ne saurais qu'en faire.

DON LUIS DE CARDENAS, *à part.*

Est-ce donc qu'il s'obstine
A rester Protecteur ?

MANCINI, *bas au duc de Créqui.*

Il pourrait à Christine
Envoyer en échange une tête de roi.

LE DUC DE CRÉQUI, *bas à Mancini.*

Oui, ce digne présent unirait mieux, je crois,
Le vassal régicide à la reine assassine.

CROMWELL, *congédiant Philippi d'un geste mécontent.*

Adieu, seigneur suédois, natif de Terracine !

Bas à Whitelocke.

Philippi ! Mancini ! toujours d'étroits liens
Ont marié l'intrigue à des Italiens !
Ces bâtards des Romains, sans lois, sans caractère,
Héritiers dégradés des maîtres de la terre
Qui levèrent si haut le sceptre des combats,
Gouvernent bien encor le monde, mais d'en bas.
La Rome, dont l'Europe aujourd'hui suit la règle,

Porte un regard de lynx où planait l'œil de l'aigle.
A la chaîne imposée à vingt peuples lointains,
Succède un fil caché qui meut de vils pantins !
O nains fils des géants ! renards nés de la louve !
Avec vos mots mielleux partout on vous retrouve,
Philippi, Mancini, Torti, Mazarini !
Satan pour intriguer doit prendre un nom en *i!*

   Aux envoyés flamands, après une pause.

Flamands, qu'attendez-vous ? les trêves sont finies.

LE CHEF DES ENVOYÉS HOLLANDAIS.

Les états généraux des Provinces-Unies,
Libres ainsi que vous, comme vous protestants,
Vous demandent la paix.

  CROMWELL, *rudement.*

     Messieurs, il n'est plus temps.
D'ailleurs le parlement de cette république
Vous trouve trop mondains dans votre politique,
Et ne veut pas sceller des traités fraternels
Avec des alliés si vains et si charnels !

Il fait un geste, et les Flamands se retirent. Alors il paraît apercevoir pour la première fois don Luis de Cardenas, qui jusque-là s'est épuisé en vains efforts pour être remarqué.

Hé, bonjour donc, monsieur l'ambassadeur d'Espagne !
Nous ne vous voyions pas !

 DON LUIS DE CARDENAS, *cachant son dépit sous une
  profonde révérence.*

     Que Dieu vous accompagne,
Altesse ! nous venons pour un haut intérêt
Réclamer la faveur d'un entretien secret.
Nous sommes divisés par la guerre de Flandre,
Mais le Roi Catholique avec vous peut s'entendre ;
Et pour montrer l'état qu'il fait de vous encor,
Mon maître à Votre Altesse offre la Toison-d'Or.

 Les pages porteurs de la Toison-d'Or s'approchent.

CROMWELL, *se levant indigné.*
Pour qui me prenez-vous? Qui? moi! le chef austère
Des vieux républicains de la vieille Angleterre,
J'irais, des vanités détestable soutien,
Souiller ce cœur contrit d'un symbole païen!
On verrait sur le sein du vainqueur de Sodome
Pendre une idole grecque au rosaire de Rome!
Loin ces tentations, ces pompes, ce collier!
Cromwell à Balthazar ne veut pas s'allier!
DON LUIS DE CARDENAS, *à part.*
L'hérétique!
Haut.
C'est vous que le Roi Catholique,
Le premier, reconnut chef de la République!...
CROMWELL, *l'interrompant.*
Croit-il changer, traitant Cromwell en affranchi,
Une tour de Sion en sépulcre blanchi?
A moi la Toison-d'Or! Je laisse aux idolâtres
Leurs prêtres histrions et leurs temples-théâtres,
Ils cherchent dans l'enfer leurs dieux et leur trésor;
Et l'on a la Toison comme on eut le Veau-d'Or! --
Il s'arrête un moment, promène des regards hautains sur toute
 l'ambassade espagnole, puis continue avec vivacité:
Mais moi! — M'outrage-t-on en vain? A ma colère
L'envoyé portugais a-t-il soustrait son frère!
Don Luis! votre maître aurait-il l'impudeur
De m'insulter en face, et par ambassadeur?
Ce serait une injure un peu trop solennelle:
Mais partez!
DON LUIS DE CARDENAS, *furieux.*
Adieu donc! Guerre, et guerre éternelle!
Il sort avec toute sa suite.
MANCINI, *bas au duc de Créqui.*
Le Castillan l'a pris par son mauvais côté.

LE DUC DE CRÉQUI, *à part et regardant la Toison-d'Or que les pages emportent.*

Cet affront-là, pourtant, je l'ai sollicité !

CROMWELL, *bas à Stoupe.*

Il importait de rompre, en cette conférence,
Avec l'Espagne, aux yeux des envoyés de France.
Mais suivez Cardenas, tâchez de l'apaiser,
Et sachez, s'il se peut, ce qu'il vient proposer.

Stoupe sort. — En ce moment la grande porte se rouvre à deux battants, et un huissier annonce :

Milady Protectrice !

CROMWELL, *à part.*

Ah ! mon Dieu ! c'est ma femme !

Il fait un geste pour congédier les assistants.

Adieu, monsieur le duc... messieurs...

Tous sortent par une porte de côté en renouvelant leurs profondes révérences. Le comte de Carlisle et Whitelocke reconduisent en cérémonie l'ambassadeur de France.—Pendant leur sortie entrent Elisabeth Bourchier, femme de Cromwell, mistress Fletwood, lady Falconbridge, lady Cleypole, lady Francis, ses filles. Elles font une révérence à leur père.

SCÈNE III.

CROMWELL; ELISABETH BOURCHIER, MISTRESS FLETWOOD, toutes deux en noir, la dernière surtout affecte la simplicité puritaine; LADY FALCONBRIDGE, vêtue avec beaucoup de richesse et d'élégance; LADY CLEYPOLE, enveloppée comme une personne malade, l'air languissant; LADY FRANCIS, toute jeune fille, en blanc, avec un voile.

CROMWELL, *à la Protectrice.*

Bonjour, madame !
Vous avez l'air souffrant. Auriez-vous mal dormi ?

ÉLISABETH BOURCHIER.

Oui, je n'ai jusqu'au jour fermé l'œil qu'à demi.

Décidément, monsieur, je n'aime pas le faste!
La chambre de la Reine, où je couche, est trop vaste.
Ce lit armorié des Stuarts, des Tudor,
Ce dais de drap d'argent, ces quatre piliers d'or,
Ces panaches altiers, la haute balustrade,
Qui m'enferme, captive, en ma royale estrade,
Ces meubles de velours, ces vases de vermeil,
C'est comme un rêve enfin qui m'ôte le sommeil!
Et puis, de ce palais il faut faire une étude.
De ses mille détours je n'ai pas l'habitude.
Oui, vraiment, je me perds dans ce grand White-Hall,
Et je suis mal assise en un fauteuil royal!

CROMWELL.

Ainsi vous ne pouvez porter votre fortune!
Tous les jours votre plainte...

ÉLISABETH BOURCHIER.

      Elle vous importune,
Je le sens; mais enfin je préférerais, moi,
Notre hôtel de Cock-Pit à ce palais de Roi,

A mistress Fletwood.

Et mille fois, surtout, n'est-il pas vrai, ma fille?
Le manoir d'Huntingdon, la maison de famille!

A Cromwell.

Heureux temps! Quel plaisir, dès le lever du jour,
D'aller voir le verger, le parc, la basse-cour,
De laisser les enfants jouer dans la prairie,
Et puis de visiter tous deux la brasserie!...

CROMWELL.

Milady!

ÉLISABETH BOURCHIER.

   Jours heureux, où Cromwell n'était rien,
Où j'étais si tranquille, où je dormais si bien!

CROMWELL.

Quittez ces goûts bourgeois,

ÉLISABETH BOURCHIER.

       Eh! pourquoi? j'y suis née.
Aux grandeurs dès l'enfance étais-je condamnée?
Ma vie aux airs de cour ne s'accoutume pas;
Et vos robes à queue embarrassent mes pas!
Au banquet du lord-maire, hier, j'étais hypocondre!
Beau plaisir, de dîner tête à tête avec Londre!
Ah! — vous-même aviez l'air de vous bien ennuyer.
Nous soupions si gaîment, jadis, près du foyer!

CROMWELL.

Mon rang nouveau...

ÉLISABETH BOURCHIER.

       Songez à votre pauvre mère,
Hélas! votre grandeur incertaine, éphémère,
A troublé ses vieux jours; mille soucis cuisants
L'ont poussée au tombeau plus vite que les ans.
Calculant les périls où vous êtes en butte,
Son œil, quand vous montiez, mesurait votre chute.
Chaque fois qu'abattant tour à tour vos rivaux,
Londres solennisait vos triomphes nouveaux,
Si jusqu'à son oreille engourdie et glacée
Arrivait le bruit sourd de la ville empressée,
Les canons, les beffrois, le pas des légions,
Et le peuple éclatant en acclamations,
Réveillée en sursaut et relevant sa tête,
Cherchant dans ses terreurs un prétexte à la fête,
Tremblante, elle criait : « Grand Dieu! mon fils est mort!»

CROMWELL.

Dans le caveau des rois maintenant elle dort.

ÉLISABETH BOURCHIER.

Beau plaisir! dort-on là plus à l'aise, et sait-elle
Si vous y rejoindrez sa dépouille mortelle?
Dieu veuille que ce soit bien tard!

LADY CLEYPOLE, *d'une voix languissante.*
C'est moi d'abord
Qui vous précéderai dans ce séjour de mort,
Mon père.

CROMWELL.
Eh quoi! toujours ces lugubres pensées!
Toujours malade!

LADY CLEYPOLE.
Ah! oui, mes forces affaissées
S'en vont; il me fallait l'air des champs, le soleil.
Pour moi, ce palais sombre au sépulcre est pareil.
Dans ces longs corridors et dans ces vastes salles
Règnent les noirs frissons et les nuits glaciales.
J'y serai bientôt morte!

CROMWELL, *la baisant au front.*
Allons, ma fille, allons!
Nous irons quelque jour revoir nos beaux vallons.
Encore un peu de temps, ici, m'est nécessaire.

MISTRESS FLETWOOD, *aigrement.*
Pour vous y faire un trône enfin? soyez sincère,
Mon père, n'est-ce pas, vous voulez être roi?
Mais Fletwood, mon mari, l'empêchera bien!...

CROMWELL.
Quoi!
Mon gendre!

MISTRESS FLETWOOD.
Il ne veut point suivre une ligne oblique
Il ne faut pas de roi dans une république.
Avec lui contre vous je m'unis sur ce point.

CROMWELL.
Et ma fille!

LADY FALCONBRIDGE, *à mistress Fletwood.*
Vraiment, je ne vous comprends point,
Ma sœur! mon père est libre; et son trône est le nôtre,

Pourquoi ne serait-il pas roi, tout comme un autre?
Pourquoi nous refuser ce plaisir ravissant
D'être altesse royale et princesse du sang?
MISTRESS FLETWOOD.
Ma sœur, des vanités je suis fort peu touchée.
A l'œuvre du salut mon âme est attachée.
LADY FALCONBRIDGE.
Moi, j'aime fort la cour, et ne vois point pourquoi,
Quand mon époux est lord, mon père n'est pas roi.
MISTRESS FLETWOOD.
L'orgueil d'Eve, ma sœur, perdit le premier homme!
LADY FALCONBRIDGE, *se détournant avec dédain.*
On voit qu'elle n'est pas femme d'un gentilhomme!
CROMWELL, *impatienté.*
Taisez-vous toutes deux! — De votre jeune sœur
Imitez le maintien, le calme et la douceur.
*A Francis, qui rêve l'œil fixé sur la croisée de Charles I*er.
— A quoi pensez-vous donc, Francis?
LADY FRANCIS.
Hélas! mon père,
De ces lieux vénérés l'aspect me désespère.
Votre sœur, près de qui j'ai passé tous mes jours,
M'apprit à révérer ceux qu'on bannit toujours.
Et, depuis peu de temps conduite en ces murs sombres,
Je crois sans cesse y voir errer de tristes ombres.
CROMWELL.
Qui?
LADY FRANCIS.
Nos Stuarts.
CROMWELL, *à part.*
Ce nom vient toujours retentir
Jusqu'à moi!
LADY FRANCIS.
C'est ici que mourut le martyr!

CROMWELL.

Ma fille !

LADY FRANCIS, *montrant la croisée du fond.*

Est-ce pas là, mon père, la fenêtre
Par où Charles Premier, qu'on osait méconnaître,
Pour la dernière fois sortit de White-Hall ?

CROMWELL, *à part.*

Innocente Francis, que tu me fais de mal!

Entre Thurloë.

Ah! voici Thurloë!...

SCÈNE IV.

LES MÊMES, THURLOE, portant un portefeuille aux armes du Protecteur; costume puritain.

THURLOE, *s'inclinant.*

C'est un travail qui presse,
Milord.

CROMWELL, *à sa femme.*

Excusez-moi, milady... Votre Altesse...
Je voudrais être seul.

ÉLISABETH BOURCHIER.

A qui parlez-vous donc?

CROMWELL.

A Votre Altesse.

ÉLISABETH BOURCHIER.

A moi, monsieur Cromwell! pardon !
Dans toutes mes grandeurs moi-même je m'oublie.
Je m'y perds! mon esprit jamais ne concilie
Mes titres empruntés avec mon nom réel,
Milady Protectrice et madame Cromwell.

Elle sort avec ses filles. — Cromwell fait signe aux deux mousquetaires en faction de se retirer de même.

SCÈNE V.

CROMWELL, THURLOE.

Pendant que Thurloë étale ses papiers sur la table, Cromwell paraît profondément absorbé dans une triste rêverie. Enfin il rompt le silence avec effort.

CROMWELL.
Je ne suis pas heureux, Thurloë!
THURLOE.
Mais ces dames
Adorent Votre Altesse!
CROMWELL.
Ah! cinq femmes! cinq femmes!
J'aimerais mieux régir, par décrets absolus,
Cinq villes, cinq comtés, cinq royaumes de plus!
THURLOE.
Quoi! vous qui gouvernez l'Europe et l'Angleterre!...
CROMWELL.
Marie une bourgeoise au maître de la terre!
Je suis esclave, ami!
THURLOE, *intimidé.*
Milord, vous auriez pu...
CROMWELL.
Non. De tout mon destin l'équilibre est rompu.
L'Europe est d'un côté; mais ma femme est de l'autre!
THURLOE.
Si je pouvais changer ma place avec la vôtre,
Une femme...
CROMWELL, *avec sévérité.*
Monsieur, vous êtes bien hardi
De supposer cela!

THURLOE, *intimidé*.
Milord... ce que j'en di...

CROMWELL.
C'est fort bien! brisons là! — Qu'avez-vous à m'apprendre ?
Il s'assied dans le grand fauteuil.

THURLOE, *prenant un de ses papiers*.
Ecosse. — Le marquis grand prévôt veut se rendre.
Tout le Nord se soumet au Protecteur.

CROMWELL.
Après?

THURLOE.
Flandre. — A capituler les Espagnols sont prêts.
Dunkerque au Protecteur sera bientôt remise.

CROMWELL.
Après?

THURLOE.
Londres. — Il vient d'entrer dans la Tamise
Douze grands bateaux plats, chargés des millions
Que Blake aux Portugais prit sur trois galions.

CROMWELL.
Après?

THURLOE.
Le duc d'Holstein au Protecteur envoie
Huit chevaux gris frisons.

CROMWELL.
Après?

THURLOE.
Afin qu'on voie
Que, s'il reçut Robert, il en est désolé,
Le grand-duc de Toscane, à qui Blake a parlé,
Vous donne en sequins d'or la charge de vingt mules.

CROMWELL.
Après?

THURLOE, *passant à un autre parchemin auquel pend un sceau attaché à une tresse de soie verte.*

Les clercs d'Oxford, qui furent vos émules,
Vous nomment chancelier de l'Université.

Présentant le parchemin au Protecteur.

C'est le diplôme.

CROMWELL.

Après?

THURLOE, *cherchant dans les papiers.*

Ah!... Sa Sérénité
Le tzar de Moscovie implore par supplique
De votre bienveillance une marque publique.

CROMWELL.

Après?

THURLOE, *tenant un billet, et avec un accent d'inquiétude.*

Milord! milord! on m'avertit sous main
Qu'on doit assassiner Votre Altesse demain.

CROMWELL.

Après?

THURLOE.

Tout est tramé par les chefs militaires
Unis aux cavaliers...

CROMWELL, *l'interrompant avec impatience.*

Après?

THURLOE.

Sur ces mystères
Ne voulez-vous donc pas, milord, plus de détails?

CROMWELL.

C'est quelque fable encor! — Terminons ce travail.
— Après?

THURLOE, *continuant.*

Le maréchal des diètes de Pologne...

CROMWELL, *l'interrompant de nouveau.*

N'est-il donc pas venu des lettres de Cologne?

THURLOE, *cherchant dans les dépêches.*
Si vraiment! mais rien qu'une.
CROMWELL.
Et de qui?
THURLOE.
De Manning,
Votre agent près de Charle.
CROMWELL.
Hé, donne!
Il prend la lettre et rompt précipitamment le cachet.
Elle est du cinq.
Que tous ces messagers sont lents! vingt jours de date!
Il lit la lettre et s'écrie en lisant :
Ah! monsieur Davenant! — la ruse est délicate!... —
La nuit!... — on éteignit tous les flambeaux! — Comment
Capitulerait-on mieux avec un serment?
Il faut être papiste! — Ah! le royal message
Caché dans son chapeau!... — Précaution fort sage!
Mais je suis curieux. — Thurloë, fais savoir
A monsieur Davenant que je voudrais le voir.
Il loge à la *Syrène*, auprès du pont de Londre. —
Thurloë sort pour exécuter cet ordre.
Voyons qui de nous deux sa ruse va confondre.
Malveillants! mais, dans l'ombre où se cachent vos pas,
J'ai toujours un flambeau, traîtres, qu'on n'éteint pas!
Rentre Thurloë.
A Thurloë.
Continuons. A-t-on vu l'envoyé d'Espagne?
THURLOE.
Il vous offre Calais si, dans cette campagne,
Vous voulez secourir Dunkerque sans délais.
CROMWELL, *réfléchissant.*
La France offre Dunkerque et l'Espagne Calais.
Mais, ce qui gâte un peu leur commune assurance,

Dunkerque est à l'Espagne et Calais à la France.
Chacun de ces deux rois me présente à dessein
Des villes à choisir dans celles du voisin;
Et, pour qu'en ce débat ma faveur le préfère,
Me donne en hypothèque une conquête à faire. —
Avec le roi de France il faut rester d'accord.
A quoi bon le trahir? L'autre offre moins encor.

THURLOE, *continuant son rapport.*

Ainsi que les Vaudois, les protestants de Nime
Réclament, opprimés, votre appui magnanime.

CROMWELL.

Au cardinal ministre on écrira pour eux.
Mais quand donc sera-t-il tolérant?

THURLOE, *poursuivant.*

Devereux
Vient d'emporter d'assaut Armagh la Catholique,
En Irlande, et voici la lettre évangélique
Du chapelain Peters sur cet événement : —
« Aux armes d'Israël Dieu s'est montré clément.
« Armagh est prise enfin! par le fer, dans les flammes,
« Nous avons extirpé vieillards, enfants et femmes;
« Deux mille au moins sont morts; le sang coule en tout
« Et je viens de l'église y rendre grâce à Dieu!»   [lieu;

CROMWELL, *avec enthousiasme.*

Peters est un grand saint!

THURLOE.

Faut-il de cette race
Epargner ce qui reste?

CROMWELL.

Et pourquoi? Point de grâce
Aux papistes! Soyons, dans ce peuple troublé,
Comme une torche ardente au sein d'un champ de blé!

THURLOE, *s'inclinant.*

C'est dit.

CROMWELL.
Dans cette Armagh une chaire est vacante.
Nous y nommons Peters; sa lettre est éloquente.
Thurloë s'incline de nouveau.

THURLOE, *reprenant son rapport.*
L'empereur veut savoir pourquoi vous tenez prêts
Des armements nouveaux, équipés à grands frais.

CROMWELL, *vivement.*
Qu'il nous laisse la guerre, et qu'il garde les fêtes!
Avec sa chambre aulique et son aigle à deux têtes,
Que me veut l'Empereur?—M'effrayer?—Bon Germain!
Parce que, les grands jours, il porte dans sa main
Un globe de bois peint qu'il appelle le monde!
Bah!...—Foudre qui jamais ne frappe, et toujours gronde!
Il fait signe à Thurloë de continuer.

THURLOE.
Le colonel Titus, pour libelle arrêté...

CROMWELL.
Un drôle! que veut-il?

THURLOE.
Milord, sa liberté.
Voilà neuf mois qu'il gît dans un cachot horrible,
Sur la paille oublié.

CROMWELL.
Neuf mois! c'est impossible.

THURLOE.
On l'y mit en octobre, et nous sommes en juin.
Comptez, milord.

CROMWELL, *comptant sur ses doigts.*
C'est juste.

THURLOE.
Et mourant de besoin,
Le pauvre homme est resté, durant ce long espace,
Seul, nu, glacé...

CROMWELL.

Neuf mois! Dieu! comme le temps passe!
Une pause.
— Et maintenant que fait le secret comité
Du Parlement, touchant le projet présenté?
THURLOE.
Contre vous ont parlé Purefoy, Goffe, Pride,
Nicholas, et surtout Garland.
CROMWELL, *avec colère.*
Le régicide!
THURLOE.
Mais ils auront en vain lutté contre le vent.
La majorité vote avec nous; et suivant
Lord Pembroke, ancien pair qui dans tout temps surnage,
La couronne est à vous de droit.
CROMWELL, *avec mépris.*
Plat personnage!
THURLOE.
Seul, quoiqu'il penche aussi pour la majorité,
Par quelque vain scrupule, à la Bible emprunté,
Le colonel John Birch tient la Chambre indécise.
CROMWELL.
On lui doit quelque chose au bureau de l'excise.
Pour lever son scrupule un prompt paiment suffit, —
Pourvu que le caissier se trompe à son profit.
Quant à vous, Thurloë, veuillez, s'il est possible,
Avec plus de respect nommer la sainte Bible.
THURLOE, *après s'être humblement incliné.*
Par votre ambition Fagg se dit excité
Contre vous.
CROMWELL.
Je le fais sergent de la Cité.
THURLOE.
Trenchard aussi paraît mécontent et morose.

CROMWELL.
Une dîme à Trenchard sur les biens des Montrose!
THURLOE.
Sir Gilbert Pikering, ce juge qui reçoit
De toutes mains, devient récalcitrant.
CROMWELL.
Qu'il soit
Baron de l'Echiquier!
THURLOE.
Le reste est mon affaire.
Que milord seulement daigne se laisser faire.
Vous serez aujourd'hui prié très-humblement
D'accepter la couronne au nom du Parlement!
CROMWELL.
Ah! je le tiens enfin ce sceptre insaisissable!
Mes pieds ont donc atteint le haut du mont de sable!
THURLOE.
Mais dès longtemps, milord, vous régnez!
CROMWELL.
Non, non, non!
J'ai bien l'autorité, mais je n'ai pas le nom!
Tu souris, Thurloë. Tu ne sais pas quel vide
Creuse au fond de nos cœurs l'ambition avide!
Comme elle fait braver douleur, travail, péril,
Tout enfin, pour un but qui semble puéril!
Qu'il est dur de porter sa fortune incomplète!
Puis, je ne sais quel lustre où le ciel se reflète,
Environne les rois depuis les temps anciens.
Ces noms, *Roi, Majesté*, sont des magiciens!
D'ailleurs, sans être roi, du monde être l'arbitre!
La chose sans le mot! le pouvoir sans le titre!
Pauvretés! va, l'empire et le rang ne font qu'un.
Tu ne sais pas, ami, comme il est importun,
Quand on sort de la foule, et qu'on touche le faîte,

De sentir quelque chose au-dessus de sa tête !
Ne serait-ce qu'un mot, ce mot alors est tout.

Ici Cromwell, qui s'est abandonné jusqu'à poser familièrement son coude sur l'épaule de Thurloë, se détourne comme réveillé en sursaut, et regarde s'ouvrir lentement une porte basse masquée sous une tapisserie. Manassé Ben-Israël paraît et s'arrête sur le seuil, en jetant autour de lui un coup d'œil scrutateur suivi d'un profond salut.

SCÈNE VI

CROMWELL, THURLOE, MANASSÉ-BEN-ISRAEL, vieux rabbin juif, robe grise, en haillons, dos voûté, œil perçant sous de gros sourcils blancs, grand front chauve et ridé, barbe torte.

MANASSÉ, *incliné.*

Que Dieu, mon doux seigneur, vous guide jusqu'au bout !

CROMWELL.

C'est le juif Manassé. —

A Thurloë.
Terminez vos dépêches,

Thurloë ! —

Thurloë s'assied à la grande table. Cromwell s'approche du rabbin. — A voix basse.

Que veux-tu ?

MANASSÉ, *bas.*

J'ai des nouvelles fraîches.
Un bâtiment suédois, chargé de carolus
Qu'il apporte aux amis des anciens rois exclus,
Seigneur, est à présent mouillé dans la Tamise.

CROMWELL.

Le pavillon est neutre !... Ah ! par ton entremise,
Si je puis confisquer le tout adroitement,
La moitié du butin t'appartiendra.

MANASSÉ.

Vraiment?
e navire est à vous, seigneur! — Faites en sorte
Seulement qu'au besoin l'on me prête main forte.

CROMWELL *écrit quelques mots sur un papier qu'il lui remet.*

Voici, mon vieux sorcier, un talisman parfait.
Cours, et reviens bientôt m'en apprendre l'effet.

MANASSÉ.

Encore un mot, seigneur!

CROMWELL.

Eh bien?

MANASSÉ.

Je dois vous dire
Qu'avec les cavaliers votre Richard conspire.

CROMWELL.

Comment?

MANASSÉ.

Il m'a payé les dettes de Clifford.
C'est tout dire.

CROMWELL, *riant.*

Tu vois tout dans ton coffre-fort.
Mon fils n'est que léger, ses liaisons sont folles;
Mais rien de plus.

MANASSÉ.

Payer sans compter les pistoles!
C'est quelque chose!

CROMWELL, *haussant les épaules.*

Allons, va!

MANASSÉ.

De grâce, seigneur,
Puisque de vous servir parfois j'ai le bonheur,
Pour me récompenser ouvrez nos synagogues
Et révoquez la loi contre les astrologues.

CROMWELL, *le congédiant du geste.*

On verra.

MANASSÉ, *s'inclinant jusqu'à terre.*

Nous baisons vos pieds!

A part.

Ces vils chrétiens!

CROMWELL.

Vis en paix!

A part.

Juif immonde à pendre entre deux chiens!

Manassé sort par la petite porte, qui se referme sur lui.

SCÈNE VII.

CROMWELL, THURLOE.

THURLOE.

Milord! — Et maintenant daignerez-vous m'entendre?
Ce navire étranger, l'argent qu'il vient répandre
Parmi les malveillants, l'avis du juif maudit,
Tout n'est-il pas d'accord avec ce que j'ai dit?
Ouvrez les yeux!

CROMWELL.

Sur quoi?

THURLOE.

Sur ces complots infâmes
Dont un fidèle avis me dénonce les trames.
Du peu que nous savons déjà je frémis.

CROMWELL.

Bah!
Chaque fois qu'en mes mains un tel rapport tomba,
Si j'avais à le croire occupé ma pensée,
Et mon temps à chercher la trame dénoncée,
Mes jours, mes nuits, ma vie aurait-elle suffi?

THURLOE.
Le cas présent, milord, me semble alarmant.
CROMWELL.
Fi !
Thurloë ! rougis donc de cette peur panique.
Je sais que pour plusieurs mon joug est tyrannique,
Que certains généraux ne voudraient pas, mon cher,
Voir leur roi de demain dans leur égal d'hier ;
Mais l'armée est pour moi ! — Quant à l'argent dont parle
Ce juif, c'est un cadeau que me fait le bon Charle,
Et qui vient à propos, surtout dans ce moment,
Pour acquitter les frais de mon couronnement.
Va ! sois tranquille, ami ! — Songe aux fausses nouvelles
Dont on a tant de fois tourmenté nos cervelles.
Ces complots sont un jeu des malveillants jaloux
Réduits, par impuissance, à s'amuser de nous !
On entend un bruit de pas ; Cromwell regarde dans une galerie latérale.
Voici des courtisans avec leurs airs de fête.
Je vais prendre un peu l'air, Thurloë. Tiens-leur tête.
Il sort par la petite porte.

SCÈNE VIII.

THURLOE, WHITELOCKE, WALLER, poëte du temps ; le sergent MAYNARD, en robe ; le colonel JEPHSON, en uniforme ; le colonel GRACE, en uniforme ; sir WILLIAM MURRAY, ancien habit de cour ; M. WILLIAM LENTHALL, précédemment orateur du Parlement ; lord BROGHILL, en habit de cour ; CARR.

Carr arrive le dernier et s'arrête au fond du théâtre, sur lequel il jette un regard scandalisé, tandis que les autres parlent sans l'apercevoir.

WHITHELOCKE, *à Thurloë.*
Son Altesse est absente ?

THURLOE.
Oui, milord.
M. WILLIAM LENTHALL, *à Thurloë.*
Je voulais
Lui rappeler mes droits...
LE SERGENT MAYNARD, *à Thurloë.*
Je venais au palais
Pour une chose urgente...
LE COLONEL JEPHSON, *à Thurloë.*
Une importante affaire
M'amenait...
SIR WILLIAM MURRAY, *à Thurloë.*
Ce placet qu'à milord je défère
Dans sa future cour sollicite un emploi.
WALLER, *à Thurloë.*
Ne point importuner Son Altesse est ma loi.
Cependant...

Ils parlent avec une volubilité extrême et presque tous ensemble. Thurloë paraît faire des efforts inutiles pour se faire entendre et se délivrer de leur importunité.

CARR, *d'une voix éclatante et les yeux fixés à la voûte.*
Voilà donc la nouvelle Sodome!

Tous se retournent avec surprise, et attachent leurs regards sur Carr, qui demeure immobile, les bras croisés sur sa poitrine.

SIR WILLIAM MURRAY.
Mais quel est cet étrange animal?
CARR, *avec gravité.*
C'est un homme.
Je conçois qu'il apporte un visage inconnu
Dans cet antre, où Baal montre sa face à nu,
Où l'on ne voit que loups, histrions, faux prophètes,
Ivrognes, éperviers, dragons à mille têtes,
Serpents ailés, vautours, jureurs du nom de Dieu,
Et basilics, portant pour queue un dard de feu!

ACTE II, SCÈNE VIII.

WALLER, *riant*.

Si ce sont nos portraits, grand merci, monsieur l'homme !

CARR, *s'animant*.

Convives de Satan ! la cendre est dans la pomme ;
Mangez ! — Le peuple est mort, vampires d'Israël ;
Mangez sa chair, la chair des saints élus du ciel,
La chair des forts, la chair des officiers de guerre,
La chair des chevaux !...

WALLER, *riant plus fort*.

Bon ! le mets n'est pas vulgaire.
Ainsi nous avons tous cet honneur sans rival
D'être des basilics qui mangent du cheval !

Rire général parmi les courtisans.

CARR, *furieux*.

Riez, bouches d'enfer !

WALLER, *ironiquement*.

J'aime la politesse.

TOUS.

Mettons-le hors !

M. WILLIAM LENTHALL *s'approche de Carr et cherche à le faire sortir.*

Bonhomme, allons, si Son Altesse
Entrait...

Ils veulent l'entraîner, Carr leur résiste.

CARR.

Ce n'est pas moi qui sortirai, c'est vous.

WHITELOCKE.

C'est un saint.

WALLER.

C'est un fou.

CARR.

Vous êtes ivres tous !
Ivres d'orgueil, d'erreur, de vin troublé de lie ;

Et c'est vous qui nommez ma sagesse folie!
>LORD BROGHILL.

Mais Son Altesse, ami, va venir...
>CARR.

Je l'attend.
>LORD BROGHILL.

Pourquoi, de grâce?
>CARR.

Il faut que ma bouche à l'instant
Parle à cet Ichabod que vous nommez *Altesse.*
>LORD BROGHILL.

Monsieur, confiez-moi ce qui vous intéresse,
Je le dirai pour vous, et le crédit que j'ai...
— Je suis lord Broghill.
>CARR, *amèrement.*

Ah! qu'Olivier est changé!
Un vieux républicain fait tache en son cortége!
Broghill,—un cavalier,—chez Cromwell me protége!
>THURLOE, *qui jusqu'alors a paru considérer Carr avec attention, à part.*

Cet homme m'est connu!... Ce qu'il dit n'est pas clair;
Mais, quelque fou qu'il soit, le drôle m'a bien l'air
De manquer à Bedlam moins qu'à la Tour de Londre.
Allons chercher milord.
>*Il sort.*

SCÈNE IX.

Les Mêmes, excepté THURLOE.

>LORD BROGHILL, *d'un air de protection à Carr.*

Oui, l'on pourrait répondre
Pour vous, l'ami! mais...

ACTE II, SCÈNE IX.

CARR, *avec un sourire triste.*

Bien! c'est ainsi qu'à Sion
Le diable au Fils de l'homme offrit sa caution.

WHITELOCKE.

Intraitable!

WALLER

Incurable!

TOUS,

Hé, qu'à cela ne tienne!
Chassons-le!

Ils s'avancent de nouveau vers Carr, qui les regarde fixement.

CARR.

Arrière tous! il faut que j'entretienne
Cet homme qui devint, aux yeux de nos soldats,
De Judas Machabée Ischariot Judas!

LORD BROGHILL.

Fou!

WALLER.

Pour dire Cromwell la bonne périphrase!

CARR.

Avant qu'au feu du ciel Sodome ne s'embrase,
Je suis l'ange envoyé pour avertir Loth...

WALLER, *riant.*

Quoi!
Les anges du Seigneur sont tondus comme toi!

LE COLONEL JEPHSON, *riant.*

Je vois avec plaisir que tu montes en grade,
Tu t'es transformé d'homme en ange.

SIR WILLIAM MURRAY, *à Carr, en le poussant.*

Camarade!
Allez-vous ennuyer milord de visions?

Aux autres.

C'est qu'il le distrairait de nos pétitions!

Rudement à Carr.

Dehors !

LE COLONEL JEPHSON.

Dehors !

LE SERGENT MAYNARD.

Dehors !

TOUS.

Allons, vite, qu'il sorte !

CARR, *gravement.*

Cessez, je vous le dis, de parler de la sorte.

LE SERGENT MAYNARD.

Milord, s'il te voyait, t'enverrait à la Tour.

Carr le regarde en haussant les épaules.

SIR WILLIAM MURRAY, *désignant la toilette puritaine de Carr.*

D'ailleurs, est-ce un costume à paraître à la cour ?

M. WILLIAM LENTHALL.

Il faudrait que milord ne se respectât guère
Pour te parler.

TOUS.

Dehors !

Ils se jettent sur Carr et veulent l'entraîner.

CARR, *se débattant, avec une voix lamentable.*

Dieu des hommes de guerre !
O Sabaoth ! sur moi jette un coup d'œil !

TOUS, *le poussant.*

Va-t'en !

CARR, *poursuivant son invocation et levant les yeux au ciel.*

Je lutte pour ta cause avec Léviathan !

Entre Cromwell accompagné de Thurloë. Tous s'arrêtent, se découvrent et s'inclinent jusqu'à terre. Carr remet sur sa tête son chapeau, qui était tombé dans la bagarre, et reprend son attitude austère et extatique.

CROMWELL, *considérant Carr avec surprise.*
C'est Carr l'indépendant !
        Aux autres, avec un geste dédaigneux.
                Sortez !
                A part.
              Mystère étrange !
Tous, frappés d'étonnement, sortent avec une révérence profonde. Carr demeure impassible.

WALLER, *bas à M. William Lenthall, et en lui montrant Carr.*
Il nous l'avait prédit. — Laissons Loth avec l'ange.

SCÈNE X.

CARR, CROMWELL.

Cromwell, resté seul avec Carr, le regarde quelque temps en silence d'un air sévère et presque menaçant. Carr, grave et calme, les bras croisés sur la poitrine, fixe ses yeux sur les yeux du Protecteur sans les baisser un seul moment. Enfin Cromwell prend la parole avec hauteur.

            CROMWELL.
Carr, le Long-Parlement vous fit mettre en prison.
Qui donc vous en a fait sortir ?
          CARR, *tranquillement.*
              La trahison !
        CROMWELL, *étonné et alarmé.*
Que dites-vous ?
              A part.
      A-t-il la cervelle troublée ?
            CARR, *rêveur.*
Oui, j'offensai des saints la suprême assemblée.
Nous sommes tous proscrits maintenant sous ta loi ;
Moi, coupable, par eux ; eux, innocents, par toi.

CROMWELL.
Puisque vous approuvez l'arrêt qui vous afflige,
Qui donc brise vos fers?

CARR, *haussant les épaules.*
La trahison, te dis-je!
Car vers un nouveau crime, aveugle, on m'entraînait;
J'ai vu le piége à temps.

CROMWELL.
Quoi donc?

CARR.
Baal renaît!

CROMWELL.
Expliquez-vous!

CARR, *s'asseyant dans le grand fauteuil.*
Ecoute : un noir complot s'apprête...—

A Cromwell, qui est resté debout et découvert, en lui montrant la sellette de Thurloë.

Assieds-toi, Cromwell! mets ton chapeau sur ta tête!

Cromwell hésite un instant avec dépit, puis se couvre et s'assied sur l'escabelle.

Surtout n'interromps pas!

CROMWELL, *à part.*
Tous ces airs-là, mon cher,
Dans tout autre moment, tu me les pairais cher!

CARR, *avec une douceur grave.*
Quoiqu'Olivier Cromwell ne compte point ses crimes;
Qu'il n'ait pas un remords, certes, par cent victimes;
Que sans cesse il enchaîne, en ses jours pleins d'horreurs,
L'hypocrisie au schisme, et la ruse aux fureurs...

CROMWELL, *se levant indigné.*
Monsieur!

CARR.
Tu m'interromps!

Cromwell se rassied d'un air de résignation forcée. Carr poursuit.

Quoiqu'Olivier habite
Dans la terre d'Egypte avec le Moabite,
Le Babylonien, le païen, l'arien ;
Qu'il fasse pour soi tout, et pour Israël rien ;
Qu'il repousse les saints, se livrant sans limite
Au peuple amalécite, ammonite, édomite ;
Qu'il adore Dagon, Astaroth, Elimi,
Et que l'ancien serpent soit son meilleur ami ;
Quoiqu'enfin, du Seigneur méritant la colère,
Il ait brisé du pied le vieux droit populaire,
Chassé le Parlement que Sion convoqua,
Et qu'aux frères du Christ sa bouche ait dit : *Raca!*
Malgré tant de forfaits, pourtant je ne puis croire
Qu'il ait le cœur si dur, qu'il ait l'âme si noire,
Non ! qu'à ce point tu sois abandonné du ciel,
De ne pas confesser, en face d'Israël,
Que pour ce peuple anglais, sanglant, plein de misères,
Sur le fumier de Job étalant ses ulcères,
Entre tous les bienfaits qu'il peut devoir au sort,
Le plus grand des bonheurs, Cromwell, serait ta mort !

CROMWELL, *reculant sur son tabouret.*

Ma mort, dis-tu ?

CARR, *avec mansuétude.*

Cromwell, tu m'interromps sans cesse !
Là, sois de bonne foi ! l'encens de la bassesse
T'enivre ; cesse un peu d'être ton partisan.
Parlons sans nous fâcher ! oui, ta mort, conviens-en,
Serait un grand bonheur ! ah ! bien grand !

CROMWELL, *dont la colère augmente.*

Téméraire !

CARR, *toujours imperturbable.*

Pour moi, j'en suis vraiment si convaincu, mon frère,

Oui, que dans ce seul but, toujours, sous mon manteau,
En attendant ton jour, je garde ce couteau.

Il tire de son sein un long poignard et le présente au Protecteur.

CROMWELL, *faisant un saut d'épouvante en arrière.*

Un poignard! l'assassin! — Holà, quelqu'un! —

A Carr.

De grâce,
Mon cher Carr!...

A part.

Par bonheur je porte une cuirasse!

CARR, *remettant son poignard dans sa poitrine.*

Ne tremble pas, Cromwell! n'appelle pas!

CROMWELL, *effrayé.*

Enfer!

CARR.

Quand on tue un tyran, lui fait-on voir le fer?
Sois tranquille : ton heure encor n'est pas sonnée! —
Je viens même ravir ta tête condamnée
Aux coups d'un fer vengeur moins pur que celui-ci.

CROMWELL, *à part.*

Où veut-il en venir?

CARR.

Viens te rasseoir ici!
Ta vie en ce moment est pour moi plus sacrée
Que la chair du pourceau pour la biche altérée,
Ou les os de Jonas pour le poisson géant
Qui le sauva des flots dans son gosier béant.

Cromwell revient s'asseoir, et jette sur Carr un regard curieux et défiant.

CROMWELL, *à part.*

Il faut patiemment le laisser dire.

CARR.

Ecoute.
Un complot te menace; et tu comprends sans doute

Que s'il ne menaçait que toi, je n'irais pas
Perdre à t'en informer mes discours et mes pas!
Tu me rends bien plutôt la justice de croire
Que de s'y joindre aux saints Carr se serait fait gloire!
Mais il s'agit ici de sauver Israël.
Je te sauve en passant; tant pis!

CROMWELL.

Est-il réel,
Ce complot? Savez-vous où la bande s'assemble?

CARR.

J'en sors.

CROMWELL.

Vraiment! qui donc vous ouvrit la Tour?

CARR.

Tremble!
— Barksthead!

CROMWELL.

Il me trahit! il a pourtant signé
L'arrêt du roi.

CARR.

L'espoir du pardon l'a gagné.

CROMWELL.

C'est donc pour rétablir Stuart!

CARR.

Ecoute encore.
Lorsqu'à ce rendez-vous j'arrivai dès l'aurore,
J'espérais bonnement qu'il s'agissait d'abord
De délivrer le peuple en te donnant la mort...

CROMWELL.

Merci!..

CARR.

Puis qu'on rendrait au Parlement unique
Son pouvoir, que brisa ton despotisme inique.
Mais, à peine introduit, je vis un Philistin

En pourpoint de velours tailladé de satin.
Ils étaient trois. Le chef des conciliabules
Vint me chanter des brefs, des quatrains et des bulles...
             CROMWELL.
Des quatrains?...
             CARR.
                C'est le nom de leurs psaumes païens.
Bientôt vinrent des saints, de pieux citoyens;
Mais leurs yeux fascinés par des charmes étranges
Souriaient aux démons qui se mêlaient aux anges;
Les démons criaient : « Mort à Cromwell! » et tout bas,
Ils disaient : « Profitons de leurs sanglants débats.
« Nous ferons succéder Babylone à Gomorre,
« Les toits de bois de cèdre aux toits de sycomore,
« La pierre aux briques, Dor à Tyr, le jour au frein,
« Et le sceptre de fer à la verge d'airain! »
             CROMWELL.
Charles Deux à Cromwell? n'est-ce pas?
             CARR.
                        C'est leur rêve.
Mais Jacob ne veut pas qu'avec son propre glaive
On immole son bœuf sans lui donner sa part;
Qu'on abatte Cromwell au profit de Stuart!
Car entre deux malheurs il faut craindre le pire.
Si méchant que tu sois, j'aime mieux ton empire
Qu'un Stuart, un Hérode, un royal débauché,
Gui parasite, enfin du vieux chêne arraché! —
Confonds donc ces complots que ma voix te révèle!
             CROMWELL, *lui frappant sur l'épaule.*
Je suis reconnaissant, ami, de la nouvelle.
       A part.
Coup du ciel! Thurloë n'avait pas tort, vraiment!
       A Carr, d'un air caressant.
Donc les partis rivaux du Roi, du Parlement,

Sont ligués contre moi? — Du côté royaliste
Quels sont les chefs?

CARR.

Crois-tu qu'on m'en ait fait la liste?
Je me soucie, ami, de ces maudits satans
Autant que de la paille où j'ai dormi sept ans!
Pourtant, s'il m'en souvient, ils nommaient à voix haute
Rochester... lord Ormond...

CROMWELL, *saisissant un papier et une plume avec précipitation.*

En es-tu sûr, mon hôte?
Eux à Londres!

Il écrit leurs noms sur le papier qu'il tient. — A Carr.

Voyons : fais encore un effort.

Il se place en face de Carr et l'interroge du geste et du regard.

CARR, *lentement et recueillant ses souvenirs.*

Sedley...—

CROMWELL, *écrivant.*

Bon!

CARR.

Drogheda,—Roseberry,—Clifford...

CROMWELL, *continuant d'écrire.*

Libertins! —

Il s'approche de Carr avec un redoublement de douceur et de séduction.

Et les chefs populaires?

CARR, *reculant indigné.*

Arrête!
Moi te livrer nos saints, les yeux de notre tête!
Non, quand tu m'offrirais dix mille sicles d'or,
Comme le roi Saül à la femme d'Endor.
Non, quand tu donnerais cet ordre à quelque eunuque
D'essayer le tranchant d'un sabre sur ma nuque.
Non, quand tu m'enverrais, pour mes rébellions,

Ainsi que Daniel, dans la fosse aux lions.
Non, quand tu ferais luire un brasier de bitume,
Horrible, et sept fois plus ardent que de coutume ;
Quand je verrais, jeté dans ce brûlant séjour,
La flamme autour de moi grandir comme une tour,
Et dorant les maisons d'un vil peuple inondées,
Dépasser le bûcher de trente-neuf coudées !

CROMWELL.

Calme-toi.

CARR.

Non, jamais ! quand tu me donnerais
Les champs qui sont dans Thébe et ceux qui sont auprès,
Le Tigre et le Liban, Tyr aux portes dorées,
Ecbatane, bâtie en pierres bien carrées,
Mille bœufs, le limon du Nil égyptien,
Quelque trône, et tout l'art de ce magicien
Qui faisait en chantant sortir le feu de l'onde,
Et d'un coup de sifflet venir des bouts du monde,
A travers les grands cieux et leurs plaines d'azur,
La mouche de l'Egypte et l'abeille d'Assur.
Non ! quand tu me ferais colonel dans l'armée !

CROMWELL, *à part*.

On ouvre mal de force une bouche fermée.
Ne l'essayons pas !

A Carr, en lui tendant la main.

Carr, nous sommes vieux amis.
Comme deux bornes, Dieu dans son champ nous a mis...

CARR.

Cromwell pour une borne a fait du chemin !

CROMWELL.

Frère !
A d'imminents dangers tu viens de me soustraire.
Je ne l'oublirai point. Le sauveur de Cromwell...

CARR, *brusquement.*

Ah! pas d'injures! — Carr n'a sauvé qu'Israël.

CROMWELL, *à part.*

Ha! sectaire arrogant, qu'il faut que je ménage!
Caresser qui me blesse! à mon rang, à mon âge!

A Carr, humblement.

Que suis-je? un ver de terre.

CARR.

Oui, d'accord sur cela!
Tu n'es pour l'Eternel qu'un ver, comme Attila;
Mais pour nous, un serpent! — Veux-tu pas la couronne?

CROMWELL, *les larmes aux yeux.*

Que tu me connais mal! La pourpre m'environne,
Mais j'ai l'ulcère au cœur. Plains-moi!

CARR, *avec un rire amer.*

Dieu de Jacob!
Entends-tu ce Nemrod qui prend les airs de Job?

CROMWELL, *d'un accent lamentable.*

Je le sens, j'ai des saints mérité les reproches.

CARR.

Va, va, le Seigneur Dieu te punit par tes proches.

CROMWELL, *surpris.*

Comment? que veux-tu dire?

CARR, *avec triomphe.*

Il est encore un nom
Que tu peux ajouter à ta liste... — Mais non,
Pourquoi parler? le crime est puni par le vice.

Cromwell, dont cette réticence éveille les soupçons, s'approche
vivement de Carr.

CROMWELL.

Quel nom? dis-moi ce nom! pour un pareil service
Tu peux tout demander, tout exiger...

CARR, *comme frappé d'une idée subite.*

Vraiment?

Tiendras-tu ta promesse?
CROMWELL.
Elle vaut un serment.
CARR.
Je puis à certain prix te dévoiler ta plaie.
CROMWELL, *avec une satisfaction dédaigneuse, à part.*
Qu'ils soient à qui les flatte ou bien à qui les paie,
Tous ces républicains sont les mêmes au fond;
Et leur vertu de cire à mon soleil se fond.
Haut.
Qu'exiges-tu, mon frère? est-ce un titre héraldique?
Un grade? un domaine?...
CARR.
Hein?
CROMWELL.
Que veux-tu? parle.
CARR.
Abdique.
CROMWELL, *à part*
Il est incorrigible! —
Haut, après un moment de réflexion.
Ami, pour abdiquer
Suis-je roi?
CARR.
Subterfuge! eh quoi, déjà manquer
A ta promesse?
CROMWELL, *interdit.*
Hé! non.
CARR.
Je le vois, tu balances.
CROMWELL, *soupirant.*
Hélas! je me suis fait cent fois des violences
Pour garder le pouvoir. Le pouvoir est ma croix.

CARR, *hochant la tête.*

Tu ne t'amendes point, Cromwell! Il est, je crois,
Plus aisé qu'un chameau passe au trou d'une aiguille,
Ou le Léviathan au gosier de l'anguille,
Qu'un riche et qu'un puissant par la porte des cieux!

CROMWELL, *à part.*

Fanatique!

CARR, *à part.*

Hypocrite! —

A Cromwell.

En discours captieux
Tu t'épuises en vain...

CROMWELL, *d'un air contrit.*

Daigne m'entendre, frère.
J'en conviens, ma puissance est injuste, arbitraire;
Mais il n'est dans Juda, dans Gad, dans Issachar,
Personne qu'elle accable autant que moi, cher Carr.
Je hais ces vanités, à fuir aux catacombes,
Mots rendant un son creux comme le mur des tombes,
Trône, sceptre, honneurs vains que Charles nous légua,
Faux dieux, qui ne sont point l'alpha ni l'oméga!
Pourtant je ne dois pas sur ce peuple que j'aime
Rejeter brusquement l'autorité suprême
Avant l'heure où viendront régner dans nos hameaux
Les vingt-quatre vieillards et les quatre animaux.
Va donc trouver Saint-John, Selden, jurisconsultes,
Juges en fait de lois, docteurs en fait de cultes.
Dis-leur de faire un plan pour le gouvernement,
Qui me permette enfin d'en sortir promptement. —
Es-tu content?

CARR, *hochant la tête.*

Pas trop. Ces docteurs qu'on invoque
Ne rendent bien souvent qu'un oracle équivoque.
Mais je ne veux pas, moi, te laisser à demi

Satisfait...

CROMWELL, *avec avidité.*

Dis-moi donc quel est l'autre ennemi,
Quel est son nom?

CARR.

Richard Cromwell!

CROMWELL, *douloureusement.*

Mon fils!

CARR, *imperturbable.*

Lui-même.

Es-tu content, Cromwell?

CROMWELL, *absorbé dans une stupeur profonde.*

Le vice et le blasphème
L'ont jusqu'au parricide amené lentement. —
Le juif avait raison. — Céleste châtiment!
J'assassinai mon roi, mon fils tûra son père!

CARR.

Que veux-tu? la vipère engendre la vipère.
Il est dur, j'en conviens, de voir son fils félon,
Et, sans être un David, d'avoir un Absalon.
Quant à la mort de Charle, où tu crois voir ton crime,
C'est le seul acte saint, vertueux, légitime,
Par qui de tes forfaits le poids soit racheté,
Et de ta vie encor c'est le meilleur côté.

CROMWELL, *sans l'entendre.*

Richard! que je croyais insouciant, frivole,
Léger comme l'oiseau qui chante et qui s'envole,
Vouloir ma mort!

Avec instance à Carr, en lui prenant la main.

Mais dis, frère, es-tu bien certain?

Mon fils?...

CARR.

Au rendez-vous il était ce matin.

ACTE II, SCÈNE X.

CROMWELL.

Où donc ce rendez-vous?

CARR.

Taverne des Trois-Grues.

CROMWELL.

Que disait-il?

CARR.

Beaucoup de choses disparues
De mon esprit. Il a chanté, puis ri très-fort,
Jurant avoir payé les dettes de Clifford.

CROMWELL, *à part.*

Le juif me l'a bien dit!

CARR.

Mais voudras-tu me croire?
A la santé d'Hérode enfin je l'ai vu boire!

CROMWELL.

D'Hérode! quel Hérode?

CARR.

Hé! oui, de Balthazar!

CROMWELL.

Comment?

CARR.

De Pharaon?

CROMWELL.

Voudrais-tu par hasard
Parler?...

CARR.

De l'Antechrist! qu'on nommait *Roi d'Ecosse*
Ou Charles Deux!

CROMWELL, *pensif.*

Mon fils! libertinage atroce!
Boire à cette santé, c'était boire à ma mort!
Des rires, un festin, des chants! — pas un remord!
Parricide folâtre! un jour sur ton front pâle

Ecrira-t-on *Caïn* ou bien *Sardanapale?*

CARR.

L'un et l'autre.

Entre Thurloë. Il s'approche avec un air de mystère de Cromwell.

THURLOE, *bas à Cromwell.*

Milord, Richard Willis est là.

Au moment où il aperçoit Thurloë, Cromwell reprend une apparente sérénité.

CROMWELL.

Richard Willis ! —

A part.

Il va m'éclaircir tout cela.

A Thurloë.

J'y vais.

THURLOE, *lui désignant la grande porte par laquelle sont sortis les courtisans.*

Ces gentlemen, groupés à votre porte,
Peuvent-ils rentrer?

CROMWELL.

Oui, puisqu'il faut que je sorte.

A part.

Remettons-nous : — il sied d'être toujours serein.
Si mon cœur est de chair, que mon front soit d'airain !

Rentrent les courtisans, conduits par Thurloë. Ils saluent Cromwell, qui leur fait signe de la main et s'adresse à Carr.

Prenant la main de Carr.

Merci, mais sans adieu, frère ! soyez des nôtres.
Cromwell mettra toujours Carr avant tous les autres.
Mon pouvoir pour vos vœux ne sera pas borné.

Il sort avec Thurloë. Tous s'inclinent, excepté Carr.

CARR, *restant seul sur le devant du théâtre.*

C'est ainsi qu'il abdique ! usurpateur damné !

SCÈNE XI.

CARR, WHITELOCKE, WALLER, le sergent MAYNARD, le colonel JEPHSON, le colonel GRACE, sir WILLIAM MURRAY, M. WILLIAM LENTHALL, lord BROGHILL.

Tous les courtisans regardent sortir Cromwell d'un œil désappointé, et considèrent Carr avec surprise et envie.

SIR WILLIAM MURRAY, *aux autres courtisans dans le fond.*
Voyez comme à cet homme a parlé Son Altesse !
Pour lui, que de bonté !

CARR, *toujours seul sur le devant du théâtre.*
Que de scélératesse !

M. WILLIAM LENTHALL.
Il daignait lui sourire !

CARR.
Il ose m'outrager !

LE COLONEL JEPHSON.
Quel honneur !

CARR.
Quel affront ! et comment me venger ?

WALLER.
C'est quelque favori !

CARR.
Je suis donc sa victime !
Il n'est pas jusqu'à moi que le tyran n'opprime !

SIR WILLIAM MURRAY.
Tout est pour lui !

CARR.
Cromwell me prendrait mon trésor,
Ma vertu ! moi servir Nabuchodonosor !
Moi, dans sa cour ! j'irais, quand Sion me contemple,
Comme un lin jadis blanc que les vendeurs du temple

Ont souillé de safran, de pourpre ou d'indigo,
Changer mon nom de Carr au nom d'Abdenago!

SIR WILLIAM MURRAY, *examinant Carr.*

Certain air de noblesse en son maintien me frappe.
Nous l'avions mal jugé d'abord.

CARR.

Suis-je un satrape?
Pour qui me prend Cromwell?

M. WILLIAM LENTHALL, *à sir William Murray.*

C'est un homme en crédit.

SIR WILLIAM MURRAY, *à M. William Lenthall.*

Quelqu'un de qualité, monsieur, sans contredit.
Son costume n'est pas rigoureusement...

CARR, *toujours dans son coin.*

Traître!

M. WILLIAM LENTHALL, *à part.*

L'amitié que pour lui milord a fait paraître
Doit être utile à ceux dont, par occasion,
Il daigne apostiller quelque pétition.
S'il voulait me servir?... Du maître il a l'oreille.

Il s'approche de Carr avec force révérences.

Milord, daigneriez-vous, par grâce sans pareille,
Dire à qui vous savez, pour moi, bon citoyen,
Milord, un de ces mots que vous dites si bien?
J'ai droit d'être fait lord : je suis maître des rôles,
Et...

CARR, *ouvrant des yeux étonnés.*

J'ai pendu ma harpe à la branche des saules,
Et je ne chante pas les chants de mon pays
Aux Babyloniens qui nous ont envahis!

En voyant la démarche de Lenthall, tous s'approchent précipitamment et environnent Carr.

LE SERGENT MAYNARD, *à Carr.*

A nos pétitions...

M. WILLIAM LENTHALL, *découragé, à Maynard.*
Il nous garde rancune!
SIR WILLIAM MURRAY, *perçant le groupe.*
Hé! Sa Grâce ne veut en apostiller qu'une.
Protégez-moi, milord! — Puisqu'on va faire un roi,
Je puis à Son Altesse être utile, je croi,
Je suis noble écossais. De faveurs sans égales
J'ai joui, tout enfant, près du prince de Galles :
Chaque fois que, cédant à quelque esprit mauvais,
Son Altesse Royale avait failli, j'avais
Le privilége unique, et qui n'était pas mince,
De recevoir le fouet que méritait le prince.
CARR, *avec une indignation concentrée.*
Plat sycophante! ainsi, doublement criminel,
Il fut vil chez Stuart, il est vil chez Cromwell!
Comme Miphiboseth, il boite des deux jambes.
WALLER, *à Carr, en lui présentant un papier.*
Milord, je suis Waller! j'ai fait des dithyrambes
Sur les galions pris au marquis espagnol!...
CARR, *entre ses dents.*
L'or t'inspire et te paie, adorateur de Noll!
LE COLONEL JEPHSON, *à Carr.*
Monsieur, dites mon nom, de grâce, à Son Altesse.
Le colonel Jephson! — Ma mère était comtesse.
Je voudrais être admis à la Chambre des Pairs.
LE SERGENT MAYNARD, *à Carr.*
Dites au Protecteur ce que pour lui je perds.
George Cony, frappé d'une taxe illégale,
M'a pris pour avocat. Ma table est bien frugale,
J'ai pourtant refusé!
CARR, *à part.*
Je vois dans leur jargon
Le venin de l'aspic et le fiel du dragon.

SIR WILLIAM MURRAY, *à Carr.*

De grâce, une apostille au bas de mon mémoire!

CARR, *rudement.*

Va dire à Belzébuth de signer ton grimoire!

SIR WILLIAM MURRAY.

Milord se fâche!
  Aux autres.
   — Aussi vous l'étourdissez tous!

WALLER, *à Carr.*

Je demande une place...

CARR.
   A l'hôpital des fous?

LE COLONEL GRACE, *riant.*

C'est bon pour un poëte!
  A Carr.
   — Appuyez ma démarche...

CARR.

Non. Noé n'avait pas plus d'animaux dans l'arche.

LE COLONEL JEPHSON.

Monsieur, j'ai le premier offert au Parlement
De faire Olivier Roi...

SIR WILLIAM MURRAY.
   Quatre mots seulement,
Milord!...

CARR, *furieux.*

  Milord! Monsieur! confusion des langues!
Le bruit des fers est doux auprès de ces harangues.
Je préfère un geôlier à ces prêtres de Bel,
Certe, et la Tour de Londre à la tour de Babel!
Rentrons en prison! — Puisse Israël les confondre!

Il se fait jour à travers les courtisans et sort.

SCÈNE XII.

Les Mêmes, excepté CARR ; ensuite THURLOE.

SIR WILLIAM MURRAY.
Que parle-t-il de tours de Babel et de Londre ?
LE SERGENT MAYNARD.
Cet ami de milord dit qu'il rentre en prison !
WALLER.
Ce n'est décidément qu'un fou !
M. WILLIAM LENTHALL.
Quelle raison
Rend Son Altesse affable à cet énergumène ?
Entre Thurloë.
THURLOE, *saluant.*
De milord Protecteur l'ordre exprès me ramène.
Son Altesse ne peut recevoir aujourd'hui.
LE COLONEL JEPHSON, *avec humeur.*
Cromwell reçoit ce drôle et ne reçoit que lui !

Ils sortent d'un air mécontent. — Au moment où tous quittent la salle, on voit s'ouvrir la porte masquée. Elle donne passage à Cromwell, qui regarde avec précaution autour de lui.

SCÈNE XIII.

CROMWELL, sir RICHARD WILLIS.

CROMWELL, *se retournant vers la porte entr'ouverte.*
Ils sont partis. — Venez ; et comme il vous importe
De ne pas être vu, sortez par cette porte.

Sir Richard Willis paraît. Il est enveloppé d'un manteau et couvert d'un chapeau qui cache ses traits ; il n'y a plus rien de souffrant ni de cassé dans sa démarche et dans sa voix. Cromwell et lui font quelques pas pour traverser le théâtre. Cromwell s'arrête brusquement. — Joignant les mains.

Je n'en puis donc douter ! mon fils aîné ! Richard.
SIR RICHARD WILLIS.

A porté la santé du roi Charles Stuart ;
Et tous les conjurés dont il se disait frère,
Vos ennemis mortels, l'ont trouvé téméraire !
CROMWELL.

Fils ingrat ! quand j'élève au trône ses destins !
— Répétez-moi, Willis, les noms des puritains.
SIR RICHARD WILLIS.

Lambert d'abord.
CROMWELL, *avec un rire dédaigneux.*

Lambert ! c'est là ce qui me fâche,
Qu'un si hardi complot se donne un chef si lâche !
L'empire est au génie encor moins qu'au hasard.
Que de Vitellius, grand Dieu, pour un César !
La foule met toujours, de ses mains dégradées,
Quelque chose de vil sur les grandes idées.
Rome eut pour étendard une botte de foin.

A Willis.

— Suivons.
SIR RICHARD WILLIS.

— Ludlow...
CROMWELL.

Bonhomme ! et qui n'ira pas loin.
Brute, et non pas Brutus.
SIR RICHARD WILLIS.

Syndercomb, — Barebonne...

A mesure que Willis parle, Cromwell le suit sur une liste qu'il tient déployée.

CROMWELL.

Mon propre tapissier, si ma mémoire est bonne.
— Niais !

SIR RICHARD WILLIS.

—Joyce...

CROMWELL.

Rustre !

SIR RICHARD WILLIS.

—Overton...

CROMWELL.

Bel esprit !

SIR RICHARD WILLIS.

— Harrison...

CROMWELL.

Voleur !

SIR RICHARD WILLIS.

—Puis Wildmann.

CROMWELL.

Fou qu'on surprit
Dictant à son valet des phrases arrondies
Contre moi...— Mais ce sont vraiment des comédies !

SIR RICHARD WILLIS.

—Un certain Carr...

CROMWELL.

Je sais.

SIR RICHARD WILLIS.

—Garland,—Plinlimmon.

CROMWELL.

Quoi !
Plinlimmon ?

SIR RICHARD WILLIS.

Et Barksthead, un des bourreaux du roi !

CROMWELL, *comme réveillé en sursaut.*

A qui parlez-vous ?

SIR RICHARD WILLIS, *s'inclinant avec confusion.*

Ah ! sire, pardon ! de grâce !
Vieille habitude, acquise en servant l'autre race !

Ce mot ne peut atteindre à Votre Majesté.
CROMWELL, *à part*.
Sa flatterie ajoute au coup qu'il m'a porté.
Maladroit !
Haut.
Il suffit.
Montrant la liste.
Sont-ce toutes les têtes
Des puritains ?
SIR RICHARD WILLIS.
Oui, sire.
CROMWELL, *à part*.
Ordonnons les enquêtes.
A Willis.
— Les chefs des cavaliers ?
SIR RICHARD WILLIS.
Vos bontés m'ont permis
De vous taire leurs noms. Ce sont d'anciens amis
Que j'aurais peine à perdre ; et puis je les surveille.
Ils n'échapperont point en tout cas.
CROMWELL.
A merveille !
A part.
Tout lâche a son scrupule !
Haut.
— Oui, de vos compagnons
Respectez le secret.
A part.
— D'ailleurs je sais leurs noms. —
Quels hommes différents m'ont cités ces deux listes !
Willis les puritains, et Carr les royalistes !
SIR RICHARD WILLIS.
Sire, vous leur ferez grâce aussi de la mort ! —
Sans cela, sur l'honneur, j'aurais trop de remord,

ACTE II, SCÈNE XIII.

CROMWELL, *à part.*

Sur l'honneur !...

SIR RICHARD WILLIS.

Je leur rends, certe, un service immense ;
D'avance ainsi pour eux j'éveille la clémence.
J'évente leur complot ; c'est qu'il me fait pitié ;
Et si je les trahis, c'est bien — pure amitié !

CROMWELL.

Je porte votre paie, Willis, à deux cents livres.

Entre ses dents.

C'est là le prix du sang des tiens que tu me livres !
— Chat-tigre ! qui déchire après avoir flatté,
Et sait vendre une tête avec humanité !

SIR RICHARD WILLIS, *qui n'entend que le dernier mot.*

Ah ! oui, l'humanité !...

CROMWELL, *ouvrant son portefeuille et lui remettant un papier qu'il en tire.*

Tenez, voici la traite.

SIR RICHARD WILLIS, *s'inclinant pour la recevoir*

Toujours payable, sire, à la caisse secrète ?

CROMWELL, *après un signe affirmatif.*

A propos ! — N'avez-vous pas vu ce Davenant,
Lauréat sous Stuart ? — Il vient du continent...

SIR RICHARD WILLIS.

Davenant ? — Non, mon prince.

CROMWELL.

Il apporte une lettre, —
De quelqu'un, — pour Ormond.

SIR RICHARD WILLIS.

Je n'ai rien vu remettre
Au marquis ; et pourtant j'étais bien à l'affût.
Parmi les conjurés je ne crois pas qu'il fût.

CROMWELL, *à part.*
Inutile instrument! — Mais je verrai moi-même
Davenant.

Rochester, en costume de ministre puritain, paraît au fond du théâtre.

SCÈNE XIV.

CROMWELL, sir RICHARD WILLIS, lord ROCHESTER.

LORD ROCHESTER, *au fond de la salle.*
M'y voici! — Répétons bien mon thème.
Il faut d'un puritain prendre deux fois le ton
Quand on parle à Cromwell de la part de Milton.
Davenant m'a servi! — Grâce à Milton, qu'il leurre,
Je serai chapelain de Noll avant une heure.
Si le diable aujourd'hui m'emporte, — par le ciel!
Il ne m'emportera qu'aumônier de Cromwell. —
Çà, commence, Wilmot, la tragi-comédie!
Dans la gueule du loup mets ta tête hardie,
Et porte pour ton roi, sans plainte ce chapeau
Et ces chausses de drap qui t'écorchent la peau.
Tu vas revoir Francis!

Il aperçoit Cromwell et Willis, qui, pendant qu'il parle, paraissent absorbés dans un entretien secret.

Mais qui sont ces deux hommes?
SIR RICHARD WILLIS, *à Cromwell.*
C'est par un brick suédois qu'on fait passer les sommes;
Et le chancelier Hyde en sa lettre me dit
Qu'un juif pour l'entreprise offre aussi son crédit.
LORD ROCHESTER, *au fond du théâtre.*
Quoi donc! avec lord Hyde ils disent correspondre!
Serait-ce?...

CROMWELL, *à Richard Willis.*
Retournez vite à la Tour de Londre,
De peur des soupçons...
LORD ROCHESTER, *toujours au fond de la salle.*
Mais tout cela me confond !
SIR RICHARD WILLIS, *à Cromwell.*
Sa Majesté connaît mon dévoûment profond !
LORD ROCHESTER, *toujours sans être vu.*
Majesté ! — dévoûment ! — Mais ce sont des fidèles,
Des cavaliers !
CROMWELL, *à Richard Willis en se dirigeant vers la porte.*
Prenons bien garde aux sentinelles !
Si quelqu'un nous voyait, tout serait compromis.
Ils sortent.
LORD ROCHESTER, *seul, il s'avance sur le devant du théâtre.*
Je le crois ! — Le roi Charle a d'imprudents amis !
Venir ici se dire nos affaires ! Que diable !
Conspirer chez Cromwell ! l'audace est incroyable. —
Si quelque autre que moi les avait vus pourtant ! —
Regardant dans la galerie.
Quoi ! l'un des deux revient ! Mais il est important
De l'effrayer : qu'il sente à quel point il s'expose.
Cachons-nous.
Il va se cacher derrière un des piliers de la salle. — Entre Cromwell.

SCÈNE XV.

LORD ROCHESTER, CROMWELL.

CROMWELL, *sans voir Rochester.*
L'homme, hélas ! propose, et Dieu dispose,
Je me croyais au port, calme, à l'abri des flots,
Et me voilà sondant une mer de complots !

Me voilà de nouveau jouant au dé ma tête !
Mais courage ! affrontons la dernière tempête.
Frappons un dernier coup qui les glace d'effroi.
Brisons ce qui résiste ! il faut au peuple un roi.

LORD ROCHESTER, *derrière le pilier*.

Voilà, sur ma parole, un ardent royaliste !

CROMWELL.

Couvrons-les d'un filet ; suivons-les à la piste ;
D'une chaîne invisible environnons leurs pas.
Aveuglons-les ; veillons ; — ils n'échapperont pas !

LORD ROCHESTER.

Il proscrit à la fois Cromwell et sa famille.

CROMWELL.

Qu'ils meurent tous !

LORD ROCHESTER.

Quoi ! tous ? Ah ! grâce pour sa fille !

CROMWELL, *dans une sombre rêverie*.

Que veux-tu donc, Cromwell ? Dis ! un trône ? A quoi bon ?
Te nommes-tu Stuart ? Plantagenet ? Bourbon ?
Es-tu de ces mortels qui, grâce à leurs ancêtres,
Tout enfants, pour la terre ont eu des yeux de maîtres ?
Quel sceptre, heureux soldat, sous ton poids ne se rompt ?
Quelle couronne est faite à l'ampleur de ton front ?
Toi, roi, fils du hasard ! chez les races futures
Ton règne compterait parmi tes aventures ! —
Ta maison, — dynastie ? —

LORD ROCHESTER.

Il est décidément
Pour le droit des Stuarts !

CROMWELL, *poursuivant*.

Un roi de Parlement !
Pour degrés sous tes pas le corps de tes victimes !
Est-ce ainsi que l'on monte aux trônes légitimes ? —
Quoi ! n'es-tu donc point las pour avoir tant marché,

Cromwell? le sceptre a-t-il quelque charme caché?
Vois. — L'univers entier sous ton pouvoir repose;
Tu le tiens dans ta main, et c'est bien peu de chose.
Le char de ta fortune, où tu fondes les droits,
Roule, et d'un sang royal éclabousse les rois!
Quoi! puissant dans la paix, triomphant dans la guerre,
Tout n'est rien sans le trône! — Ambition vulgaire!

LORD ROCHESTER.

Comme il traite Cromwell!

CROMWELL.

Hé bien! quand tu l'aurais,
Ce trône d'Angleterre, et dix autres?... — Après? —
Qu'en feras-tu? — Sur quoi tombera ton envie?
Ne faut-il pas un but à l'homme dans la vie?
Coupable fou!

LORD ROCHESTER.

Cromwell! ah! si tu l'entendais!...

CROMWELL.

Qu'est-ce, un trône, d'ailleurs? un tréteau sous un dais,
Quelques planches où l'œil de la foule s'attache,
Changeant de nom selon l'étoffe qui les cache.
Du velours, c'est le trône; un drap noir, — l'échafaud!

LORD ROCHESTER.

Un savant!

CROMWELL.

Est-ce là, Cromwell, ce qu'il te faut!
L'échafaud! — Oui, d'horreur ce seul mot me pénètre.
J'ai la tête brûlante. — Ouvrons cette fenêtre.

Il s'approche de la croisée de Charles Ier.

L'air libre, le soleil, chasseront mon ennui.

LORD ROCHESTER.

Il ne se gêne pas! on le dirait chez lui.

Cromwell cherche à ouvrir la croisée; elle résiste.

CROMWELL, *redoublant d'efforts.*

On l'ouvre rarement. — La serrure est rouillée...

Reculant tout à coup d'un air d'horreur.

C'est du sang de Stuart la fenêtre souillée !
Oui, c'est de là qu'il prit son essor vers les cieux ! —

Il revient pensif sur le devant du théâtre.

Si j'étais roi, peut-être elle s'ouvrirait mieux !

LORD ROCHESTER.

Pas dégoûté !

CROMWELL.

   S'il faut que tout crime s'expie,
Tremble, Cromwell ! — Ce fut un attentat impie.
Jamais plus noble front n'orna le dais royal ;
Charles premier fut juste et bon.

LORD ROCHESTER.

      Sujet loyal !

CROMWELL.

Pouvais-je empêcher, moi, ces fureurs meurtrières ?
Mortifications, veilles, jeûnes, prières,
Pour sauver la victime ai-je rien épargné ?
Mais son arrêt de mort au ciel était signé !

LORD ROCHESTER.

Et par Cromwell aussi, qui, faussant la balance,
Pendant que tu priais agissait en silence ;
Homme candide et pur !

CROMWELL, *dans un profond accablement.*

    Que de fois ce palais
M'a vu pleurer le sort du meilleur des Anglais !

LORD ROCHESTER, *essuyant une larme.*

Brave homme ! il m'attendrit !

CROMWELL.

     Que cette tête auguste
M'a causé de remords !

ACTE II, SCÈNE XV.

LORD ROCHESTER.
Ah! ne sois pas injuste
Pour toi! des regrets, oui; mais pourquoi des remords?
CROMWELL, *les yeux fixés à terre.*
Que pensent-ils de nous, les hommes qui sont morts?
LORD ROCHESTER.
Pauvre ami, sa douleur lui trouble la cervelle!
CROMWELL.
Que de maux inconnus un crime nous révèle!
Pour te rendre la vie, ô Charles, que de fois
J'aurais donné mon sang!
LORD ROCHESTER.
Il lève trop la voix.
Il se ferait surprendre, et ce serait dommage!
A ses bons sentiments je rends tout bas hommage,
Mais pour les exprimer l'endroit est mal choisi.
Faisons-lui peur. —
Il sort de sa cachette et s'avance brusquement vers Cromwell.
L'ami, que faites-vous ici?
CROMWELL *étonné, le toisant de bas en haut.*
A qui parle ce drôle?
LORD ROCHESTER.
A vous!
A part.
Que dit-il? drôle: [rôle.
J'ai donc bien l'air d'un saint?—Tant mieux.—Jouons mon
Haut et d'un air capable.
Savez-vous bien, bonhomme, où vous êtes?
CROMWELL.
Et toi,
Sais-tu, maraud, à qui tu parles?
LORD ROCHESTER.
Sur ma foi!
A part.
Mortdieu! ne jurons point!

27.

Haut.
Je sais à qui je parle!
CROMWELL, *à part.*
Serait-ce un assassin aux gages du roi Charles?

Il tire de sa poitrine un pistolet qu'il présente à Rochester.
Haut.
Coquin, n'approche pas!
LORD ROCHESTER, *à part.*
Diable! soyons prudents.
Tous ces conspirateurs sont armés jusqu'aux dents!
N'allons pas pour Cromwell me battre avec un frère
Haut.
Monsieur, je ne veux point vous perdre.
CROMWELL, *surpris, dédaigneusement.*
Hein?
LORD ROCHESTER.
Au contraire,
Je venais vous donner un conseil. — Dans ces lieux,
Vous teniez des discours par trop séditieux!
CROMWELL.
Moi?
LORD ROCHESTER.
Vous.—Sortez, monsieur, ou j'appelle main-forte.
CROMWELL, *à part.*
C'est un fou.
Haut.
Qu'es-tu donc pour parler de la sorte?
LORD ROCHESTER.
Vous êtes, songez-y, chez milord Protecteur.
CROMWELL.
Qui donc es-tu?
LORD ROCHESTER.
Je suis son moindre serviteur,
Son chapelain.

CROMWELL, *vivement.*

Tu mens d'une impudence étrange !
Toi ! mon chapelain ?

LORD ROCHESTER, *effrayé.*

Dieu ! Dieu ! c'est Cromwell ! qu'entends-je ?
C'est Cromwell ! —

A part.

Nous avons un traître parmi nous !

CROMWELL.

Tu devrais devant moi te traîner à genoux,
Imposteur éhonté !

LORD ROCHESTER.

Milord, faites-moi grâce...
Altesse !...

A part.

Lui dit-on Altesse ou Votre Grâce ?
Haut.
Excusez-moi. L'erreur où je me suis commis
Vient d'un zèle trop chaud contre vos ennemis.
Des mots mal entendus...

CROMWELL.

Mais pourquoi ce mensonge ?

LORD ROCHESTER.

Mon dévoûment pour vous réalisait un songe.
J'ose en votre maison solliciter l'emploi
De chapelain.

CROMWELL.

Es-tu docteur de bon aloi ?
Quel est ton nom ?

LORD ROCHESTER, *à part.*

Mortdieu ! ma maudite mémoire !
Quel est mon nom de saint, déjà ?...

Haut.

Je suis sans gloire...

CROMWELL.
Ton nom? — La source peut jaillir du fond du puits.

Rochester, embarrassé, semble se rappeler tout à coup quelque chose d'important. Il fouille précipitamment dans sa poche, en tire une lettre, et la présente à Cromwell avec un profond salut.

LORD ROCHESTER.
Cette lettre, milord, vous dira qui je suis.

CROMWELL, *prenant la lettre.*
De qui?

LORD ROCHESTER.
De monsieur John Milton.

CROMWELL, *ouvrant la lettre.*
Un très-digne homme!
Aveugle, et c'est dommage!

Il lit quelques lignes.

Ainsi donc on te nomme
Obededom?

LORD ROCHESTER, *s'inclinant*
A part.
Tudieu, quel nom?

Haut.
Milord l'a dit.

A part.
Obed... Obededom! — Ah! Davenant maudit!
De me donner un nom à faire fuir le diable!
Qu'on ne peut prononcer sans grimace effroyable!

CROMWELL, *repliant la lettre.*
Vous portez un beau nom! Obededom de Geth
Reçut dans sa maison l'arche qui voyageait.
Rendez-vous digne, ami, de ce nom mémorable.

LORD ROCHESTER, *à part.*
Va pour Obededom!

CROMWELL.
Un saint considérable,

Milton, clerc du conseil, se fait votre garant.
．．．．．．．A part.
Au fait, son dévoûment pour moi me paraît grand;
Son emportement même en était une preuve.
．．．．．．．Haut.
Mais je dois et je veux vous soumettre à l'épreuve,
Vous faire sur la foi subir un examen,
Avant de vous nommer mon chapelain.

．．．．．．．LORD ROCHESTER, *s'inclinant.*
．．．．．．．．．．．．．．．AMEN!

．．．．A part.
C'est le moment critique!

．．．．．．．CROMWELL.
．．．．．．．．．．Écoutez. Par exemple,
Dans quel mois Salomon commença-t-il son temple?

．．．．．．．LORD ROCHESTER.
Dans le mois de ziu, second de l'an sacré.

．．．．．．．CROMWELL.
Et quand l'acheva-t-il?

．．．．．．．LORD ROCHESTER.
．．．．．．．．．．Au mois de bul.

．．．．．．．CROMWELL.
．．．．．．．．．．．．．Tharé
N'eut-il pas trois enfants? Où?

．．．．．．．LORD ROCHESTER.
．．．．．．．．．．．．．Dans Ur, en Chaldée.

．．．．．．．CROMWELL.
Qui viendra rajeunir la terre dégradée?

．．．．．．．LORD ROCHESTER.
Les saints, qui régneront les mille ans accomplis.

．．．．．．．CROMWELL.
Par qui les saints devoirs sont-ils le mieux remplis?

．．．．．．．LORD ROCHESTER.
Tout croyant porte en lui la grâce suffisante.

Il suffit pour prêcher qu'en chaire il se présente
Et qu'il sache, abreuvé des sources du Carmel,
Au lieu d'A, B, C, dire : *Aleph*, **Beth** et *Ghimel !*
CROMWELL.
Bien dit. Continuez. Voguez à pleine voile.
LORD ROCHESTER, *avec enthousiasme.*
Le Seigneur à chacun en esprit se dévoile.
On peut, sans être prêtre, ou ministre, ou docteur,
Avoir reçu d'en haut le rayon créateur!...
A part.
Quelque coup de soleil! —
Haut.
Sans la foi l'homme rampe.
Mais veillez, éclairez votre âme avec la lampe.
L'âme est un sanctuaire, et tout homme est un clerc.
Dans le foyer commun apportez votre éclair;
Les prophètes prêchaient sur les places publiques,
Et le saint temple avait des fenêtres obliques!
A part.
Je consens qu'on te pende, Obededom Wilmot,
Si dans ce que je dis je comprends un seul mot!
CROMWELL, *à part.*
C'est un anabaptiste. — Il est fort en logique.
Mais sa doctrine au fond est très-démagogique.
LORD ROCHESTER, *continuant avec chaleur.*
Le don des langues vient à qui parle souvent,
Et beaucoup...
A part.
J'en suis bien une preuve !
Haut.
En rêvant,
En priant, en veillant, on devient un lévite.
On peut atteindre alors, bien qu'il marche très-vite,
Satan, qui, dans un jour, nonobstant son pied bot,

ACTE II, SCÈNE XV.

Va de Beth-Lebaoth jusqu'à Beth-Machaboth!
A part.
Corps-dieu! cela va bien. Poussons jusqu'à l'extase!
CROMWELL, *l'arrêtant.*

Il suffit. — Vous fondez sur une fausse base
Votre édifice. Mais nous en reparlerons. —
Quels sont les animaux impurs?
LORD ROCHESTER.

Tous les hérons,
L'autruche, le larus, l'ibis exclu de l'arche,
Le butor.
A part.
Le Cromwell!... —
Haut.
Tout ce qui vole et marche,
CROMWELL.

Quels sont ceux dont on peut manger?
LORD ROCHESTER.

C'est l'attacus,
Milord, et le bruchus, et l'ophiomachus!
CROMWELL.

Vous oubliez, ami, la sauterelle.
LORD ROCHESTER, *à part.*

Ah! diantre!
Mais qui s'irait loger ces bêtes dans le ventre?
CROMWELL.

Et vous ne dites pas ce qu'il sied de savoir;
« Qui touche à des corps morts reste impur jusqu'au soir! »
A part.
N'importe! il est très-docte! on peut sur ces matières
N'avoir point comme moi des notions entières.
Haut.
Un dernier mot. — Est-il conforme aux saints discours
De porter les cheveux courts ou longs?

LORD ROCHESTER, *avec assurance.*

Courts, très-courts!

A part.

Tête-ronde, jouis!

CROMWELL.

Qui vous porte à conclure?

LORD ROCHESTER, *vivement.*

C'est une vanité que notre chevelure!
Par ses beaux cheveux longs Absalon fut pendu!

CROMWELL.

Oui, mais Samson fut mort quand Samson fut tondu.

LORD ROCHESTER, *à part et se mordant les lèvres.*

Diable!

CROMWELL.

Pour éclaircir autant qu'il est possible
Un si grave sujet, je vais chercher ma Bible.

Il sort.

SCÈNE XVI.

LORD ROCHESTER, seul.

Allons! je n'ai point mal soutenu cet assaut.
Tout puritain qu'il est, le drôle n'est pas sot!
Je crains même... — Saint Paul! quel est donc ce perfide,
Confident de Cromwell et du chancelier Hyde? —
Traître! — Mais j'ai pourtant dupé le vieux démon.
Comme il vous interroge en phrases de sermon!
Avec son œil cafard comme il vous examine!

Se regardant de la tête aux pieds.

Heureusement pour moi, j'ai bien mauvaise mine!
J'ai l'air d'un franc coquin, d'un vrai tueur de rois!
Il m'avait pris d'abord pour un larron, je crois?

Il rit.

— Ce prédicant soldat, ce brigand patriarche,
Pour n'être jamais pris en défaut, toujours marche
Armé jusques aux dents, en son propre palais,
De dilemmes pieux et de bons pistolets.
Toujours de deux façons il peut vous faire face.
      Entre Richard Cromwell.

SCÈNE XVII.

LORD ROCHESTER, RICHARD CROMWELL.

 LORD ROCHESTER, *apercevant Richard qui vient à lui.*
Mais quoi! Richard Cromwell!... il faut que je m'efface!
S'il me reconnaît, gare ou la corde ou le feu!
Le docte Obededom y perdrait son hébreu!
  RICHARD CROMWELL, *examinant Rochester.*
Il me semble avoir vu quelque part ce visage.
  LORD ROCHESTER, *à part et contrefaisant la gravité
     puritaine.*
L'ours flaire le faux mort.
    RICHARD CROMWELL.
     C'est sûr!
   LORD ROCHESTER, *à part.*
       Mauvais présage!
 RICHARD CROMWELL, *examinant toujours Rochester.*
Cet homme n'est rien moins qu'un docteur puritain.
Parmi nos cavaliers il buvait ce matin.
Je devine qui c'est. Ah! le félon!
    LORD ROCHESTER, *à part.*
       Malpeste!
Non, je n'ai jamais eu rencontre plus funeste,
Depuis le tête-à-tête où je parlai d'amour
Aux cinquante printemps de milady Seymour!

RICHARD CROMWELL, *à part*.

Comment, quand on s'assied pour boire au même verre,
Se défier d'un homme?

LORD ROCHESTER, *à part*.

Ah! quel regard sévère!

RICHARD CROMWELL, *à part*.

De mon père à coup sûr c'est quelque surveillant,
Qui va contre moi faire un rapport malveillant.
Il dira que j'ai bu dans la même taverne
Avec des ennemis du pouvoir qui gouverne.
C'est pour mon père un crime à punir de prison.
C'est lèse-majesté! c'est haute trahison!
Tâchons de le gagner. Prévenons la tempête.

Il fouille dans la poche de sa veste.

J'ai quelques nobles d'or dans ma bourse...

LORD ROCHESTER, *remarquant son geste, à part*.

Il s'apprête
A m'attaquer. — A-t-il aussi des pistolets?

Il recule avec inquiétude.

SIR RICHARD CROMWELL, *à part*.

Pourvu qu'ils soient payés, qu'importe à ces valets!

Il s'approche de Rochester d'un air riant et dégagé.

Bonjour, monsieur.

LORD ROCHESTER, *troublé*.

Milord, le ciel vous tienne en joie!

A part.

Quel sourire infernal il attache à sa proie!

Haut.

Je suis un membre obscur du clergé militant,
Je prierai Dieu pour vous.

RICHARD CROMWELL.

Je vous ai vu pourtant
Ailleurs, non prier, mais jurer à pleine gorge.

LORD ROCHESTER, *vivement.*

Vous vous trompez, milord! moi jurer!

RICHARD CROMWELL.

Par saint George!

Par saint Paul!

LORD ROCHESTER.

Moi!

RICHARD CROMWELL.

Jurez que vous ne juriez point!

LORD ROCHESTER.

Moi!

RICHARD CROMWELL.

Tenez, révérend, soyons franc sur ce point.

LORD ROCHESTER, *à part.*

Diable!

RICHARD CROMWELL.

Vous n'êtes pas ce que vous semblez être.
Sous le masque d'un saint vous cachez l'œil d'un traître.

LORD ROCHESTER, *consterné, à part.*

Je suis perdu.

Haut

Milord!...

RICHARD CROMWELL.

Est-ce vrai?

LORD ROCHESTER, *à part.*

Mauvais pas!

RICHARD CROMWELL.

Je sais tout! — Mais tenez, ne me dénoncez pas.

LORD ROCHESTER, *surpris, à part.*

Comment! — J'allais lui faire une même prière.
Que dit-il?

RICHARD CROMWELL.

Je suis né d'humeur aventurière.
J'ai des amis partout; et j'ai bu ce matin

Avec des cavaliers, comme vous, puritain !
A quoi vous servira d'aller dire à mon père
Que son fils avec eux trinquait dans ce repaire,
Et pour un peu de vin que même j'ai mal bu,
Me faire comme un bouc chasser de la tribu ?

LORD ROCHESTER, *à part.*

Je suis sauvé !

RICHARD CROMWELL.

Je sais, l'ami, qu'en toute affaire
Mon père aime à savoir ce qu'on peut dire et faire.
Mais est-ce de complots que nous nous occupions ?
Car vous êtes, mon cher, un de ses espions !
Ah ! je devine tout !

LORD ROCHESTER, *à part.*

Oui, vraiment, il devine !
Qu'en ce rôle de saint mon adresse est divine !
On me prend, tant j'en ai bien saisi la couleur,
L'un, pour un espion ; l'autre, pour un voleur !

Haut à Richard en s'inclinant.

Milord, c'est trop d'honneur que me fait Votre Grâce !...

RICHARD CROMWELL.

De mon père quinteux sauvez-moi la disgrâce.
Promettez-moi, — je suis de nobles d'or pourvu, —
De taire au Protecteur ce que vous avez vu
Ce matin.

LORD ROCHESTER.

De grand cœur.

RICHARD CROMWELL, *lui présentant une grande bourse brodée à ses armes.*

Tenez, voici ma bourse.
Je ne suis point ingrat.

LORD ROCHESTER, *la prenant après un moment d'hésitation.*

A part.

Bah ! c'est une ressource !

Quand on conspire, il faut être riche, vraiment.
L'avarice est d'ailleurs dans mon déguisement.
    Haut.
Milord est généreux...

                RICHARD CROMWELL.

        Bon, bon, prends et va boire !

             LORD ROCHESTER, *à part*.

Ceci, d'honneur ! finit mieux que je n'osais croire.

                RICHARD CROMWELL.

L'ami ! combien peux-tu gagner dans ton métier, —
Sans compter la potence ?

                LORD ROCHESTER.

        Un docteur de quartier...

                RICHARD CROMWELL.

Comme espion ?

                LORD ROCHESTER.

        D'un nom milord me gratifie !...

                RICHARD CROMWELL.

Il faut dans ton état de la philosophie.
Pourquoi rougir ?

                LORD ROCHESTER.

    Milord !...

SCÈNE XVIII.

Les Mêmes, CROMWELL.

CROMWELL, *une Bible armoriée à la main*.

        Çà, maître Obededom,
Ecoutez ce verset sur Dabir, roi d'Edom !...

    Apercevant son fils.

Ha ! —

    A Rochester.

    Sortez !

LORD ROCHESTER, *à part.*

Qu'a-t-il donc? comme il prend son air rogue,
Et comme le tyran succède au pédagogue!

Il sort.

SCÈNE XIX.

RICHARD CROMWELL, CROMWELL.

*Cromwell s'approche de son fils, croise les bras et le regarde
fixement.*

RICHARD CROMWELL, *s'inclinant profondément.*

Mon père!... — Mais d'où vient ce trouble inattendu?
Quel est sur votre front ce nuage épandu,
Milord? où doit tomber la foudre qu'il recèle,
Et dont l'éclair sinistre en vos yeux étincelle?
Qu'avez-vous? qu'a-t-on fait? Parlez : que craignez-vous?
Qui peut vous attrister dans le bonheur de tous?
Demain, des anciens rois rejoignant les fantômes,
La république meurt, vous léguant trois royaumes;
Demain votre grandeur sur le trône s'accroît;
Demain, dans Westminster proclamant votre droit,
Jetant à vos rivaux son gant héréditaire,
Le champion armé de la vieille Angleterre,
Aux salves des canons, au branle du beffroi,
Doit défier le monde au nom d'Olivier roi.
Qui vous manque? l'Europe, et l'Angleterre, et Londre,
Votre famille, tout semble à vos vœux répondre.
Si j'osais me nommer, mon père et mon seigneur,
Je n'ai, moi, de souci que pour votre bonheur.
Vos jours, votre santé...

CROMWELL, *qui n'a pas cessé de le regarder fixement.*

Mon fils, comment se porte

Le roi Charles Stuart?

RICHARD CROMWELL, *atterré.*

Milord!...

CROMWELL.

Faites en sorte,
Une autre fois, de mieux choisir vos commensaux,
Monsieur!

RICHARD CROMWELL.

Milord, dût-on me couper en morceaux,
Je veux être plus vil que le pavé des rues,
Si...

CROMWELL, *l'interrompant.*

Boit-on de bon vin taverne des Trois-Grues?

RICHARD CROMWELL, *à part.*

Ah! l'espion damné d'avance avait tout dit!

Haut.

Je vous jure, milord...

CROMWELL.

Vous semblez interdit.
Est-ce un mal qu'assembler, étant d'humeur badine,
Quelques amis autour d'un broc de muscadine?
Vous le buviez, mon fils, sans doute à ma santé.

RICHARD CROMWELL, *à part.*

C'est cela! toast maudit qu'à Charles j'ai porté!

Haut.

Milord, ce rendez-vous, sur mon nom, sur mon âme
Était fort innocent...

CROMWELL, *d'une voix de tonnerre.*

Vous êtes un infâme!
Avec des cavaliers mon fils a ce matin
Bu sa part de mon sang dans un hideux festin!

RICHARD CROMWELL.

Mon père!...

CROMWELL.

Boire avec des païens que j'abhorre!
A la santé de Charle!... — Un jour de jeûne encore!

RICHARD CROMWELL.

Je vous jure, milord, que je n'en savais rien.

CROMWELL.

Garde tes jurements pour ton roi tyrien!
Ne viens pas étaler, traître, sous mes yeux mêmes,
Ton parricide, encore aggravé de blasphèmes!
Va, c'est un vin fatal qui troubla ta raison!
A la santé du roi tu buvais du poison!
Ma vengeance veillait, muette, sur ton crime.
Quoique tu sois mon fils, tu seras ma victime
L'arbre s'embrasera pour dévorer son fruit!

Il sort.

SCÈNE XX.

RICHARD CROMWELL, seul.

Pour un verre de vin voilà beaucoup de bruit.
Mais boire un jour de jeûne! — on devient sacrilége,
Traître, blasphémateur, parricide, que sais-je?
Il vaut mieux, sur ma foi, bien qu'un banquet soit doux,
Jeûner avec des saints que boire avec des fous!
C'est une vérité qu'avant cette journée
Ma pénétration n'aurait pas soupçonnée.
Mon père est hors de lui!

Entre lord Rochester.

SCÈNE XXI.

RICHARD CROMWELL, LORD ROCHESTER.

LORD ROCHESTER, *à part.*
Richard paraît troublé.
RICHARD CROMWELL, *apercevant Rochester qui passe au fond du théâtre.*
Ah! c'est mon espion! — L'infâme avait parlé.
Comme un renard d'Ecosse il faut que je le traque!
Il s'avance vers Rochester d'un air menaçant.
Je te trouve, traître!
LORD ROCHESTER, *à part.*
Allons, nouvelle attaque!
Nous avions fait pourtant la paix.
Haut.
Qu'ai-je donc fait
A milord?
RICHARD CROMWELL.
Mais je crois qu'il me raille en effet!
Penses-tu me cacher encor ta perfidie?
J'ai vu mon père, drôle! il sait tout!
Voyant que Rochester reste interdit et immobile.
Etudie
Ce que tu vas répondre.
LORD ROCHESTER, *à part.*
Ah! peste! il est réel,
Oui, — qu'un des nôtres sert d'espion à Cromwell.
Saurait-on qui je suis?
RICHARD CROMWELL.
Je crois qu'il rit sous cape!
LORD ROCHESTER.
Ah! milord!...

RICHARD CROMWELL.
Crois-tu donc que deux fois on m'échappe?
Toute ta trahison est enfin mise à nu.
Mon père est furieux.
LORD ROCHESTER, *à part.*
Oui, je suis reconnu,
Décidément. Allons, faisons tête à l'orage !
RICHARD CROMWELL.
Lâche !
LORD ROCHESTER, *à part.*
Quittons la ruse et prenons le courage.
Haut.
Puisqu'enfin vous savez, monsieur Richard Cromwell,
Qui je suis, — vous pouvez m'honorer d'un duel.
Nous avons tous les deux des raisons à nous faire.
Fixez l'heure, le lieu, l'arme; à vous j'en défère.
Je suis pour vous, je pense, un digne champion.
RICHARD CROMWELL.
Richard Cromwell se battre avec un espion !
LORD ROCHESTER, *à part.*
Il en est encor là ! l'affront me tranquillise.
RICHARD CROMWELL.
Sous ta peau de serpent, sous ta robe d'église,
Tu parles de duel ! Te crois-tu donc moins vil
Qu'un juif? Rends-toi justice, infâme !
LORD ROCHESTER, *à part.*
Il est civil !
RICHARD CROMWELL.
Moi qui t'avais payé, me trahir en cachette !
Recevoir des deux mains, et vendre qui t'achète !
LORD ROCHESTER, *à part.*
Que veut-il dire?
RICHARD CROMWELL.
Au moins rends l'argent !

LORD ROCHESTER, *à part.*

Ah! démon!
J'ai déjà dépêché la bourse à lord Ormond!

RICHARD CROMWELL.

Hé bien! me rendras-tu mon argent, misérable?

LORD ROCHESTER, *à part.*

Comment faire?
    Haut.
    La somme est peu considérable...

RICHARD CROMWELL.

Vraiment? c'était trop peu!—Sur tes os, sur ta chair,
Va, cette somme-là, tu me la paîras cher!
    Il tire son épée.
Si je n'ai mon argent, grâce à ma bonne lame,
J'aurai ce que Satan t'a donné pour une âme!
    Il fond sur Rochester, l'épée haute.
Allons! ma bourse!

LORD ROCHESTER, *reculant.*

Il va me tuer, par le ciel!
Ah! bourse de malheur!

SCÈNE XXII.

Les Mêmes, LE COMTE DE CARLISLE, accompagné de quatre
hallebardiers

Richard Cromwell s'arrête. Le comte de Carlisle lui fait un
profond salut.

LE COMTE DE CARLISLE.

Milord Richard Cromwell,
Au nom du Protecteur, rendez-moi votre épée!

RICHARD CROMWELL, *remettant son épée au comte.*

A châtier un traître elle était occupée.

Vous venez un instant trop tôt.
LORD ROCHESTER, *d'une voix éclatante et d'un air inspiré.*
            Heureux hasard!
Des mains d'Antiochus Dieu sauve Eléazar!
    LE COMTE DE CARLISLE, *à Richard Cromwell.*
Qu'en son appartement Votre Honneur se transporte.
J'ai l'ordre de placer deux archers à la porte.
        RICHARD CROMWELL, *à lord Rochester.*
C'est toi qui me conduis là par ta trahison!
            LORD ROCHESTER, *à part.*
Je m'y perds. Quoi, c'est moi qui fais mettre en prison
Le fils du Protecteur! et, menacé du glaive,
Au courroux de son fils c'est Cromwell qui m'enlève!
Pourtant je nuis au père et n'ai rien fait au fils!
            RICHARD CROMWELL.
Viendras-tu m'insulter encor de tes défis,
Lâche?
        A lord Carlisle.
    Méfiez-vous, cet homme a deux visages.
Je ne m'en plaindrais pas si de ses vils messages
J'avais pu le payer comme je le voulais.
Pour une double face il faut quatre soufflets.
        Richard Cromwell sort entouré des hallebardiers.
            LORD ROCHESTER, *à part.*
Ce que c'est que porter masque de tête ronde!

SCÈNE XXIII.

LE COMTE DE CARLISLE, LORD ROCHESTER, THURLOE.

            THURLOE, *à lord Rochester.*
Milord, appréciant votre docte faconde,
Vous nomme chapelain, monsieur, dans sa maison.

Du matin et du soir vous direz l'oraison ;
Vous prêcherez un texte aux gardes de sa porte ;
Vous bénirez les mets qu'à sa table on apporte,
Et l'hypocras que boit Son Altesse le soir.

LORD ROCHESTER, *s'inclinant, à part.*

Bon ! c'est là notre but.

THURLOE.

Voilà votre devoir.

LORD ROCHESTER, *à part.*

Rochester pour Cromwell priant ! c'est impayable !
Un jeune diablotin bénissant un vieux diable !

THURLOE, *à lord Carlisle en lui remettant un parchemin.*

Comte, un complot demain éclate à Westminster.

LORD ROCHESTER, *à part.*

Ils ne savent pas tout. —

THURLOE, *toujours à Carlisle.*

Arrêtez Rochester...

LORD ROCHESTER, *à part.*

Cherchez !

THURLOE, *continuant.*

Ormond...

LORD ROCHESTER, *à part.*

Par moi prévenu tout à l'heure,
Ormond a dû changer de nom et de demeure.

THURLOE.

Quant aux autres, il faut les surveiller de près.
D'eux-mêmes ils viendront se jeter dans nos rets.

Ils sortent.

SCÈNE XXIV.

LORD ROCHESTER, seul.

Leur plan sera trompé par notre stratagème.
Cromwell sera par nous surpris cette nuit même.
Tout va bien. Poursuivons, quoiqu'à moitié trahis,
Bravons pour nos Stuarts et pour notre pays,
Dans ce rôle à la fois périlleux et risible,
Pistolets, coups d'épée, et débats sur la Bible.
De la peau du renard chez les loups revêtu,
Soyons saint de hasard, chapelain impromptu,
Prêt à tout examen comme à toute escarmouche,
Tantôt Ezéchiel et tantôt Scaramouche.

Il sort.

III

LES FOUS

ACTE TROISIÈME

LA CHAMBRE PEINTE, A WHITE-HALL.

A droite un grand fauteuil doré, exhaussé sur quelques marches couvertes de la tapisserie des Gobelins envoyée par Mazarin. Un demi-cercle de tabourets en regard du fauteuil. Auprès, une grande table à tapis de velours et un pliant.

SCÈNE PREMIÈRE.

LES QUATRE FOUS DE CROMWELL.

TRICK, premier fou, vêtu d'un bariolage jaune et noir, bonnet pareil, pointu, à sonnettes d'or, les armes du Protecteur brodées en or sur la poitrine; GIRAFF, second fou, bariolage jaune et rouge, calotte pareille, bordée de grelots d'argent, les armes du Protecteur en argent sur la poitrine; GRAMADOCH, troisième fou et porte-queue de Son Altesse, bariolage rouge et noir, bonnet carré pareil, à grelots d'or, les armes du Protecteur en or sur la poitrine; ELESPURU (on prononce *Elespourou*), quatrième fou, costume absolument noir, chapeau à trois cornes noir, avec une sonnette d'argent à chaque corne, les armes du Protecteur en argent. Tous quatre portent de côté une petite épée à grande poignée et à lame de bois; Trick a en outre une marotte à la main.

Ils arrivent en gambadant sur la scène.

ELESPURU.

Il chante.

 Oyez ceci, bonnes âmes !
 J'ai voyagé dans l'enfer.
 Moloch, Sadoch, Lucifer,
 Allaient me jeter aux flammes
 Avec leurs fourches de fer !

 Déjà prenait feu mon linge ;
 Mon pourpoint était roussi ;
 Mais par bonheur, Dieu merci !
 Satan me prit pour un singe,
 Et ma lâcha. — Me voici.

Il fredonne.

 Satan me prit pour un singe, etc.

GIRAFF, *gravement.*

Tu crois qu'il t'a lâché ? Pour qui prends-tu Cromwell,
Notre roi temporel et chef spirituel ?

GRAMADOCH, *à Giraff.*

Est-ce, pour être diable, assez d'avoir des cornes ?
A ce compte, Giraff, l'enfer serait sans bornes.

ELESPURU.

Sur dame Elisabeth Cromwell un tel soupçon !

GRAMADOCH.

Ecoutez ; les Français ont fait cette chanson :

Il chante.

 Par deux portes, on peut m'en croire,
 Les songes viennent à Paris,
 Aux amants par celle d'ivoire,
 Par celle de corne aux maris.

Cromwell me fait porter sa queue : eh bien ! sa femme
Lui fait porter, à lui, ses cornes.

TRICK.

     C'est infâme,
Messires ! vos propos méritent le gibet.

Je suis le chevalier de dame Elisabeth.
Pour l'honneur de Cromwell et pour le sien je plaide.
Je m'en fais le garant sans crainte; elle est si laide !

GRAMADOCH.

C'est juste. Je mentais, je ne puis le céler.
Quand on n'a rien à dire, on parle pour parler.
Pour moi, je crains l'ennui qui me rendrait malade,
Et je vais à l'écho chanter une ballade.

Il chante.

> Pourquoi fais-tu tant de vacarme,
>   Carme?
> Rose t'aurait-elle trahi?
>   Hi!
>
> Pourquoi fais-tu tant de tapage,
>   Page?
> Es-tu l'amant de Rose aussi?
>   Si!
>
> Qui te donne cet air morose,
>   Rose?
> L'époux, dont nul ne se souvient,
>   Vient
>
> Du lit où l'amour t'a tenue
>   Nue,
> Tu le vois qui revient, hélas!
>   Las.
>
> Ton oreille qui le redoute
>   Doute,
> Et de sa mule entend le trot
>   Trop.
>
> Il va punir ta vie infâme,
>   Femme!
> Ah! tremble! c'est lui, le voilà,
>   Là!
>
> En vain le page et le lévite,
>   Vite,

Cherchent à s'enfuir du manoir
       Noir.

Il les saisit sous la muraille,
       Raille,
Et les remet à ses varlets
       Laids.

Sa voix, comme un éclair d'automne,
       Tonne :
« Exposez-les tous aux vautours,
       « Tours !

« Que des tours leur corps dans la tombe
       « Tombe !
« Qu'ils ne soient que pour les corbeaux
       « Beaux ! »

Entr'ouvre-toi sous l'adultère,
       Terre !
Démon, ennemi des maris,
       Ris.

Quand il s'éloigna bien fidèle,
       D'elle,
Invoquant en son triste adieu
       Dieu ;

Nul amant, nul de ces Clitandres
       Tendres,
Qui font, avec leur air trompeur,
       Peur,

N'osait parler à la rebelle
       Belle.
Elle en avait, quand il revint,
       Vingt.

            TRICK, *à Gramadoch*
Ecoute ma légende à ton tour. —

       Il chante.

            Siècle bizarre !
            Job et Lazare

ACTE III, SCÈNE I.

D'or sont cousus.
Lacédémone
Y fait l'aumône
Au roi Crésus.
Epoque étrange!
Rare mélange!
Le diable et l'ange;
Le noir, le blanc;
Des damoiselles
Qui sont pucelles,
Ou font semblant.
Beautés faciles,
Maris dociles,
Sots mannequins,
Dont leurs Lucrèces,
Fort peu tigresses,
Font des Vulcains.
Des Démocrites
Bien hypocrites;
Des rois plaisants;
Des Héraclites
Hétéroclites;
Des fous pensants;
Des pertuisanes
Pour arguments;
Tendres amants
Prenant tisanes;
Des loups, des ânes,
Des vers luisants;
Des courtisanes,
Des courtisans.
Femmes aimées,
Bourreaux bénins;
Douces nonnains
Mal enfermées;
Chefs sans armées;
Clercs mécréants;
Titans pygmées,
Et nains géants!
Voilà mon âge.
Rien ne surnage
Dans ce chaos
Que les fléaux.

De mal en pire
Va notre empire.
Nos grands Césars
Sont des lézards;
Nos bons cyclopes
Sont tous myopes;
Nos fiers Brutus
Sont des Plutus;
Tous nos Orphées
Sont des Morphées;
Notre Jupin
Est un Scapin.
Temps ridicules,
Risibles jours,
Dont les Hercules
Filent toujours!
Ici l'un grimpe,
L'autre s'abat,
Et notre Olympe
N'est qu'un sabbat!

GRAMADOCH.

Ta chanson
Est mauvaise, et la rime y gêne la raison.

ELESPURU.

A moi!

Il chante.

Vous à qui l'enfer en masse
Fait chaque nuit la grimace,
Sorciers d'Angus et d'Errol;
Vous qui savez le grimoire,
Et n'avez dans l'ombre noire
Qu'un hibou pour rossignol;
Ondins qui, sous vos cascades,
Vous passez de parasol;
Sylphes dont les cavalcades,
Bravant monts et barricades,
En deux sauts vont des Orcades
A la flèche de Saint-Paul;
Chasseurs damnés du Tyrol,
Dont la meute aventurière

ACTE III, SCÈNE I.

Bat sans cesse la clairière ;
Clercs d'Argant, archers de Roll ;
Pendus séchés au licol
Qui ranimez vos poussières
Sous les baisers des sorcières ;
Caliban, Macduff, Pistol ;
Zingaris, troupe effroyable
Que suit le meurtre et le vol :
Dites : — Quel est le plus diable,
Du vieux Nick ou du vieux Noll ? —
Sait-on qui Satan préfère
Des serpents dont il est père : —
C'est l'aspic à la vipère,
Le basilic à l'aspic,
Le vieux Nick au basilic,
Et le vieux Noll au vieux Nick.
Le vieux Nick est son œil gauche,
Le vieux Noll est son œil droit ;
Le vieux Nick est bien adroit,
Mais le vieux Noll n'est pas gauche ;
Et Belzébuth dans son vol
Va du vieux Nick au vieux Noll.
Quand le noir couple chevauche,
A leur suite la Mort fauche.
L'enfer fournit le relai,
Et chacun d'eux sans délai
A sa monture s'attache ;
Nick sur un manche à balai,
Noll sur le bois d'une hache.
Pour finir ce virelai,
Avant qu'il se fasse ermite,
Puissé-je, pour son mérite,
Voir emporter en public
Le vieux Noll par le vieux Nick !
Ou voir entrer au plus vite,
Pour lui tordre enfin le col,
Le vieux Nick chez le vieux Noll !

Les bouffons applaudissent avec des éclats de rire, et répètent en chœur :

Puissions-nous voir entrer vite,

Pour lui bien tordre le col,
Le vieux Nick chez le vieux Noll!

TRICK.

Çà, pour fournir des textes à nos gloses,
Savez-vous qu'il se passe ici d'étranges choses?

GIRAFF.

Oui. Cromwell se fait roi. Satan veut être Dieu.

GRAMADOCH.

On dit que deux complots ont embrouillé son jeu.

ELESPURU.

L'armée est mécontente et le peuple murmure.

TRICK.

Pour la robe de roi s'il quitte son armure,
Malheur à l'apostat! son cœur décuirassé
Ouvre aux poignards vengeurs un chemin plus aisé

GIRAFF.

Quant à moi, je jouis au milieu du désordre.
J'exciterai les chiens et les loups à se mordre.
Je voudrais voir Satan, sur un gril élargi,
Mettre aux mains de Cromwell un sceptre au feu rouge,
Faire des cavaliers ses montures immondes,
Et jouer à la boule avec les têtes-rondes.

TRICK.

Frères, que dites-vous du nouveau chapelain
Qui vient de nous bénir d'un regard si malin?

ELESPURU.

Hum!

GIRAFF.

Peste!

GRAMADOCH.

Diable!

TRICK.

Oui! — Je vois que sur son compte

Nous pensons tous de même.

GRAMADOCH.

Amis, que je vous conte!

Tous font groupe autour de Gramadoch.

Ce cher Obededom! tout en tirant de l'arc,
Je l'ai vu qui rôdait près la porte du Parc,
Qui parlait aux soldats de garde, sous prétexte
De les édifier en leur prêchant un texte.
Puis il les a fait boire, et puis leur a donné
De l'argent, puis enfin, de tous environné,
Il a dit : — « A ce soir! pour entrer dans la place,
« — COLOGNE ET WHITE-HALL — sera le mot de passe. »

GIRAFF, *battant des mains avec joie.*

C'est quelque agent de Charle!

ELESPURU.

Ou plutôt de Cromwell!
Si j'en juge aux propos qu'en son dépit cruel
Vomissait contre lui le fils de notre maître,
Richard, emprisonné sur des rapports du traître.

GIRAFF, *riant.*

C'est vrai! Richard, qu'on va condamner à présent,
Voulait tuer son père!... Ah! c'est très-amusant!

TRICK.

Et moi, j'ai quelque chose encor de plus risible
Que tout cela.

GRAMADOCH.

Vraiment?

GIRAFF.

Sire Trick, pas possible!

TRICK, *montrant un rouleau de parchemin noué d'un*
ruban rose.

Voyez ceci.

ELESPURU.

Cela! qu'est-ce?

TRICK.

Ce parchemin
Des poches du docteur est tombé dans ma main.

GRAMADOCH.

Bon! c'est quelque sermon bien noir, bien effroyable,
Commençant par *enfer* et finissant par *diable.*
Donne! — Instruisons-nous vite. Il faut que tout bouffon
Du jargon puritain fasse une étude à fond.

Dénouant le rouleau que lui a remis Trick.

Est-il moins fou que nous, ce chapelain morose?
Il attache son foudre avec un ruban rose!

Il jette un coup d'œil sur le parchemin déployé et part d'un grand éclat de rire; Giraff prend le parchemin et rit plus fort; Elespuru, auquel il le passe, se met à rire également, et Trick les regarde tous trois rire en riant plus qu'eux.

ELESPURU, *riant.*

Par un diable joli ce sermon fut dicté!

TRICK, *riant.*

Qu'en dites-vous?

ELESPURU, *lisant.*

« *Quatrain à ma divinité.*
« Belle Egérie, hélas! vous embrasez mon âme... »

GIRAFF, *lui arrachant le parchemin et lisant.*

« Vos yeux, où Cupidon allume un feu vainqueur... »

GRAMADOCH, *enlevant à son tour le parchemin.*

« Sont deux miroirs ardents... »

TRICK, *le reprenant à Gramadoch.*

« Qui concentrent la flamme
« Dont les rayons brûlent mon cœur! »

Tous redoublent leurs éclats de rire.

ELESPURU.

Quoi! ces vers sont tombés de poche puritaine!

GIRAFF.

Le luron!

ACTE III, SCÈNE I.

GRAMADOCH, *comme frappé d'une idée.*

C'est cela ! — Oui, — la chose est certaine !

Appelant les autres bouffons.

Frères, vous connaissez tous dame Guggligoy,
La duègne de lady Francis ?

TRICK.

Certe ! Hé bien, quoi ?

GRAMADOCH.

J'ai vu le chapelain lui parler à l'oreille,
Lui remettre une bourse !

TRICK.

Et que disait la vieille ?

GRAMADOCH.

Elle disait : « Ce soir, vous serez, beau garçon,
« Seul avec elle... » Et moi, j'ai chanté la chanson :

Il chante.

    La sorcière dit au pirate :
— « Bon capitaine, en vérité,
« Non, je ne serai pas ingrate !
« Et vous aurez votre beauté !
« Mais d'abord, dans votre équipage,
« Choisissez-moi quelque beau page
« Qui me tienne, malgré mon âge,
« Parfois des propos obligeants.
« Je veux en outre, pour ma peine,
« Quatre moutons avec leur laine,
« Une mâchoire de baleine,
« Deux caméléons bien changeants,
« Quelque idole ou quelque amulette,
« Six aspics, trois peaux de belette,
« Et le plus maigre de vos gens,
« Pour que je m'en fasse un squelette ! »

Certe, à meilleur marché la Guggligoy se vend.
Elle a dans elle-même un squelette vivant,
D'ailleurs ; mais je conclus, moi, qu'à telles enseignes,

Ce suborneur tondu de soldats et de duègnes
Est ici, non pour Charle ou Noll, mais pour Francis.
ELESPURU.
Ma foi! plus que jamais j'ai l'esprit indécis.
Qu'est-ce que tout cela?
GIRAFF.
Je ne sais; mais c'est drôle!
GRAMADOCH.
Le Cromwell, qui croit tout soumettre à son contrôle,
Ferait bien d'emprunter l'œil de ses quatre fous.
Si nous l'avertissions?
GIRAFF.
Quoi donc! l'avertir? nous?
Es-tu fou, Gramadoch? Est-ce là notre affaire?
Que sommes-nous pour Noll? Restons dans notre sphère.
Il nous prend, et pourrait même nous mieux payer,
Non pour garder ses jours, mais pour les égayer.
Qu'on enlève sa fille et qu'on force sa porte,
Qu'on le tonde ou l'étrangle, au fait, que nous importe?
GRAMADOCH.
Il a raison.
ELESPURU.
Sans doute.
TRICK.
Hé! chacun nos métiers.
Il règne : nous rions. — Qu'on le coupe en quartiers,
Qu'on le brûle ou l'écorche, il n'a rien à nous dire,
Pourvu que nous ayons toujours le mot pour rire.
ELESPURU.
Comme nos ris vengeurs puniront ses dédains!
Comme du roi manqué riront les baladins!
GRAMADOCH.
Puis, ce faux chapelain dans le fond nous ressemble.
Les fous, les amoureux, vont toujours bien ensemble.

Son nom d'Obededom semble être fait *ad hoc*
Pour Trick, Elespuru, Giraff et Gramadoch!

TRICK.

Mais s'il conspire, ami, c'est nous qu'il faut défendre.
Si le Stuart rentrait, il nous ferait tous pendre.

ELESPURU.

Pendre de pauvres fous pour quelque quolibet!

TRICK.

Ne fût-ce que pour voir leur grimace au gibet!
Tu sais, nous aurions beau crier : « Miséricorde! » —
On veut voir des pantins pendre au bout d'une corde.

GIRAFF.

Nous pendus! innocents! — Soyez tranquilles tous.
Que Charles Deux revienne : il lui faudra des fous,
Nous sommes là. — Peut-il trouver fous dans le monde
Ayant fait de leur art étude plus profonde?
Tels sont fous par instinct, nous par principes. — Va,
Toujours de tout désastre un bouffon se sauva.
Pour vieillir sur la terre, où tout est de passage,
Il faut se faire fou : c'est encor le plus sage.

TRICK.

Au fait, Cromwell m'ennuie! On dit Charles plus gai.

ELESPURU.

L'œil d'aigle du tyran est-il donc fatigué?
Quoi! c'est nous qui savons ce que lui-même ignore,
Et nous tenons le fil qu'il ne voit pas encore!
Nous, les fous de Cromwell!

GRAMADOCH.

Mal dit, Elespuru.

Nous sommes ses bouffons : mais il est notre fou.
Il nous croit ses jouets; pauvre homme! il est le nôtre.
Nous dupe-t-il jamais par quelque patenôtre?
Nous épouvante-t-il par ses éclats de voix,
Ou ses clins d'yeux dévots qui font trembler des rois?

Quand il vient de prier, de prêcher, de proscrire,
L'hypocrite peut-il nous regarder sans rire?
Sa sourde politique et ses desseins profonds
Trompent le monde entier, hormis quatre bouffons.
Son règne, si funeste aux peuples qu'il secoue,
Est, vu de notre place, un sot drame qu'il joue.
Regardons. Nous allons voir passer sous nos yeux
Vingt acteurs, tour à tour calmes, tristes, joyeux;
Nous, dans l'ombre, muets, spectateurs philosophes,
Applaudissons les coups, rions aux catastrophes,
Laissons Charle et Cromwell combattre aveuglément,
Et s'entre-déchirer pour notre amusement!
Seuls nous avons la clef de cette énigme étrange.
N'en disons rien au maître.

ELESPURU.

Oui, ma foi, qu'il s'arrange!

GIRAFF.

Taisons-nous, et rions!

TRICK.

Partout nous triomphons.
Satan fait les tyrans au plaisir des bouffons.
Pendant que l'univers tremble sous le despote,
Du sceptre de Cromwell faisons notre marotte!

SCÈNE II.

Les Mêmes, CROMWELL; JOHN MILTON, habit noir, cheveux blancs assez longs, calotte noire, la chaîne de secrétaire du conseil au cou, soutenu par un jeune page en livrée du Protecteur; WHITELOCKE, PIERPOINT, THURLOE, LORD ROCHESTER, HANNIBAL SESTHEAD.

CROMWELL.

Voici mes quatre fous. — Ma foi, c'est le moment

De nous distraire un peu.
     Entre Thurloë.
    THURLOE, *à Cromwell.*
       Milord, le Parlement,
Dans la salle du Trône attend...
    CROMWELL, *avec impatience.*
          Hé! qu'il attende!
    THURLOE, *bas au Protecteur.*
Il porte l'Humble Adresse où le peuple demande
Que le Protecteur daigne être Roi.
    CROMWELL, *rayonnant.*
        C'est donc fait!
   A part.
Qu'ils sont plats!
   A Thurloë.
      Je pourrai les entendre en effet.
Mais après mon conseil; puis il faut que je voie
Les chevaux gris frisons que le Holstein m'envoie.
Amuse-les, mon cher, nourris leur zèle ardent.
Dis-leur de discuter un texte en m'attendant.
    GRAMADOCH, *bas à Trick.*
Dans le livre des Rois, par exemple.
     Thurloë sort.
    LORD ROCHESTER, *à part.*
        Qu'entends-je?
O Charle! ô roi martyr! comme Olivier te venge!
Quel fouet honteux succède à ton sceptre éclatant!
  CROMWELL, *montrant ses bouffons à lord Rochester.*
Puisque nous voilà seuls, je veux rire un instant.
Docteur, ce sont mes fous, et je vous les présente.
   Lord Rochester et les bouffons s'inclinent.
Quand nous sommes en joie, ils sont d'humeur plaisante.
Nous faisons tous des vers, — il n'est pas même ici
   Il montre Milton.
Jusqu'à mon vieux Milton qui ne s'en mêle aussi.
        30.

MILTON, *avec dépit.*

Vieux Milton, dites-vous ! Milord, ne vous déplaise,
J'ai bien neuf ans de moins que vous-même.

CROMWELL.

A votre aise !

MILTON.

Oui, vous êtes, milord, de quatre-vingt-dix-neuf ;
Moi, de seize cent huit.

CROMWELL.

Le souvenir est neuf.

MILTON, *avec vivacité.*

Vous pourriez me traiter de façon plus civile !
Je suis fils d'un notaire, alderman de sa ville.

CROMWELL.

Là, ne vous fâchez pas. Je sais aussi fort bien
Que vous êtes, Milton, grand théologien,
Et même, mais le Ciel compte ce qu'il nous donne,
Bon poëte, — au-dessous de Vithers et de Donne !

MILTON, *comme se parlant à lui-même.*

Au-dessous ! Que ce mot est dur ! — Mais attendons.
On verra si le Ciel m'a refusé ses dons !
L'avenir est mon juge. — Il comprendra mon Eve
Dans la nuit de l'enfer tombant comme un doux rêve,
Adam coupable et bon, et l'Archange indompté,
Fier de régner aussi sur une éternité,
Grand dans son désespoir, profond dans sa démence,
Sortant du lac de feu que bat son aile immense ! —
Car un génie ardent travaille dans mon sein.
Je médite en silence un étrange dessein !
J'habite en ma pensée, et Milton s'y console. —
Oui, je veux à mon tour créer par ma parole,
Du Créateur suprême, émule audacieux,
Un monde entre l'enfer et la terre et les cieux !

ACTE III, SCÈNE II.

LORD ROCHESTER, *à part.*
Que diable dit-il là ?
HANNIBAL SESTHEAD, *aux bouffons.*
Risible enthousiaste !
CROMWELL.
Il regarde Milton en haussant les épaules.
C'est un fort bon écrit que votre *Iconoclaste.*
Quant à votre grand diable, autre Léviathan, —
Il rit.
C'est mauvais.
MILTON, *indigné, entre ses dents.*
C'est Cromwell qui rit de mon Satan !
LORD ROCHESTER, *s'approchant de Milton.*
Monsieur Milton !
MILTON, *sans l'entendre, et tourné vers Cromwell.*
Il parle ainsi par jalousie !
LORD ROCHESTER, *à Milton, qui l'écoute d'un air distrait.*
Vous ne comprenez pas, d'honneur, la poésie.
Vous avez de l'esprit, il vous manque du goût.
Ecoutez : — les Français sont nos maîtres en tout.
Etudiez Racan ! Lisez ses *Bergeries.*
Qu'Aminte avec Tircis erre dans vos prairies,
Qu'elle y mène un mouton au bout d'un ruban bleu.
Mais Eve ! mais Adam ! l'enfer ! un lac de feu !
C'est hideux ! Satan nud et ses ailes roussies !... —
Passe au moins s'il cachait ses formes adoucies
Sous quelque habit galant, et s'il portait encor
Sur une ample perruque un casque à pointes d'or,
Une jaquette aurore, un manteau de Florence,
Ainsi qu'il me souvient, dans l'Opéra de France,
Dont naguère à Paris la cour nous régala,
Avoir vu le soleil en habit de gala !
MILTON, *étonné.*
Qu'est-ce que ce jargon de faconde mondaine

Dans la bouche d'un saint?

    LORD ROCHESTER, *à part et se mordant les lèvres.*

                     Encore une fredaine !
Il a mal écouté, par bonheur ; mais toujours
Au grave Obededom Rochester fait des tours.

    Haut à Milton.

Monsieur, je plaisantais !

        MILTON.

        Sotte est la raillerie !

    A part et toujours tourné vers Cromwell.

Comme Olivier me traite ! — Eh ! qu'est-ce, je vous prie,
Que gouverner l'Europe, au fait ? — Jeux enfantins !
Je voudrais bien le voir faire des vers latins
Comme moi !

    Pendant ce colloque, Cromwell s'entretient avec Whitelocke et
      Pierpoint ; Hannibal Sesthead avec les bouffons.

        CROMWELL, *brusquement.*

        Çà, messieurs. Voyons ! il faut qu'on rie.
Bouffons, trouvez-moi donc quelques plaisanteries !
— Sir Hannibal Sesthead !...

        HANNIBAL SESTHEAD, *d'un air piqué.*

                Seigneur, excusez-moi.
Je ne suis point bouffon, je suis cousin d'un roi,
D'un roi de race antique, et qui, sans vous déplaire,
Régit le Danemark par un droit séculaire !

        CROMWELL, *se mordant les lèvres, à part.*

Je comprends ! il m'outrage ! Ah ! pourquoi mon courroux
Ne saurait-il l'atteindre ?

        Rudement aux bouffons.

            Allons ! riez donc, vous !

        LES BOUFFONS, *riant.*

Ha ! ha ! ha !

        CROMWELL, *à part.*

    Mais leur rire est, je crois, sardonique.

ACTE III, SCÈNE II.

Haut avec colère aux bouffons.
Taisez-vous!

Les bouffons se taisent. Cromwell poursuit avec humeur.

C'est Milton, ce chantre satanique,
Qui nous trouble la tête avec ses visions!

Milton se retourne fièrement vers Cromwell, qui reprend.
A part.
Contenons-nous!

Haut.
Hé bien! qu'est-ce que nous disions?
Trick, fais-nous apporter de la bière, une pipe!

TRICK.

Ah! milord veut fumer!

Il sort, et rentre un moment après, suivi de deux valets portant une table chagée de pipes et de brocs.

CROMWELL.

J'entends qu'on me dissipe,
Je veux être un peu gai! —

A part.
Quoi! trahi, par mon fils!

Une pause.—Cromwell paraît livré à de douloureuses pensées. Les assistants se tiennent en silence, les yeux baissés. Rochester et les fous semblent seuls observer le visage sinistre du Protecteur. Tout à coup Cromwell, comme s'il s'apercevait du maintien embarrassé de ses familiers, sort de sa rêverie et s'adresse aux bouffons.

A-t-on fait quelques vers depuis ceux que je fis
En réponse au sonnet du colonel Liburne?

TRICK.

L'Hippocrène est pour nous avare de son urne.
Voici pourtant...

Il présente au Protecteur le parchemin roulé.

CROMWELL.

Lis!

TRICK, *déployant le parchemin.*

Hum! — «*Quatrain.*» — Les vers sont plats!
« *A ma divinité.* — Belle Égérie, hélas!... »

LORD ROCHESTER, *à part.*

Dieu, mon quatrain!

Il se précipite sur Trick et lui arrache le parchemin.

Démons! damnation! injure!
Me pardonne le Ciel...

Il s'inline vers Cromwell.

et milord, si je jure!
Mais comment de sang-froid entendre à mes côtés
Déborder le torrent des impudicités?

A Trick, qui rit de toutes ses forces.

Fuis, va-t'en, édomite, impur madianite!

A part.

Je ne me souviens plus de l'autre rime en *ite!*
Mon quatrain! ces démons dans ma poche l'ont pris!

CROMWELL, *à lord Rochester*

Je conçois que ces vers soulèvent vos mépris!

LORD ROCHESTER, *à part.*

Non pas!

CROMWELL.

Mais on n'est point ici dans une église;
Et je veux lire, ami, ce qui vous scandalise.
Donnez.

LORD ROCHESTER.

Quoi! des chansons d'enfer!...

CROMWELL, *avec impatience.*

Donne, ou je vais...

LORD ROCHESTER.

Mais, milord..

CROMWELL, *impérieusement.*

Obéis.

*Lord Rochester s'incline, et remet le parchemin à Cromwell,
qui y jette les yeux, et dit en le lui rendant.*

Ces vers sont bien mauvais!

LORD ROCHESTER, *à part.*

Mes vers mauvais! tu mens. Voyez ce régicide! —
Cromwell juger des vers!

CROMWELL.

Ce quatrain est stupide.

LORD ROCHESTER, *jetant un coup d'œil sur le parchemin.*

Milord, de tels écrits les auteurs sont damnés;
Mais les vers en eux-même ont l'air fort bien tournés.

TRICK, *bas aux autres fous.*

Il est l'auteur, c'est sûr!

Haut.

Moi, qui croisai ces rimes,
Je conviens qu'Apollon m'en ferait quatre crimes,
Tant ces vers sont méchants!

LORD ROCHESTER, *regardant de travers les bouffons, à part.*

Raillez à votre tour,
Singes du léopard, perroquets du vautour!

CROMWELL.

Çà, docte Obededom, ce n'est point votre affaire
De juger ce quatrain galamment somnifère.

LORD ROCHESTER, *mettant le quatrain dans sa poche, à part.*

Francis le trouvera meilleur assurément.

TRICK, *saluant ironiquement Rochester.*

Oui, messire est trop bon pour moi!...

LORD ROCHESTER.

Pour toi, comment?
Je voudrais, te fouettant pendant que Dieu te damne,
Te promener dans Londre à rebours sur un âne?

TRICK.

Vous puniriez ainsi l'auteur du quatrain!

LORD ROCHESTER, *troublé.*

Non...
Je ne dis pas...

TRICK.

Suis-je homme à vous cacher son nom?

LORD ROCHESTER, *dont l'anxiété redouble.*

C'est bon!...

TRICK.

Je n'entends point solliciter sa grâce.
Il mérite le fouet!

LORD ROCHESTER, *à part.*

Drôle!

TRICK, *riant, bas aux autres fous.*

Je l'embarrasse.

Entre le comte de Carlisle.

Au diable lord Carlisle! il vient nous déranger.

LORD ROCHESTER, *respirant.*

Ah!...

Cromwell entraîne précipitamment lord Carlisle dans un coin du théâtre. Tous s'éloignent, mais sans quitter Cromwell et Carlisle des yeux.

CROMWELL, *bas à lord Carlisle, qui s'incline.*

Lord Ormond?

LORD CARLISLE.

Milord, il vient de déloger.

CROMWELL.

Rochester?

LORD CARLISLE.

On n'a pu le trouver. Il se cache.

CROMWELL.

Richard?

LORD CARLISLE.
A tout nier sans pudeur il s'attache.
La question pourrait obtenir quelque aveu...

CROMWELL, *sévèrement*.
Votre tête répond de son dernier cheveu !
Carlisle, vous savez mon horreur des supplices.
La torture à mon fils ! c'est bon pour ses complices.
— Lambert ?

LORD CARLISLE.
Il se retranche à sa maison des champs,
Bien gardé, s'occupant de ses fleurs.

CROMWELL, *avec amertume*.
Soins touchants !
Tout m'échappe. Du moins je tiens bien la couronne !

LORD CARLISLE.
Autour de Westminster que la foule environne,
Le peuple et les soldats maudissent hautement
Le nom de roi, voté pour vous en Parlement !

CROMWELL.
Pesez vos mots, milord !

LORD CARLISLE.
Votre Altesse m'excuse !

CROMWELL, *à part*.
Tout va mal.

Haut avec humeur.
Ai-je pas, messieurs, dit qu'on s'amuse ?
A quoi songez-vous donc ?

A part.
Ils m'écoutent, valets !

Bas à Carlisle.
Milord, doublez la garde autour de ce palais.

Carlisle sort.

Haut.
Hé bien ! et ce quatrain ?

A part.
J'étouffe de colère!

Rentre Thurloë.

THURLOE, *à Cromwell.*

La secte des Ranters, que l'Esprit saint éclaire,
Veut consulter milord touchant un point de foi.
Ils sont là.

CROMWELL.

Fais entrer.

Thurloë sort.

A part.

Ah! si j'étais né roi,
Je chasserais cela! — Mais un chef populaire
Doit pour mener la foule, hélas! savoir lui plaire.

Thurloë rentre conduisant les Ranters, vêtus de noir, avec des bas bleus, de larges souliers gris et de grands chapeaux gris, sur lesquels on distingue une petite croix blanche, et qu'ils gardent sur leur tête.

LE CHEF DE LA DÉPUTATION, *avec solennité.*

Olivier, capitaine et juge dans Sion!
Les saints, siégeant à Londre en congrégation,
Sachant que ta science est un vase à répandre,
Te demandent par nous s'il faut brûler ou pendre
Ceux qui ne parlent pas comme saint Jean parlait,
Et disent *Siboleth* au lieu de *Schiboleth.*

CROMWELL, *méditant.*

La question est grave et veut être mûrie.
Prononcer *Siboleth,* c'est une idolâtrie,
Crime digne de mort dont sourit Belzébuth.
Mais tout supplice doit avoir un double but,
Que pour le patient l'humanité réclame.
En châtiant son corps, il faut sauver son âme.
Or, quel est le meilleur de la corde ou du feu
Pour réconcilier un pécheur avec Dieu?

Le feu le purifie...
<blockquote>LORD ROCHESTER, *dans un coin du théâtre.*</blockquote>
<blockquote>Et la corde l'étrangle.</blockquote>
<blockquote>CROMWELL, *sans l'entendre.*</blockquote>
Daniel s'épura dans le brûlant triangle:
Mais la potence a bien son avantage aussi;
La croix fut un gibet !
<blockquote>LORD ROCHESTER, *à part.*</blockquote>
<blockquote>J'admire en tout ceci</blockquote>
De quelle allure aimable, ainsi qu'en son domaine,
De supplice en supplice Olivier se promène,
Quitte l'un, reprend l'autre, et va sans trébucher
Du fagot au licol, du gibet au bûcher!
Comme il en fait jaillir mille grâces cachées !
<blockquote>CROMWELL, *toujours réfléchissant.*</blockquote>
Que les vérités sont à grand'peine cherchées !
La matière est ardue, et je range ce cas
Entre les plus subtils et les plus délicats.
<blockquote>Après un moment de silence, il s'adresse brusquement à Rochester.</blockquote>
Clerc ! prononcez pour nous.
<blockquote>LORD ROCHESTER, *à part.*</blockquote>
<blockquote>Il fait comme Pilate !</blockquote>
<blockquote>CROMWELL, *montrant Rochester aux Ranters.*</blockquote>
C'est un autre Cromwell !
<blockquote>LORD ROCHESTER, *s'inclinant.*</blockquote>
<blockquote>Votre Altesse me flatte !</blockquote>
<blockquote>LE CHEF DES RANTERS, *à* Rochester.</blockquote>
Dans ces énormités, donc, si quelqu'un tombait,
Encourrait-il la corde ou le feu ?
<blockquote>LORD ROCHESTER, *avec autorité.*</blockquote>
<blockquote>Le gibet.</blockquote>
Et meurent avec lui, sous une même haine,

Son père amorrhéen, sa mère céthéenne!
LE CHEF DES RANTERS, *gravement.*
Pourquoi le gibet?
LORD ROCHESTER, *embarrassé.*
Ah!... le gibet?... C'est cela.... —
On y monte au moyen d'une échelle... Voilà!
Et... Dieu fit voir en rêve à son berger fidèle
Qu'on monte au ciel de même au moyen d'une échelle.
A part.
J'ai peine à ne pas rire au nez de ces lurons.
CROMWELL, *regardant Rochester avec satisfaction.*
Il est docte vraiment!
LE CHEF DES RANTERS, *remerciant Rochester de la main.*
Fort bien, nous les pendrons.
Ils sortent.
LORD ROCHESTER *à part.*
Voilà de pauvres gens bien jugés, sur ma tête!
CROMWELL, *à Rochester.*
Je suis content de vous.
LORD ROCHESTER, *avec une révérence.*
Milord est trop honnête!
GIRAFF, *aux autres bouffons.*
Frères, aucun de nous n'aurait mieux prononcé.
Rentre Thurloë.
THURLOE, *à Cromwell.*
Le conseil privé!
CROMWELL.
Bon.
THURLOE.
C'est pour l'objet...
CROMWELL, *vivement.*
Je sai!

Qu'il entre!

TRICK, *bas aux bouffons.*
Baladins! cédons la place aux mages.

A un geste de Cromwell sortent les bouffons, lord Rochester, Hannibal Sesthead, et deux valets emportent la table chargée de brocs de bière et de pipes. Thurloë introduit le conseil privé, qui s'avance sur deux files, et dont chaque membre se place debout devant un des tabourets en fer à cheval, tandis que Cromwell monte à son grand fauteuil, et que Milton, toujours conduit par son page, s'approche du pliant et de la table. Whitelocke, Stoupe et lord Carlisle prennent leurs places respectives autour du Protecteur, sur les marches de son estrade.

SCÈNE III.

CROMWELL; le COMTE DE WARWICK; le lieutenant général FLETWOOD, gendre de Cromwell; le COMTE DE CARLISLE; LORD BROGHILL; le major général DESBOROUGH, beau-frère de Cromwell; WHITELOCKE; sir CHARLES WOLSELEY; M. William LENTHALL; PIERPOINT; THURLOE; STOUPE; MILTON. Chacun de ces personnages revêtu du costume particulier de sa charge ou de sa commission.

Cromwell s'assied, se couvre. Tous s'asseyent, mais restent découverts.

CROMWELL, *à part.*
Ah!... de tous ces oiseaux subissons les ramages.
   Haut.
Messieurs les conseillers de mon gouvernement,
Prenez séance tous et prions un moment.

Il s'agenouille : tous les conseillers en font autant. Après quelques instants de méditation, le Protecteur se relève et s'assied; tous suivent son exemple. Il continue avec un profond soupir :

Messieurs, — pour gouverner j'ai bien peu de mérite!
Mais le Seigneur, qu'enfin ma résistance irrite,
Inspire au Parlement d'agrandir mon devoir,

En m'accablant encor d'un surcroît de pouvoir.
C'est pourquoi j'ai donné l'ordre qu'on vous assemble
Afin de conférer et de parler ensemble.
Sied-il d'élire un roi, d'abord ? — Dois-je être élu ? —
Donnez sur ces deux points votre avis absolu.
Que chacun à son rang expose son système.
Je parle franchement, expliquez-vous de même.
Le comte de Warwick est le plus éminent
D'entre vous. Qu'il commence. — Ecoutez maintenant,
Monsieur Milton.

LE COMTE DE WARWICK, *se levant.*

Milord, rien n'égale sur terre
Votre foi, votre esprit, votre haut caractère,
Et pour accroître encor votre état personnel,
Vous tenez des Warwick du côté maternel.
Votre noble écusson porte le même heaume.
Or, comme il faut toujours un roi dans un royaume,
Votre Altesse vaut mieux qu'un maître de hasard.
Certe, un Rich peut régner aussi bien qu'un Stuart.

Il se rassied.

CROMWELL, *à part.*

Il n'est que d'être heureux pour grossir sa famille !
Cromwell obscur n'est rien : — que sur le trône il brille,
Les Rich sont ses aïeux, ses cousins, ses parents.
Oui, — ce sont mes aïeux depuis bientôt quatre ans.

Haut.

A votre tour, Fletwood.

LE LIEUTENANT GÉNÉRAL FLETWOOD, *se levant.*

Milord, la république !
Mon beau-père, avec vous nettement je m'explique.
Pour elle de Stuart on dressa l'échafaud,
Nous avons combattu pour elle : — il nous la faut.
Laissons Dieu seul porter le seul vrai diadème.
Pas d'Olivier Premier ni de Charles Deuxième !

Jamais de roi!
>> *Il se rassied.*
>> CROMWELL.
>> Fletwood, vous êtes un enfant!
— Vous, Carlisle!
>> LE COMTE DE CARLISLE, *se levant.*
>> Milord, votre front triomphant
Est fait pour la couronne.
>> *Il se rassied.*
>> CROMWELL.
>> A Broghill!
>> LORD BROGHILL, *se levant.*
>> Milord, j'ose
Réclamer le secret pour ce que je propose.
> *A part.*
De ce complot d'Ormond je suis tout étourdi.
Que mon rôle est timide en ce drame hardi!
Conseiller de Cromwell et confident de Charle!
Traître si je me tais et traître si je parle'
>> CROMWELL.
>> Pour quel motif?...
>> LORD BROGHILL, *s'inclinant.*
>> Milord, une raison d'Etat.

Cromwell lui fait signe d'approcher. Stoupe, Thurloë, Whitelocke et Carlisle s'éloignent du Protecteur.— Bas à Cromwell.

Ne se pourrait-il point qu'avec Charle on traitât?
Si vous lui proposiez la main de votre fille?...
>> CROMWELL, *étonné.*
>> Au... jeune homme?
>> LORD BROGHILL.
>> Oui, lady Francis.
>> CROMWELL.
>> Et sa famille?

LORD BROGHILL.

Vous vous faites sacrer sous le nom d'Olivier.
Vous êtes rois tous deux.

CROMWELL.

Et le trente janvier?

LORD BROGHILL.

Vous lui donnez un père.

CROMWELL.

On peut donner, mais rendre?

LORD BROGHILL.

Il oublirait...

CROMWELL, *avec un rire de dédain.*

Mon crime! il ne le peut comprendre.
Son œil ne saurait voir le but que j'ai cherché,
Et, pour me pardonner, il est trop débauché.
C'est fou, Broghill!

Lord Broghill retourne à sa place. Les grands officiers reprennent les leurs.

— Parlez, Desborough!

LE MAJOR GÉNÉRAL DESBOROUGH, *se levant.*

Mon beau-frère,
Vous méditez dans l'ombre un dessein téméraire.
Nous, de la royauté subir encor l'affront!
Point de roi, quel qu'il soit! les soldats salûront
Cromwell de cris d'amour, Olivier d'anathèmes!
Meurent les courtisans, les docteurs, les systèmes!

CROMWELL.

Desborough, vous luttez contre un mot, contre un nom.
Si ce peuple innocent veut un roi, pourquoi non? —
Ce nom de roi, proscrit par votre orgueil fantasque,
Qu'est-ce pour un soldat? — Un panache à son casque.

Il fait signe à Whitelocke de parler. Whitelocke se lève, et Desborough se rassied.

ACTE III, SCÈNE III.

WHITELOCKE, *à part, regardant Desborough.*
Ce valet de charrue avant moi se lever !
    Haut.
Milord, — je serai vrai, quoi qu'il puisse arriver.
Point de peuple sans loi, point de loi sans monarque. —
Ecoutez ; l'argument vaut bien qu'on le remarque...
    A part.
Avant moi ! Desborough ! *homuncio !* butor !
    Haut.
Le roi fut de tout temps nommé *legislator,*
Lator, porteur, *legis*, de loi ; d'où je relève
Qu'un prince est à la loi ce qu'Adam est pour Eve.
Donc, si le Roi des lois est le père et le chef,
Point de peuple sans roi, je le dis derechef.
Voyez, pour confirmer ma doctrine certaine,
Moïse, Aaron, Saint-John, Glym, Cicéron, Fountaine,
Et Selden, livre trois, chapitre des Abus :
Quid de his censetur modo codicibus.
Milord, il faut régner !"— *Dixi.*

    Il se rassied.

CROMWELL, *félicitant Whitelocke du geste et du regard.*
                      Comme il raisonne !
Qu'un discours à propos de latin s'assaisonne ! —
Ecoutons Wolseley.

    SIR CHARLES WOLSELEY, *se levant.*
                  Milord, — sans nul détour
J'oserai détromper Votre Altesse à mon tour.
Le chef d'un peuple libre est, suivant le prophète,
Tanquam in medio positus, non au faîte.
Ce chef, sur quelque siége enfin qu'il soit assis,
Est *major singulis,* — *minor universis !*
Donc le titre de roi rompt notre privilége,
Rex violat legem.

    Il se rassied.

CROMWELL.
Arguments de collége!
Avec vos mots latins je suis peu familier.
Mauvaises raisons!
A Pierpoint.
Vous!
PIERPOINT, *se levant.*
Milord, puissant pilier
D'Israël, qui par vous domine sur la terre,
Voici ce que je dis : — Ce peuple d'Angleterre,
Dont le haut Parlement se nomme impérial,
A le droit glorieux, saint, immémorial,
D'avoir pour chef un roi; sa dignité l'exige.
Que Votre Altesse accepte un titre qui l'afflige.
Vous le devez au peuple! oui, milord, c'est, je crois,
Lui manquer, que régner sur lui sans être roi.
Il se rassied.

CROMWELL.
Monsieur Lenthall?
M. WILLIAM LENTHALL, *se levant.*
Milord, — le Parlement préside
La nation, en qui la royauté réside.
Il commande aux petits comme aux plus élevés.
Si donc le Parlement vous fait roi, vous devez,
Selon le droit romain, suivant le Décalogue,
Obéir et régner!
CROMWELL, *à part.*
Courtisan démagogue!
M. WILLIAM LENTHALL, *à part.*
Il se laissera faire, et j'espère qu'alors
Il ne m'oubliera point pour la chambre des lords!
THURLOE, *bas à Cromwell.*
Milord, le parlement attend toujours...

CROMWELL, *bas avec impatience.*
                              Silence !
THURLOE, *toujours de même.*
Mais...
         CROMWELL, *bas à Thurloë.*
   Avant d'accepter il sied que je balance !
         FLETWOOD, *se levant.*
Ah ! milord, refusez ! — Pour vous, pour votre honneur,
J'ose...
         CROMWELL, *les congédiant tous de la main.*
      Allez tous prier et chercher le Seigneur !

Tous sortent lentement et comme en procession. Milton, qui
  marche le dernier, s'arrête sur le seuil de la porte, les laisse
  partir, et ramène son guide vers Cromwell, qui, descendu de
  son fauteuil, s'est placé sur le devant du théâtre.

SCÈNE IV.

CROMWELL, MILTON.

         MILTON, *à part.*
Non ! je n'y puis tenir. — Il faut ouvrir mon âme.
         Il marche droit à Cromwell.
Regarde-moi, Cromwell !
Il croise les bras. Cromwell se retourne, et fixe sur lui un regard
           surpris et hautain.
                         Déjà ton œil s'enflamme
Sans doute, et tu diras de quel front j'ose ici
Te parler sans avoir obtenu ta merci ? —
Car ma place est étrange en ton conseil de sages !
Si quelqu'un me cherchait parmi tous ces visages :
« Voyez ces orateurs choisis, — lui dirait-on, —
« C'est Warwick, c'est Pierpoint. Ce muet, c'est Milton. »
On a Milton ; qu'en faire ? un muet ! c'est son rôle. —

Ainsi, moi, dont le monde entendra la parole,
Au conseil de Cromwell, seul, je n'ai pas de voix! —
Mais, aveugle et muet, c'est trop pour cette fois.
On te perd à l'appât d'un fatal diadème,
Frère, et je viens plaider pour toi, contre toi-même.
Tu veux donc être roi, Cromwell? et dans ton cœur
Tu t'es dit : « C'est pour moi que le peuple est vainqueur.
« Le but de ses combats, le but de ses prières,
« De ses pieux travaux, de ses veilles guerrières,
« De son sang répandu, de tant de pleurs versés.
« De tous ses maux, c'est moi!—Je règne, c'est assez.
« Il doit se croire heureux, puisqu'après tant de peines
« Il a changé de roi, — renouvelé ses chaînes!... » —
Rien qu'à ce seul penser mon front chauve rougit.
— Ecoute-moi, Cromwell! c'est de toi qu'il s'agit. —
Donc, tous les grands moteurs de nos guerres civiles,
Vane, Pym, qui d'un mot faisait marcher des villes;
Ton gendre Ireton, oui, ce martyr de nos droits,
Que ton orgueil exile au sépulcre des rois;
Sydney, Hollis, Martyn, Bradshow, ce juge austère
Qui lut l'arrêt de mort à Charles d'Angleterre,
Et ce Hampden si jeune au tombeau descendu,
Travaillaient pour Cromwell, dans leur foule perdu!
C'est toi qui des deux camps règles les funérailles
Et dépouilles les morts sur le champ de batailles!
Ainsi, depuis quinze ans, pour toi seul révolté,
Le peuple, à ton profit, joue à la liberté!
Dans ses grands intérêts tu n'as vu qu'une affaire,
Et dans la mort du Roi qu'un héritage à faire! —
Ce n'est pas que je veuille ici te rabaisser,
Non. — Nul autre que toi n'aurait pu t'éclipser.
Puissant par la pensée et puissant par le glaive,
Tu fus si grand, qu'en toi je crus trouver mon rêve,
Mon héros!... je t'aimais entre tout Israël,

Et nul ne te plaçait plus avant dans le ciel! —
Et pour un titre, un mot vide autant que sonore,
L'apôtre, le héros, le saint se déshonore!
Dans ses desseins profonds voilà ce qu'il cherchait :
La pourpre, haillon vil! le sceptre, vain hochet!
Au sommet de l'Etat jeté par la tempête,
Ivre de ton destin, tu veux orner ta tête
De cet éclat des rois, pour nous évanoui?
Tremble : on est aveuglé quand on est ébloui.
Olivier, de Cromwell je te demande compte,
Et de ta gloire enfin, qui devient notre honte! —
O vieillard, qu'as-tu fait de ta jeune vertu?
Tu te dis : « Il est doux, quand on a combattu,
« De s'endormir au trône, environné d'hommages;
« D'être roi; de peupler cent lieux de ses images.
« On a son grand lever; on va dans un beau char
« Trôner à Westminster, prier à Temple-Bar;
« On traverse en cortége une foule servile;
« On se fait haranguer par des greffiers de ville;
« On porte des fleurons autour de son cimier... — »
Est-ce là tout, Cromwell? Songe à Charles Premier.
Oses-tu, dans son sang ramassant la couronne,
Avec son échafaud te rebâtir un trône?
Quoi! tu veux être roi, Cromwell? — Y penses-tu?
Ne crains-tu pas qu'un jour, d'un crépe revêtu,
Ce même White-Hall, où ta grandeur s'étale,
N'ouvre encore une fois sa fenêtre fatale? —
Tu ris! mais dans ton astre as-tu donc tant de foi?
Songe à Charles Stuart! Souviens-toi! souviens-toi!
Quand ce roi dut mourir, quand la hache fut prête,
C'est un bourreau voilé qui fit tomber sa tête.
Roi, devant tout son peuple il périt sans secours,
Sans savoir seulement qui dénouait ses jours.
Par le même chemin tu marches à ta perte,

Cromwell; d'un voile aussi ta fortune est couverte.
Crains qu'elle ne ressemble à ce spectre masqué
Qui sur un échafaud paraît au jour marqué!
Des rêves de l'orgueil dénoûment formidable! —
Cromwell! d'un seul côté le trône est abordable,
On y monte, et de l'autre on descend au tombeau.
Crains de voir, si tu prends cette pourpre en lambeau,
S'assembler quelque jour, dans cette même chambre,
Une cour dont alors tu ne serais plus membre!
Car il se peut, crois-moi, qu'à la fin alarmé,
Contre un sceptre nouveau de ton vieux glaive armé,
Ce peuple, que toujours ton exemple décide,
Pense à ta royauté moins qu'à ton régicide!
Ne recules-tu pas?... Ah! jette loin de toi
Ce sceptre d'histrion et ce masque de roi!
Reste Cromwell. Maintiens le monde en équilibre;
Fais sur les nations régner un peuple libre :
Ne règne pas sur lui. Sauve sa liberté.
Oh! combien a rougi ce peuple en sa fierté,
Quand dans ce Parlement il a vu ton génie
Mendier à prix d'or un peu de tyrannie!
Démens tes vils flatteurs : montre-toi noble et grand.
Juge, législateur, apôtre, conquérant,
Sois plus que roi. Remonte à ta hauteur première.
Il n'a fallu qu'un mot pour créer la lumière :
Toi, redeviens Cromwell à la voix de Milton!

Il se jette aux pieds de Cromwell.

CROMWELL, *le relevant avec un geste dédaigneux.*

Le bonhomme le prend sur un singulier ton!
Çà, maître John Milton, secrétaire interprète
Près le conseil d'État, vous êtes trop poëte.
Vous avez, dans l'ardeur d'un lyrique transport,
Oublié qu'on me dit *Votre Altesse* et *Milord.*
Mon humilité souffre à ce titre frivole;

Mais le peuple qui règne, et pour qui je m'immole,
A mon bien grand regret veut qu'il en soit ainsi.
Je me suis résigné : — résignez-vous aussi !

Milton se lève fièrement et sort. — Cromwell, seul.

Au fond il a raison. — Oui, mais il m'importune.
Charles Premier ? — Mais non, tu vois mal ma fortune.
Les rois comme Olivier n'ont point de tels trépas,
Milton ; on les poignarde, on ne les juge pas ! —
J'y songerai pourtant. — Sinistre alternative !

SCÈNE V.

CROMWELL, LADY FRANCIS.

CROMWELL, *apercevant lady Francis qui entre.*
Ah ! Francis ! — On dirait qu'à mes maux attentive,
Rayonnante, elle vient charmer mes noirs ennuis,
Comme un jeune astre éclos dans les profondes nuits !
Viens, ma fille ! — Toujours, ange à figure humaine,
Près de moi, quand je souffre, un instinct te ramène.
Je suis toujours heureux lorsque je te revois.
Ton œil vif et brillant, ta pure et douce voix,
Ont un charme pour moi qui me rend ma jeunesse.
Viens, enfant ! que ton père à tes côtés renaisse !
Toi seule ici du monde ignore les noirceurs.
Embrasse-moi. — Je t'aime avant toutes tes sœurs.

LADY FRANCIS, *l'embrassant d'un air de joie.*
De grâce, dites-moi. Serait-il vrai, mon père ?
Vous relevez le trône ?

                CROMWELL.
           On le dit.
              LADY FRANCIS.
                    Jour prospère !

L'Angleterre, milord, vous devra son bonheur.
CROMWELL.
Ce fut toujours mon but.
LADY FRANCIS.
Ah ! mon père et seigneur,
Que votre bonne sœur, milord, sera contente !
Nous allons donc revoir, après huit ans d'attente,
Notre Charles Stuart ?
CROMWELL, *étonné.*
Quoi?
LADY FRANCIS.
Que vous êtes bon !
CROMWELL.
Ce n'est pas un Stuart.
LADY FRANCIS, *surprise.*
Quoi donc? est-ce un Bourbon?
Mais ils n'ont pas de droits au trône d'Angleterre.
CROMWELL.
Je le pense de même.
LADY FRANCIS.
Au sceptre héréditaire
Qui donc ose toucher?
CROMWELL, *à part.*
Que répondre en effet?
Mon nom me pèse à dire, et me semble un forfait.
Haut.
Ma Francis, d'autres temps veulent une autre race.
N'auriez-vous pu penser, pour remplir cette place?...
LADY FRANCIS.
A qui donc?
CROMWELL, *avec douceur.*
Par exemple, — à ton père? à Cromwell?
LADY FRANCIS, *vivement.*
Si je l'avais pensé, me punisse le ciel !

CROMWELL, *à part.*

Hélas!

LADY FRANCIS.

Mon père! moi vous faire cette injure!
Vous croire usurpateur, sacrilége, parjure!

CROMWELL.

Ma fille!... Vous jugez trop bien de ma vertu.

LADY FRANCIS.

D'un pouvoir passager vous êtes revêtu;
C'est un malheur des temps dont vous souffrez vous-même.
Mais vous du Roi-Martyr prendre le diadème!
Vous joindre à ses bourreaux! régner par son trépas!
Ah!...

CROMWELL.

Sais-tu qui causa sa mort?

LADY FRANCIS.

Je ne sais pas.
Toute jeune, élevée en une solitude,
J'ai souffert de nos maux, sans en faire une étude.

CROMWELL.

On ne te lut jamais, dans le procès du Roi,
La liste de la cour... des juges... de ceux?...

LADY FRANCIS.

Quoi!
Des régicides?

CROMWELL.

Oui, Francis... des régicides!

LADY FRANCIS.

Personne ne m'a dit quels étaient ces perfides.
Je maudissais leur crime et j'ignorais leurs noms.
On ne parlait point d'eux aux lieux d'où nous venons.

CROMWELL.

Ma sœur ne vous parlait jamais de moi?

32.

LADY FRANCIS.
                    Mon père !
Qui dit cela ? J'appris à vous aimer.
                CROMWELL.
                        J'espère...
Oui. — Mais tu hais donc bien ces sujets si hardis
Qui condamnèrent Charle ?...
            LADY FRANCIS.
                    Ah ! qu'ils soient tous maudits !
                CROMWELL.
Tous ?
            LADY FRANCIS.
        Oui, tous !
            CROMWELL, *à part.*
                Quoi ! frappé dans ma propre famille !
Quoi ! trahi par mon fils et maudit par ma fille !
            LADY FRANCIS.
Que chacun d'eux ressemble à Caïn le banni !
            CROMWELL, *à part.*
Implacable innocence ! — On me croit impuni !
Ma fille la plus chère et la dernière née,
Semble une conscience à mes pas acharnée.
La candeur d'une enfant, son œil naïf, sa voix,
Font trembler ce Cromwell, l'épouvante des rois !
Devant sa pureté toute ma force expire.
Dois-je persévérer ? — Dois-je saisir l'empire ?
Prosterné sous le trône où je serais assis,
Le monde se tairait ; — mais que dirait Francis ?
Que dirait son regard, doux comme sa parole,
Et qui m'enchante encore alors qu'il me désole ?
Chère enfant ! que son cœur saurait avec effroi
Que je suis régicide, et que j'ose être roi !
Dans sa province obscure il faut qu'on la renvoie.
Au but de mon destin sacrifions ma joie,

Privons mes derniers ans de ses soins que j'aimais.
N'attristons pas surtout, ne détrompons jamais
Le seul être qui m'aime encor sans ma puissance,
Et dans le monde entier croie à mon innocence !
Ange heureux ! que mon sort ne touche pas au sien !
Il le faut : soyons roi sans qu'elle en sache rien.
   Haut à Francis.
Conserve ce cœur pur ! je t'aime ainsi, ma fille !
   Il sort.
   LADY FRANCIS, *le suivant du regard.*
Qu'a-t-il ? C'est dans ses yeux une larme qui brille !
Bon père ! Il m'aime tant !
   Entrent dame Guggligoy et lord Rochester.

SCÈNE VI.

LADY FRANCIS, LORD ROCHESTER, DAME GUGGLIGOY.

   DAME GUGGLIGOY, *à Rochester au fond du théâtre.*
      Elle est seule, venez !
   LORD ROCHESTER, *à part.*
Que d'attributs le diable aux doublons a donnés !
J'ai, grâce à leur pouvoir, su rendre moins austères
Une duègne damnée et de saints mousquetaires.
La duègne a cédé vite, et je croyais d'abord
Moins tendres ces soldats, piliers du mont Thabor ;
Bah ! dès qu'un peu d'or touche à ces dragons-apôtres,
Ces têtes-rondes-là tournent mieux que les autres !
— Ils sont las de Cromwell qui les tient asservis. —
J'ai déjà vers Ormond dépêché cet avis,
Que la porte du Parc ce soir sera livrée.
Maintenant, — à Francis ! j'en ai l'âme enivrée.
Mais j'ai pour réussir des secrets souverains,

Je puis semer à flots doublons d'or et quatrains !
Tentons l'occasion !

Il s'avance vers lady Francis, qui ne le voit pas et semble concentrée dans une profonde rêverie.

DAME GUGGLIGOY, *regardant une bourse qu'elle cache dans sa main.*

Assez ronde est la somme !

A part, regardant Rochester.

Il est vraiment joli, ce jeune gentilhomme !
Se déguiser ainsi, tout braver par amour !
A cet âge ils sont fous. Hélas ! chacun son tour !
Oui, c'est ainsi qu'eût fait sire Amadis de Gaule.
— Pourtant dois-je permettre ?... Est-ce bien là mon rôle ?
Et puis, ce chevalier n'a pas un mot pour moi ;
De l'argent, voilà tout. —

Elle arrête Rochester, qui semble sur le point d'aborder Francis. — Bas.

Monsieur, un instant !

LORD ROCHESTER, *se détournant.*

Quoi ?

DAME GUGGLIGOY, *l'entraînant à l'autre coin du théâtre.*

Un instant !

LORD ROCHESTER.

Quoi ?

DAME GUGGLIGOY, *lui souriant.*

N'a-t-on rien de plus à me dire ?

LORD ROCHESTER.

Eh ! la bourse était lourde et doit pourtant suffire.

DAME GUGGLIGOY, *à part.*

Pourvu qu'il n'aille pas m'humilier encor
Avec ses doublons...

LORD ROCHESTER, *mettant la main sur ses poches vides, à part.*

Diable ! — Allons, je n'ai plus d'or,

Plus le sou! — Prenons-la par le faible des vieilles,
Et de quelques douceurs chatouillons ses oreilles.
       Haut.
Hé! qui pourrait tarir à parler avec vous?
Ah! sans le soin pressant qui m'amène...
             DAME GUGGLIGOY, *reculant.*
                              Tout doux!
Vous me flattez.
       LORD ROCHESTER.
             Non pas. Mais, hélas! le temps presse.
       Il fait un pas vers Francis; elle le retient.
             DAME GUGGLIGOY.
Je le vois, vous n'avez d'yeux que pour ma maîtresse.
       LORD ROCHESTER.
Ah! vous êtes charmante, et s'il fallait choisir...
       A part.
Va-t-elle à ses côtés me faire ici moisir?
             DAME GUGGLIGOY, *à part.*
Il a bon goût. Je vaux d'être encor regardée
Quand je me suis un peu d'avance accommodée
Au fait, je ne suis pas si digne de dédain
Quand j'ai ma jupe rose et mon vertugadin,
Mes lacs d'amour, mes bras garnis de belles manches,
Et mes deux tonnelets ajustés sur les hanches!
       Haut.
Vous trouvez? —
             LORD ROCHESTER, *se tournant vers Francis.*
             Mais souffrez...
             DAME GUGGLIGOY, *le retenant.*
                              Monsieur, j'ai du remord.
Ma charge est de garder la fille de milord.
             LORD ROCHESTER.
Vos yeux auraient rendu, madame, en leur bel âge,
Galaor infidèle, Esplandian volage.

DAME GUGGLIGOY, *le retenant toujours.*
Je suis coupable. On peut vous surprendre d'ailleurs.
LORD ROCHESTER.
Sir Pandarus de Troie eût porté vos couleurs.
DAME GUGGLIGOY, *à part.*
Il parle dans le grand !
LORD ROCHESTER, *à part.*
Sommes-nous ridicules
Tous les deux !
DAME GUGGLIGOY.
Je vous jure, il me vient des scrupules,
Et j'ai mille frissons dont je me sens glacer.
Elle prend les mains de Rochester.
LORD ROCHESTER.
Vos mains sont un velours.
A part.
Ah ! faut-il dépenser
Pour cette vieille folle, aux griffes desséchées,
Tout ce qu'ont les amours de choses recherchées !
Que me restera-t-il pour Francis ?
DAME GUGGLIGOY.
Laissez-moi.
LORD ROCHESTER.
Mars eût quitté Vénus s'il eût vu Guggligoy.
DAME GUGGLIGOY, *à part.*
C'est suffocant. Vraiment, dirait-on pas qu'il m'aime ?
Haut.
Je ne veux qu'un mari qui me parle de même.
LORD ROCHESTER, *à part.*
Elle veut un mari : je plaindrai celui-là !
Mais pour être flattée elle va rester là.
O la vieille têtue, et qui n'aurait d'émules
Qu'en Espagne, pays des duègnes et des mules !

DAME GUGGLIGOY.

Monsieur, vous qui semblez être un homme de goût,
Dites-moi franchement...

LORD ROCHESTER, *à part.*

Encor! le sang me bout.

DAME GUGGLIGOY, *lui montrant Francis.*

Qu'ont donc pour vous charmer ces jeunes éventées?

LORD ROCHESTER.

Mais...

DAME GUGGLIGOY.

En quoi vos ardeurs en sont-elles tentées?
Quel attrait voyez-vous à l'air de ces minois?

LORD ROCHESTER, *à part.*

Vraiment! avec son teint de mandarin chinois!

DAME GUGGLIGOY.

Elles ont la jeunesse, oui : c'est n'avoir au reste
Que la beauté du diable.

LORD ROCHESTER, *à part.*

Et toi sa laideur. — Peste!
Quel moyen prendre, ô ciel, pour m'en débarrasser?

Haut.

Laissez-moi deux instants avec Francis causer.
Après cet entretien, mon cher Bouton-de-Rose,
Ma foi de chevalier vous promet quelque chose,
Oui, quelque chose... dont vous ne vous doutez pas.

A part.

Une entrée à Bedlam.

DAME GUGGLIGOY.

Soit. Je reste à deux pas.

LORD ROCHESTER, *respirant.*

Enfin!...

DAME GUGGLIGOY.

Soyez discret. — Surtout, quoi qu'il arrive,
Ne me nommez jamais : on me brûlerait vive.

LORD ROCHESTER.

Soyez tranquille. — Allez vous promener un peu...
A part, et la regardant sortir.
Certe, elle a les os secs à faire un très-bon feu !

SCÈNE VII.

LADY FRANCIS, LORD ROCHESTER.

LORD ROCHESTER, *à part.*
M'en voilà délivré ! — Hasardons l'aventure.
L'œil fixé sur Francis, toujours immobile et pensive.
Que de grâce et d'attraits ! divine créature !
D'abord tournons la place avant de l'attaquer.
Une fille est un fort, j'ai pu le remarquer.
Les clins d'yeux qu'on lui fait, la mise recherchée,
Les petits soins, les mots galants, sont la tranchée
Qui s'avance en zigzag; la déclaration,
C'est l'assaut; le quatrain, — capitulation !
Je ne puis suivre ici les règles ordinaires.
Ainsi brusquons un peu tous les préliminaires.
Il s'avance vers Francis. — Haut en s'inclinant.
Miss... Milady !... —
LADY FRANCIS, *se retournant d'un air étonné.*
Monsieur ?
LORD ROCHESTER, *à part.*
Son regard m'interdit.
LADY FRANCIS, *avec un sourire.*
Ah ! c'est le chapelain !...
LORD ROCHESTER, *à part.*
Accoutrement maudit !
J'ai beau prendre les airs les plus coquets du monde,
Elle ne voit en moi qu'un pédant tête-ronde !

ACTE III, SCÈNE VII.

LADY FRANCIS.
Saint homme, donnez-moi la bénédiction.
Quel texte m'allez-vous prêcher?

LORD ROCHESTER.
La passion.

LADY FRANCIS.
J'ai le cœur bien touché du zèle qui vous presse.
Vous voyez devant vous une humble pécheresse,
Mon père.

LORD ROCHESTER, *à part*.
Son père! ah! n'ai-je rien de suspect?
Haut.
Ma fille!... écoutez-moi.

LADY FRANCIS.
J'écoute avec respect.

LORD ROCHESTER, *à part*.
Suis-je assez malheureux d'avoir l'air respectable!
Haut.
Ma fille!... écoutez-moi. — Ce n'est pas charitable
D'épandre autour de vous des ravages affreux!

LADY FRANCIS, *étonnée*.
Moi?

LORD ROCHESTER, *poursuivant*.
L'un de vos regards, seul, fait cent malheureux.

LADY FRANCIS.
Vous vous trompez!

LORD ROCHESTER.
Oh non!

LADY FRANCIS.
Mais quels sont donc mes crimes?

LORD ROCHESTER.
Vous avez sous les yeux une de vos victimes.

LADY FRANCIS.
Vous? que vous ai-je fait? Si j'ai vers vous des torts,

Je cours prier mon père !...
   LORD ROCHESTER, *l'arrêtant.*
       Ah ! soyez sans remords.
Des maux que vous causez vous êtes innocente.
   LADY FRANCIS.
Je ne vous comprends pas.
   LORD ROCHESTER.
     Candeur intéressante !
   LADY FRANCIS.
Mais si je vous ai fait du mal sans le savoir,
Je veux le réparer...
  LORD ROCHESTER, *mettant la main sur son cœur.*
    Ah !...
   LADY FRANCIS.
     C'est même un devoir.
   LORD ROCHESTER.
Qu'entends-je ? A mes désirs seriez-vous exorable ?
Vous me comblez de joie, ô princesse adorable !
  Il cherche à presser la main de Francis, qui recule.
   LADY FRANCIS.
Je ne suis point princesse... On n'adore que Dieu !... —
Vous m'effrayez !...
   Elle veut se retirer.
  LORD ROCHESTER, *la retenant par sa robe.*
   Francis, ne me dis pas adieu !
   LADY FRANCIS.
Il me tutoie !
  S'approchant de Rochester d'un air de compassion.
  A-t-il la tête un peu malade ?
   LORD ROCHESTER.
Non, mais le cœur.
   LADY FRANCIS.
    Pauvre homme !

ACTE III, SCÈNE VII.

LORD ROCHESTER, *à part.*

Essayons l'escalade.
Elle a l'air de me plaindre, et l'amour n'est pas loin.
　　Haut.
Ha! rendez-moi la vie!

LADY FRANCIS.

Oui, vous auriez besoin
D'un médecin. Vraiment, il a la fièvre chaude!

LORD ROCHESTER.

Voilà quatre ans bientôt qu'autour de vous je rôde.
　　A part.
Mentons, cela fait bien!

LADY FRANCIS.

Que voulez-vous?

LORD ROCHESTER.

Mourir!
Vos yeux qui m'ont blessé me pourraient seuls guérir.

LADY FRANCIS, *reculant toujours.*

Il me fait vraiment peur!

LORD ROCHESTER, *à part.*

C'est flatteur!
　　Haut et joignant les mains d'un air suppliant.

O ma reine!
Mon tout! ma déité! ma nymphe! ma sirène!

LADY FRANCIS, *effrayée.*

Qu'est-ce que tous ces noms? je m'appelle Francis.

LORD ROCHESTER.

Ah! princesse, pour vous je brûle et je transis!
Sous ce déguisement l'amour vers vous me guide;
Je suis un chevalier, et non pas un druide.
Que n'ai-je à vous offrir le sceptre des Indous!
Serez-vous aussi dure, avec des yeux si doux,
Pour un amour si tendre, et qui de douze ans date,
Que la prêtresse Ophis le fut pour Tiridate?

J'eusse franchi l'Asie au bruit de vos appas.
Cruelle ! vous fuyez, vous ne répondez pas.
Je vais aller mourir de l'amour qui m'oppresse.
Mais non, dites un mot, ma charmante tigresse,
Un mot, et vous serez, pour votre heureux sujet,
Du plus constant amour le plus céleste objet.

   LADY FRANCIS, *ouvrant de grands yeux étonnés.*
Que dit-il donc?

    LORD ROCHESTER, *à part.*
  Fort bien. Elle reste en extase.
Je le crois ! ma harangue est presque phrase à phrase
Prise dans *Ibrahim* ou *l'Illustre Bassa*,
Comme le Turc Lysandre à Zulmis l'adressa.
C'est du Scudéri pur ! — Continuons.
      Haut.
     Ingrate !
  Retenant Francis, qui paraît encore vouloir se retirer.
Ah ! restez, ou je vais me noyer dans l'Euphrate !

    LADY FRANCIS, *riant.*
Dans l'Euphrate?

    LORD ROCHESTER.
   Ou plutôt suivez votre dessein.
Oui, prenez cette épée, et percez-m'en le sein !...
 Il porte la main à son côté comme pour y chercher son épée.
  A part.
Point d'épée !... Ah !... comment faire, avec ce costume,
Semblant de se tuer, comme c'est la coutume?
Le moyen de poursuivre un entretien galant? —
Mais à défaut du fer, le quatrain !... excellent !
Si je ne la fléchis, je veux que Dieu me damne !
  Haut.
Ecoutez votre esclave, ô divine Mandane !
 Lui présentant un parchemin roulé, noué d'un ruban rose.
Ce papier de mon cœur vous fera le tableau.

ACTE III, SCÈNE VIII.

Il eût été détruit par la flamme ou par l'eau,
Si mon feu n'eût séché mes pleurs, et si, madame,
Mes larmes à leur tour n'eussent éteint ma flamme !
Prenez, lisez, jugez de mon amour ardent !
Il se précipite aux genoux de lady Francis.

LADY FRANCIS, *jetant à terre le parchemin et reculant avec dignité.*

Je vous comprends, monsieur. Vous êtes impudent !
Vous osez chez mon père ainsi vous introduire !

LORD ROCHESTER, *à part.*

La petite n'est pas très-facile à séduire.

LADY FRANCIS.

Levez-vous, ou j'appelle !

LORD ROCHESTER, *toujours à genoux.*

Ah ! je reste à vos pieds !...

LADY FRANCIS.

Vos insolents propos seraient trop expiés
Si...

SCÈNE VIII.

Les Mêmes, CROMWELL.

CROMWELL, *apercevant Rochester aux genoux de Francis.*
Par quel hasard, maître, aux genoux de ma fille ?

LORD ROCHESTER, *atterré et sans changer de posture, à part.*

Dieu ! Cromwell ! Je suis mort ! Pour une peccadille
C'est dur d'être pendu ! Pris en délit flagrant !
Il n'aura pas pour moi de châtiment trop grand !

CROMWELL.

Fort bien, mon chapelain !

LADY FRANCIS, *à part.*

Il faut de l'indulgence.

C'est un fou!
   CROMWELL, *à Rochester consterné.*
    Vous avez compté sans ma vengeance!
   LADY FRANCIS, *à part.*
Mon père le tûrait, le pauvre malheureux!
    CROMWELL.
Ce drôle! de ma fille il ose être amoureux!
Et mon Eve écoutait sa langue de vipère!
Quoi! Francis! vous souffrez...
   LADY FRANCIS, *avec embarras.*
       Pardonnez-moi, mon père,
Milord; ce n'est pas moi dont monsieur me parlait.
    CROMWELL.
De qui vous parlait-il à genoux, s'il vous plaît?
    LADY FRANCIS.
Monsieur, qui m'implorait de couronner ses flammes,
Me demandait la main de l'une de mes femmes.
   LORD ROCHESTER, *à part, se relevant étonné.*
Que dit-elle?
    CROMWELL.
  Et de qui?
   LADY FRANCIS, *souriant.*
    De dame Guggligoy.
   LORD ROCHESTER, *à part.*
Ah! la traîtresse!
   CROMWELL, *radouci.*
  Alors, c'est autre chose.
   LORD ROCHESTER, *à part.*
        Quoi?
La duégne ou la potence! en cette crise extrême,
Que ne me laissait-elle au moins choisir moi-même?
   CROMWELL, *à Rochester.*
Pourquoi ne point parler tout de suite, mon cher?
Puisqu'il vous reste encor des penchants pour la chair.

LORD ROCHESTER, *à part.*

Chair ! une peau collée à des os faits en duègne ?

CROMWELL.

On vous satisfera. Je hais que l'on me craigne.
Je suis content de vous : je pourrai vous donner
Votre belle.

LORD ROCHESTER, *à part.*

Ma belle ! un vieux spectre à damner !
Un corps à rebuter les bêtes carnassières !
Une figure à faire avorter des sorcières !

CROMWELL, *à part.*

Je lui croyais d'abord meilleur goût.

Haut.

Oui, je veux
Vous marier.

LORD ROCHESTER, *s'inclinant.*

Milord est trop bon !...

CROMWELL.

Tous vos vœux
Seront comblés.

Entre dame Guggligoy.

SCÈNE IX.

LES MÊMES, DAME GUGGLIGOY.

DAME GUGGLIGOY, *effrayée, à part.*

Le père et nos amants ensemble !
Tout est perdu.

CROMWELL, *apercevant dame Guggligoy.*

C'est vous, bonne dame !

DAME GUGGLIGOY, *à part.*

Je tremble !

CROMWELL.

On vous réclame ici.

DAME GUGGLIGOY, *interdite*.

Moi, milord ?

CROMWELL.

Vous saviez
L'amour du chapelain ?

DAME GUGGLIGOY, *à part*.

Grand Dieu !

CROMWELL.

Vous l'approuviez ?

DAME GUGGLIGOY.

Je savais ?... j'approuvais ?... moi, milord ? Je vous jure...
A part.
Mais il m'a donc trahi ?... Ah ! le petit parjure !
Il est aisé de voir, à son air consterné,
Qu'un malheur...

CROMWELL.

Je sais tout.

DAME GUGGLIGOY, *à part*.

Je l'avais deviné.

Une pause. — Dame Guggligoy paraît pétrifiée. Francis considère en souriant Rochester, qui promène des yeux désappointés de la jeune fille à la duègne.

LORD ROCHESTER, *à part*.

Ah ! la transition est imprévue et rude !

DAME GUGGLIGOY, *se jetant aux pieds de Cromwell*.

Grâce pour moi, milord ! grâce !...

CROMWELL, *se détournant*.

Elle fait la prude !

Il lui fait signe de se relever.

— Çà, maître Obededom est de nos bons amis,
Et n'a rien dans le cœur qui ne soit très-permis.

DAME GUGGLIGOY.

Peut-il donc aspirer à la beauté qu'il aime?

CROMWELL.

Qu'aime-t-il de si haut déjà? Vous!

DAME GUGGLIGOY.

Moi?

CROMWELL.

Vous-même.

Demandez-lui plutôt.

A Rochester.

N'est-il pas vrai? Parlez.

LORD ROCHESTER, *embarrassé.*

Je conviens...

DAME GUGGLIGOY.

C'est pour moi, vraiment, que vous brûlez?

LORD ROCHESTER, *à part.*

Oui, si j'étais l'enfer! —

Haut.

Madame...

CROMWELL.

Allons, mon maître!
Laissez dans tout son feu votre amour apparaître.
Je le permets. Contez à dame Guggligoy
Qu'à ma fille à genoux vous la demandiez...

DAME GUGGLIGOY.

Moi!

A Rochester, ébahi.

C'est donc pour cela?... Mais c'est chose abominable!
Sans mon aveu!...

LORD ROCHESTER, *jetant un coup d'œil de reproche sur Francis, qui rit.*

Je suis sans doute impardonnable!

A dame Guggligoy.

Madame!...

DAME GUGGLIGOY.
Audacieux ! redoutez mon courroux !
LORD ROCHESTER, *à part.*
Avec ses cheveux gris qui jadis étaient roux !
DAME GUGGLIGOY, *à part.*
Mais c'est qu'il est charmant !
Haut.
Donc, petit téméraire,
Vous m'aimez !
LORD ROCHESTER.
Je ne puis vous dire le contraire.
A part.
O Wilmot, que ta mine amusera le Roi
Entre lady Seymour et dame Guggligoy !
DAME GUGGLIGOY.
Vous m'aimez !
LORD ROCHESTER, *à part.*
Si Cromwell ne pouvait nous entendre !
Mais sous peine de mort il faut que je sois tendre.
Haut.
Je vous aime !
DAME GUGGLIGOY, *minaudant.*
C'est fort.
LORD ROCHESTER.
J'en conviens.
DAME GUGGLIGOY.
Vous cherchez
A m'épouser ?
LORD ROCHESTER, *se mordant les lèvres, à part.*
Voilà !...
Haut avec embarras.
Je ne dis pas...
DAME GUGGLIGOY, *indignée de son hésitation.*
Sachez

ACTE III, SCÈNE IX.

Que l'honneur... Quel affront! concupiscence infâme!
Elle pleure.
CROMWELL, *à Rochester.*
Mais apaisez-la donc. Vous la vouliez pour femme!
LORD ROCHESTER, *à part.*
Ah!...
Haut à dame Guggligoy.
Consentez...
A part.
Vieux cuir, dans les sabbats roussi!
DAME GUGGLIGOY, *soupirant et baissant les yeux.*
Je m'exécute!
Elle lui tend une main noire, qu'il prend avec dégoût.
LORD ROCHESTER, *à part.*
Et moi, je m'exécute aussi!
DAME GUGGLIGOY.
Je suis bonne, et consens que l'insolent m'embrasse.
LORD ROCHESTER, *à part.*
Une faveur! — Je veux la potence et ma grâce!
Dame Guggligoy lui présente une joue, sur laquelle il se résigne à déposer une grimace et un baiser.
DAME GUGGLIGOY.
Je vous permets encor l'autre joue.
LORD ROCHESTER.
Ah! merci!
DAME GUGGLIGOY.
Vous me boudez?
LORD ROCHESTER.
Hé non!
CROMWELL.
Point de scandale ici...
Il faut vous marier. — Çà, terminons l'affaire.
Votre bonheur n'est pas de ceux que l'on diffère.
Je vais vous contenter tous les deux sur-le-champ:

LORD ROCHESTER.

Mais...

CROMWELL.

L'amour est pressé, je le sais. C'est touchant !
Hé ! quelqu'un !

Entrent trois mousquetaires.

LORD ROCHESTER, *à part.*

Qui croirait que je suis à la noce ?

CROMWELL, *au chef des mousquetaires.*

Dis à Cham Biblechan, l'un des voyants d'Ecosse,
Qu'il marie à l'instant, sur le livre de foi,
Messire Obededom et dame Guggligoy.

A Rochester et à dame Guggligoy.

Suivez-les.

A Rochester.

Comme vous Cham est anabaptiste !

LORD ROCHESTER, *s'inclinant avec dépit, à part.*

Charmante attention !

CROMWELL.

Je vous sais dogmatiste !

LADY FRANCIS, *souriant et regardant de côté Rochester, qui la salue.*

Comme il est attrapé !

LORD ROCHESTER, *à part.*

Quel tour m'a joué là
Cette Francis ! — Je l'aime encor comme cela.
De ruse et de candeur j'adore ce mélange,
Sa malice d'enfant jointe à sa bonté d'ange.
M'arracher à son père ! à sa duègne m'unir !
Trouver en me sauvant moyen de me punir !

DAME GUGGLIGOY, *à Rochester.*

Venez donc, mon amour. Vous restez immobile !

LORD ROCHESTER, *soupirant, à part.*

Dans l'enfer de l'hymen suivons cette sibylle !
  Il sort avec dame Guggligoy et les mousquetaires.
  CROMWELL, *à lady Francis.*
Je vous laisse. Je vais écouter un sermon
De Lockyer, sur Rome et les prêtres d'Ammon.
  Il sort.

SCÈNE X.

LADY FRANCIS, seule.

Mon pauvre chevalier faisait triste figure.
Oui. — La punition est peut-être un peu dure.
Se marier ainsi sans trop savoir pourquoi,
Et tourner ses yeux doux sur dame Guggligoy !
C'est mal : je me repens.—Mais pouvais-je mieux faire ?
Certes, mon père encore eût été plus sévère.
  Apercevant le parchemin roulé qui est resté à terre.
Mais voilà son billet !... — Que m'écrivait-il donc ? —
Je ne le lirai point ! —
  Elle regarde le parchemin d'un œil d'envie et de curiosité.
           Mais quoi, pas de pardon ?
Pas de pitié ?... — Voyons : je le lirais ?... Qu'importe !
Sauf à le replacer ensuite de la sorte. —
Je lui dois de le lire : il est assez puni !
  Elle se précipite sur le parchemin, le dénoue et le déroule.
    S'arrêtant.
Lirai-je ? Est-ce mal faire ? — Eh non ! tout est fini
D'ailleurs.—Lisons.—
  Elle lit.
           «Milord.» Milord ! quel homme étrange !
Il m'appelait princesse, objet, nymphe, reine, ange ;
Il m'appelle à présent milord !—Fou !

Continuant de lire.

—«Tout va bien!...»

— Il écrit comme il parle, à n'y comprendre rien!
Tout va bien!—Quoi?—Suivons.—

Lisant.

«Ce soir, à minuit même,
« A la porte du Parc présentez-vous.. » — Il m'aime:
Voulait-il m'enlever?...—

Lisant.

« Tout le poste est séduit...»
C'est cela. — L'insolent doutait d'être éconduit! —

Lisant.

«Le mot d'ordre est donné. Succès sûr...»—Trop modeste!
Continuant.

« ... Vous leur direz Cologne, ils répondront le reste...»
—Moins clair.—

Lisant.

«Vous pourrez, grâce à leur concours ami,
Ici sa voix prend un accent de terreur.

« Saisir enfin Cromwell, par mes soins endormi!
« Le Chapelain du diable. » Ah! que viens-je de lire?
Sur mes yeux effrayés quel bandeau se déchire!
C'est à mon père seul qu'en veut ce scélérat!

Examinant le papier avec attention.

Voici l'adresse : « A Bloum, au Strand, hôtel du Rat.»
Le traître m'a remis ce billet par méprise.
Avertissons mon père. Infernale entreprise! —
On vient. Hâtons-nous. C'est peut-être l'assassin.

Elle s'enfuit précipitamment emportant le parchemin. — Entre
Davenant.

SCÈNE XI.

DAVENANT, puis LORD ROCHESTER.

DAVENANT, seul.

Le Protecteur me fait venir : pour quel dessein ?
Bah !... rien d'inquiétant ! curiosité pure !
Entre Rochester.
Mais quel est ce cafard ! — Dieu ! la bonne figure !
Un saint ? quelque hurleur puritain ?
LORD ROCHESTER, à part, et sans voir Davenant.
Maintenant,
C'est donc fait ! me voilà marié !... —
Il s'avance sur le devant du théâtre et reconnaît Davenant.
Davenant ?

DAVENANT, à part.

Il sait mon nom !
Haut.
Monsieur...—Mais je crois reconnaître
Milord Rochester !

LORD ROCHESTER.

Chut !
Ils se serrent la main.

DAVENANT.

Vous vous masquez en maître.
Fussiez-vous marié, votre femme, vraiment,
Ne vous connaîtrait pas sous ce déguisement !

LORD ROCHESTER, soupirant, à part.

Plût au ciel ! —
Haut.
Davenant, pas de plaisanterie.

DAVENANT.

C'est la première fois que Votre Seigneurie
Pour rire des maris se veut faire prier

LORD ROCHESTER, *à part.*

Hé! peut-on à la fois rire et se marier?
Je l'y voudrais voir, lui!

Haut.

Brisons là. — Cher poëte,
Par quel hasard chez nous? Votre aspect m'inquiète.

DAVENANT, *riant.*

Chez nous! Mais c'est parler en toute liberté!
Milord dans cet enfer s'est vite acclimaté.
Rassurez-vous d'ailleurs. Cromwell a cet usage
De me mander toujours au retour d'un voyage.
Comment vous trouvez-vous avec lui?

LORD ROCHESTER.

Moi? très-bien.
Protégé par Milton, Cromwell me veut du bien,
Et de mille faveurs me comble à sa manière.

A part.

Je l'aurais dispensé même de la dernière.

Haut.

Au reste, vous savez? je suis à temps venu.
Un traître, dans nos rangs espion inconnu,
Lui disait tout; mais, grâce à mon adresse extrême,
Ormond se cache au Strand, et moi chez Cromwell même

DAVENANT.

Lâche espion! Willis eût voulu l'écorcher!
C'est lui que nous avons chargé de le chercher.

LORD ROCHESTER.

Par bonheur, nous tenions prête la contre-mine.

Montrant sa veste.

J'ai votre fiole ici... — Ce soir tout se termine.

DAVENANT.

Cromwell ne sait donc rien de ce complot hardi?

LORD ROCHESTER.

Non. Nous n'étions que trois quand nous l'avons ourdi.

DAVENANT.

La garde est subornée?

LORD ROCHESTER.

Oui.

DAVENANT.

C'était difficile.

LORD ROCHESTER.

L'esprit puritain meurt; l'or rend un saint docile.

DAVENANT.

Noll n'a pas de soupçons sur moi? Vous croyez?

LORD ROCHESTER.

Non.

Vous seriez arrêté s'il avait votre nom.

SCÈNE XII.

DAVENANT, LORD ROCHESTER, DAME GUGGLIGOY.

DAME GUGGLIGOY, *à Rochester*.

Hé bien, monsieur! Déjà fuyez-vous votre amante?

DAVENANT, *reculant*.

A qui donc en veut-elle?

DAME GUGGLIGOY, *à Rochester*.

Hélas! je me lamente,
J'appelle, je languis, je pleure, je me meurs,
Je pousse à fendre un roc de dolentes clameurs,
Et vous ne venez pas! Ah! pauvre délaissée!
Quoi! déjà votre ardeur est-elle donc passée?
Voyez mes pleurs! voyez! mon cœur en eau se fond.

LORD ROCHESTER, *détournant les yeux, à part*.

Ah! l'horrible grimace!... — Est-ce triste ou bouffon?

Bas à Davenant, en lui montrant la Guggligoy.

Qu'en dites-vous?

DAVENANT, *de même.*
Quel est ce spectre?
LORD ROCHESTER, *toujours bas.*
C'est ma femme.
DAVENANT, *riant.*
Votre femme?
LORD ROCHESTER.
Oui, d'honneur! Vite un épithalame,
Mon poëte!
DAVENANT.
Milord veut rire?
LORD ROCHESTER.
Non, pardieu!
Rien n'est moins drôle.
DAME GUGGLIGOY.
Traitre! et vos serments de feu!
DAVENANT, *bas à lord Rochester.*
La maîtresse en son genre est vraiment peu commune.
Je vous fais compliment de la bonne fortune.
LORD ROCHESTER, *bas à Davenant.*
Bonne fortune! c'est ma femme, et rien de plus!
Vous me faites affront!
DAME GUGGLIGOY.
Mes pleurs sont superflus.
Il ne m'écoute pas!
DAVENANT, *bas à lord Rochester.*
Tandis qu'elle radote,
Expliquez-moi...
LORD ROCHESTER, *bas à Davenant.*
Cromwell me la donne, et la dote;
Le tout par bonté.
DAME GUGGLIGOY, *le tirant par la manche.*
Quoi! mon cher mari!

DAVENANT, *bas à lord Rochester, qui cherche à repousser dame Guggligoy.*

Comment !

LORD ROCHESTER, *bas à Davenant.*

Je vous dirai cela. Sachez, pour le moment
Qu'à bon droit de ce nom la sibylle m'appelle.
C'est fait. Un corps de garde a servi de chapelle ;
Un tambour d'un sermon nous a gratifiés ;
Et c'est un caporal qui nous a mariés.
Je tremblais à la fin que la loi martiale
Ne fît du lit de camp la couche nuptiale. —
Heureusement...

DAVENANT, *riant.*

J'aurais voulu voir pour ma part
La duègne et l'aumônier conjoints par un soudard !

LORD ROCHESTER, *bas.*

C'est ainsi que chez nous la chose se pratique.

DAVENANT.

Hé mais ! pour dénouer une œuvre dramatique,
Ces mariages-là sont commodes, vraiment.
Un caporal unit la belle avec l'amant ;
Tout est dit.

DAME GUGGLIGOY, *aigrement.*

De qui donc parlez-vous à voix basse ?
Il me fuit ! — Fallait-il qu'à ce point je tombasse,
Moi qui ne suis point mal, et garde en très-bon or,
Deux cents vieux jacobus, qui sont tout neufs encor !

DAVENANT, *à Rochester.*

Peste ! mais ce parti vaut bien des héritières !
Deux cents vieux jacobus, et trois dents presque entières !

DAME GUGGLIGOY, *à Rochester.*

Vous qui me prodiguiez tant de charmants propos...

LORD ROCHESTER, *à Davenant.*

Elle a rêvé cela. —

A dame Guggligoy.
Laissez-nous en repos.
Dieu vous damne !
Il la repousse.

DAME GUGGLIGOY.
Ils sont tous les mêmes, ces infâmes !
Tendres pour leur amante, et durs avec leurs femmes.
Des chats avant la noce, et des tigres après !
A Rochester.
Quoi ! barbare ! changer nos myrtes en cyprès,
Laisser ta jeune épouse !.

LORD ROCHESTER.
Ah ! vieille aventurière,
Si le diable était mort, tu serais sa douairière.

DAME GUGGLIGOY.
Pour un saint quel langage !

LORD ROCHESTER, *à part.*
A propos, j'oubliais...
Haut.
O femme ! j'ai fait vœu...
A part.
Prenons notre air niais.
Haut.
De chasteté.

DAME GUGGLIGOY.
Comment !

LORD ROCHESTER, *baissant les yeux.*
Vainement vous me dites :
« Dormez avec moi !... » Point de voluptés maudites !

DAME GUGGLIGOY.
Me chasser sans pitié hors du lit conjugal !

LORD ROCHESTER.
Madame, restez-y : cela m'est fort égal.
C'est moi seul que j'en veux chasser.

ACTE III, SCÈNE XII.

DAME GUGGLIGOY, *furieuse*.

Ah! quel outrage!
Serpent! monstre! perfide! aspic! tiens, crains ma rage.

LORD ROCHESTER, *reculant*.

Gare à mes yeux! la fée a les ongles crochus.

DAME GUGGLIGOY, *pleurant*.

Puisque les droits d'époux enfin te sont échus...

LORD ROCHESTER.

Ah! mon Dieu!

DAME GUGGLIGOY.

Quelle glace à tes flammes succède?
Pourquoi me fuir? Quel est le démon qui t'obsède?

LORD ROCHESTER.

Vous me le demandez!

DAME GUGGLIGOY.

Près de moi viens t'asseoir.
Je m'attache à toi!

LORD ROCHESTER, *s'enfuyant*.

Ciel! que ferai-je ce soir?

Il sort.

DAME GUGGLIGOY, *le poursuivant*.

Ingrat!

Elle sort.

DAVENANT, *seul, haussant les épaules*.

Wilmot est fou. Quelle est cette algarade?
Avec la tragédie unir la mascarade!

Il s'avance au fond du théâtre en les suivant des yeux. — Entre Cromwell.

SCÈNE XIII.

DAVENANT, CROMWELL.

CROMWELL, *le parchemin de Rochester à la main, sans voir Davenant et sans en être vu.*
Encore un nouveau piége... — où j'ai failli tomber!
Dans mon propre palais ils m'allaient dérober.
A force de folie, ils triomphaient peut-être.
Sans ma fille,—une enfant,—les rois perdaient leur maître!
Insolents, sans combattre à la face du ciel,
Venir, dans Londres même, — escamoter Cromwell!
Comment prévoir ce coup d'audace et de délire,
A moins d'être insensé comme eux? — J'ai beau relire
Ce billet, je n'y vois qu'un avis imparfait. —
Heureusement pour moi qu'ils sont fous tout à fait.
Là, courtiser la fille en détrônant le père!
Tendre un piége au lion jusque dans son repaire,
Et jouer sous sa griffe avec ses lionceaux!
S'ils n'étaient pas si fous, on les croirait plus sots.
«—Le chapelain du diable!...»—Ah! tête à double face!
Donc cet Obededom n'est un saint qu'en grimace!
Quel est-il? c'est un chef des maudits cavaliers.
Qui? — Wilmot Rochester ou Buckingham Williers?
Galant avec Francis, près de moi bon apôtre,
Ce doit être Wilmot ou Williers, l'un ou l'autre.
Mes soldats sont séduits! je ne suis plus aimé. —
Nous verrons : j'ai déjà mon projet tout formé.
Seulement, à l'appât pour mieux les faire mordre,
J'ai regret de n'avoir que moitié du mot d'ordre.
Enfin!... — J'attends Ormond et les épiscopaux!
Davenant revient sur le devant de la scène, et aperçoit Cromwell.

ACTE III, SCÈNE XIII.

DAVENANT, *à part.*

C'est Cromwell!

Haut en s'inclinant.

Milord!...

CROMWELL, *avec un air de surprise agréable.*

Bon! vous venez à propos, Monsieur Davenant!

DAVENANT, *s'inclinant de nouveau.*

Prêt à servir Son Altesse.

CROMWELL, *avec un sourire.*

Logez-vous pas toujours chez votre même hôtesse? A la *Syrène?*

DAVENANT.

Oui, milord.

CROMWELL.

C'est un bon lieu. Comment vous portez-vous, avec l'aide de Dieu?

DAVENANT, *s'inclinant.*

Fort bien.

CROMWELL.

Vous avez fait sans doute un bon voyage? En êtes-vous content?

DAVENANT.

Oui, milord!

A part.

Verbiage!

CROMWELL.

Vous aviez quelque but pour vous être absenté? D'affaire? — de plaisir? —

DAVENANT.

De santé.

CROMWELL.

De santé!

A part.

Je doute qu'elle soit par ces courses meilleure.

Haut.

C'est très-bien fait parfois de quitter sa demeure,
Et de prendre un peu l'air. — Qu'avez-vous visité ?

DAVENANT, *avec embarras.*

Mais... le nord de la France...

CROMWELL.

Ah ! c'est bien limité.
On dit les bords du Rhin fort beaux. Toute ma vie,
J'ai de les parcourir conservé quelque envie.
Les avez-vous vus ?

DAVENANT, *dont le trouble augmente.*

Oui !

CROMWELL.

Je vous approuve fort.
Et sans doute aussi Trève ? et Mayence ? et Francfort ?
— Cologne ?...

DAVENANT, *à part.*

Avec son air affable, il m'épouvante !

Haut.

Oui, milord !...

CROMWELL.

Ah ! Cologne ! une ville savante !
Pays de saint Bruno, de Corneille Agrippa.

DAVENANT, *inquiet, à part.*

Passons vite !...

Haut.

J'ai vu Brême, visité Spa...

CROMWELL.

Ah ! restons à Cologne ! —

A part.

Il voudrait être à Brême.

Haut.

L'Université ? c'est du siècle ?...

DAVENANT.

Quatorzième.

CROMWELL.

Pour un esprit lettré séjour intéressant,
N'est-ce pas? vous aurez été voir en passant?...

DAVENANT, *à part*.

Dieu! saurait-il?...

Haut.

Moi, rien! quoi voir?

CROMWELL.

La cathédrale.
On admire surtout la porte latérale.
L'avez-vous vue?

DAVENANT, *à part*.

Il n'est instruit de rien du tout.

Haut.

Oui, milord; — mais l'ensemble est d'assez mauvais goût.

CROMWELL.

Mauvais goût! mauvais goût! c'est bien facile à dire.
C'est un bel edifice, et qui vaut qu'on l'admire.
Rien ne déparerait ce temple, quoiqu'ancien,
S'il n'était pas souillé du culte égyptien. —

Après une pause.

Et vous n'avez rien vu de plus dans cette ville?

DAVENANT.

Non, milord.

CROMWELL, *souriant*.

Pas rendu de visite civile,
Par exemple, à certain Stuart?

DAVENANT, *atterré, à part*.

Coup imprévu!

Haut.

Je vous jure, milord, que je ne l'ai point vu.

CROMWELL.

Je sais à leurs serments les papistes fidèles! —

Mais, dites-moi, — qui donc éteignit les chandelles? —
N'est-ce pas lord Mulgrave?
>> DAVENANT, *à part.*
>> Il sait tout!

CROMWELL.

Je vous croi,
Je sais que vous n'avez, d'honneur, pas vu le Roi. —
Vous avez un chapeau de forme singulière.
Excusez ma façon peut-être familière;
Vous plairait-il, monsieur, le changer pour le mien?
>> DAVENANT, *à part.*

Je suis trahi! —
>> Haut.
>> Milord...

CROMWELL, *lui arrachant son chapeau.*

Donnez! Merci. —

Il fouille précipitamment dans le chapeau, et en tire la dépêche royale, qu'il déploie et lit avec avidité. — Il entrecoupe sa lecture d'exclamations de triomphe.

Fort bien!
Le chapelain du diable est Rochester. — La chose
Est fort bien arrangée. A merveille! — On suppose
Qu'il n'est point malaisé de me fermer les yeux.
On me trompe, on m'endort, on me prend; c'est au mieux.
>> A Davenant.

Rien ne doit égaler vos tragi-comédies
Si vos pièces, monsieur, valent vos perfidies.
>> A Thurloë, qui entre.

Thurloë, que monsieur soit conduit à la Tour.

Thurloë sort et revient accompagné de six mousquetaires puritains, au milieu desquels Davenant, consterné, se place sans résistance. Cromwell le congédie avec un rire amer et ironique.

Charles vous a coiffé, je vous loge à mon tour.
Le Ciel vous tienne en joie!

DAVENANT, *à part.*
O dénoûment sinistre !

Il sort avec les gardes.

THURLOE, *à Cromwell.*

Milord, le Parlement, auquel un saint ministre
A fait, selon votre ordre, une exhortation,
Apporte divers bills à votre sanction.
Notamment l'Humble Adresse ou Loi qui vous confère
La couronne.

CROMWELL.

Qu'il entre.

Thurloë sort.
Seul.

Ah ! ténébreuse affaire ! —
Par leur propre artifice il faut qu'ils soient perdus.
Je veux les prendre eux-mêmes aux rets qu'ils m'ont tendus.

Il regarde tour à tour le parchemin de Rochester et le message de Davenant.

Maintenant je tiens tout dans ma main ; —

Faisant le geste de fermer violemment ses deux mains.

Il ne reste
Qu'à tout écraser. — Dieu pour moi se manifeste. —
Ah ! c'est le Parlement !

Le Parlement, conduit par Thurloë, entre en habit de cérémonie. A la tête des membres marche l'orateur, en robe, suivi des clercs du Parlement, précédé des sergents de la chambre, des massiers portant leurs masses et de l'huissier à la verge noire. — Cromwell monte à son fauteuil protectoral, et le Parlement s'arrête gravement à quelques pas de lui, en dehors de la limite des tabourets.

SCÈNE XIV.

CROMWELL, le Parlement, LE COMTE DE CARLISLE,
WHITELOCKE, STOUPE, THURLOE.

Sur un signe de Cromwell, Carlisle et Thurloë s'approchent du Protecteur.

CROMWELL, *bas au comte de Carlisle.*
                    Lord Carlisle! arrêtez
A l'instant les soldats pour cette nuit postés
A la porte du Parc.
            Lord Carlisle s'incline et sort.
    Bas à Thurloë en lui remettant le parchemin de Rochester.
                    Porte ceci sur l'heure
A Bloum, au Strand.
              Désignant la suscription de la lettre.
                    Ici tu verras sa demeure.
Ou, pour que mes desseins soient encor mieux remplis,
Pour messager plutôt prends sir Richard Willis.
Va! —
      THURLOE, *prend le parchemin en s'inclinant.*
    Milord, il suffit!
                Il sort.
            CROMWELL, *à part.*
                  Ce nom de Bloum me voile
Le vieil Ormond, que va me livrer mon étoile!
              Il s'assied et se couvre.
Ah!...
    Whitelocke et Stoupe se placent à ses côtés. — Haut.
Nous vous écoutons, messieurs, présentement.
  L'ORATEUR DU PARLEMENT, *découvert et debout, ainsi que tous les assistants.*
Milord, nous vous portons les bills du Parlement.

Votre Altesse verra, dans ce qu'il lui propose,
A quel point nous aimons la bonne vieille cause.
Daignez sanctionner nos lois.

CROMWELL.

Nous allons voir.

L'ORATEUR, *se tournant vers le clerc.*

Çà, clerc du Parlement, faites votre devoir.

LE CLERC DU PARLEMENT, *d'une voix haute et tenant ouvert le registre des délibérations.*

Le vingt-cinquième jour de juin, neuvième année
De cette liberté que Dieu nous a donnée,
Voici les derniers bills votés en Parlement.
— *Primo.* Considérant qu'on peut imprudemment
Pécher, comme Noé, par le fruit de la vigne,
Et jurer de saints noms sans volonté maligne,
Le Parlement susdit veut, dans l'intention
D'adoucir sur ce point la législation,
Qu'on se borne à punir, avec miséricorde,
Les ivrognes du fouet, les jureurs de la corde.

CROMWELL.

C'est bien peu. — Qui blasphème un Dieu que nous prions
Vaut bien les assassins, même les histrions !
Pourquoi le moins punir ? — Ces lois sont transitoires...
Ainsi nous consentons.

L'orateur et les membres du Parlement s'inclinent.

LE CLERC, *continuant de lire.*

Secundo. Les victoires
Que vient de remporter Robert Blake, amiral,
Recevront les honneurs d'un jeune général.
La Chambre, ayant longtemps consulté les saints livres,
Lui donne un diamant du prix de cinq cents livres ;
En outre, elle prescrit que des exploits si beaux
Soient immortalisés dans ses procès-verbaux.

CROMWELL.

Nous consentons.

Les assistants s'inclinent. — Rentre Thurloë, qui vient prendre sa place près du Protecteur.

THURLOE, *bas à Cromwell.*

C'est fait !

LE CLERC, *poursuivant.*

Tertio. Les tumultes
Qu'excitent dans York des malveillants occultes
Ayant d'un saint effroi glacé les cœurs anglais,
Le Parlement susdit, pour mettre sans délais
Les rebelles d'York hors de la loi civile,
Lance un *quo warranto* sur leurs chartes de ville.

CROMWELL, *bas à Thurloë.*

Vingt soldats vaudraient mieux que cent *quo warranto.*
J'arrangerai cela.

Haut.

Nous consentons.

Tous s'inclinent encore.

LE CLERC, *reprenant.*

Quarto.

La Chambre, afin d'emplir les caisses épuisées,
Entend que chaque Anglais, dans ses fautes passées,
Cherchant à racheter quelque énorme attentat,
Jeûne un jour par semaine au profit de l'Etat.
Moyen rare, et conforme aux saintes ordonnances,
De faire son salut en aidant les finances.

CROMWELL.

Nous consentons.

Tous s'inclinent de nouveau.

LE CLERC, *continuant et d'une voix plus éclatante.*

Quinto. L'HUMBLE PÉTITION
OU SUPPLIANTE ADRESSE AU HÉROS DE SION ! —

Tous les membres du Parlement font un profond salut à Cromwell, qui leur répond d'un signe de tête.

Ayant considéré qu'il est d'usage antique
De clore par un roi tout débat domestique,
Que Dieu même, à son peuple ayant donné ses lois,
Changea la chaire en trône et les Juges en Rois; —
Ouï les orateurs présentés pour et contre; —
A milord Protecteur le Parlement remontre
Qu'il faut pour chef au peuple un seul individu,
A qui des anciens rois le titre soit rendu,
Et supplie Olivier, protecteur d'Angleterre,
D'accepter la couronne à titre héréditaire. —

   L'ORATEUR DU PARLEMENT, *à Cromwell.*
Je demande, milord, la parole.
    CROMWELL.
     Parlez.
    L'ORATEUR.
Milord! — dans tous les temps, récents ou reculés,
Des rois ont gouverné les nations du monde.
Le livre primitif, où la sagesse abonde,
Partout en mots exprès dit : **Reges gentium.**
On voit, en méditant Gabaon, Actium,
Que lorsqu'au sein d'un peuple une lutte s'élève,
C'est un nœud gordien que toujours tranche un glaive.
Ce glaive devient sceptre, et démontre à la foi
Que toute question se résout par un roi.
Je sais que de grands clercs adoptent pour système
Qu'assisté de ses saints Christ peut régner lui-même;
Mais le régulateur des destins éternels
N'est pas un roi visible à des peuples charnels;
Il faut des rois de chair aux terrestres royaumes;
Rex substantialis, disent les axiomes.
Voilà des arguments qu'on ne saurait nier. —
L'état de république est de tous le dernier.
Il faut que sur un roi le peuple se repose;
Car le peuple est pareil, milord, quoi qu'on suppose,

Au héron qui ne peut dormir que sur un pied.
Or le héron qui dort est-il estropié?
Le peuple est ce héron. Venge-t-il ses querelles,
Il a pour bec l'armée et les chambres pour ailes.
Mais quand la barque enfin se rattache à l'anneau,
Qu'il dorme sur un pied! *Stans pede in uno.*
L'argument est trop clair pour qu'on le développe.
Que Votre Altesse donc, étendant sur l'Europe
Le glaive de Judas et la verge d'Aaron,
Soit le roi d'Angleterre et le pied du héron!
Nous invoquons des lois au monde entier communes.
Dixi quid dicendum, parlant pour les communes.

L'orateur se tait, s'incline; et Cromwell, absorbé dans ses pensées, garde quelque temps un silence de recueillement; enfin il lève les yeux au ciel, croise les bras sur sa poitrine et soupire profondément.

CROMWELL.

Nous examinerons.

Etonnement général.

L'ORATEUR DU PARLEMENT, *à part.*

Qu'entends-je?

WHITELOCKE, *bas à Thurloë.*

Que dit-il?

Il refuse?

THURLOE.

Il hésite. Il craint quelque péril.

CROMWELL, *bas à Thurloë.*

Il le faut! — différons. — Aux cavaliers en butte,
Rendons les puritains neutres dans cette lutte,
Et ne nous mettons point, dans ce double embarras,
Deux épines au pied, deux fardeaux sur les bras.
Rompons d'abord les rets dont Ormond m'environne.
J'aurai toujours le temps de saisir la couronne.
Calmons les puritains en fuyant cet honneur.

Haut aux assistants.

Allez en paix. — Cherchons la grâce du Seigneur.

Tous, excepté Thurloë, sortent avec de profondes révérences et des signes d'étonnement.

SCÈNE XV.

CROMWELL, THURLOE.

THURLOE, *à part.*
Quelque chose est ici changé depuis une heure.
CROMWELL, *à part.*
C'est bon ! jusqu'à demain que ce refus les leurre.

Tous deux restent un moment immobiles et silencieux. Cromwell, appuyé sur les bras de son fauteuil, semble méditer profondément. Enfin Thurloë s'avance vers lui et s'incline.

THURLOE.
Milord, il est tard.
CROMWELL, *brusquement.*
    Fais sonner le couvre-feu !
THURLOE.
N'avez-vous pas besoin de reposer un peu ?
CROMWELL.
Oui. — De dormir pourtant je n'ai pas grande envie.
THURLOE.
Où milord couche-t-il cette nuit ?
CROMWELL, *à part.*
        Quelle vie !
Me cacher tous les soirs comme un voleur qui fuit !
Régnez donc, pour changer de couche chaque nuit !
Partout, autour de nous, en nous, toujours la crainte !
   Haut à Thurloë.
Qu'on mette ici mon lit.

THURLOE.
Quoi, dans la Chambre Peinte?
Mais c'est ici, milord, qu'on vit se réunir
Les juges de Charle...

CROMWELL, *à part.*
Ah! toujours ce souvenir!
Ce Charles!...
Haut.
Vous avez, monsieur, trop de mémoire
Obéissez.

Thurloë baisse la tête, sort, et revient suivi de valets qui dressent un lit et apportent deux flambeaux. Cromwell, qui est resté silencieux, se rapproche de Thurloë, immobile, quand les valets sont sortis.

D'ailleurs, quand la nuit sera noire,
Si ces lieux ont un spectre, il ne m'y verra pas!

Serrant la main de Thurloë et lui montrant le lit préparé.

Ce lit n'est pas pour moi.

THURLOE, *surpris.*
Qui donc?

CROMWELL, *à demi-voix.*
Parle plus bas.
Il ne craint point, celui pour qui ce lit s'apprête,
Les fantômes de rois et les spectres sans tête.

THURLOE.
Mais quel secret...

CROMWELL.
Tais-toi! — Faites ce qu'on vous dit.
Vous saurez tout plus tard.

THURLOE, *à part.*
Je demeure interdit.
C'est ainsi qu'il se sert de nous : toujours nous taire! —
Exécuter ses plans, sans savoir le mystère.
Tantôt être muet, sourd, aveugle; et tantôt

ACTE III, SCÈNE XV.

Avoir cent yeux, cent voix et cent bras s'il le faut !
> Haut à Cromwell.

Milord, pardon si j'ose... un péril vous menace,
Quel est-il ?
> Montrant le lit.

et qui doit prendre ici votre place ?

CROMWELL.

Tais-toi ! — Mon chapelain tarde bien à venir !...
> A part et se promenant à grands pas sur le devant du théâtre.

Comme ils sont tous contents ! ils pensent me tenir.
Ormond rit d'un côté, Rochester rit de l'autre.
Bon ! — leur génie en vient aux mains avec le nôtre.
A leur mesure étroite ils creusent mon tombeau !
> Il s'arrête devant la table sur laquelle brûlent les deux bougies et, comme offusqué de leur éclat, s'adresse rudement à Thurloë.

Pourquoi tant de lumière ? — Il suffit d'un flambeau ;
Qu'on mette en ma dépense un peu d'économie.
> Il souffle lui-même une des deux bougies.

C'est ainsi qu'on éteint une vie ennemie.
Un souffle ! et tout est dit. — Eh bien ! mon chapelain ?...
> Entre Rochester accompagné d'un page portant sur un plat d'or un gobelet d'or où l'on voit tremper un rameau de romarin.

THURLOE.

Le voici justement !

CROMWELL.

Enfin !...
> Il se frotte les mains avec joie.

SCÈNE XVI.

Les Mêmes, LORD ROCHESTER.

LORD ROCHESTER, *à part*.
      Le vase est plein.
Il faut que Noll le boive. Il va faire un fier somme !
J'ai mis toute la fiole. — Hé ! je sers le pauvre homme.
Je l'arrache au remords ; grâce à mes soins d'ami,
Il n'aura de longtemps, d'honneur, si bien dormi !
*Il prend le plat des mains du page, qui se retire, et il le présente
   à Cromwell en s'inclinant. — Haut.*
Milord...
 A part.
   Il faut encor de la cérémonie.
 Haut.
Buvez cette liqueur que mes mains ont bénie.

CROMWELL, *ricanant*.
Ah ! vous l'avez bénie ?

   LORD ROCHESTER.
    Oui.
    A part.
     Quel regard !

   CROMWELL.
       Fort bien.
Ce breuvage, est-ce pas, me doit faire du bien ?

   LORD ROCHESTER.
Oui, l'hypocras contient une vertu suprême
Pour bien dormir, milord.

   CROMWELL.
     Alors buvez vous-même !
Il prend le gobelet sur le plat et le lui présente brusquement.

LORD ROCHESTER, *épouvanté et reculant*.
Milord !...

ACTE III, SCÈNE XVI.

A part.
Quel coup de foudre!...

CROMWELL, *avec un sourire équivoque.*

Eh bien, vous hésitez ?
Accoutumez-vous donc, jeune homme, à nos bontés.
Vous n'êtes pas au bout encor...--Prenez, mon maître;
Surmontez le respect qui vous trouble peut-être,
Buvez. —

Il force Rochester, confondu, à prendre le gobelet.

Saviez-vous pas que nous vous chérissions?
Que retombent sur vous vos bénédictions!

LORD ROCHESTER, *à part.*
Je suis écrasé!

Haut.
Mais, milord...

CROMWELL.

Buvez, vous dis-je!

LORD ROCHESTER, *à part.*
Il s'est depuis tantôt passé quelque prodige.
Haut.
Je vous jure...

CROMWELL.

Buvez : vous jurerez après.

LORD ROCHESTER, *à part.*
Et notre grand complot, et nos savants apprêts!

CROMWELL.

Buvez donc!

LORD ROCHESTER, *à part.*
Noll encor nous surpasse en malice.

CROMWELL.

Vous vous faites prier?

LORD ROCHESTER, *à part.*
Buvons donc ce calice!
Il boit.

CROMWELL, *avec un rire sardonique.*
Comment le trouvez-vous?
LORD ROCHESTER, *remettant le gobelet sur la table.*
Que Dieu sauve le Roi!
A part.
Pour moi, je suis sauvé de dame Guggligoy.
Noll peut faire de moi ce qu'il voudra. Qu'importe!
Ma nouvelle moitié m'attendait à la porte.
Je tombe, et mon naufrage en est bien moins cruel,
De Charybde en Scylla, de ma femme à Cromwell!
L'un vous force à dormir, l'autre à livrer bataille. —
J'ai changé de démon, voilà tout. — Mais je bâille...
Déjà!...
Il s'assied sur un des pliants à dossier.
THURLOE, *à Cromwell.*
C'est du poison qu'il a bu?
LORD ROCHESTER, *bâillant.*
Sur ma foi,
Ce qu'il dit est flatteur pour Cromwell et pour moi!
CROMWELL, *bas à Thurloë.*
Nous verrons.
THURLOE, *à part, regardant Rochester.*
Pauvre homme!
LORD ROCHESTER, *bâillant.*
Ah! j'ai la tête étourdie.—
Bâillant encore.
Quand tout le jour on a joué la comédie,
Jeûné, — prié, — beaucoup prêché, juré fort peu, —
Porté masque de saint, pris même un nom hébreu, —
Du vieux Noll, — sur la Bible, — essuyé l'apostrophe, —
C'est dur...
Il bâille.
de s'endormir juste à la catastrophe!
Il bâille encore.

Puissé-je encor ne pas me réveiller pendu !
Avec moi seulement Ormond sera perdu; —
C'est là tout mon regret. — Chassons ce triste rêve... —
>Il bâille.

Fiole d'enfer ! — ma tête à peine se soulève.
Bonsoir, monsieur Cromwell : — que Dieu sauve le Roi !
>Sa tête retombe sur son épaule et il s'endort.

CROMWELL, *l'œil fixé sur Rochester endormi.*
Quel dévoûment ! — Qui donc ferait cela pour moi ?
>A Thurloë.

Portons-le sur ce lit.
>Tous deux portent Rochester sur le lit placé dans un coin du théâtre, et l'y déposent sans qu'il se réveille. — En ce moment, on entend frapper à une porte basse donnant sur un des couloirs latéraux de la Chambre-Peinte.

THURLOE, *avec inquiétude à Cromwell.*
On frappe à cette porte.

CROMWELL.
Ouvre, je sais qui c'est.

THURLOE, *ouvrant la porte.*
Le rabbin !

SCÈNE XVII.

CROMWELL, THURLOE, MANASSÉ-BEN-ISRAEL, LORD ROCHESTER, endormi.

CROMWELL, *à Manassé, qui se prosterne en entrant sur le seuil.*
Que m'apporte
Le juif ?
>Manassé se relève et s'approche de Cromwell d'un air mystérieux.

MANASSÉ, *bas à Cromwell.*
De l'argent.

Il entr'ouvre sa robe et montre au Protecteur un gros sac qu'il porte avec peine.

CROMWELL, *à Thurloe.*

Sors! —

Bas.

sans t'éloigner pourtant.

Thurloë s'incline et sort.

MANASSÉ, *à Cromwell.*

Le brick suédois est pris, — et j'accours à l'instant
Porter à monseigneur sa part.

CROMWELL, *examinant le sac.*

Comment! quel conte!
Cela ma part!

MANASSÉ, *se mordant les lèvres.*

Seigneur..., c'est-à-dire un à-compte.

CROMWELL.

Bien!

Il prend le sac et le dépose sur la table près de lui.

MANASSÉ, *à part.*

A cet œil de lynx rien ne peut échapper.
Les cavaliers au moins sont aisés à tromper;
Je leur prends leur navire et leur ouvre ma banque.
Ainsi, grâce à mes soins leur ressource leur manque;
Et puis au denier douze, ainsi qu'il est réglé,
Je leur revends l'argent que je leur ai volé.
Car voler des chrétiens c'est chose méritoire.

CROMWELL.

Que sais-tu de nouveau, face de purgatoire?

MANASSÉ.

Rien : — sinon que le bruit s'est dans Londre épandu
Qu'un astrologue à Douvre avait été pendu.

CROMWELL.

C'est bien fait. — Mais toi-même, es-tu pas astrologue?

MANASSÉ, *après un moment d'hésitation.*

Point de faux témoignage, a dit le Décalogue.

Oui, je comprends ce livre, obscur pour le démon,
Qu'épelait Zoroastre, où lisait Salomon.
Oui, je sais lire au ciel vos bonheurs, vos désastres!

CROMWELL, *à part, l'œil fixé sur le juif.*

Sort bizarre! épier les hommes et les astres!
Astrologue là-haut, ici-bas espion!

MANASSÉ, *s'approchant avec vivacité d'une fenêtre ouverte au fond de la salle, et à travers laquelle on entrevoit un ciel étoilé.*

Tenez! précisément, — là, près du Scorpion,
En ce moment, seigneur, je vois...

CROMWELL.

Quoi?

MANASSÉ, *sans quitter le ciel des yeux.*

Votre étoile.

Se retournant vers Cromwell avec solennité.

Votre avenir pour moi peut déchirer son voile.

CROMWELL, *tressaillant.*

Vraiment? il se pourrait...—Mais non, tu mens, vieillard!
Crains-tu pas d'essayer la pointe d'un poignard?

MANASSÉ, *gravement.*

Si je mens, que la mort, dont les coups nous confondent,
Ferme ces yeux à qui les étoiles répondent.

CROMWELL, *pensif, à part.*

Se pourrait-il? — Lever le rideau du destin.
Lire au loin dans le ciel un avenir lointain.
Déchiffrer chaque vie et chaque caractère.
Voir la clef de l'énigme et le mot du mystère,
Ce mot qu'un doigt suprême, invisible à nos yeux,
Trace avec des soleils sur le livre des cieux!
Quel pouvoir! c'est de Dieu partager la couronne. —
Moi qui me contentais de je ne sais quel trône!
Fier de briller au faîte où quelques rois ont lui,

Je méprisais ce juif... — Que suis-je près de lui?
Qu'est-ce que ma puissance auprès de son empire?
Près du but qu'il atteint, qu'est le but où j'aspire?
Son royaume est le monde et n'a pas d'horizon!...
Mais non, il ne se peut. La raison...— La raison!
Gouffre où l'on jette tout et qui ne peut rien rendre!
Doute aveugle qui nie à défaut de comprendre!
L'imbécile l'invoque et rit. C'est plus tôt fait.—
Pourtant, — d'où viendrait-il ce pouvoir, en effet?
Dieu marque un but unique à chaque créature.
Les êtres, dont la chaîne embrasse la nature,
Restent tous dans leur sphère, à leur centre, en leur lieu.
La bête ignore l'homme, et l'homme ignore Dieu.
Les cieux ont leur secret, et nous avons le nôtre:
L'âme peut-elle voir d'un monde dans un autre?
Des morts chez les vivants apporter le flambeau?
Reste-t-elle toujours d'un côté du tombeau?
Peut-elle après la mort sortir des catacombes?
Ou pénétrer d'ici l'intérieur des tombes?...
Qui sait? — Faut-il nier tout ce qu'on ne voit pas?
Tout lien est-il donc rompu par le trépas?
N'a-t-on pas vu d'ailleurs des choses effrayantes?
Mais l'homme, ouvrir du ciel les pages flamboyantes!...
Qui sait ce que Dieu met dans l'âme en la créant!
Mais quoi! cet homme impur, ce juif, ce mécréant,
Dans son sens symbolique interpréter le monde!
Fouiller le saint des saints de son regard immonde!
Pourquoi pas? Que sait-on? Tout est mystérieux.
Raison de plus, peut-être!... — A mon œil curieux
S'il pouvait de mon astre expliquer le langage?
Me dire où finira la lutte que j'engage? —
Allons! nous sommes seuls, sans témoins!...—Essayons.

 Haut à Manassé.

Juif!

MANASSÉ, *qui n'a cessé d'attacher les yeux au ciel, se retourne et s'incline.*

Seigneur ?

CROMWELL.

S'il est vrai que ces divins rayons
Illuminent ton âme à leur clarté mystique,
Et prêtent à tes yeux un éclair prophétique!...

Il s'arrête et paraît hésiter un moment.

MANASSÉ, *se prosternant.*

Que demandez-vous, maître, à votre serviteur?

CROMWELL, *baissant la voix.*

L'avenir.

MANASSÉ, *se relevant et se redressant.*

Quoi?... comment? jusqu'à cette hauteur
Tu lèves tes regards, incirconcis? Ton âme
Verrait à nu, malgré les barrières de flamme,
Ces astres, sables d'or, poudre de diamants,
Qu'en leur gouffre sans fond roulent les firmaments!
Tu voudrais pénétrer ce ciel, palais de gloire,
Ténébreux sanctuaire, ardent laboratoire
Où veille Jéhovah, qui ne dessaisit pas
L'immuable pivot et l'éternel compas !
Percer les trois milieux, la flamme, l'éther, l'onde,
Triple voile des cieux, triple paroi du monde !
Et savoir quels soleils sont les lettres de feu
Dont brille au fond des nuits la tiare de Dieu !
Toi, lire l'avenir ! et pourrais-tu, profane,
Supporter sans mourir l'aspect du grand Arcane?
Toi, qu'un terrestre soin préoccupe toujours,
Qu'as-tu fait pour cela de tes nuits, de tes jours?
Quel mystère entrevu ? quelle épreuve subie ?
Vois mon front blême et nu, — j'ai l'âge de Tobie.
J'ai passé dans ce monde étroit, fallacieux,
Sans quitter un instant l'autre monde des yeux !

Songe ! en un siècle entier, pas un jour, pas une heure !—
Que de fois j'ai, la nuit, déserté ma demeure
Pour aller écouter aux portes des tombeaux,
Pour déranger un ver rongeant d'impurs lambeaux!
Combien j'étais heureux, roi du sombre royaume,
Quand j'avais pu changer un cadavre en fantôme,
Et forcer quelque mort détaché du gibet
A bégayer un mot du céleste alphabet!
Les morts m'ont révélé le problème des mondes ;
Et j'ai presque entrevu l'être aux splendeurs profondes
Qui sur l'orbe du ciel, comme aux plis d'un linceul,
Inscrit son nom fatal et connu de lui seul. —
Mais toi ! — pour ton regard, mort dans sa nuit première,
Les constellations sont un feu sans lumière!
As-tu, dans le grand œuvre ardent à t'absorber,
Vu ta barbe blanchir, vu tes cheveux tomber?
As-tu, bien qu'égalant les mages vénérables,
Traîné des jours proscrits, méprisés, misérables?...

CROMWELL, *l'interrompant avec impatience.*

Il suffit, je te paye ici pour me servir.

MANASSÉ.

Tu confonds! l'homme peut à l'homme s'asservir.
Oui, tandis que je vis d'une vie incomplète,
Puisqu'enfin cette chair couvre encor mon squelette,
Mon œil sert ici-bas tes plans ambitieux;
Mais quand t'ai-je promis d'espionner les cieux?

CROMWELL, *à part.*

Non ! ce n'est point ainsi que parle un hypocrite.
Il croit à sa science, il la vante proscrite!

Haut à Manassé, avec violence.

Dis-moi si ma planète est propice à mes vœux;
Obéis.

MANASSÉ.

Je ne puis.

CROMWELL.
Je le veux.

MANASSÉ.
Tu le veux!

CROMWELL, *mettant la main sur son poignard.*
S'il ne te fait parler, ce fer te fera taire.

MANASSÉ, *après une hésitation.*
Ne pâliras-tu point si, durant le mystère,
Je mêle au ciel l'enfer, le Talmud au Coran?

CROMWELL.
Non.

MANASSÉ.
L'esprit cède au glaive, et le mage au tyran.
— Parle, mon fils!

CROMWELL.
Révèle à mon âme étonnée
Le secret de ma vie et de ma destinée.
Ecoute. — Etant enfant, j'eus une vision. —
J'avais été chassé pour basse extraction,
De ces nobles gazons que tout Oxford renomme,
Et qu'on ne peut fouler sans être gentilhomme.
Rentré dans ma cellule, en mon cœur indigné,
Je pleurais, maudissant le rang où j'étais né.
La nuit vint; je veillais assis près de ma couche.
Soudain ma chair se glace au souffle d'une bouche,
Et j'entends près de moi, dans un trouble mortel,
Une voix qui disait : « *Honneur au roi Cromwell!* »
Elle avait à la fois, cette voix presqu'éteinte,
L'accent de la menace et l'accent de la plainte.
Dans les ténèbres, pâle et de terreur saisi,
Je me lève, cherchant qui me parlait ainsi.
Je regarde! — c'était une tête coupée! —
De blafardes lueurs dans l'ombre enveloppée,
Livide, elle portait sur son front pâlissant

Une auréole... — oui, de la couleur du sang.
Il s'y mêlait encore un reste de couronne.
Immobile!... — Vieillard, regarde : j'en frissonne! —
Elle me contemplait avec un ris cruel,
Et murmurait tout bas : « *Honneur au roi Cromwell!* »
Je fais un pas... Tout fuit, sans laisser de vestige
Qu'en mon cœur, à jamais glacé par ce prodige!
« *Honneur au roi Cromwell!* »—Manassé, tu comprends!
Qu'en dis-tu?—Cette nuit, ces feux dans l'ombre errants;
Une tête hideuse, un lambeau de fantôme,
Dans un rire sanglant promettant un royaume...
Ah! c'est vraiment horrible! est-ce pas, Manassé? —
Cette tête... — depuis, un jour terne et glacé,
Un jour d'hiver, au sein d'une foule inquiète,
Je l'ai revue encor; — mais elle était muette. —
Ecoute : — elle pendait à la main du bourreau!

MANASSÉ, *rêveur.*

Vraiment? — Ezéchiel, le gendre de Jéthro,
Eurent des visions, mon fils, moins redoutables.
Celle de Balthazar, dans l'ivresse des tables,
Ne l'égale pas même, et le Toldos Jeschut
N'en dit pas qui ressemble à celle qui t'échut.
D'un roi vivant encor voir la tête apparaître,
C'est étrange!

CROMWELL.

Il n'est rien de plus affreux!

MANASSÉ, *réfléchissant.*

Peut-être...

— Non. Les spectres dont j'ai gardé le souvenir
Se vengeaient du passé; le tien de l'avenir... —
Tu ne dormais point?

CROMWELL.

Non.

ACTE III, SCÈNE XVII.

MANASSÉ.
                    Vision sans pareille!
Car, si tu ne l'avais eue en état de veille,
Ce ne serait qu'un songe, et j'en sais de plus beaux. —
        Il retombe dans ses méditations.
Seul spectre qui ne soit pas sorti des tombeaux!
Je n'ai rien vu de tel durant ma longue vie. —
        Il se retourne vers Cromwell.
De quelle odeur sa fuite a-t-elle été suivie?

CROMWELL, *brusquement.*
Que m'importe? Que veut dire ma vision?
Parle. Est-ce vérité? n'est-ce qu'illusion?
«*Honneur au roi Cromwell!...*»Dois-je être roi?—Dévoile
Mon destin à mes yeux.

MANASSÉ, *l'œil fixé sur le ciel.*
                    Oui, voilà bien l'étoile!
Je la reconnaîtrais du zénith au nadir;
Fixe, en la contemplant on croit la voir grandir,
Brillante, mais portant à son centre une tache...

CROMWELL, *impatient.*
Depuis assez de temps ton œil là-haut s'attache.
Serai-je roi?

MANASSÉ.
        Mon fils, je voudrais vainement
Te flatter; on ne peut mentir au firmament!
Je ne puis te cacher qu'en sa marche elliptique
Ton astre ne fait pas le triangle mystique
Avec l'étoile Jod et l'étoile Zaïn.

CROMWELL.
Que me fait ton triangle? Allons, fils de Caïn;
De la tête coupée explique-moi l'oracle!
Dois-je être un jour roi? dis!

MANASSÉ.
            Non; à moins d'un miracle.

CROMWELL, *mécontent et brusque.*

Qu'entends-tu par miracle?

MANASSÉ.

Un miracle...

CROMWELL.

Hé bien, quoi?

MANASSÉ.

Un miracle...

CROMWELL.

Voyons : suis-je un miracle, moi?

MANASSÉ, *pensif.*

Peut-être.

CROMWELL.

C'est le trône alors que tu m'annonces.

MANASSÉ.

Non, je ne puis du ciel te changer les réponses.

CROMWELL.

Non! — Qu'est-ce donc alors que cette vision?
Était-ce de la mort une dérision?
Mais vous autres plutôt, je crois bien que vous n'êtes
Qu'imposteurs, sur la terre exploitant les planètes.

MANASSÉ, *gravement.*

Mon fils, donne ta main et ne blasphème pas.

Cromwell, comme subjugué par l'autorité de l'astrologue, lui présente sa main. Manassé la saisit, l'examine et chante à demi-voix sans la quitter des yeux :

    Loin d'ici les mauvais génies,
    Et les sorcières rajeunies
    Par un philtre aux sucs vénéneux,
    Les dragons, les esprits lunaires,
    Et les fileuses centenaires
    Qui soufflent en faisant des nœuds!

    Loin tout fantôme en blanche robe,
    L'aspic, la goule qui dérobe

Leur fétide proie aux corbeaux,
Les démons qui chassent aux âmes,
Les nains monstrueux et les flammes
Qui voltigent sur les tombeaux.

Mets la robe patriarcale,
La ceinture zodiacale,
Des anneaux d'or à tous les doigts,
L'aumusse, la mitre conique,
L'éphod de pourpre et la tunique
D'écarlate teinte deux fois.

Haut à Cromwell après un instant de silence.
Un danger te menace.

CROMWELL.
Et lequel ?

MANASSÉ.
Le trépas.
Si tu veux être roi, mon fils, ta mort est sûre.

CROMWELL.
Sûre ! ma mort !

MANASSÉ, *désignant du doigt le cœur de Cromwell.*
C'est là que sera la blessure.

CROMWELL, *mettant la main sur son cœur*
Ici ?

MANASSÉ, *avec un signe affirmatif.*
Là.

CROMWELL.
Quand ?

MANASSÉ.
Demain.

CROMWELL.
Mens-tu pas ?

MANASSÉ.
Fils d'Ammon !
Mentir ! Veux-tu qu'ici j'évoque ton démon ?

Mais il faut avec moi dire, pour le soumettre,
Huit versets commençant tous par la même lettre.
>> *Cromwell paraît hésiter à cette proposition. — En ce moment Rochester se retourne en dormant et pousse un soupir.*

Mais... quelqu'un nous écoute...—
>> *Il s'approche du lit et voit Rochester endormi.*

Oui ! le charme est rompu.
Il a tout entendu !

CROMWELL.

Tu le crois ! il a pu
Nous entendre ?

MANASSÉ.

Sans doute.

CROMWELL.

Eh bien ! il faut qu'il meure.
>> *Cromwell tire son poignard et s'approche de Rochester toujours endormi.*

MANASSÉ.

Frappe ! — Tu ne peux faire une action meilleure.
>> *A part.*

Par une main chrétienne immolons un chrétien.

CROMWELL.

De Cromwell et du juif il saurait l'entretien !
Qu'il meure !
>> *Il lève son poignard sur Rochester et s'arrête.*

Il dort pourtant.

MANASSÉ, *poussant son bras.*

Hé bien !

CROMWELL, *toujours en suspens.*

Il est si jeune !

MANASSÉ.

C'est le jour du sabbat ! frappe !

CROMWELL, *tressaillant.*

C'est jour de jeûne !

Que fais-je? un jour de veille et de repos divin,
J'allais commettre un meurtre, et j'écoute un devin !

Il jette le poignard. — A Manassé.

Va-t'en, juif. —

Appelant.

Thurloë !

THURLOE, *accourant.*

Milord !

MANASSÉ, *étonné.*

Seigneur !...

CROMWELL, *à Manassé.*

Sors, dis-je !

MANASSÉ, *à part.*

A-t-il l'esprit troublé par un soudain vertige ?

CROMWELL.

Il s'approche du juif. — A voix basse.

Va ! — ton arrêt de mort est déjà prononcé,
Si tu dis un seul mot de ce qui s'est passé.

Le juif se prosterne et sort. — A Thurloë.

Sauve-moi de ce juif! sauve-moi de moi-même,
Thurloë.

THURLOE, *avec inquiétude.*

Qu'avez-vous, milord ?

CROMWELL, *composant son visage.*

Moi ? rien. Je t'aime,
Thurloë.

THURLOE.

Vous disiez... vous aviez l'air troublé !

CROMWELL.

Ai-je dit quelque chose ?

THURLOE.

Oui, vous avez parlé...

CROMWELL, *brusquement.*

De rien, tais-toi : suis-moi.

THURLOE.
Dieu ! que vous êtes pâle !

CROMWELL, *souriant amèrement.*
C'est de ce flambeau la lueur sépulcrale.
Viens, j'ai besoin de toi.

Thurloë suit Cromwell et s'arrête en passant près du lit de Rochester.

THURLOE.
Voyez donc comme il dort !

CROMWELL.
Oui, d'un sommeil profond, — et voisin de la mort

Ils sortent.

IV

LA SENTINELLE

ACTE QUATRIÈME

LA POTERNE DU PARC DE WHITE-HALL.

A droite, des massifs d'arbres ; au fond, des massifs d'arbres, au-dessus desquels se découpent en noir, sous le ciel sombre, les faîtes gothiques du palais. — A gauche, la poterne du parc, petite porte en ogive très-ornée de sculptures. — Il est nuit close.

SCÈNE PREMIÈRE.

CROMWELL, déguisé en soldat, un lourd mousquet sur l'épaule, une cuirasse de buffle, un chapeau à larges bords et à haute forme conique, grandes bottes.

Il se promène de long en large devant la poterne, dans l'attitude d'un soldat de garde. — Quelques moments après que la toile est levée, on entend le cri d'une sentinelle éloignée :

— Tout va bien ! veillez-vous ?

CROMWELL.

Il pose son mousquet à terre et répète :

Tout va bien ! veillez-vous ?

Une troisième sentinelle répond dans l'éloignement :
Tout va bien ! veillez-vous ?

   CROMWELL, *après un moment de silence.*

      Oui, je veille,—et pour tous.
Cromwell, qu'à cette place un soin prudent transporte,
Veut à ses assassins lui-même ouvrir sa porte.

 On entend un bruit de pas et de voix dans l'éloignement.

Déjà ?... — Mais non, minuit n'a point encor sonné.
C'est un passant.

   On distingue comme un chant inarticulé.

   Des chants ! le drôle a mal jeûné !

La voix s'approche, et on l'entend chanter sur un air monotone les paroles suivantes :

  Au soleil couchant,
  Toi qui vas cherchant
   Fortune,
  Prends garde de choir ;
  La terre, le soir,
   Est brune.

  L'Océan trompeur
  Couvre de vapeur
   La dune.
  Vois ; à l'horizon
  Aucune maison,
   Aucune !

  Maint voleur te suit ;
  La chose est, la nuit,
   Commune.
  Les dames des bois
  Nous gardent parfois
   Rancune.

  Elles vont errer :
  Crains d'en rencontrer
   Quelqu'une.
  Les lutins de l'air
  Vont danser au clair
   De lune.

La voix s'approche de plus en plus et se tait.

Bon, c'est un de mes fous qui chante; — Elespuru,
Je crois.

SCÈNE II.

CROMWELL, TRICK, GIRAFF, ELESPURU, GRAMADOCH.

Les bouffons, conduits par Gramadoch, entrent avec précaution et à tâtons.

ELESPURU, *fredonnant.*

Les lutins de l'air
Vont danser au clair
De lune.

GIRAFF, *bas à Elespuru.*

Elespuru, tais-toi donc. — Es-tu fou?

GRAMADOCH, *aux autres, en leur désignant un banc de gazon derrière une charmille.*

Cachons-nous là tous.

CROMWELL, *sans les voir.*

Oui, c'est mon bouffon qui rentre.

Les quatre bouffons se blottissent sur le banc de gazon.

GRAMADOCH, *bas à ses camarades.*

Du drame sur ce point l'action se concentre.
D'ici nous verrons tout.

TRICK, *bas.*

Il faudrait l'œil d'un clerc.
Voir! — Dans le four du diable il fait vraiment plus clair.

ELESPURU, *bas.*

Les acteurs, quels qu'ils soient, s'ils trouvaient là nos faces,
Nous feraient un peu cher payer le prix des places.

GRAMADOCH, *bas.*

Nous arrivons à temps. On n'a pas commencé.

GIRAFF, *bas.*

Or çà, vous tairez-vous?

Tous se taisent et demeurent immobiles.

CROMWELL.
            Le bouffon est passé,
Sans savoir que ces lieux, où chantait son délire,
Vont voir se décider le destin d'un empire.
Qu'il est heureux, ce fou!—Jusque dans White-Hall,
Il crée autour de lui tout un monde idéal.
Il n'a point de sujets, point de trône; il est libre.
Il n'a pas dans le cœur de douloureuse fibre!
Il ne porte jamais, sur ce cœur innocent,
De cuirasse d'acier : — qui voudrait de son sang?
Qu'a-t-il besoin de cour? de cortége? de garde?
Il chante, il rit, il passe, et nul ne le regarde.
Que lui fait l'avenir? il aura bien toujours,
L'hiver, pour se vêtir, un lambeau de velours,
Un gîte, un peu de pain mendié par des rires.
Sans disputer sa vie aux embûches des sbires,
Il dort toutes ses nuits, n'a point de songe affreux,
Se réveille, et ne pense à rien... — Qu'il est heureux!
Sa parole est du bruit : son existence, un rêve.
Et quand il atteindra le terme où tout s'achève,
Cette faux de la mort, dont nul ne se défend,
Ne sera qu'un hochet pour ce vieillard enfant!
En attendant, sa voix, s'il faut pleurer ou rire,
Donne le son qu'on veut, fait le cri qu'on désire,
Discourt à tout hasard, et chante à tout propos
Son agitation couvre un profond repos.
Vivant jouet d'autrui, tête creuse et sonore,
Parlant, ainsi que l'eau murmure et s'évapore,
Il vibre au moindre choc, à s'émouvoir plus prompt
Que ces grelots d'argent qui tremblent sur son front.
Jamais ce fou ne prit cette peine insensée
D'enfermer, comme moi, le monde en sa pensée;
Jamais des mots profonds, des soupirs éloquents,
Ne sortent de son cœur, comme un feu des volcans!

Son âme — a-t-il une âme? — incessamment sommeille.
Il ne sait point le jour ce qu'il a fait la veille.
Il n'a point de mémoire; hélas! qu'il est heureux!
Jamais, troublé la nuit de pensers ténébreux,
Il n'a, pressant le pas, sous quelque voûte sombre,
Craint de tourner la tête et d'entrevoir une ombre!
Il ne souhaite pas qu'on puisse l'oublier,
Et que l'an n'eût jamais eu de trente janvier!
Ah! malheureux Cromwell! ton fou te fait envie.
Te voilà tout-puissant : — qu'as-tu fait de ta vie?
    Une pause.
Tu règnes, tu prévaux sur le monde effrayé. —
Que tout ce grand éclat est chèrement payé!
Les partis t'ont laissé, le peuple te renie;
Ta famille toujours lutte avec ton génie,
Et, de ses volontés te faisant une loi,
Te tiraille en tout sens par ton manteau de roi!
Ton fils lui-même... Ah! Dieu! tout me hait, tout m'accable!
J'ai des ennemis, pleins d'une haine implacable,
Partout sur cette terre, — et même encore ailleurs :
— Jusqu'au fond du sépulcre!... Allons! des jours meilleurs
Peut-être reviendront!... Des jours meilleurs! que dis-je?
Mon sort depuis quinze ans marche comme un prodige.
Quel souhait ai-je fait qui ne soit accompli?
Les peuples sous mon joug enfin ont pris leur pli.
Pour être roi demain je n'ai qu'un mot à dire. —
Qu'avais-je donc rêvé de plus dans mon délire?
Juge, réformateur, conquérant, potentat,
N'ai-je pas mon bonheur? — Oui, le beau résultat,
De faire ici l'archer qui veille et que l'on paie! —
Quelle pompe au dehors! au dedans quelle plaie!
    Nouvelle pause.
Cette nuit est glacée!... il est bientôt minuit;
L'heure où de son cercueil chaque spectre s'enfuit,

Montrant au meurtrier sa main de sang rougie,
Sa blessure incurable, et toujours élargie,
Et quelque tache horrible empreinte à son linceul...
— Mais que vais-je rêver? Ce que c'est d'être seul!
Suis-je donc un enfant? — Oh! que je voudrais l'être!
— Avec ces visions qu'il a fait reparaître,
Ce juif damné me laisse un souvenir d'effroi.
Il m'a bouleversé : je tremble... — il fait si froid ! —
Si, pour neutraliser ses discours sacriléges,
Je disais le verset contre les sortiléges?

Le beffroi commence à sonner lentement minuit. — Tressaillant.

Mais quel bruit?... Le beffroi! c'est l'instant attendu!

Il écoute.

— Jamais je ne l'avais à cette heure entendu.
C'est comme un glas de mort, comme une voix qui pleure!

Il s'arrête et écoute encore.

C'est lui qui d'un martyr sonna la dernière heure!

Après les derniers coups de l'horloge.

Minuit! — et je suis seul! — Si j'invoquais les saints?...

Un bruit de pas derrière les arbres

Ah! je suis rassuré! voici mes assassins.

SCÈNE III.

Les Mêmes, LORD ORMOND, LORD DROGHEDA, LORD ROSEBERRY, LORD CLIFFORD, le docteur JENKINS, SEDLEY, sir PETERS DOWNIE, sir WILLIAM MURRAY.

Les cavaliers entrent à pas de loup, lord Ormond et lord Roseberry en tête. — Grands chapeaux rabattus, amples manteaux noirs soulevés par de longues épées. — Ils se parlent à voix basse. — Cromwell remet son mousquet sur son épaule et se place sous l'ogive de la poterne.

LORD ROSEBERRY, *aux autres.*

C'est ici.

LORD ORMOND.

C'est bien là. Je reconnais la place.

Montrant la poterne dont l'ombre leur cache Cromwell.

C'est par là que du Roi jadis rentrait la chasse.

CROMWELL, *le mousquet sur l'épaule, à part.*

Ce sont bien eux. — Je sais à qui parler enfin !

SIR PETERS DOWNIE, *à lord Ormond.*

Wilmot devrait ici nous attendre.

CROMWELL, *à part, haussant les épaules.*

Il est fin.

LORD DROGHEDA, *à Downie.*

Le peut-il ? n'a-t-il pas les devoirs de sa charge ?
Crois-tu qu'il ait le cou dans un collier bien large ?

CROMWELL, *à part.*

Assassins ! vous aurez tous le même bientôt ;
Et le gibet d'Aman pour vous n'est pas trop haut.

LORD ORMOND, *aux cavaliers.*

Puis il eût du complot gâté la réussite ;
Et, puisqu'on le retient, moi, je m'en félicite.

CROMWELL, *à part.*

Moi de même.

LORD ORMOND.

Toujours je tremble avec Wilmot.
Mais nous allons finir.

CROMWELL, *à part.*

Finir ! c'est bien le mot.

LORD ORMOND, *aux cavaliers.*

Voyez de Rochester jusqu'où va la folie.
Le vieux Noll a, dit-on, une fille jolie ;
Wilmot s'en est épris, ce qui m'est fort égal.

CROMWELL, *à part.*

Insolent !

LORD ORMOND, *continuant.*

Il a fait pour elle un madrigal;

Un Wilmot, de rimeur prendre le personnage ! —
Mais bien plus : oubliant ce qu'on doit à mon âge,
A mon rang, m'a-t-il pas voulu lire cela ?
J'ai reçu cet affront comme il faut ! mais voilà
Que tantôt, de sa part, quand j'étais dans l'attente,
Une lettre m'advient, qu'on me dit importante.
Impatient, je l'ouvre, et trouve sous le scel
Le quatrain célébrant la petite Cromwell !

CROMWELL, *à part.*

Ma Francis ! — en parler devant moi de la sorte !

LORD ROSEBERRY, *riant, à lord Ormond.*

La persécution, milord, me paraît forte !

SIR PETERS DOWNIE, *riant.*

Faire lire ses vers presque de par le Roi !
C'est être bien poëte !

LORD ORMOND.

Hé bien, écoutez-moi !
Après ces vers scellés avec un soin si sage,
Je reçois de Wilmot un deuxième message ;
C'est l'avis qui nous mène ici dans ce moment.
Or, messieurs, cette fois, ce n'était simplement
Qu'un parchemin roulé, noué d'un ruban rose.

TOUS LES CAVALIERS.

Vraiment !

LORD ORMOND.

Voyez combien ce fou-là nous expose.

LORD CLIFFORD.

Mais c'est affreux ! s'il croit de pareils tours jolis !

LORD ORMOND.

Le message, il est vrai, fut commis à Willis.
Mais il pouvait tomber en des mains infidèles,
Enfin !...

LORD ROSEBERRY.

Nous n'aurions eu qu'à fuir à tire-d'ailes.

LE DOCTEUR JENKINS.
Sur quels frêles appuis quelquefois on s'endort !
Je frémis en songeant que de choses le sort
Sur la tête d'un fou peut mettre en équilibre !
Au moindre vent qui change, au moindre bruit qui vibre,
L'édifice effrayant s'écroule, et dans la nuit,
Un trône, un peuple, un monde ainsi s'évanouit !

SEDLEY.
Mais il me semble aussi que Davenant nous manque.

LORD ORMOND.
Davenant ! un poëte, un cuistre, un saltimbanque !
Il se cache ! — Comptez sur de tels malotrus !

DOWNIE.
A propos, notre ami Richard, fils de l'intrus,
Est en prison. Messieurs, vous savez ? un perfide...

LORD DROGHEDA.
Oui, ce pauvre Richard !

CROMWELL, *à part.*
     Ce pauvre parricide !

LORD ROSEBERRY.
C'est un si bon vivant !

CROMWELL, *à part.*
    Oui !

SEDLEY, *à Roseberry.*
      Son père a, je crois,
Su qu'il a ce matin bu la santé du roi ?

Roseberry lui répond par un signe affirmatif.

CROMWELL, *à part.*
Le traître !

LORD ORMOND, *aux cavaliers.*
   Çà, le temps en paroles s'écoule ! —
Commençons.

CROMWELL, *à part.*
   Sous mes yeux leur complot se déroule.

A tous ces rats d'Egypte, à ce parti-royal,
Comme une souricière ouvrons ce White-Hall.
Rochester est l'appât, et Cromwell est la trappe
Qui brusquement se ferme, afin que rien n'échappe!

LORD ORMOND, *bas aux cavaliers.*

Accostons le soldat.

Haut en s'approchant de Cromwell.

Hum!

CROMWELL, *lui présentant son mousquet.*

Qui va là?

LORD ORMOND, *bas à Cromwell.*

Mon frère,
— Cologne!

CROMWELL, *à part.*

Ah! je n'ai pas le mot d'ordre! que faire?

LORD ORMOND.

Cologne!

CROMWELL, *à part.*

Que répondre?

Lord Ormond, étonné du silence de la sentinelle, recule d'un air de défiance.

LORD ROSEBERRY, *à lord Ormond.*

Hé bien, qu'est-ce?

LORD ORMOND, *lui montrant Cromwell.*

Il se tait.

LORD ROSEBERRY.

Si Cromwell par hasard du complot se doutait?
S'il avait du palais renouvelé la garde?

LORD ORMOND.

Les cavaliers, inquiets, se groupent autour de lui.

En de pareils projets sitôt qu'on se hasarde,
Reculer c'est tout perdre! — Il le faut, avançons.

Il marche de nouveau vers Cromwell.

CROMWELL.
Trop de facilité donnerait des soupçons.
A Ormond, qui s'avance.
Qui va là?

LORD ORMOND.
Cologne!

CROMWELL, *à part.*
Ah! comment les tromperai-je!
Sans ce mot d'ordre enfin comment les prendre au piége?

LORD ORMOND, *bas aux cavaliers, qui se sont retirés à droite dans le coin du théâtre.*
Toujours même silence!

LORD CLIFFORD, *bas et vivement.*
Eh bien! tuons un peu
La sentinelle!

JENKINS, *bas à Clifford.*
Eh quoi! jeter une âme à Dieu,
Sans qu'elle ait seulement pu dire une prière!

LORD CLIFFORD, *bas à Jenkins.*
Qu'importe!

LORD ORMOND, *bas à Clifford.*
Mais frapper un homme par derrière!

LORD CLIFFORD, *bas à Ormond.*
Il faut passer, milord. Pour lui j'en suis fâché.

TOUS, *bas à Ormond.*
Oui, tuons le soldat!

JENKINS, *bas aux cavaliers.*
Tout souillé de péché,
L'envoyer à son juge!

TOUS, *bas à Jenkins.*
Il le faut! oui, qu'il meure!

CROMWELL, *à part.*
Que disent-ils là?

*Les cavaliers tirent leurs poignards et s'avancent vers Cromwell.
— Sir William Murray les arrête.*

SIR WILLIAM MURRAY.

Sauf opinion meilleure,
Vous avez tort. Cet homme est à nous, j'en suis sûr.
Autrement, nous voyant groupés devant ce mur,
Il eût depuis longtemps déjà donné l'alarme.
Nul doute qu'un peu d'or, messieurs, ne le désarme.
Il n'est à craindre ici que pour nos carolus.
Il se tait, — c'est qu'il veut quelques doublons de plus.
S'il fait la sourde oreille à votre mot de passe,
C'est que des puritains il a l'humeur rapace.
Or il vaut mieux payer un nouveau sauf-conduit
Que de le poignarder; — ce qui ferait du bruit.

LORD ROSEBERRY.

Sir William a raison. Le malappris, en somme,
Ne se gênerait pas pour crier qu'on l'assomme.

LORD CLIFFORD, *soupirant*.

Eh bien, laissons-nous donc rançonner!

SIR PETERS DOWNIE.

Par malheur,
Nous sommes mal en fonds.

SEDLEY.

Ce Cromwell est voleur!
Confisquer notre brick, comme une contrebande!
Et sur le trône anglais siége ce chef de bande!

LORD ORMOND.

Le vieux rogneur d'écus, le rabbin Manassé
M'a prêté quelque argent; mais il est dépensé... —
Attendez! j'ai reçu de Wilmot une bourse...

Il fouille dans son justaucorps.

La voici justement.

Il tire de sa poche une bourse qu'il montre aux cavaliers.

LORD ROSEBERRY.
Excellente ressource !
LORD CLIFFORD, *montrant Cromwell.*
Payer en bons écus un compte à ce cafard,
Qu'on solderait si bien d'un bon coup de poignard !
C'est dur !
LORD ORMOND, *remettant la bourse à sir William Murray.*
William Murray, chargez-vous de conclure.
De ces saints mieux que nous vous connaissez l'allure.
SIR WILLIAM MURRAY, *prenant la bourse.*
Soyez tranquille.
CROMWELL, *voyant sir William s'avancer lentement vers lui, à part.*
Allons, ils ont tenu conseil.
Pour un rien, pour un mot, embarras sans pareil !
Ils veulent entrer, moi, je veux les introduire.
On devrait cependant s'entendre.
SIR WILLIAM MURRAY, *à part.*
Il faut conduire
La chose adroitement.
CROMWELL, *à sir William Murray, qui s'approche de lui.*
Qui va là ?
SIR WILLIAM MURRAY.
Frère, un saint.
CROMWELL, *à part.*
L'hypocrite !
SIR WILLIAM MURRAY.
Béni soit le fer qui vous ceint !
CROMWELL, *à part.*
C'est plaisir d'être ainsi béni des royalistes !
SIR WILLIAM MURRAY, *à part.*
Il faut parler leur langue à ces évangélistes.
Haut à Cromwell.
Frère ! Sion avait des archers sur sa tour

Qui veillaient, s'appelant et la nuit et le jour.
Vous leur êtes pareil.

CROMWELL.

Merci.

SIR WILLIAM MURRAY.

La nuit est fraîche

CROMWELL.

Oui.

SIR WILLIAM MURRAY.

L'oiseau dort au nid et le bœuf dans la crèche.
Tout dort : seul vous veillez.

CROMWELL.

Mon destin s'accomplit.

SIR WILLIAM MURRAY.

Il vaudrait mieux pour vous dormir dans un bon lit.

CROMWELL, *à part.*

Pour toi, plutôt.

SIR WILLIAM MURRAY.

Debout sur la dalle glacée,
Seul, et l'épaule encor d'un lourd mousquet froissée,
Vous veillez, et celui dont vous portez la croix,
Votre chef, Cromwell, dort profondément.

CROMWELL.

Tu crois? —
Il ne se peut : Cromwell ne dort pas quand je veille.

SIR WILLIAM MURRAY.

De quels discours menteurs il flatte votre oreille!

CROMWELL.

Tu penses donc qu'il dort?

SIR WILLIAM MURRAY.

J'en suis sûr. — C'est à vous
Qu'il doit ce calme heureux et ce sommeil si doux.
Il prend tout le plaisir et vous laisse la peine.

CROMWELL.

Au fait, c'est mal agir.

SIR WILLIAM MURRAY, *à part*.

Notre affaire est certaine.
Il est mécontent, bon ! —

Haut.

Pour tant de dévoûment,
Ce grand Cromwell sait-il votre nom seulement?

CROMWELL.

Je suppose.

SIR WILLIAM MURRAY, *haussant les épaules*.

Allons donc ! que vous êtes candide,
Simple !

CROMWELL, *à part*.

Il est rusé, lui !

SIR WILLIAM MURRAY.

De son trône splendide,
Qu'Olivier jusqu'à vous abaisse un regard ! — Non,
Mon cher, il ne connaît pas même votre nom,
Sûr !

CROMWELL, *à part*.

Sûr de tout, hormis d'avoir demain sa tête !
On dirait qu'il m'a fait.

SIR WILLIAM MURRAY.

Vous m'avez l'air honnête,
Mais vous voulez savoir ces choses mieux que moi.

CROMWELL.

J'ai tort.

SIR WILLIAM MURRAY.

On a vieilli dans la cour du feu roi.

CROMWELL, *à part*.

L'imbécile ! il s'oublie. A son rôle infidèle,
Au puritain déjà le cavalier se mêle !

SIR WILLIAM MURRAY.

Mon cher, toutes les cours sont les mêmes au fond.
Vous ignorez cela, je gage?

CROMWELL, *à part.*

Il est profond!

SIR WILLIAM MURRAY.

Vous consacrez vos jours à ce Cromwell?

CROMWELL.

Sans doute.

SIR WILLIAM MURRAY.

Hé bien, versez pour lui votre sang goutte à goutte,
Il s'en souciera moins, et je vous en réponds,
Que de l'eau, claire ou pas, qui coule sous les ponts.

CROMWELL.

Ah! je crois qu'il prendrait plus à cœur mon affaire.

SIR WILLIAM MURRAY, *riant.*

Oh! que vous êtes bon! que lui fait dans sa sphère
Que vous soyez vivant ou que vous soyez mort?

CROMWELL.

Qu'en sais-tu?

SIR WILLIAM MURRAY.

Bah! vos jours touchent-ils à son sort?

En quoi?

CROMWELL, *à part.*

Pour ton malheur, oui, plus que tu ne penses!

SIR WILLIAM MURRAY.

N'en attendez-vous point aussi des récompenses?
Ne serait-il pas temps qu'il vous en accordât?
Car n'est-ce pas criant? Vous n'êtes que soldat;
Et pourtant, j'en suis sûr, vous ne le quittez guères.

CROMWELL.

Jamais.

SIR WILLIAM MURRAY.

Vous avez pris part à toutes ses guerres?

CROMWELL.

Oui.

SIR WILLIAM MURRAY.

Combien sont sergents qui ne vous valent pas.

CROMWELL, *à part.*

Pour captiver mon cœur, voilà, certe, un grand pas.
Haut.
Flatteur !

SIR WILLIAM MURRAY.

Non ! — Vous traiter de façon si hautaine !
Est-il déjà lui-même un si grand capitaine ?

CROMWELL, *à part.*

Impertinent !

SIR WILLIAM MURRAY.

Voyons : — pour avoir des palais,
Des voitures de cour, des gardes, des valets,
Qu'est-ce que ce Cromwell dont on fait quelque chose ?
Un soldat, comme vous.

CROMWELL.

Rien de plus.

SIR WILLIAM MURRAY, *à part.*

Notre cause
Est gagnée !
Haut.
Il n'est rien, vraiment, de plus que vous.

CROMWELL.

C'est juste !

SIR WILLIAM MURRAY.

Alors pourquoi le servir à genoux ?

CROMWELL.

Je ne le sers pas.

SIR WILLIAM MURRAY, *à part.*

Bien ! dans mes nœuds il s'enlace.

Haut.

Pourquoi n'auriez-vous pas comme lui cette place?

CROMWELL.

On n'apercevrait point, au fait, de changement.

SIR WILLIAM MURRAY.

Pas le moindre! un soldat pour un soldat! comment
Pouvez-vous donc remplir ce devoir qui m'effraye?
Pour un métier si dur quelle est donc votre paye?

CROMWELL.

Je ne suis pas payé.

SIR WILLIAM MURRAY.

Pas payé! — Voyez donc!
Laisser de vieux soldats dans un tel abandon!
Je vous plains.

CROMWELL, *à part*.

Il me plaint!

SIR WILLIAM MURRAY.

Le garder sans salaire!
Cromwell est un tyran!

CROMWELL, *à part*.

L'y voilà!

SIR WILLIAM MURRAY.

La colère
M'étouffe!

CROMWELL, *à part*.

Il est touchant!

SIR WILLIAM MURRAY, *lui prenant la main*.

Je veux vous soulager,
Et même, écoutez-moi, vous venger.

CROMWELL.

Me venger!

SIR WILLIAM MURRAY.

Sur Cromwell.

ACTE IV, SCÈNE III.

CROMWELL.
Sur Cromwell !
SIR WILLIAM MURRAY, *se penchant à son oreille.*
Ouvrez-nous la poterne,
Laissez enfin frapper Judith par Holopherne !
CROMWELL.
C'est-à-dire Holopherne, est-ce pas, par Judith ?
Vous citez de travers la Bible.
SIR WILLIAM MURRAY.
C'est bien dit.
CROMWELL.
Mais pour une Judith votre barbe est bien noire !
SIR WILLIAM MURRAY, *à part.*
Pourquoi diable ai-je été rappeler cette histoire ?
Judith est une femme, au fait. — Qu'importe ?
Haut.
Ami,
Laisse-nous arriver à Cromwell endormi,
Tu t'en trouveras bien...
CROMWELL.
Le crois-tu ?
SIR WILLIAM MURRAY.
Que t'importe
Que cinq ou six vivants passent par cette porte ?
La fortune, mon cher, dans cet heureux moment,
Te vient, pour ainsi dire, en dormant.
CROMWELL.
En dormant !
SIR WILLIAM MURRAY, *lui présentant la bourse.*
Prends cet à-compte ! — Ici tu n'as d'autre besogne
Que dire WHITE-HALL, quand on dira COLOGNE.
CROMWELL, *à part.*
Le mot est WHITE-HALL.

SIR WILLIAM MURRAY.

Prends donc cet argent-ci.
Nous autres, nous payons.

CROMWELL, *à part.*

Et moi, je paye aussi !

Haut à Murray en prenant la bourse.

Merci, c'est une dette, ami, que je contracte.

SIR WILLIAM MURRAY.

Tu veilleras ici pour nous pendant l'entr'acte.

CROMWELL.

Je veillerai.

SIR WILLIAM MURRAY.

Fort bien.

Lui présentant la main.

Touche là. — Par le ciel !
C'est un brave !

CROMWELL.

A propos, quand vous aurez Cromwell,
Dis-moi, qu'en ferez-vous ?

SIR WILLIAM MURRAY.

Mais d'abord, — je suppose, —
Oui, — que nous le tûrons. Voilà tout !

CROMWELL.

Peu de chose !

SIR WILLIAM MURRAY.

Nous nous contenterons d'un prompt et doux trépas.
Nul de nous n'est cruel.

CROMWELL, *à part.*

Je ne le serai pas
Plus que vous.

SIR WILLIAM MURRAY.

C'est conclu ?

CROMWELL.

Tu le dis.

ACTE IV, SCÈNE III.

SIR WILLIAM MURRAY, *aux cavaliers qui l'attendent dans un coin du théâtre.*

Venez vite.
On entre au sanctuaire en payant le lévite;
J'en étais sûr.

LORD ORMOND, *à sir William Murray.*

C'est fait?

SIR WILLIAM MURRAY.

Oui.

LORD ORMOND, *aux cavaliers.*

Marchons.

Les cavaliers se placent deux à deux, et avancent vers Cromwell, qui présente son mousquet.

CROMWELL.

Qui va là?

LORD ORMOND.

COLOGNE.

CROMWELL.

WHITE-HALL. Passez.

LORD ORMOND, *à part.*

Bon.

CROMWELL, *regardant les cavaliers qui entrent sous la poterne.*

C'est cela.

LORD ORMOND, *bas à sir William Murray.*

Murray, restez ici pour surveiller cet homme.

A Cromwell.

Frère, où trouver Cromwell?

CROMWELL.

Dans la salle qu'on nomme
CHAMBRE PEINTE.

LORD ORMOND, *à Cromwell.*

Nos pas par la nuit sont voilés;
Mais veillez bien pourtant.

CROMWELL.

Soyez tranquille!... Allez.
LORD ORMOND, *avec joie.*
Enfin !... je touche au but, et mes vieilles années
D'un triomphe complet sont du moins couronnées.
Je tiens Cromwell ! je vais le saisir sous le dais.
Voici l'occasion qu'au Ciel je demandais.
Cromwell dort dans ma main! le Ciel me l'abandonne.
CROMWELL, *à part et le suivant des yeux.*
Ce qu'on demande au Ciel, l'enfer parfois le donne!
Ormond se précipite sous la poterne où tous les cavaliers sont déjà
entrés, excepté sir William Murray.

SCÈNE IV.

CROMWELL, sir WILLIAM MURRAY, les quatre fous, toujours
dans leur cachette.

CROMWELL, *l'œil fixé sur la poterne par où les cavaliers
sont entrés.*

Ils y sont!
SIR WILLIAM MURRAY, *se frottant les mains.*
Par ma barbe, enfin nous y voilà ! —
Ce grand Cromwell que rien au monde n'égala,
Ce fameux général, ce profond politique,
A qui l'Europe chante un éternel cantique,
Ce maître, ce héros pour qui le monde croit
Le sceptre trop léger, le trône trop étroit,
Se laisse prendre enfin, comme un oiseau sans ailes,
Par huit fous, qui n'ont pas entre tous deux cervelles!
Car je suis seul ici dont le cerveau soit bon.
Sans moi rien n'était fait. — Cromwell! un vagabond,
Un mince aventurier, à peine gentilhomme,
Là, régner sur des rois comme un César de Rome!

Quelle leçon pourtant nous faisons à ces rois !
Celui dont la puissance humiliait leurs droits,
Surpris dans son palais ! par nous ! — Ignominie ! —
Voilà quinze ans qu'on donne à cela du génie !

Se tournant vers Cromwell, qui l'écoute avec sang-froid.

Concevez-vous, mon cher ? — Parce qu'il a gagné
Je ne sais quels combats...

CROMWELL, *à part.*

Où tu n'as pas donné !

SIR WILLIAM MURRAY, *continuant.*

Parce qu'avec des mots, des sermons, des grimaces,
Il sait plaire à la foule et remuer les masses,
Le monde se prosterne au lieu de le huer.
Un rustre qui ne sait pas même saluer !

CROMWELL, *à part.*

Il ne le sait pas, soit ; mais il l'apprend aux autres.

SIR WILLIAM MURRAY.

C'est exact. Ses façons — ressemblent presque aux vôtres !

CROMWELL.

Presque ?

SIR WILLIAM MURRAY.

Pour un soldat, vous avez l'air qu'il faut ;
Mais vous ne portez pas enfin vos yeux plus haut !
Vous avez de la grâce autant qu'un reître suisse,
Pour bien pousser la charge et faire l'exercice.

CROMWELL.

C'est trop de bonté.

SIR WILLIAM MURRAY.

Non ; chaque homme a son métier.
Vous ne voudriez pas, aux yeux d'un peuple entier,
Prendre des airs de cour et vous guinder au trône ;
L'étoffe de Cromwell se mesure à votre aune.
Jugez si Noll était ridicule d'oser,
Sur l'estrade royale, au grand jour s'exposer.

Sa fortune est du sort une étrange débauche.
Hier, à son audience, il avait l'air si gauche!
CROMWELL.
Tu t'y présentais donc?
SIR WILLIAM MURRAY.
Ne me tutoyez pas,
L'ami! nous ne pouvons marcher du même pas.
Je suis, voyez-vous bien, un grand seigneur d'Ecosse.
Un homme comme vous court devant mon carrosse :
Savez-vous que je porte un loup sur mon cimier?
J'avais de plus, mon cher, sous feu Jacques Premier,
L'honneur d'être fouetté pour le prince de Galles.
CROMWELL.
Oui, nos conditions, monsieur, sont inégales.
SIR WILLIAM MURRAY.
C'est heureux!
CROMWELL.
Revenons à ce que nous disions.
Chez ce Cromwell, l'objet de vos dérisions,
Vous alliez donc parfois?
SIR WILLIAM MURRAY.
Pour faire quelque chose,
On ne peut pas toujours lutter comme Montrose.
CROMWELL.
Oui; monsieur au tyran demandait un emploi,
En attendant qu'il pût le trahir pour le Roi.
SIR WILLIAM MURRAY.
Comme tu dis cela crûment!
CROMWELL.
Le beau langage
M'est inconnu.
SIR WILLIAM MURRAY, *à part*.
Croquant!

CROMWELL.
                    Cromwell vous a, je gage,
Mal reçu, refusé ?
          SIR WILLIAM MURRAY.
      Lui ! non pas.
          CROMWELL, *à part.*
                    Comme il ment !
          SIR WILLIAM MURRAY.
Au contraire, pour moi l'ours a fait le charmant.
Il a senti l'honneur que je daignais lui faire,
Et m'a laissé le choix des grâces qu'il confère.
          CROMWELL, *à part.*
Le choix de la fenêtre ou de la porte, oui.
     Haut.
Mais pourquoi donc alors vous tourner contre lui ?
          SIR WILLIAM MURRAY.
J'ai réfléchi. Comment servir un rustre insigne,
Régnant en caporal qui donne une consigne,
Lourdaud qui veut sourire et vous montre les dents,
Et vous rend un salut les genoux en dedans ?
          CROMWELL.
Je conçois.
          SIR WILLIAM MURRAY.
           Puis j'appris que sa chute était prête...
          CROMWELL.
Et le droit des Stuarts vous revint dans la tête ?
          SIR WILLIAM MURRAY.
Oui, le droit des Stuarts et la rusticité
De Cromwell, mes amis me poussant d'un côté,
Le succès étant sûr contre un si triste hère,
J'entrai dans ce complot.
          CROMWELL.
               A vos raisons j'adhère.

39.

SIR WILLIAM MURRAY.

Vous comprenez, mon cher? Les principes sont là.
Guillaume le Normand jadis les viola ;
Mais il répara tout par un hymen précoce
D'Henri Premier, son fils, avec Maude d'Ecosse.
Les Stuarts sont issus des Atheling et d'eux ;
D'où, voyez la lignée, il suit que Charles Deux,
Né de la double race, unit dans sa personne
Les droits de la normande et ceux de la saxonne.

CROMWELL.

C'est clair.

A part.

Je comprends mal ce beau raisonnement.

SIR WILLIAM MURRAY.

C'est vous que j'en fais juge.

CROMWELL, *à part*.

Il choisit bien, vraiment.

SIR WILLIAM MURRAY.

De notre jeune roi le droit est manifeste.

CROMWELL.

Sans doute.

SIR WILLIAM MURRAY.

Et c'est pourtant ce qu'un Cromwell conteste!
N'est-il pas inouï que ce dindon-vautour
Pour l'aire de l'aiglon quitte sa basse-cour?
S'il avait des talents, bon! — Mais, je le répète,
C'est une Jéricho qui croule sans trompette !

CROMWELL, *à part*.

Bien trouvé!

SIR WILLIAM MURRAY.

Son destin en roi semble marcher.
C'est un fantôme vain qui tombe à le toucher.

CROMWELL, *ironiquement*.

Idole à tête d'or dont les pieds sont de cire !

ACTE IV, SCÈNE IV.

SIR WILLIAM MURRAY.

Je l'ai toujours pensé, ce n'est qu'un pauvre sire.
Les réputations ne me trompent pas, moi.
J'avais jugé Cromwell. Cela veut être roi !
Dans quel temps vivons-nous ! Cela ne sait pas même
Déjouer un complot, prévoir un stratagème !
Vous avez, vous, l'esprit cent fois plus pénétrant
Que le sot qu'à cette heure en son lit on surprend !

CROMWELL, *à part*.

S'il savait à quel point il dit vrai, l'imbécile !

SIR WILLIAM MURRAY.

S'imagine-t-il donc que régner est facile ?
Lui roi ! je n'en ferais pas même un courtisan.

CROMWELL.

Vous auriez bien raison !

SIR WILLIAM MURRAY.

        Il a, convenons-en,
Peut-être du talent pour bien brasser la bière.
A-t-il droit de porter bassinet et gambière,
Seulement, tout au plus Noblesse de canton !
Son nom même vaut-il le nom de son Milton ?

CROMWELL, *à part*.

Insolent !

SIR WILLIAM MURRAY.

        Au lieu d'être un brasseur qu'on renomme,
Cela va s'aviser de faire le grand homme,
De trancher du tyran, de singer les héros !
Sont-ils pas amusants, ces petits hobereaux ?
Il apprit à brider le peuple, à dompter l'hydre,
A gouverner le monde, — en distillant du cidre !

CROMWELL, *à part*.

Drôle !

SIR WILLIAM MURRAY.

     Et, parce qu'il fut servi par le hasard,

Il se croit un Capet, un Moïse, un César!
Ce qui me confond, moi, c'est qu'un Warwick descende
A traiter de cousin ce roi de contrebande!

CROMWELL, *à part.*

Caméléon rampant hier encor devant moi!

SIR WILLIAM MURRAY, *comme frappé d'une idée subite.*

Ah çà! je suis moi-même un peu bien simple!

CROMWELL.

Quoi?

SIR WILLIAM MURRAY.

Tandis que nos faucons prennent là-haut leur proie,
Ils me laissent ici, pour que, si l'on octroie
Des récompenses, — comme il est probable, enfin, —
On n'en ait que pour eux!

CROMWELL, *à part.*

Misérable aigrefin!

SIR WILLIAM MURRAY.

Me réserveraient-ils la portion congrue?
Ouais! moi, vieil épervier, faire le pied de grue!
Non! je veux mériter aussi les dons du Roi.

CROMWELL.

Mais vous ne serez pas oublié, croyez-moi.

SIR WILLIAM MURRAY.

Je veux mettre, comme eux, la main sur le vieux diable.

CROMWELL, *à part.*

Vas-y donc!

SIR WILLIAM MURRAY, *lui serrant la main.*

Tu nous rends un service impayable.
Mais quand s'acquittera le compte général,
Je ne t'oublirai point, tu seras caporal.

Il sort.

CROMWELL, *seul, haussant les épaules.*

Va, cherche! — Un nain de cour me toiser à sa règle!

L'oison qui fait la roue huer le vol de l'aigle !

Entre Manassé, marchant avec précaution, une lanterne sourde
à la main.

SCÈNE V.

CROMWELL, MANASSÉ.

MANASSÉ, *sans voir Cromwell.*
Puritains, cavaliers, le Cromwell, Charles Deux,
Chrétiens que tout cela !

CROMWELL, *apercevant Manassé, sur lequel tombe un*
rayon de sa lanterne.
Dieu ! c'est le juif hideux !
Que vient-il faire ici ? sort-il de quelque tombe ?

MANASSÉ, *sans voir Cromwell, qui l'écoute.*
Des deux partis rivaux qu'importe qui succombe !
Il coulera toujours du sang chrétien à flots ;
Je l'espère du moins ! c'est le bon des complots.
Qu'Ormond tue Olivier, qu'Olivier le déjoue,
C'est ici qu'à tous deux leur destin se dénoue.
Je veux voir cela, moi ! Tout menace Cromwell...

CROMWELL, *à part.*
Traître !

MANASSÉ, *continuant et levant les yeux au ciel.*
Tout, excepté les étoiles du ciel.
Il touche à son trépas, ce semble, et sa planète
Cependant au zénith brille encor pure et nette ;
Et j'ai beau combiner les lignes de sa main,
Je n'y vois de danger réel — que pour demain.

CROMWELL, *à part.*
Pour demain ! Que dit-il ? Ces damnés astrologues
Sont-ils donc charlatans jusqu'en leurs monologues ?

MANASSÉ, *continuant.*

Qu'importe ! il faut qu'Ormond ou Cromwell soit détruit ;
Ils vont s'entr'égorger.
     Regardant le ciel étoilé.
    Qu'il fait beau cette nuit !
   CROMWELL, *à part.*
Après ce courtisan bavard, ce Juif impie !
C'est l'immonde corbeau qui remplace la pie.
Il accourt sans pitié, sans dégoût, sans remords,
Demander au combat sa pâture de morts.
  MANASSÉ, *braquant sa lunette vers le ciel.*
En attendant qu'ici nos conjurés arrivent,
Etudions un peu les courbes que décrivent
Les satellites d'Hé dans l'orbite de THAU.
Frappons au seuil du temple avec le saint marteau. —
   Il met l'œil à la lunette, puis s'interrompt.
Prêter au denier douze !... En cet instant de trouble,
J'aurais pu sur Ormond, certes, gagner le double.
   CROMWELL, *à part.*
Espion de Cromwell ! banquier des cavaliers !
  MANASSÉ, *l'œil à la lunette.*
La ligne se recourbe en corne de béliers !... —
Mais j'ai ces carolus envoyés de Cologne ;
Et de bons carolus, même quand on les rogne,
Gagnent...— Vraiment, l'éclipse aurait lieu dans ce cas.
— Onze sur les dollars, et neuf sur les ducats.
— Oui, Cromwell, Ormond, tous à la fois je les trompe...
  En ce moment on entend le cri périodique de la sentinelle
    éloignée.

Tout va bien ! veillez-vous ?
   CROMWELL, *avec impatience, à part.*
      Faut-il qu'on m'interrompe
En ce moment ! leur cri ne fait peur qu'aux hiboux.
Répétons-le pourtant.

ACTE IV, SCÈNE V.

Haut.

Tout va bien! veillez-vous?

A cet éclat de voix, le juif se retourne comme en sursaut.

MANASSÉ, *à part.*

Jacob! je n'avais point vu là de sentinelle!
De quel voile épais l'âge a couvert ma prunelle!

La voix d'une autre sentinelle éloignée répète encore:

Tout va bien! veillez-vous?

MANASSÉ, *s'approchant de Cromwell avec respect.*

Bonsoir, seigneur soldat.

CROMWELL, *à part.*

Fallait-il que soudain ce cri l'intimidât!
Comme il se dévoilait!

Haut.

Bonne nuit, juif.

MANASSÉ, *avec un nouveau salut.*

Vous êtes
Placé là par le seigneur Ormond?

CROMWELL.

Fils des prophètes,
Comment as-tu besoin qu'on te réponde: Oui?

MANASSÉ.

De vous voir triompher je suis tout réjoui.
Le Cromwell tombe enfin; je vous en félicite.

CROMWELL.

Merci.

MANASSÉ, *saluant.*

Des anciens rois le pouvoir ressuscite.
Quel bonheur pour vous!

CROMWELL.

Ah!

MANASSÉ.

Je vous fais compliment.
Vous espérez sans doute un bon avancement?

CROMWELL.
Oui. L'on veut me nommer caporal.
MANASSÉ.
Un beau grade !
Vous serez caporal, c'est très-beau, camarade !
Un caporal commande à quatre hommes, vraiment !
C'est superbe ! et porter des galons !
CROMWELL.
C'est charmant.
MANASSÉ.
Je suis ravi qu'avec l'allégresse commune
La chute de Cromwell fasse votre fortune,
Seigneur soldat !
CROMWELL, *à part.*
Perfide !
MANASSÉ.
Enfin, Cromwell maudit,
Tu vas contre les Juifs expier ton édit !
Fanatique ! hypocrite ! avare !
S'adressant à Cromwell.
Quelle honte !
Ce Protecteur, ce roi, vérifiait un compte !
Ah ! ne me parlez point des bourgeois couronnés !
Dans un cercle si bas leurs esprits sont bornés !
Pas de festins brillants, pas de jeux, pas de fêtes,
Jamais d'emprunts ! — Aussi quel commerce vous faites !
Que si vous saisissez pour eux un brick suédois,
Ils scrutent votre poche, ils regardent vos doigts,
Et, pour tous les périls qu'entraînait l'entreprise,
Vous laissent tout au plus les trois quarts de la prise.
CROMWELL.
Mais c'est vous écorcher !
MANASSÉ.
C'est le mot. Rois mesquins !

Ils savent distinguer les besants des sequins?
CROMWELL.
C'est affreux!

MANASSÉ.
Ce Cromwell! là, je vous le demande,
M'a-t-il pas une fois osé mettre à l'amende
Pour avoir, en prêtant à je ne sais quel taux,
Honnêtement doublé mes pauvres capitaux!
CROMWELL.
C'est grand'pitié.

MANASSÉ.
Seigneur, c'est tuer l'industrie!
De quoi se mêlait-il, ce tyran, je vous prie?
De quel droit fermait-il, pour plaire à ses dévots,
Théâtres, jeux, concerts, bals, courses de chevaux,
Où, livrés au plaisir qui dans ces lieux fourmille,
Se ruinaient gaîment les aînés de famille?
Les priver de ce droit, n'est-ce pas illégal?
Sournois, haineux, féroce, économe, frugal,
C'est un monstre! par vous l'Angleterre respire.
Votre bras généreux la délivre du pire
Des tyrans que l'enfer jamais puisse enfanter! —
Ce que je vous en dis n'est pas pour vous flatter.
CROMWELL.
J'en suis bien convaincu.
MANASSÉ, *haussant les épaules et regardant Cromwell en dessous, à part.*
Ces machines de guerre!
L'encens le plus grossier ravit ce cœur vulgaire.
CROMWELL, *à part.*
Que de masques cachaient ce visage odieux!
Faisons-les tous tomber tour à tour sous mes yeux.
Haut.
A propos, dis-moi donc, Juif, ma bonne aventure.

MANASSÉ, *s'inclinant.*

Que je vous montre ici votre grandeur future!
Mais, seigneur caporal, c'est pour moi trop d'honneur.

A part.

Un maraud de soldat!

Haut.

Vous marchez au bonheur.

A part.

C'est voir une chandelle avec un télescope!

Haut.

Allons, soit, doux seigneur, tirons votre horoscope!
C'est ce que nous nommons, dans un latin poli,
Faire une expérience *in anima vili.*

A part.

On peut rire en latin au nez de cet ignare.

Haut.

Livrez-moi votre main. — Il faut que je vous narre...
Cet infâme Cromwell! —

Examinant avec sa lanterne la main que Cromwell lui présente

Quelle main! — je suis mort.

Il tombe prosterné aux pieds de Cromwell.

CROMWELL, *souriant.*

Hé! juif, que fais-tu donc? Çà, quel diable te mord?

MANASSÉ, *frappant la terre de son front.*

Je suis mort.

CROMWELL.

Tu sais donc qui je suis, juif immonde?

MANASSÉ, *d'une voix éteinte.*

Ah! c'est bien cette main, large à porter le monde!
Je les reconnais trop, ces lignes où le ciel
N'inscrivit d'autre nom que celui de Cromwell!
Votre astre n'avait point menti.

CROMWELL.

Vieillard, écoute.

Tu n'es qu'un misérable; et je pourrais sans doute
A mon tour, essayant sur toi ce fer poli,
> *Il lui présente son poignard.*

Faire une expérience *in anima vili.* —
Mais je n'écrase pas moi-même un ver de terre;
Lève-toi !

Manassé se lève. Cromwell lui montre un banc de pierre près de la porte.

    Sieds-toi là.

Le juif s'assied, comme atterré, dans le coin obscur du banc.

    Surtout songe à te taire.
Un seul mot, et ton âme ira loin de ton corps
Compléter à loisir ton alphabet des morts !

Le juif laisse tomber sa tête sur sa poitrine. Cromwell revient sur le devant du théâtre, et continue en le regardant de travers.

Ce juif, servir Ormond ! le sort qui me l'envoie
Mêle un oiseau de nuit à ces oiseaux de proie !

Il se promène, laissant échapper de temps en temps quelques paroles.

Mes seuls crimes sont donc, à les en écouter,
De saluer trop mal et de trop bien compter.
Mais de Charles Premier ou de la Charte anglaise,
Pas un mot ! —

    Mettant la main sur la poche de son justaucorps.

    Qu'ai-je là qui me gêne et me pèse ?

Il tire de sa poche la bourse que lui a remise Murray.

Ah ! c'est le prix du sang !... Oui. J'avais oublié
Que pour m'assassiner ces messieurs m'ont payé.
Voyons s'ils ont des droits à ma reconnaissance;
Comptons : jugeons un peu de leur munificence.
La tête de Cromwell; combien cela vaut-il ?
S'ils m'avaient mal payé, ce serait incivil.

Il prend la lanterne des mains de Manassé et en dirige la lumière sur la bourse. — Il recule avec horreur, après y avoir jeté un regard.

Dieu! le nom de mon fils brodé sur cette bourse!
De cet or parricide il était donc la source!
L'examinant de nouveau avec attention.
Je ne me trompe pas, voilà son écusson!
Quelle preuve à présent manque à sa trahison?
Ah! misérable enfant! ah! misérable père!
Quoi! non content d'avoir, en leur impur repaire,
Sa part dans leurs complots, sa part dans leurs repas,
D'encourager leurs coups, de boire à mon trépas,
Mon fils faisait les frais de la funèbre fête!
Il leur donnait son or pour acheter ma tête!
Et, de tous leurs plaisirs complice sans remord,
Enfin, comme un banquet, il leur payait ma mort.
Il jette la bourse à terre avec dégoût.
Ses prodigalités vont jusqu'au parricide!
Entre Richard Cromwell qui paraît chercher son chemin dans la nuit.
J'entends venir quelqu'un.

SCÈNE VI.

Les Mêmes, RICHARD CROMWELL.

Il s'avance lentement vers l'avant-scène.

RICHARD CROMWELL.
La nuit n'est pas lucide.
CROMWELL, *sans être vu.*
Se pourrait-il? mon fils?
RICHARD CROMWELL.
Me voilà délivré!
CROMWELL, *à part.*
Par les brigands sans doute auxquels tu m'as livré.
A leurs sanglantes mains joins ta main fraternelle!

ACTE IV, SCÈNE VI.

RICHARD CROMWELL, *toujours sans voir son père*
Ce que c'est qu'avoir bien payé la sentinelle !

CROMWELL, *à part.*
Il le dit.

RICHARD CROMWELL.
Je suis libre !

CROMWELL, *à part.*
A quel prix, scélérat !

RICHARD CROMWELL.
Cela me coûte cher ! mais je hais d'être ingrat.

CROMWELL, *à part.*
Ah ! tu hais d'être ingrat envers le vil sicaire
Qui te laisse à ton aise assassiner ton père !

RICHARD CROMWELL.
Encore une fredaine !

CROMWELL, *à part.*
Avec quel ton léger
Ce Joas dissolu parle de m'égorger !

RICHARD CROMWELL.
Mon père dort pourtant !

CROMWELL, *à part.*
Il dort !

RICHARD CROMWELL.
Il ne se doute
De rien !

CROMWELL, *à part.*
C'est lui qui veille, et c'est lui qui t'écoute !

RICHARD CROMWELL, *riant.*
Je vais bien l'attraper !

CROMWELL, *à part.*
Quel rire et quel forfait !
L'infâme vient ici demander : — Est-ce fait ?
Si je le châtiais moi-même ?

40.

RICHARD CROMWELL, *riant*.
Allons, courage!
Quand ils ne verront plus leur oiseau dans sa cage,
Demain comme les saints vont être déconfits!

CROMWELL, *à part*.
Si je le poignardais de ma main? —

Il tire son poignard et fait un pas vers Richard Cromwell, qui se promène sur le devant du théâtre et derrière lequel il se trouve. Il lève le poignard, puis s'arrête.

C'est mon fils!

RICHARD CROMWELL.
Comme nos cavaliers riront de l'algarade!

CROMWELL, *à part*.
Mais de mon propre sang il fait ici parade.

Il fait un pas.

Frappons!

RICHARD CROMWELL.
Ce dénoûment est heureux, sur ma foi!

CROMWELL, *à part*.
Oui!

RICHARD CROMWELL.
Mon père ne m'eût point pardonné, je croi!
Mais de cette façon à son courroux j'échappe.

CROMWELL, *à part*.
Tu n'échapperas point, traître! — Il faut que je frappe.
Point de pitié! c'est dit.

Il s'avance encore vers Richard, puis hésite.

Mais quoi! mon premier né!
Dans un jour de bonheur Dieu me l'avait donné:
C'est mon sang que ce fer va trouver dans ses veines.
Enfant! qu'il m'a donné de maux, de soins, de peines,
Hélas! et de bonheur! — Chaque fois qu'à ses yeux
Je paraissais, — soudain, rayonnant et joyeux,
Tendant ses petits bras à mes mains paternelles,

Tout son corps tressaillait comme s'il eût des ailes
Il me semblait qu'un astre à mes yeux avait lui
Quand il me souriait.

RICHARD CROMWELL.

Ma foi, tant pis pour lui.
Mon père est un tyran.

CROMWELL, *à part*.

Ah! ce mot me décide.
On cesse d'être fils quand on est parricide.

Il s'avance par derrière vers son fils, le poignard levé.

Meurs, traître!

Un bruit de pas sous la poterne. — Cromwell s'arrête et se retourne.

Mais quel bruit dans ces noirs escaliers?
C'est Ormond qui revient avec ses cavaliers.
De mon fils dans leurs rangs suivons la perfidie;
Nous dénoûrons après toute la tragédie!

Il remet son poignard dans le fourreau. — Entrent les cavaliers, leurs épées à la main, portant au milieu d'eux lord Rochester endormi et bâillonné avec un mouchoir qui lui cache le visage.

SCÈNE VII.

Les Mêmes, LORD ORMOND, LORD CLIFFORD, LORD DROG-
  HEDA, LORD ROSEBERRY, sir PETERS DOWNIE, sir
  WILLIAM MURRAY, SEDLEY, le docteur JENKINS, LORD
  ROCHESTER.

À l'arrivée des cavaliers Cromwell reprend sa place, et Richard se retourne avec étonnement.

RICHARD CROMWELL, *sans être vu des cavaliers*.

Ces gens m'ont l'air suspect. Mettons-nous à l'écart.

Il se retire à gauche du théâtre, parmi les massifs de verdure.

SIR WILLIAM MURRAY, *à Cromwell, d'un air triomphant*.

Ce Protecteur n'a pas même un lit de brocart!

Sur sa table mourait une pauvre bougie ;
On ne s'y voyait pas ! Grâce à sa léthargie,
Il n'a point remué quand nous l'avons saisi ;
Nous l'avons bâillonné sans bruit, et le voici.

CROMWELL.

Ah ! c'est lui ?

RICHARD CROMWELL, à part.

Qu'est cela ?

LORD CLIFFORD.

Nous le tenons. Victoire !

RICHARD CROMWELL, à part.

Que dit-il ?

SIR PETERS DOWNIE.

Le plus fort est fait ! — La nuit est noire,
Allons ; ne perdons point de temps.—Marchons !—

A Drogheda, Roseberry, Sedley et Clifford, qui portent le prisonnier endormi, et se sont arrêtés.

Hé bien ?

LORD ROSEBERRY, à Downie.

C'est fort commode à dire à qui ne porte rien.

SEDLEY, à Downie.

Comme, pour arriver au but qu'on se propose,
On n'a point de relais, il faut qu'on se repose.

RICHARD CROMWELL, à part.

Je reconnais ces voix.

LORD ORMOND, *l'œil fixé sur le fardeau que les cavaliers ont déposé à terre.*

Voilà donc ce Cromwell !
De son crime inouï châtiment solennel !
Le voilà dans nos mains, ce colosse de gloire,
En qui plus qu'en un Dieu le monde semblait croire !
C'est lui-même. — A nos pieds quelle place tient-il ?
Il n'est rien d'assez fort, ni rien d'assez subtil,
Pour ravir désormais ce coupable à son juge.

Tout fuyait devant lui ; — le voilà sans refuge. —
Ha ! malheureux soldat ! à quoi donc t'a servi
D'avoir tenu quinze ans tout un peuple asservi,
D'avoir tant combattu, tant faussé de cuirasses,
Substitué ton nom au nom des vieilles races,
Et régné par la haine, et l'erreur, et l'effroi,
Et fait de White-Hall le calvaire d'un roi ?
Combien tous ces forfaits, scellés du diadème,
Sont un fardeau terrible à cette heure suprême !
Cromwell ! quel compte à rendre, et comment feras-tu ?
Je t'abhorrais puissant, je te plains abattu.
Que ne t'ai-je au combat terrassé ! — Quelle chute !
Te prendre sans te vaincre ! un triomphe sans lutte !
Résignons-nous. L'épée a fait place aux poignards.
Pour la faire pencher du côté des Stuarts,
Quelle tête le sort jette dans la balance !

RICHARD CROMWELL, *à part*.

Qu'entrevois-je ? Ecoutons, et gardons le silence !

CROMWELL, *à part*.

J'estime cet Ormond ; il parle noblement.
Le cœur d'un vrai soldat jamais ne se dément.

SIR WILLIAM MURRAY, *à lord Ormond en lui désignant le
prisonnier*.

Que d'honneur au maraud fait ici Votre Grâce !

CROMWELL, *à part*.

Vil courtisan !

DOWNIE, *à ceux qui portent le prisonnier*.
Marchons, diable !

LORD DROGHEDA.

                        Un instant, de grâce
C'est qu'il est déjà lourd comme s'il était mort.

SEDLEY.

Il est fort malaisé de conduire à bon port
Cette cargaison-là. Délibérons : qu'en faire ?

LORD CLIFFORD.

Tuons ici notre homme, et terminons l'affaire !

LORD DROGHEDA.

C'est cela ! tuons.

SEDLEY.

Oui, c'est plus expéditif.

RICHARD CROMWELL, *à part.*

Quel conseil de démons ! qui donc est le captif ?

CROMWELL, *à part.*

Le harpon a bien pris ; laissons filer le câble.

MANASSÉ, *qui jusqu'alors a tout observé dans un profond silence, soulevant sa tête, à part.*

Ce spectacle adoucit le malheur qui m'accable.
Ils vont s'entre-tuer : c'est consolant ; au moins !

LORD CLIFFORD, *brandissant son épée sur Rochester, aux cavaliers.*

Est-ce dit ?

LE DOCTEUR JENKINS, *arrêtant Clifford.*

Quoi ! messieurs, sans juges, sans témoins,
Sans verdict de jury, sans loi, sans procédure ?
C'est un assassinat ! L'expression est dure ;
Mais enfin êtes-vous, par mandat spécial,
Une cour de justice, un conseil martial ?
Où sont, pour que les lois ne soient point violées,
Vos lettres d'assesseurs du sceau royal scellées ?
Lequel est attorney ? lequel est président ?
Je ne vois point ici deux avocats, plaidant
L'un pour cet accusé, l'autre pour la couronne.
Quel appareil légal enfin vous environne ?
Savez-vous seulement le latin pour juger ?
Confronter les témoins et les interroger ?
Sur des textes formels bien asseoir la sentence
Qui condamne à la claie ou bien à la potence ?
A quel jour êtes-vous de votre session ?

ACTE IV, SCÈNE VII.

Comment dater l'arrêt de condamnation?
Quel est le corps du crime? où sont tous les complices?
Sur quels chefs de délit basez-vous les supplices?
Ce sont les lois qu'ici je défends ; non Cromwell. —
Lui, quoique non jugé, je le crois criminel :
Il a du Roi son maître oublié l'allégeance ;
Cas prévu par la loi qui frappe, en sa vengeance,
Quid lædit in rege majestatem Dei.
Bref, aux lois d'Angleterre il a désobéi.
Que, pour faire éclater leur majesté sacrée,
La tête du félon du tronc soit séparée,
C'est fort bien : mais il faut quelques formes aussi.
Messieurs, vous ne pouvez le condamner ainsi.
Vous prenez qualités que jamais on n'assemble;
Se faire accusateur et témoin tout ensemble,
Etre juge et bourreau, c'est absurde! et ma voix
Contre cet attentat proteste au nom des lois.

CROMWELL, *à part.*

Je reconnais Jenkins, le magistrat intégre !

LORD CLIFFORD, *aux cavaliers, en haussant les épaules.*

Que diable nous vient-il dire avec sa voix aigre?

LORD DROGHEDA, *d'un air blessé, à Jenkins.*

Docteur, vous nous prenez pour des robins, je croi !

SIR PETERS DOWNIE.

Pensez-vous présider la cour du banc du roi?

SEDLEY, *riant.*

Depuis quand le hibou dit-il à son compère
L'autour : —

Il contrefait la voix et le geste de Jenkins.

« Prenons séance, et jugeons la vipère? »

LORD ROSEBERRY, *riant.*

Il nous parle latin !

SIR WILLIAM MURRAY.

Peste des sots discours!

LORD CLIFFORD.

C'est ma dague qui juge, et juge sans recours!
Frappons!

CROMWELL, *à part*.

Laissons frapper.

TOUS LES CAVALIERS.

Finissons.

Lord Clifford s'avance l'épée haute vers le prisonnier, toujours voilé.

JENKINS, *gravement*.

Je proteste.

RICHARD CROMWELL, *à part*.

Dieu! quelle scène horrible! est-ce un rêve funeste?

LORD CLIFFORD, *repoussant Jenkins*.

Protestez à votre aise!

LORD ORMOND, *arrêtant Clifford*.

Un moment, lord Clifford!
Le docteur a raison : je l'approuve très-fort.
L'ordre précis du Roi m'enjoint de lui remettre
Notre captif vivant : veuillez vous y soumettre.

LORD CLIFFORD, *à lord Ormond*.

Mais il faudra demain soutenir cent combats
Pour l'enlever!

SIR PETERS DOWNIE.

Et puis, quand il sera là-bas,
Vivant, le Roi veut-il le mettre, je vous prie,
Avec une étiquette en sa ménagerie?

LORD DROGHEDA.

Hé! nous lui donnerons l'animal empaillé.

LORD CLIFFORD, *à lord Ormond*.

Milord, hors du fourreau quand le glaive a brillé,
Il faut frapper. A nous nous n'avons que cette heure;
Profitons-en. Cromwell est dans nos mains, qu'il meure!

ACTE IV, SCÈNE VII.

TOUS LES CAVALIERS, *excepté Ormond et Jenkins.*

Oui !

Ils se précipitent à la fois, leurs épées à la main, sur le prisonnier, toujours sans mouvement.

JENKINS, *avec solennité.*

Je proteste !

RICHARD CROMWELL, *à part et hors de lui.*

Ils vont tuer mon père, ô ciel !

Il se jette au milieu des cavaliers.

Arrêtez, assassins !

TOUS LES CAVALIERS.

Grand Dieu ! Richard Cromwell !

CROMWELL, *à part.*

Que fait-il ?

RICHARD CROMWELL, *aux cavaliers.*

Arrêtez ! — Ah ! par pitié, par grâce !
Si notre amitié laisse en vos cœurs quelque trace,
Roseberry, Sedley, Downie, écoutez-moi !

SIR WILLIAM MURRAY, *avec impatience.*

Diable !

RICHARD CROMWELL.

Épargnez mon père !

SEDLEY.

Épargna-t-il son roi ?

RICHARD CROMWELL.

Ah ! que me dites-vous ? ce fut sans doute un crime.
Mais en suis-je coupable ! en dois-je être victime !
Amis ! en le frappant, vous me frappez aussi !

CROMWELL, *à part.*

Est-ce là ce Richard, parricide endurci ?
Je n'y comprends plus rien.

LORD ROSEBERRY, *à Richard Cromwell.*

Nous vous aimons en frère,
Richard ; mais au devoir on ne peut se soustraire.

RICHARD CROMWELL.

Non, vous ne tûrez pas mon père !

CROMWELL, à part

Il me défend !

Ah ! quel bonheur ! j'avais mal jugé mon enfant.

RICHARD CROMWELL, aux cavaliers.

Est-ce pour en venir à ce but détestable
Que vous faisiez asseoir Richard à votre table ?
Que nous partagions tout, jeux, débauches, plaisirs ?
Que ma bourse toujours s'ouvrait à vos désirs ?
Comparez maintenant, mes compagnons de fêtes,
Ce que j'ai fait pour vous à ce que vous me faites ?

LORD ROSEBERRY, bas aux cavaliers.

A-t-il tort ?

JENKINS, à Richard.

Bien, jeune homme ! allons, ce n'est point mal.
Mais faites donc valoir le vice radical
De l'affaire.—Ils n'ont pas le droit.—Plaidez la cause.
Plaidez ! plaidez !

RICHARD CROMWELL, à Jenkins.

Monsieur !

JENKINS.

Avec vous je m'oppose...

RICHARD CROMWELL, joignant les mains, aux cavaliers.

Mes amis !

CROMWELL, à part.

Je vois tout d'un plus juste regard.
Mon fils ! combien j'étais injuste à son égard !
Certe, il ne connaissait d'une trame si noire
Que la part du complot qui consistait à boire.

LORD ORMOND, à Richard.

Votre père avec nous, monsieur, tenait gros jeu ;
Chacun jouait sa tête : il a perdu !

ACTE IV, SCÈNE VII.

RICHARD CROMWELL.

Grand Dieu !
Aux yeux mêmes du fils assassiner le père !

Il crie avec force.

Au meurtre !

Aux cavaliers.

Ce n'est plus qu'en moi seul que j'espère.

Il crie encore.

Au meurtre ! à moi, soldats !

SIR WILLIAM MURRAY, *l'interrompant.*

Les soldats sont à nous !

RICHARD CROMWELL.

Hé bien donc ! seul encor je vous fais face à tous !

Il porte la main à son côté pour y chercher son épée.

Mais quoi ! le fer vengeur manque à ma main trompée !
— Pourquoi m'as-tu, mon père, enlevé mon épée ?

CROMWELL, *à part.*

Pauvre Richard !

LORD ORMOND, *à Richard.*

Monsieur, je vous plains. Croyez-moi,
Retirez-vous. Laissez faire les gens du roi.

RICHARD CROMWELL.

Vous laisser faire, ô ciel ! Je ne veux point de grâce.
Avec lui tuez-moi sur son corps que j'embrasse !

Il se précipite sur lord Rochester endormi, et le serre étroitement dans ses bras.

CROMWELL, *à part.*

Mon fils ! il va trop loin ; il serait trop cruel
Qu'il se fît poignarder avec un faux Cromwell.

LORD ROSEBERRY, *essayant de calmer Richard.*

Richard !...

RICHARD CROMWELL, *toujours attaché à Rochester.*

Non, frappez-moi d'un fer impitoyable,
Ou je veux le sauver !

Les cavaliers cherchent à arracher Richard du corps de Rochester; il lutte avec eux et s'y cramponne avec plus de violence. — Pendant ce débat, Cromwell semble épier tous les mouvements des cavaliers et se tenir prêt à porter secours à son fils. Manassé relève la tête, et observe attentivement sans proférer une parole.

LORD ROCHESTER, *se réveillant en sursaut et se débattant à son tour.*

Vous m'étranglez, au diable !

Tous s'arrêtent comme pétrifiés.

LORD ORMOND.

Dieu ! quelle est cette voix ?

Lord Rochester arrache le mouchoir qui lui couvre le visage, et Cromwell dirige en même temps sur sa figure la clarté de la lanterne sourde.

RICHARD CROMWELL, *reculant.*

L'espion !

TOUS LES CAVALIERS.

Rochester !

LORD ROCHESTER, *à Richard Cromwell.*

Vous êtes le bourreau ? — Vous m'étranglez, mon cher
Oui, comme si j'avais eu deux âmes à rendre !
Ne peut-on donc, l'ami, plus doucement s'y prendre,
Avec le patient agir de bon accord,
Et pendre un homme enfin, sans le serrer si fort ?

LORD ORMOND, *consterné.*

Rochester !

LORD ROCHESTER, *à demi éveillé et touchant le mouchoir qui entoure son cou.*

A mon cou la corde est bien passée ;
Mais quoi ! je ne vois point de potence dressée.
A quelque clou rouillé me pendaient-ils ici
Comme un chat-huant ?

LORD ORMOND.

Où donc est Cromwell ?

CROMWELL, *se redressant et d'une voix de tonnerre.*

          Le voici.—

Hors des tentes, Jacob! Israël, hors des tentes!

A ce mot de Cromwell, les cavaliers, étonnés, se retournent et voient le fond du théâtre occupé par une multitude de soldats portant des torches, sortis de tous les points du jardin et de toutes les portes du palais. On distingue au milieu d'eux Thurloë et lord Carlisle. Toutes les fenêtres de White-Hall s'illuminent subitement, et montrent partout des soldats armés de toutes pièces. Cromwell, l'épée à la main, se dessine sur ce fond étincelant.

SCÈNE VIII.

LES MÊMES, le comte DE CARLISLE, THURLOE, mousquetaires, pertuisaniers, gentilshommes gardes du corps de Cromwell.

    SIR WILLIAM MURRAY, *épouvanté.*

Cromwell! que de soldats! que d'armes éclatantes!
Je suis mort!

     LES CAVALIERS.

 Trahison!

LORD ORMOND, *portant alternativement les yeux sur lord*
    Rochester et le Protecteur.

    Cromwell! — et Rochester!

   LORD ROCHESTER, *se frottant les yeux.*

Suis-je déjà pendu? Serais-je dans l'enfer?
Ce palais flamboyant, ces spectres, ces armées
De démons secouant des torches enflammées,
C'est l'enfer! — car Wilmot comptait peu sur le ciel.
 Regardant le Protecteur.
Oui, voilà bien Satan; il ressemble à Cromwell.

CROMWELL, *montrant les cavaliers à Thurloë et au comte*
    de Carlisle.

Arrêtez ces messieurs!

Une foule de soldats puritains se précipitent sur les cavaliers, les saisissent et s'emparent de leurs épées avant qu'ils aient eu le temps de résister.

LORD ORMOND, *brisant son épée sur son genou.*
Nul n'aura mon épée.

RICHARD CROMWELL, *à part.*
Qu'est-ce que tout cela ? Ma nouvelle équipée
Me vaudra de mon père un nouveau châtiment.
J'ai rompu mes arrêts : je suis perdu.

LORD ROCHESTER, *promenant autour de lui des yeux ébahis.*
Comment !
Mais voici Drogheda, Roseberry, Downie ! —
Je rôtirai du moins en bonne compagnie. —
Tiens !... le juif Manassé qui rançonnait Cliffort !
Sans doute on le fera cuire en son coffre-fort !
Çà, nous sommes tous morts et damnés, il me semble !

Aux cavaliers.
Bonsoir, amis ! — Narguons Satan qui nous rassemble !
Donnons l'enfer au diable et rions à son nez !

LORD ORMOND.
Dans quel piége fatal nous sommes entraînés !

LORD ROCHESTER, *aux cavaliers*
Nos bons projets ont eu mauvaise réussite ;
Cromwell dans notre vin met de l'eau du Cocyte.

Cromwell, jusqu'ici, est resté silencieux dans son triomphe, les bras croisés sur sa poitrine, et promenant des yeux hautains sur les cavaliers, confus et désespérés.

CROMWELL, *à part et regardant Ormond.*
Je ne connaissais point Ormond. — A son aspect,
J'éprouve malgré moi je ne sais quel respect.

ORMOND, *l'œil fixé sur Cromwell.*
Comme il nous a trompés ! que de ruse et d'audace !

CROMWELL, *à part.*
Ormond seul ose encor me regarder en face.

C'est un noble adversaire; il avait un mandat;
Il le voulait remplir. — Parlons à ce soldat.

Il s'approche d'Ormond, qui le regarde fièrement. — Haut.
Ton nom?

LORD ORMOND.
Bloum.—
A part.
En mourant, je ne veux pas qu'il sache
Qu'il fut maître d'Ormond.

CROMWELL, *à part.*
Par orgueil il se cache.

Haut.
Qu'es-tu?

LORD ORMOND.
Rien, qu'un sujet contre toi révolté
Pour la vieille Angleterre et pour Sa Majesté.

CROMWELL.
Que penses-tu de moi?

LORD ORMOND.
De toi, Cromwell?...

CROMWELL.
Achève.

LORD ORMOND.
Des choses qu'on n'écrit qu'à la pointe du glaive.

CROMWELL.
Argument péremptoire! et qui n'a qu'un défaut :
C'est qu'au poignard parfois réplique l'échafaud.

LORD ORMOND.
Que m'importe?

CROMWELL, *croisant les bras.*
Ici donc la soif du sang te guide?

LORD ORMOND.
J'y venais par le fer punir le régicide.

CROMWELL.
Punir ! quel est ton droit ?

LORD ORMOND.
Le droit du talion.

CROMWELL.
Osais-tu pénétrer dans l'antre du lion ?

LORD ORMOND.
Tu veux dire du tigre.

CROMWELL.
Aux lieux même où réside
Le Protecteur !...

LORD ORMOND.
Cromwell, dis donc le régicide.

CROMWELL.
Régicide ! — toujours. C'est leur mot, leur raison,
Jetée à tout propos, mise en toute saison !
L'ai-je donc mérité ce nom de régicide ?
Ces peuples repoussaient un illégal subside ;
Je fus sévère et pur. Charles fut imprudent.
Sa chute fut un bien, sa mort un accident.
Il avait des vertus : je les vénère. En somme,
J'ai dû frapper le roi, tout en priant pour l'homme.

LORD ORMOND.
Hypocrite, va-t'en ! Tu ne me trompes point.

CROMWELL.
Nous différons d'avis, je le vois, sur ce point.

LORD ORMOND.
Auprès de Ravaillac ta place est réservée !

CROMWELL.
Ton âme par la haine est trop loin enlevée,
Vieillard ! tes cheveux gris devraient mieux t'inspirer.
Cromwell un Ravaillac ! Peux-tu bien comparer
La main qui meut le monde à cette main vulgaire,
Et la hache d'un peuple au couteau d'un sicaire ?

On vient au même point de l'enfer et du ciel :
Le sang souillait Caïn et parait Samuel.
                    LORD ORMOND.
Hé bien ! ce Ravaillac, d'exécrable mémoire,
N'a-t-il pas ce qu'il faut pour partager ta gloire?
Comme toi, d'un roi juste il causa le trépas;
Que lui manque-t-il donc ?
                    CROMWELL.
                        Il a frappé trop bas.
On ne frappe les rois qu'à la tête.
                    LORD ORMOND.
                        O mon maître!
O Charle! en tout son jour il vient de m'apparaître!
    A Cromwell en le repoussant
Je vous le dis encore : éloignez-vous de moi,
Vous dont la main toucha la majesté d'un roi!
                    CROMWELL.
Va, le sang tantôt souille et tantôt purifie.
    A part.
Mais quoi donc ? il m'accuse, et je me justifie!
Je le laisse étaler, sans fléchir le genou,
Sa vertu d'imbécile et son honneur de fou ! —
Sa conscience ignore où, dans sa tyrannie,
Parfois la destinée emporte le génie. —
Laissons cet incurable ! —
    Il tourne le dos à Ormond et s'approche de Jenkins.
                    Eh quoi! docteur Jenkins,
            Montrant Ormond et Murray.
Parmi ces insensés ! —
            Montrant Sedley, Clifford et Rochester.
                    Et parmi ces coquins ! —
Vous le sage et le juste!
            LE DOCTEUR JENKINS, *gravement.*
                    Oui, vous êtes le maître

De parler de la sorte, et pis encor, peut-être.

CROMWELL.

Vous avez préféré, Jenkins, à mes faveurs
L'honneur de partager avec quelques rêveurs
Une punition qui doit être exemplaire.

LE DOCTEUR JENKINS.

Ah! distinguons, monsieur Cromwell, sans vous déplaire.
Vous pouvez vous venger, mais non pas nous punir.
Les mots sont importants en tout à définir :
Tyrannus non judex, le tyran n'est point juge.
Si, grâce à quelque traître, à l'aide d'un transfuge,
Vous avez dans la lutte été le plus adroit;
Si vous avez la force, il nous reste le droit.
Violemment aux lois vous pouvez nous soustraire,
Qu'importe! nous mourrons, mais de mort arbitraire,
Et seulement de fait! — Consultez sur ce point
Vos propres avocats, Whitelocke, Pierpoint,
Maynard. — Je m'en rapporte à vos conseillers même,
Quoique le Whitelocke ait un très-faux système,
Et que souvent Pierpoint et le sergent Maynard
Contre le poulailler plaident pour le renard.

CROMWELL.

Hé bien donc! vous aurez le gibet en partage.

LE DOCTEUR JENKINS.

Soit. Mais voyez sur vous quel est notre avantage :
Nous irons au gibet d'un despote irrité,
Mais vous au pilori de la postérité!

Cromwell hausse les épaules.

LORD ROCHESTER, *toujours à demi éveillé.*

Où donc ai-je l'esprit? Si je ne dors pas, certe,
Je suis mort. — Ce Cromwell pourtant me déconcerte.
Ici... Déjà! — Je l'ai laissé là-haut hier.

S'adressant aux soldats qui l'environnent.

Ne pourrait-on changer de rêve ou bien d'enfer?

ACTE IV, SCÈNE VIII.

Délivrez-moi de Noll! vous m'avez l'air bons diables.

CROMWELL

Après un moment de méditation, il croise ses bras et s'adresse en souriant aux cavaliers.

Or çà, vous méditiez des projets incroyables.
Prendre Olivier Cromwell à des piéges d'enfants!
L'égorger! — Car, messieurs, vos poignards triomphants
Ne m'auraient point traité, devant cette poterne,
Comme David traita Saül dans la caverne;
Nul de vous n'eût borné l'emploi de son couteau
A couper doucement le bord de mon manteau.
Je le sais. C'est tout simple, et je vous en approuve.
Tout en vous approuvant, à dire vrai, je trouve
Que votre plan pouvait être un peu mieux conçu,
Et qu'enfin votre trame est d'un frêle tissu.
Par malheur, je n'ai point su la chose à temps, frères,
Pour vous communiquer sur ce point mes lumières :
Ne m'en veuillez donc pas. — Vous avez bien sué
Pour inventer cela ! — Moi, comme Josué,
Que de vingt rois unis le choc ne troublait guère,
J'ai coupé les jarrets à vos chevaux de guerre.
Nous avons tous agi comme nous avons dû;
Vous avez attaqué, je me suis défendu.
Quant à votre projet en lui-même, j'avoue
Que j'aime ces élans d'un cœur qui se dévoue :
Le courage me rit et l'audace me plaît.
Quoique votre succès n'ait pas été complet,
Je ne vous place pas moins haut dans mon idée.
Par un sentiment fort votre âme est possédée;
Vous marchez hardiment, d'un pas ferme et réglé;
Vous n'avez point fléchi, point pâli, point tremblé;
Vous m'êtes, — agréez mes compliments sincères, —
Des ennemis de choix, de dignes adversaires;
Je ne vois rien en vous qui soit à dédaigner,

Et vous estime enfin trop — pour vous épargner,
Cette estime pour vous en public veut s'épandre,
Et je vous la témoigne en vous faisant tous pendre. —
Point de remerciments. — Excusez-moi plutôt
De confondre avec vous sur le même échafaud

Montrant sir William Murray, consterné.

Ce fanfaron pleureur, ce lâche qui m'écoute,
Quoiqu'il ne vaille pas la corde qu'il me coûte.
Il doit vous rendre grâce; oui, certes, car sans vous
Il n'eût point eu l'honneur d'éveiller mon courroux.

Montrant Manassé, toujours immobile.

Souffrez que je vous joigne encor ce juif fétide.
C'est dur! à des chrétiens mêler un déicide!
Avec les bons larrons confondre un Barabbas!
J'arrangerai la chose. — On le pendra plus bas. —
Çà, que chacun de vous maintenant me pardonne
De le payer si mal; ce que j'ai, je le donne.
— Ce que je fais pour vous, je le sens, est bien peu! —
Allez, préparez-vous à rendre compte à Dieu;
Nous sommes tous pécheurs, frères!—Dans quelques heures,
Quand le jour renaissant blanchira ces demeures,
Vous serez tous pendus! — Allez; — priez pour moi.

Les gardes, et lord Carlisle à leur tête, entraînent les prisonniers, qui tous, à l'exception de Murray et du juif, conservent une attitude fière et méprisante. Cromwell reste quelques instants rêveur, puis se tourne vivement vers Thurloë.

Fais sur l'heure apprêter Westminster! je suis roi.

Il rentre à White-Hall par la poterne, et Thurloë, après un profond salut, sort du parc.

SCÈNE IX.

LES QUATRE BOUFFONS.

Au moment où Cromwell et Thurloë sortent, Gramadoch avance la tête hors de la cachette des fous, puis sort avec précaution, examinant autour de lui si le théâtre est bien désert, puis fait signe aux autres fous de le suivre; et les quatre fous, réunis sur la scène, se regardent les uns et les autres en poussant des éclats de rire immodérés.

GRAMADOCH, *à ses camarades.*
Hé bien! qu'en dites-vous?

GIRAFF, *riant.*
De plus en plus risible.

ELESPURU.
Scène de l'autre monde en celui-ci visible.

TRICK.
Quelque chose de fou, de bouffon, d'inconnu.

GIRAFF.
Un spectacle étonnant, gai. — Voir Cromwell à nu!
Voir le feu sans fumée et Belzébuth sans masque?

GRAMADOCH.
Entre tous les acteurs de ce drame fantasque,
Lequel est le plus fou? Voyons, donnons le prix.

TRICK.
C'est Murray qui, chargeant Cromwell de son mépris,
Tourne de Noll à Charle en une pirouette,
Et qui pour un drapeau prend une girouette.

GIRAFF.
La palme est à Richard, ce fils de Bélial,
Mourant pour Rochester par amour filial.

TRICK.
Si Cromwell eût tué Richard dans sa manie,

C'eût été bon !

GIRAFF.

Oui ; mais la pièce était finie.

TRICK.

Grand dommage !

GRAMADOCH.

Ainsi donc vous donnez à Richard
La marotte d'honneur, la palme de notre art ?

ELESPURU.

J'aime mieux de Jenkins la candeur doctorale.

TRICK.

Et l'Ormond à Cromwell faisant de la morale,
N'est-il pas amusant ? Je préférerais, moi,
Enseigner la justice à quelque homme de loi,
Peigner un ours du pôle, ou traire une panthère,
Ou du Vésuve ardent ramoner le cratère.

GIRAFF.

Et ce juif qui n'est pas le moindre du roman !
Ce rabbin espion, usurier nécroman,
Qui, tout en méditant sur la beauté des piastres,
Vient avec sa lanterne examiner les astres !

ELESPURU.

Animal amphibie, aux deux camps étranger,
Ce juif venait ici comme on voit voltiger
Une chauve-souris dans la nuit d'une tombe.

GIRAFF.

D'autant plus justement la comparaison tombe,
Que Noll, sur quelque croix, devant quelque portail,
Va le faire clouer comme un épouvantail.

TRICK.

Cromwell des cavaliers punit donc la jactance !
Il a plus d'une corde, amis, à sa potence.

GRAMADOCH.

Et pourtant, quoiqu'il porte un monde sur son cou,

ACTE IV, SCÈNE IX.

De ceux dont nous parlons Cromwell est le plus fou.
Il veut être encor roi : la mort est à sa porte.

Ces paroles fixent l'attention des fous: ils se rapprochent vivement de Gramadoch.

GIRAFF, *à Gramadoch.*

Quoi donc?

GRAMADOCH.

Vous verrez.

TRICK, *à Gramadoch.*

Mais dis...

GRAMADOCH.

Plus tard.

ELESPURU, *à Gramadoch.*

Que t'importe!

GRAMADOCH, *secouant la tête.*

Le mystère est un œuf, — écoutez, s'il vous plaît, —
Qu'il ne faut pas casser si l'on veut un poulet.
Attendez! — Ce Cromwell, à qui tout est propice,
S'il fait ce dernier pas, se jette au précipice.
La mort l'attend. — Soyez à son couronnement.
Vous verrez, vous rirez! Cromwell est sûrement
Bien plus fou que ces nains qu'il écrase au passage,
D'autant plus fou cent fois qu'il se croit le plus sage!

TRICK.

Pour clore le concours, dans ceci, les plus fous,
Même en comptant Cromwell, messieurs, c'est encor nous.
Sommes-nous bien sensés de perdre à cette affaire
Un temps que nous pourrions employer à rien faire,
A dormir, à chanter à l'écho nos ennuis,
Ou bien à regarder la lune au fond d'un puits?

Ils sortent.

V

LES OUVRIERS

ACTE CINQUIÈME

LA GRANDE SALLE DE WESTMINSTER.

A gauche, vers le fond, la grande porte de la salle vue obliquement. — Au fond, des gradins demi-circulaires s'élevant à une assez grande hauteur. De riches tentures de tapisserie réunissent les intervalles des piliers gothiques tout autour de la salle, et n'en laissent apercevoir que les chapiteaux et les corniches. — A droite, une charpente revêtue de planches figurant les degrés de l'estrade d'un trône; plusieurs ouvriers sont occupés à y travailler au moment où la toile se lève; les uns achèvent de clouer les planches des degrés, tandis que les autres les recouvrent d'un riche tapis de velours écarlate à franges d'or, ou s'occupent à hisser au-dessus de l'estrade un dais de même étoffe et de même couleur, sous le ciel duquel sont brodées en or les armes du Protecteur. — Divers ustensiles de charpentiers et de tapissiers sont épars à terre, et des échelles, adossées aux piliers, annoncent qu'on vient à peine d'en terminer la tenture. — Vis-à-vis le trône, une chaire. — Tout autour de la salle, des tribunes et des travées richement drapées. — Il est trois heures du matin : le jour commence à poindre et projette, à travers les vitraux et la porte entr'ouverte, des rayons horizontaux qui font pâlir la lumière de plusieurs lampes de cuivre à cinq becs, posées ou suspendues, pour le travail nocturne des ouvriers, dans plusieurs endroits de la salle.

SCÈNE PREMIÈRE.

DES OUVRIERS.

LE CHEF DES OUVRIERS.

Il encourage du geste les manœuvres qui ajustent le dais.
L'ouvrage avance. Allons! — Ce dais est assez ample. —

A un autre ouvrier qui se tient debout, une Bible à la main.
Frère, édifiez-nous! lisez.
L'OUVRIER, *lisant*.
« Or le saint temple
« Eut un lambris de cèdre, un plancher de sapin... »
LE CHEF, *aux ouvriers*.
Frères, nourrissons-nous de ce céleste pain.
LE LECTEUR, *continuant*.
« Salomon l'étaya, d'espaces en espaces,
« De poteaux à cinq pans, de pieux à quatre faces,
« Couvrit de lames d'or son ouvrage immortel,
« Et plaça dans l'oracle, à côté de l'autel,
« Deux chérubins debout, les ailes déployées. »
UN OUVRIER, *jetant un coup d'œil sur les préparatifs qui l'environnent*.
Nos mains ont, cette nuit, été bien employées.
Salomon, pour laisser des travaux plus complets,
Mit sept ans à son temple et quinze à son palais.
Nous, pour tous ces apprêts nous n'avons pris qu'une heure.
LE CHEF.
Bien dit, Enoch. —
Aux ouvriers qui disposent le dais.
Tenez, cette échelle est meilleure. —
A Enoch.
Peut-on se trop hâter...
Aux ouvriers qui attachent les rideaux du dais.
— Bon, à cette hauteur! —
A Enoch
Quand on élève un trône à milord Protecteur?
UN SECOND OUVRIER.
C'est donc pour aujourd'hui cette cérémonie?
LE CHEF.
Oui. — Par bonheur l'estrade est à peu près finie.
A Enoch.
Ah! nous n'avons jamais... —

42.

Aux ouvriers qui clouent les planches.

Or çà, vous, moins de bruit !

A Enoch.

Rien fait de si pressé, sinon cette autre nuit...

ENOCH.

Quelle nuit?

LE CHEF.

Vous n'avez point gardé la mémoire, —
Voilà huit ans passés, — d'une nuit froide et noire,
De la nuit du vingt-neuf au trente de janvier?
Nous travaillions encor pour milord Olivier.

LE SECOND OUVRIER.

Ne construisions-nous pas l'échafaud du roi Charle,
Cette nuit-là?

LE CHEF.

Oui, Tom. — Mais est-ce ainsi qu'on parle
Du Barabbas royal, du Pharaon anglais?

ENOCH, *comme recueillant ses souvenirs.*

J'y suis. — On appuya l'échafaud au palais.
Ah! ce n'était point là des charpentes grossières
A pendre des rabbins, à brûler des sorcières;
Mais un échafaud noir, bien bâti, comme il sied.
Avec une fenêtre il était de plain-pied.
Pas d'échelle à descendre. Oh! c'était fort commode!

LE CHEF.

Et solide, à porter tous les enfants d'Hérode!
Robin n'eût point trouvé de madriers meilleurs.
On y pouvait mourir sans rien craindre d'ailleurs.

TOM, *sur l'estrade.*

Ce trône est moins solide; en y montant il tremble.

ENOCH.

L'échafaud fut construit moins vite, ce me semble.

L'OUVRIER, *qui tient la Bible, hochant la tête.*

Dans cette nuit-là, frère, il ne fut pas fini.

ENOCH.

Quoi donc?

L'OUVRIER, *montrant le trône.*

A l'échafaud ce théâtre est uni.
C'est un degré de plus d'où Cromwell nous domine;
L'œuvre alors commencée aujourd'hui se termine;
Ce trône de Stuart complète l'échafaud !

TOM.

Ah! Nahum l'Inspiré voit les choses de haut.

NAHUM, *l'œil fixé sur le trône.*

Oui, tréteau pour tréteau, j'aimais encor mieux l'autre.
C'était le tour de Charle, aujourd'hui c'est le nôtre.
Cromwell sur le drap noir n'immolait que le roi :
Sur cette pourpre il va tuer le peuple !

LE CHEF, *à Nahum.*

Quoi !
Oser parler ainsi ! — Quelqu'un peut vous entendre.

NAHUM.

Que m'importe! Je suis vêtu du sac de cendre.
Je voudrais pour Cromwell, d'ailleurs, qu'il m'entendît.
S'il veut s'élire roi, qu'il tombe! il est maudit.
Je lui prédis sa mort, moi pauvre et misérable,
Qui vaux mieux que cet homme en sa gloire exécrable,
Car le Seigneur à Tyr préfère le désert,
La grappe d'Ephraïm au cep d'Abiezer !

LE CHEF, *regardant Nahum, qui demeure en extase.*

Imprudent ! —

A Enoch.

Il nous reste à placer sur l'estrade
Le grand fauteuil royal. — Aidez-moi, camarade.

Tous deux montent les degrés, portant un grand fauteuil très-chargé de dorures, couvert de velours écarlate, étalant sur son dossier les armes du Protecteur brodées en or et relevées en bosse. Ils placent le fauteuil au milieu de l'estrade.

TOM, *regardant le siége royal.*

Beau fauteuil ! — là dedans il sera comme un roi.

ENOCH, *achevant d'arranger le fauteuil, au chef d'atelier.*

La nuit dont vous parliez, c'est moi-même, je croi.
Qui disposai pour Charle un beau billot de chêne,
Muni de ses crampons et de sa double chaîne,
Tout neuf, et qui n'avait servi qu'à lord Strafford.

UN TROISIÈME OUVRIER.

Qui donc vint nous prier de marteler moins fort?

LE CHEF.

Hé! ce fut Thomlinson, colonel de service.
Il nous dit de ne point commencer le supplice,
Et que de nos marteaux le bruit désordonné
De son dernier sommeil privait le condamné.

NAHUM.

Il dormait ! c'est étrange!

UN QUATRIÈME OUVRIER.

A ces heures funèbres,
Si quelqu'un nous eût vus, caché dans les ténèbres,
Bâtir un échafaud aux lueurs des flambeaux,
Comme des fossoyeurs qui creusent des tombeaux,
Ou comme ces démons qui, par leurs maléfices,
Dressent dans une nuit d'infernaux édifices, —
Ce témoin eût sans doute été bien effrayé!

ENOCH.

J'aime fort ces travaux de nuit : — c'est bien payé.
Avec mes dix enfants, créatures humaines,
Sur cet échafaud-là j'ai vécu deux semaines.

UN CINQUIÈME OUVRIER.

Nous verrons si Cromwell agira comme il faut;
Et s'il paira le trône au prix de l'échafaud.

TOM.

C'est pour le tapissier, pour maître Barebone,
Pour lui seul, non pour nous, que cette affaire est bonne.

ACTE V, SCÈNE II.

Il fournit ces rideaux, ces siéges, ces brocarts,
Et de notre salaire il prendra les trois quarts.

NAHUM.

C'est un vendeur du temple !

LE CINQUIÈME OUVRIER.

Un Mède !

LE QUATRIÈME OUVRIER.

Un vrai fils d'Ève,
Qui marche aveuglément sur le tranchant du glaive !

NAHUM, *reprenant.*

Et qui, pilier de l'arche, arc-boutant de Babel,
Pose un pied dans l'enfer et l'autre dans le ciel !

TOM.

Chut ! il nous chasserait, s'il venait à connaître
Que nous le traitons, lui, comme il traite son maître.
Le voici : taisons-nous.

Entre Barebone. Tous les ouvriers se remettent silencieusement
à l'ouvrage ; le seul Nahum reste immobile, les yeux attachés
sur la vieille Bible usée qu'il tient ouverte.

SCÈNE II.

Les Mêmes, BAREBONE.

BAREBONE, *jetant un coup d'œil sur les travaux de ses
ouvriers.*

Mais voilà qui va bien ! —

Aux ouvriers.

Je suis content de vous : il ne reste plus rien
A faire, en vérité !

A part.

Je suis au fond de l'âme
Ravi qu'ils aient sitôt fini cette œuvre infâme.
Nos conjurés, qui vont venir, pourront du moins

Tenir conseil ici sans gêne et sans témoins,
Reconnaître les lieux, et voir par quelle voie
On peut d'un coup plus sûr frapper Noll dans sa joie.
Quel bonheur, pour entrer chez le tyran proscrit,
Que je sois tapissier de ce même antechrist ! —
Congédions-les tous, vite. —

Haut aux ouvriers.

Allez, mes chers frères;
A l'esprit tentateur soyez toujours contraires.
Aimez votre prochain, et même le méchant.

Au chef d'atelier.

Monsieur Néhémias ! —

Le chef d'atelier s'approche de Barebone pendant que les ouvriers ramassent leurs outils et se chargent des lampes et des échelles.

Il faudrait sur-le-champ
Pour milord Protecteur, à qui Dieu soit en aide,
Finir cette cuirasse en buffle de Tolède.

Bas et se penchant à l'oreille du chef d'atelier.

Du cuir qui restera, loin de tous les regards,
Vous ferez pour nos saints des gaînes de poignards.

Le chef d'atelier incline la tête en signe d'adhésion, et sort accompagné de tous les ouvriers.

SCÈNE III.

BAREBONE, seul.

Il se place comme en contemplation devant le trône.

Le voilà donc ce trône, — exécrable édifice,
Où Cromwell à Nesroch nous offre en sacrifice,
Où se transforme en roi ce chef longtemps béni,
Où va changer de peau le serpent rajeuni !

ACTE V, SCÈNE III.

C'est là qu'il compte enfin appuyer son empire,
Ce faux Zorobabel en qui Nemrod respire;
Ce prêtre de l'enfer, ce vil empoisonneur,
Qui, se prostituant l'église du Seigneur,
Veut, dans les noirs projets que son orgueil combine,
De l'épouse des saints faire sa concubine.
Cet oppresseur de Dieu que son âme a trahi;
Cet homme, pire enfin que Stharnabuzaï!
Voilà son trône impur que l'anathème charge!
C'est bien cela : — dix pieds de haut sur neuf de large.
Et le tout recouvert de velours cramoisi. —
Il en faut six ballots pour le draper ainsi. —
Donc il ne suffit pas à ce fils du blasphème
D'exercer un pouvoir usurpé sur Dieu même,
De fouler Israël comme un roseau séché,
D'avoir, géant glouton sur l'Europe couché,
Plus qu'Adonibezec puissant et redoutable,
Soixante rois mangeant ses restes sous sa table;
Non, il lui faut un trône. Et quel trône! un amas
De franges, de plumets, de satin, de damas,
Où, comme il est écrit du sacré lampadaire,
L'art du sculpteur s'unit à l'art du lapidaire!
Cromwell de ce clinquant veut s'entourer encor.
— Quand je dis ce clinquant, c'est bien de très-bon or!
— Or vierge de Hongrie; — et ces glands magnifiques
Pourraient faire les frais de quatre républiques! —
C'est moi qui les fournis; et, s'ils étaient moins lourds,
Leur mesquine splendeur souillerait ce velours. —
Velours d'Espagne!—Allons, qu'il règne, mais qu'il meure!
Que la couronne ici pare sa dernière heure!
Essayons sur son front le clou de Sisara!—
    Il regarde les coussins du trône.
Velours que j'ai payé cinq piastres la vara. —
Je le revendrai dix, suivant la mode antique.

Cet Aod est pourtant une bonne pratique! —
Oui; mais son avarice!... — Il touche à son trépas!
Ces royaux échelons vont rompre sous ses pas,
Sous ce dais triomphal, sous ces tentures même
Où son blason bourgeois usurpe un diadème.
Que cette place est bonne à le bien poignarder!

Il se promène de long en large devant le trône, et son visage passe de la fureur à l'admiration pour la richesse des ornements qui le décorent.

Mais c'est qu'il est capable encor de marchander!
De faire par Maynard mutiler mon mémoire,
Rogner les brocarts d'or, déprécier la moire!
Puis, si j'ose me plaindre, alors sa bonne foi
Prête ses gens de guerre à ses hommes de loi.
Servez ces Pharaons! toujours l'ingratitude
Est de leurs cœurs glacés la première habitude. —
Il devrait cependant être content de moi!
Pour bien parodier la majesté d'un roi,
Rien ne manque à ce trône abominable au monde,
A ce hideux théâtre, à cet autel immonde.
C'est magnifique! — Enfin, je n'ai rien épargné.
A décorer Moloch je me suis résigné,
Et j'expose aux périls qui suivent l'anathème
Mes tapis de Turquie et mon cuir de Bohême. —
Jébuséen! qu'il meure!

Comme frappé d'une idée soudaine.

— Oui, mais qui me paira
Quand il n'y sera plus? — L'auguste Débora
Ne laissa point son clou dans le front de l'impie;
Samson ne risquait rien, quand sa force assoupie
Fit choir pour son réveil tout un temple ennemi;
Judith, qui triompha d'Holopherne endormi,
Fuyant, parée encor de la sanglante fête,
Sans perdre un seul joyau sut emporter sa tête.

Mais moi, qui m'indemnise? et quel profit réel
Me dédommagera de la mort de Cromwell?
Ne faut-il pas laisser quelque chose à ma veuve? —
La question ainsi me semble toute neuve.
Songeons-y! — Mais voici nos bons amis les saints.

Entrent les puritains conjurés. Lambert à leur tête. Tous, enveloppés dans de larges manteaux, portent de grands chapeaux coniques dont les bords très-larges se rabattent sur leurs visages sombres et sinistres. Ils marchent à pas lents, comme absorbés dans des contemplations profondes; plusieurs semblent murmurer des prières. On voit luire des poignées de dagues sous leurs manteaux entr'ouverts.

SCÈNE IV.

BAREBONE, LAMBERT, JOYCE, OVERTON, PLINLIMMON, HARRISON, WILDMAN, LUDLOW, SYNDERCOMB, PIMPLETON, PALMER, GARLAND, PRIDE, JEROBOAM D'EMER, et autres conjurés têtes-rondes.

LAMBERT, *à Barebone.*

Hé bien?

Barebone, pour toute réponse, lui montre de la main le trône et les décorations royales, sur lesquelles les conjurés jettent des regards indignés. Lambert se retourne vers l'assemblée, et poursuit gravement:

— Vous le voyez. Fidèle à ses desseins,
Frères, Cromwell poursuit son œuvre réprouvée.
Westminster est tout prêt; l'estrade est élevée;
Et voici les gradins où ce vil Parlement
Aux pieds d'un Olivier va traîner son serment.
Profitons, pour agir, du moment qui nous reste.
Jugeons cet autre roi. Son crime est manifeste:
Voilà son trône!

OVERTON.

Non. Voilà son échafaud!

Il y sera monté pour tomber de plus haut.
Sa dernière heure, amis, par lui-même est marquée.
Que du tombeau des rois cette pompe évoquée
Soit sa pompe funèbre, et que notre poignard
Jette aujourd'hui son ombre à l'ombre de Stuart!
Ha! nous y voilà donc! ce despote hypocrite
Exhume à son profit la royauté proscrite;
Et, pour reprendre à Charle un sceptre ensanglanté,
Fouille dans le sépulcre où nos mains l'ont jeté!
Cromwell ose ravir la couronne à la tombe! —
Qu'en entraînant Cromwell la couronne y retombe!
Et si plus tard quelque autre ose encor régner seul,
Que la robe de roi soit toujours un linceul!

LAMBERT, *à part*.

Il va trop loin.

OVERTON, *poursuivant*.
Qu'il soit anathème!

TOUS.
Anathème!

OVERTON, *continuant*.
Tout conspire avec nous, tout, et Cromwell lui-même.
Oui, messieurs, sa fortune aveugle ce Cromwell,
Qui semble un Attila fait par Machiavel.
S'il ne nous aidait point, notre vaine colère
S'userait à miner son pouvoir populaire;
C'est lui seul qui se perd, en ne comprenant pas
Qu'il change le terrain où s'appuyaient ses pas;
Qu'il sort du sol natal pour mourir; et qu'en somme,
En devenant un roi, Cromwell n'est plus qu'un homme.
Sous ce titre de mort il s'offre à tous les coups.
La foule, son appui, le quitte et passe à nous;
Lui seul, entre elle et lui, signe un fatal divorce.
En nous donnant le peuple, il nous donne sa force;
On veut être opprimé, foulé, suivant la loi,

Par un lord Protecteur, mais jamais par un roi.
D'un tyran plébéien le peuple s'accommode.
Olivier, Protecteur, fût-il pire qu'Hérode,
Lui semble encor le seul dont le front sans bandeau
Peut porter de l'Etat le vacillant fardeau.
Mais que ce même front ceigne le diadème,
Tout change ; et ce n'est plus, pour ce peuple qui l'aime,
Qu'une tête de roi bonne pour le bourreau !

TOUS, *excepté Lambert, et Barebone, qui depuis l'arrivée des conjurés semble absorbé dans de profondes réflexions.*

C'est bien dit !

JOYCE.

Notre épée a quitté le fourreau ;
Qu'elle y rentre fumante, et jusqu'à la poignée
Pour la seconde fois du sang d'un roi baignée !

PRIDE.

Cromwell vient donc chercher sa tombe à Westminster !
De sa secte infidèle et promise à l'enfer
Il était le grand prêtre ; il veut être l'idole :
Que sur son propre autel pour sa fête on l'immole.

LUDLOW.

Wolsey, Goffe, Skippon, s'il couronne son front,
Propres chefs de sa garde, avec nous frapperont.
A nos couteaux vengeurs rien ne peut le soustraire,
Fletwood, son gendre, enfin Desborough, son beau-frère,
Le laisseront tomber ; car, fermes dans la foi,
Leurs cœurs républicains l'aiment mieux mort que roi.

HARRISON.

Honneur donc à Fletwood, à Desboroug ! — Leurs âmes
N'ont point de peurs d'enfants et de pitiés de femmes !

GARLAND, *qui jusque-là est resté silencieux, l'œil fixé sur les premiers rayons du soleil levant.*

Jamais si beau soleil à mes yeux n'avait lui.

Frères, quelle victime à frapper aujourd'hui !
Jamais je n'avais eu tant d'orgueil ni de joie
A sentir que je marche où le Seigneur m'envoie ;
Ni quand Strafford posa sa tête à notre gré
Entre le glaive saint et le billot sacré ;
Ni quand mourut ce Laud, plus exécrable encore,
De la chambre étoilée infernal météore,
Prélat qui, de son temple où renaissait Béthel,
Tournait vers l'Orient le sacrilége autel,
Et, de notre sabbat moqueur incendiaire,
Prostituait aux jeux le jour de la prière ;
Ni même quand Stuart, qui, fier de ses vieux droits,
Pour des rayons de Dieu prit les fleurons des rois,
Avec sa royauté superbe et séculaire,
S'agenouilla devant la hache populaire !
A chacun d'eux j'avais, selon qu'il est écrit,
Cru sous sa forme humaine immoler l'antechrist ;
Mais je crois aujourd'hui que Sion triomphante
Frappe enfin dans Cromwell ce fatal sycophante,
Et, des marches d'un trône encor mal affermi,
Le replonge au Tophet d'où Satan l'a vomi.
Quel jour ! — Quel Goliath, l'effroi de l'Angleterre,
A jeter de son haut la face contre terre !

SYNDERCOMB.

Quel beau coup de poignard à donner !

PRIDE.

Quel honneur
Pour ceux qui combattront les combats du Seigneur !

JOYCE, *montrant le trône.*

Que son sang, sur la pourpre où l'attend notre piége,
Va couler à grands flots !

A ces paroles de Joyce, Barebone, qui jusqu'alors a tout écouté en silence, tressaille comme agité d'une inquiétude subite.

BAREBONE, *se frappant le front, à part.*
Au fait, à quoi pensé-je?
C'est qu'ils vont me tacher mon trône avec leur sang!
Qu'en faire après? — L'étoffe y perdra vingt pour cent.
Haut, après un instant de recueillement.
Vos discours pour mon âme ont la douceur de l'ambre.
De la communauté je suis le dernier membre,
Frères, mais écoutez. — Aux saints textes soumis,
Vous voulez poignarder Cromwell. — Est-ce permis?
Rappelez-vous Malchus, dont l'oreille coupée
De Pierre par Jésus fit maudire l'épée.
N'est-il pas interdit, au nom du Tout-Puissant,
De frapper par le fer et de verser le sang?
Sur ce point dans vos cœurs s'il reste quelques ombres,
Ouvrez, chapitre neuf, la Genèse; et les Nombres,
Chapitre trente-cinq.
Explosion de surprise et d'indignation parmi les têtes-rondes.

JOYCE.
Comment! qui parle ainsi?

LUDLOW.
Qui vous a, Barebone, à ce point radouci?

GARLAND.
Vous voulez épargner l'antechrist?

BAREBONE, *balbutiant.*
Au contraire...
Je ne dis pas cela...

SYNDERCOMB.
Seriez-vous un faux frère?

HARRISON.
Sommes-nous des brigands qu'on doive condamner?
Des assassins?

OVERTON.
Tuer n'est pas assassiner.
Devant l'autel, où brille une flamme épurée,

Le bouc impur se change en victime sacrée,
Et le boucher devient un sacrificateur.
Samuel tue Agag, et nous le Protecteur.
Du peuple et du Très-Haut nous sommes les ministres.
    JOYCE, *à Barebone.*
Monsieur, je n'attendais de vos regards sinistres
Rien de bon, — vous vouliez sauver Cromwell...—Voilà
    BAREBONE.
Barebone, grand Dieu, protéger Attila !
  SYNDERCOMB, *jetant un regard indigné sur Barebone.*
C'est un Phérézéen, ou pour le moins un Guèbre !
    GARLAND.
D'où lui vient pour Cromwell cette pitié funèbre ?
    BAREBONE.
Mais répandre son sang, c'est violer la loi !
   SYNDERCOMB, *lui frappant sur l'épaule.*
Faut-il pas teindre enfin la pourpre de ce roi ?
    PRIDE.
Barebone est fou !
    WILDMAN.
     Frère, est-ce que tu recules ?
   LUDLOW, *hochant la tête.*
Il est des trahisons qu'on habille en scrupules !
    BAREBONE, *effrayé.*
Vous penseriez ?...
   SYNDERCOMB, *furieux, à Barebone.*
  Silence !
    GARLAND, *à Barebone.*
     As-tu bu par hasard
De l'eau de la mer Morte ?
    HARRISON.
     Il soutient Balthazar !
    OVERTON.
Seriez-vous un Achan venu dans nos vallées

Pour troubler le repos des tribus désolées?
>> PRIDE.

Je ne reconnais pas Barebone! — Un démon
Aurait-il pris ses traits pour secourir Ammon?
>> GARLAND.

C'est cela! — Cette nuit j'ai fait un mauvais rêve.
>> SYNDERCOMB, *tirant sa dague.*

Soumettons sa magie à l'épreuve du glaive.

En voyant briller le fer, Barebone, qui n'a pu jusque-là se faire entendre, crie avec un nouvel effort :
>> BAREBONE.

Mais écoutez-moi!
>> LAMBERT.
>> Parle.
>> BAREBONE, *effrayé.*
>> Amis, je ne veux pas

Sauver l'Aod anglais d'un trop juste trépas;
Mais on peut le tuer sans faire un sacrilége,
L'assommer, l'étrangler, l'empoisonner... que sais-je?
>> SYNDERCOMB, *remettant son poignard dans le fourreau.*

A la bonne heure!
>> GARLAND, *serrant la main de Barebone.*
>> Allons, j'avais mal entendu.
>> WILDMAN, *à Barebone.*

A de bons sentiments j'aime à te voir rendu!
>> OVERTON, *à Barebone.*

Quoique le sang versé soit une faute énorme,
Nous n'avons pas le temps de le tuer en forme.
>> BAREBONE, *cédant de mauvaise grâce.*

Soit!... comme il vous plaira, poignardez le maudit.
>> A part.

C'est terrible pourtant!
>> GARLAND.
>> Le sabre de Judith

Est frère des couteaux qui vont frapper sa tête.
Dans l'arsenal du ciel leur place est déjà prête.

HARRISON.

Mes frères, rendons grâce au Seigneur Dieu ! — c'est lui
Qui des vils cavaliers nous épargne l'appui.
Leur aide eût souillé l'œuvre et flétri notre gloire.
Mais Dieu, qui pour nous seuls réserve la victoire,
D'Ormond et d'Olivier confondant les desseins,
Jette Ormond à Cromwell, donne Cromwell aux saints !

TOUS, *agitant leurs poignards.*

Le Seigneur soit béni !

LAMBERT.

         Messieurs, l'heure s'écoule.
Le peuple à Westminster va se porter en foule. —
Si l'on nous surprenait ?

OVERTON, *bas à Joyce.*

         Lambert a toujours peur !

LAMBERT.

Ne nous endormons pas dans un espoir trompeur.
Qu'arrêtons-nous, messieurs ? Hâtons-nous de conclure.

SYNDERCOMB.

Il faut frapper Cromwell au défaut de l'armure,
Voilà tout.

LAMBERT.

    Mais où,—quand—et comment ?

OVERTON.

                  Ecoutez. —
Au rang des spectateurs ou des acteurs postés,
Soyons tous attentifs à la cérémonie,
Et sans cesse à nos mains tenons la dague unie.
D'abord nous entendrons parler force rhéteurs;
Harangues d'aldermen et de prédicateurs;
Puis Cromwell recevra sur son trône éphémère
La pourpre de Warwick, le glaive du lord maire,

Les sceaux de Whitelocke, et, pour l'enfreindre encor,
De Thomas Widdrington la Bible aux fermoirs d'or;
Enfin c'est de Lambert qu'il prendra la couronne :
C'est l'instant décisif. Qu'alors on l'environne,
Et dés que sur son front luira l'impur cimier,
Frappons !

TOUS.

Amen !

LAMBERT.

Mais qui frappera le premier?

SYNDERCOMB.

Moi !

PRIDE.

Moi !

WILDMAN.

Moi !

OVERTON.

Cet honneur m'est dû.

GARLAND.

Je le réclame !
Pous ne pas manquer Noll j'ai béni cette lame.

HARRISON.

J'entamerai ! — Ma dague au vieil empoisonneur
Doit un coup pour chacun des cent noms du Seigneur,
Et depuis quinze jours, mon bras, je puis le dire,
S'exerce à bien frapper sur un Cromwell de cire.

LUDLOW.

La gloire d'un tel coup est grande, et je conçoi
Que chacun d'entre nous la veuille ici pour soi.
Moi-même, si jamais ma prière constante
Sollicita du ciel quelque grâce éclatante,
C'est l'honneur d'immoler Cromwell à moi tout seul.
Je voulais que mes fils dissent de leur aïeul :
« Des Stuarts, de Cromwell, il vainquit le génie;

« Et Ludlow a deux fois tué la tyrannie! »
Mais ce même Ludlow, dévoué citoyen,
Fait passer le bonheur du peuple avant le sien. —
Lambert est parmi nous le plus haut par le grade
Porteur de la couronne, il sera sur l'estrade
Le mieux placé de tous pour frapper sûrement.

LAMBERT, *alarmé, à part.*

Que veut-il dire?

LUDLOW, *continuant.*

Il sied qu'en un pareil moment
A l'intérêt public chacun se sacrifie.
Imitez-moi. — Ludlow abandonne et confie
L'honneur du premier coup au général Lambert!

LAMBERT, *à part.*

Hé! qui le lui demande? Il me tue, il me perd!

PRIDE.

Soit : je cède aux raisons de Ludlow.

SYNDERCOMB.

Je m'immole.

A Lambert.

Vous frapperez!

LAMBERT, *balbutiant.*

Messieurs... tant d'honneur me console
Dans mes afflictions...

A part.

Quel embarras affreux!...

WILDMAN, *à Lambert.*

Vous abattrez Cromwell! que vous êtes heureux!

GARLAND.

Vous allez sur Satan monter comme l'archange!

LAMBERT, *troublé.*

Frères! je suis confus...

OVERTON, *bas à Joyce.*

Voyez donc comme il change!

ACTE V, SCÈNE IV.

JOYCE, *bas à Overton.*

Lâche!

LAMBERT, *continuant.*

Je suis ravi...

A part.

Je suis désespéré!
Que faire? Ah! ce Ludlow! —

Haut.

D'un tel choix honoré,
Je ne puis dire assez ma joie...

OVERTON, *bas à Joyce.*

Il en est pâle!

LAMBERT, *poursuivant.*

Mais...

GARLAND, *à Lambert.*

Que le Dieu des forts par vos mains se signale!

SYNDERCOMB, *à Lambert.*

Votre rôle sera facile autant que beau!

Il monte sur l'estrade et désigne le fauteuil.

Là s'assoira Cromwell, ou plutôt ce Nabo,
Car Cromwell et Nabo n'ont jamais fait qu'un diable! —

Il fait un pas et indique la place que Lambert doit occuper sur le trône.

Vous vous tiendrez ici. —

LAMBERT, *à part.*

C'est irrémédiable!

SYNDERCOMB, *continuant sa démonstration.*

Et vous pourrez sans peine, écartant son manteau,
En donnant la couronne enfoncer le couteau.
Je vous envie.

LAMBERT, *à Syndercomb.*

Ami, je vous cède en bon frère
L'honneur de frapper.

LUDLOW, *vivement à Lambert.*

Non, vous êtes nécessaire.
Vous seul avez un poste à bien porter le coup;
En charger Syndercomb, ce serait risquer tout.

LAMBERT, *insistant.*

Mais je suis le moins digne...

OVERTON.

Hé quoi! Lambert hésite!

LAMBERT, *à part.*

Allons!

Haut.

Je frapperai.

TOUS, *agitant leurs poignards.*

Meure l'Amalécite!
Meure Olivier Cromwell!

BAREBONE, *d'un air suppliant.*

De grâce, écoutez-moi,
Frères; en délivrant Israël d'un faux roi,
En poignardant Cromwell, — ne gâtez pas ce trône!
Ce velours est fort cher, et vaut dix piastres l'aune.

A ces paroles de Barebone, tous les puritains reculent en lui jetant des regards scandalisés. — Barebone poursuit sans y prendre garde:

Ayez soin en frappant d'épargner ces rideaux!
Faites, si vous pouvez, qu'il tombe sur le dos!
De sorte que le sang de ce Moloch visible
Sur mes tapis d'Alep coule le moins possible.

Nouvelle explosion d'indignation parmi les conjurés.

SYNDERCOMB, *regardant Barebone de travers.*

Quel est ce publicain?

PRIDE.

Quoi! Barebone encor!

GARLAND.

Je crois ouïr parler Nabuchodonosor!

WILDMAN, *à Barebone.*

As-tu du mauvais riche appris la parabole?

LUDLOW.

Quand nous donnons nos jours, vous comptez votre obole!

OVERTON, *riant.*

C'est bien cela! — Monsieur, tapissier de Cromwell,
Pour sauver son velours faisant parler le ciel,
Sous la garde de Dieu mettait sa marchandise!

GARLAND.

Mêler de tels objets, s'il faut que je le dise,
C'est de la foudre oisive appeler les éclats!

WILDMAN.

C'est un abominable érastianisme!

BAREBONE, *à part.*

Hélas!
Au fond, c'est bien le mot! —

Haut.

Souffrez que je m'explique.
Est-on rebelle à Dieu, traître à la république,
Pour ne pas dédaigner les biens qu'en sa bonté
Dieu donne à l'homme, un jour sur la terre jeté,
Les consolations à la chair accordées?

Montrant le trône.

De sa base à son dais ce trône a dix coudées.
Ne puis-je regretter ce riche ameublement?
Tout ce que je possède est ici.

HARRISON, *jetant des yeux avides sur les splendides décorations que désigne Barebone.*

Mais, vraiment,
C'est fort beau!—Comment donc! je n'y prenais pas garde!
Ces glands sont d'or, d'or pur! Tiens, Syndercomb, regarde:
A lui seul, ce fauteuil, de brocart revêtu,
Vaut mille jacobus.

BAREBONE.

Pour le moins!
HARRISON, *à Syndercomb.*
Qu'en dis-tu?
SYNDERCOMB, *dévorant le fauteuil du regard.*
Quel butin!
BAREBONE, *tressaillant.*
Qu'a-t-il dit?
SYNDERCOMB, *aux autres conjurés.*
Le Dieu qui nous seconde,
Frères! donne à ses saints tous les biens de ce monde.
Ceci nous appartient. Cromwell mort sous nos coups,
Nous pourrons partager sa dépouille entre nous.

BAREBONE.

Non pas!—Ciel! mon drap d'or, mes courtines, ma soie!
SYNDERCOMB.
Des aigles du Liban le veau d'or est la proie!
BAREBONE.
Des aigles! dis plutôt des corbeaux! — Tu voudrais...
OVERTON, *les séparant.*
Messieurs, frappons d'abord : nous réglerons après.
TOUS.
Amen! —
BAREBONE, *à part.*
Damnation! — Mais ce sont des pirates!
Le pillage est leur but! Forbans! âmes ingrates! —
Que faire? — Ils me rendraient infidèle à Sion! —
Se partager entre eux mon bien! — Damnation!

Barebone se retire du milieu des conjurés, et semble livré à d'amères réflexions.

OVERTON, *aux têtes-rondes qui font groupe autour de lui.*
Frères! — en attendant qu'Israël, sur son trône,
Attaque corps à corps le roi de Babylone,
Et lève par nos mains contre Olivier Premier

ACTE V, SCÈNE IV.

L'étendard où revit la Harpe et le Palmier,
Six de nous prendront poste à la salle des Gardes.

TOUS.

Bien!

OVERTON, *continuant.*

Cachant leurs poignards devant les hallebardes,
Douze se grouperont aux degrés du perron
Où Richard à Norfolk attacha l'éperon ;
Quatre aux Aides, et quatre à la cour des Tutelles.
Les autres, dispersés dans toutes les chapelles
Des vieux Plantagenets, des Stuarts, des Tudors,
Gardant les escaliers, barrant les corridors,
Et, soit qu'Olivier gagne ou perde l'avantage,
Pouvant ou lui fermer ou nous ouvrir passage,
Devront par leurs discours nourrir l'embrasement
Qui dans la foule en deuil couvera sourdement,
Et, des saintes tribus attisant la colère,
Hâter l'éruption du volcan populaire !

TOUS, *excepté Barebone, agitant leurs poignards.*

Qu'il dévore Abiron ! Qu'il consume Dathan !

GARLAND.

*Il se jette à genoux au milieu du cercle des puritains, et s'écrie
en levant sa dague vers le ciel :*

O Dieu qui fis l'atome et le léviathan,
Seconde en ta bonté notre sainte entreprise.
Fais, pour manifester ton pouvoir qu'on méprise,
Que du sein de Cromwell ce fer sorte fumant !
Guide nos coups, Dieu bon ! Dieu sauveur ! Dieu clément !
Qu'ainsi tes ennemis soient livrés au carnage.
Puisque nous te rendons ce pieux témoignage,
Dans nos mains, sur nos fronts, fais resplendir, ô Dieu,
Tes glaives flamboyants et tes langues de feu !

*Il se relève, et les puritains, quelque temps inclinés, semblent
prier avec lui.*

BAREBONE, *à part.*

L'abomination habite en leur pensée.
— Se partager mon bien ! —

LAMBERT.

Messieurs, l'heure est passée.
Sortons.
 A part.
Comment frapper ce coup ?—

LUDLOW.

Ne parlons plus !
Frappons ! — que le maudit compte avec les élus !

Tous les conjurés, excepté Barebone, sortent avec la même gravité processionnelle qui a marqué leur entrée. Au moment où Lambert est sur le point de franchir le seuil de la salle, Overton le retient par le bras.

SCÈNE V.

LAMBERT, OVERTON, BAREBONE.

Pendant toute la scène, Barebone, qui paraît méditer douloureusement, est dérobé aux regards de ses deux compagnons par l'estrade du trône.

OVERTON.

Milord général !

LAMBERT.

Quoi ?

OVERTON.

De grâce, un mot.

LAMBERT.

J'écoute.

Tous deux reviennent sur le devant de la scène et restent un moment en présence, Lambert dans le silence de l'attente, Overton comme ne sachant de quel côté faire explosion.

OVERTON.

Avez-vous la main sûre ?

LAMBERT.

En doutez-vous?

OVERTON.

J'en doute.

LAMBERT, *avec hauteur.*

Comment?

OVERTON.

Ecoutez-moi. — Pour jeter bas Cromwell,
On fie à votre bras le glaive d'Israël;
C'est vous qu'on a choisi pour déchirer la trame
Et pour trancher le nœud de ce terrible drame.
Or, vous n'avez reçu que d'un cœur effrayé
Cet honneur qu'Overton de son sang eût payé.
Vous eussiez bien voulu qu'on vous fît votre tâche;
Je vous connais à fond! — Ambitieux et lâche.

Lambert fait un geste d'indignation. Overton l'arrête.

Laissez-moi dire! — Ici je laisse de côté
Vos plans, couverts d'un masque assez mal ajusté.
Je ne vous dirai point que mon œil vous pénètre,
Que je sens, quoiqu'au fait il semble encore à naître,
Dans le complot commun sourdre votre complot :
Vous comptez par nos mains, milord, vous mettre à flot.
Vous pensez, c'est ainsi que votre orgueil calcule,
Qu'on remplace un géant par un nain ridicule.
Vous voulez de Cromwell simplement hériter,
Et son fardeau n'a rien qui vous fasse hésiter.
Pourtant, milord, la charge est pour vous un peu forte
Je vois la main qui prend, et non le bras qui porte.
Mais rien de plus naïf que ces arrangements
Où vous faites le sort à vos contentements.
Vous vous flattez qu'en tout le peuple vous seconde,
Comme s'il se voyait dans l'histoire du monde,
Quand sur de libres fronts un joug s'appesantit,
Qu'un tyran soit moins lourd pour être plus petit!

LAMBERT, *furieux.*

Colonel Overton !... cette injure...

OVERTON.

À votre aise,
Je vous en répondrai. — Pour l'instant, qu'il vous plaise
Entendre par ma voix la rude vérité.
Vous n'êtes pas encor roi pour être flatté ! —
Or, sans plus m'occuper de vos rêves d'empire,
Voici ce que l'esprit m'inspirait de vous dire. —
Vous avez à frapper un coup dont vous tremblez ;
Parmi les spectateurs en ce lieu rassemblés,
Je serai près de vous. — Si votre main balance,
Si, de Cromwell Premier châtiant l'insolence,
Dès qu'il aura porté la couronne à son front,
Vous ne le poignardez, — moi, je serai plus prompt !
Regardez ce couteau ! —

Il montre sa dague à Lambert.

Ce fer, à défaut d'autre,
Pour aller à son cœur passera par le vôtre. —

Lambert recule comme frappé de stupeur et de colère.

Maintenant je vous laisse entre deux lâchetés.
Choisissez ! —

Il sort.

SCÈNE VI.

LAMBERT, BAREBONE, toujours dans le coin du théâtre.

LAMBERT, *tremblant de rage et suivant Overton jusqu'à la grande porte.*

Vous osez ! insolent ! — Ecoutez !...
Il sort ! — Et sur mon front une rougeur brûlante
Accuse cette main, à le punir trop lente !
Il sort ! — M'a-t-il, le traître, assez humilié ?

A quels fous furieux mes projets m'ont lié!
Hélas! quel est mon sort depuis que je conspire?
Sans cesse rejeté loin du but où j'aspire,
Menacé de tout perdre à l'heure où nous vaincrons,
Et dans mille périls poussé par mille affronts?
Foulé par le tyran, froissé par les esclaves! —
Reculer? dans l'abîme! — Avancer? sur des laves! —
Overton, ou Cromwell! — ou victime, ou bourreau! —
Quoi! tirer contre moi le glaive du fourreau! —
Mais c'est qu'il le ferait! Je l'en connais capable. —
Il faudra bien frapper! —

   BAREBONE, *sans être entendu ni vu de Lambert.*
       Cette engeance coupable
Me pillerait!

   LAMBERT, *rêveur.*
     Frapper Cromwell parmi les siens!
Devant ses gardes! — Lui qui m'a comblé de biens!
C'est une ingratitude!... — Et puis, si je le manque?...

   BAREBONE, *pensif.*
Piller un capital à fonder une banque!

   LAMBERT.
— Fatale ambition! tu m'as conduit trop haut!
Mon pied cherchait le trône et trébuche au billot! —

 Il se promène vivement agité, et jette un coup d'œil hors de Westminster.

On vient: sortons. — La foule est déjà réunie.
Allons nous habiller pour la cérémonie.
         Il sort.

   BAREBONE.
Faux frères! de mes biens vous êtes donc jaloux! —
Malheur à vous! Malheur à moi! Malheur à tous!
         Il sort.

SCÈNE VII.

TRICK, GIRAFF, ELESPURU, ensuite GRAMADOCH.

Les trois fous arrivent dans la grande salle par la porte principale, et jettent un regard de travers à Barebone, qui sort.

TRICK.

Barebone !

GIRAFF.

Il n'a pas l'air gai.

ELESPURU.

Sot fanatique !

TRICK.

Samuel de comptoir ! Jérémie en boutique !

ELESPURU.

C'est lui qui pour Cromwell a fourni tout ceci.

TRICK.

Il le vole.

GIRAFF.

Il fait mieux : il l'assassine !

TRICK.

Ainsi,
Sa soif de sang et d'or sur Noll est assouvie ;
Il veut lui prendre ensemble et la bourse et la vie.

ELESPURU.

Que nous importe !

GIRAFF.

Allons, où nous placerons-nous ?

TRICK, *montrant une loge étroite derrière le trône dans une travée.*

A cette tribune.

ELESPURU.
Oui. Nous y tiendrons bien tous.

Les trois bouffons passent sous les tapisseries et reparaissent un moment après dans la tribune.

TRICK.
On est fort bien ici.

GIRAFF.
Nous verrons à merveille.

ELESPURU, *s'étendant sur un coussin et bâillant.*
Bonne place à dormir sur l'une et l'autre oreille !
J'en aurais besoin ! — Trick ! nous avons été sots
De veiller cette nuit sous d'humides berceaux,
Et de suivre en plein air ce drame scène à scène,
Au risque d'attraper rhume et goutte sereine !

TRICK.
Cromwell nous dédommage à son couronnement.
Gramadoch nous promet un rare dénoûment !

GIRAFF.
Gramadoch ! — Nous l'allons voir dans toute sa gloire
De porte-queue armé de la verge d'ivoire !

ELESPURU.
Gloire ! à votre aise, amis ! — Je ne voudrais pas, moi,
Moi, vil bouffon, porter la queue à Cromwell roi !
Quelle honte ! devant la ville et la banlieue,
Etre ainsi vu tirant le diable par la queue !

TRICK.
Il chante.

  Pour moi, je ne puis le nier,
  J'aime fort Olivier dernier,
  Et Gramadoch, fou philosophe,
  Aux deux bouts de la même étoffe ;
  Rien de plus drôle, en bonne foi,
  Dans la grave cérémonie,
  Que voir la folie au génie
  Tenir par un manteau de roi.

GIRAFF.

Pour peu que Gramadoch garde un air de noblesse,
Il aura l'air d'un fou qui mène un sage en laisse.

ELESPURU.

Le fou sera devant!

TRICK.

Mais pourquoi donc enfin
Cromwell fait-il porter sa queue?

ELESPURU.

Hé! Trick est fin!
C'est afin d'empêcher que sa robe royale
Ne traîne dans la boue en balayant la salle.

TRICK.

Je comprends : le motif me semble naturel.
Mais qui l'empêchera de traîner sur Cromwell?

GIRAFF.

Ormond l'eût fait!

ELESPURU.

Oui, mais Cromwell l'envoie au diable,
Pieds nus, la corde au cou, faire amende honorable.

GIRAFF.

Pauvre homme! Est-il déjà pendu?

TRICK.

Non.

GIRAFF.

Ah! tant mieux!
Quand nous aurons ici clos ce drame ennuyeux,
Nous sortirons peut-être à temps pour le voir pendre.
Il faut bien rire un peu!

TRICK.

Messires, à tout prendre,
Nous pourrions bien, je crois, trouver à rire ici.
La mort à Westminster jouera son rôle aussi!
Si j'ai bons yeux, Cromwell marche droit à sa perte,

ACTE V, SCÈNE VII.

Sa fortune indignée à la fin le déserte.
Je viens de parcourir Londres dans tous les sens.
Partout, le deuil au front, s'abordent les passants.
J'ai vu dans Templebar, au Strand, à Gate-House,
Rugir au nom de roi la milice jalouse.
Contre Olivier, dans l'ombre échangeant leurs signaux,
Les partis ont déjà renoué leurs anneaux.
Tout menace.

ELESPURU.

Et le peuple?

TRICK.

Il regarde : — il ressemble
Au léopard qui voit deux loups lutter ensemble.
Il attend, et les laisse en paix se déchirer,
Content que le vaincu lui reste à dévorer.
Bref, — la mine est creusée, et, si je ne me flatte,
Sous les pieds d'Olivier c'est ici qu'elle éclate !

GIRAFF, *joyeux*.

Quel bruit vont faire ensemble et les fous et les saints !
Ils choqueront le glaive et nous battrons des mains !

ELESPURU.

Il chante.

    Prends garde, Olivier, mon maître !
    Tout traître enfin trouve un traître !
    C'est par les démons, peut-être
    Que ce trône fut bâti.
    La mort en dressa l'estrade :
    Il peut en lit de parade
    Être soudain converti.
    Sur ce fatal édifice
    Plane un secret maléfice :
    Ton étoile aura menti.
    Autour de ce palais sombre,
    Des sorcières ont dans l'ombre
    Dit leur magique alphabet.
    Sous ces housses violettes

Sous ce dais plein de paillettes,
On trouverait des squelettes,
Si cette pourpre tombait ;
Et sur ces degrés perfides,
Ce tapis aux plis splendides
Cache à tes pas régicides
Une échelle de gibet !

TRICK ET GIRAFF, *applaudissant.*

C'est charmant !

TRICK.

A propos, messires ! une idée :

Elespuru et Giraff se rapprochent de Trick dans l'attitude de l'attention.

Pendant que Gramadoch, plus haut d'une coudée,
Soutiendra gravement la robe de Cromwell,
Sous l'œil du Parlement, au moment solennel,
A la barbe des clercs, surchargés de leurs masses,
Il faut le faire rire, à force de grimaces !

ELESPURU, *battant des mains.*

Bien trouvé !

GIRAFF, *gambadant.*

Bon ! —

On entend une voix chanter au dehors :

C'est surtout quand la dame abbesse
  Baisse
Les yeux, que son regard charmant
  Ment.

Son cœur brûle en vain dans l'enceinte
  Sainte :
Elle en a fait à Cupidon
  Don.

Entre Gramadoch.

TRICK.

Mais quoi ! c'est lui-même ! c'est lui !
Gramadoch qui revient ! —

ACTE V, SCÈNE VII.

GIRAFF, *à Gramadoch.*
                    Qui t'amène aujourd'hui
Parmi nous?

TRICK, *à Gramadoch.*
            Depuis quand voit-on sur cette terre
En avant de son maître aller le caudataire?

GRAMADOCH.
Pour faire avec éclat sa cour au nouveau roi,
Le fils de lord Roberts a brigué mon emploi;
Et, vu qu'un grand seigneur veut être mon confrère,
Je suis pour aujourd'hui porte-queue honoraire.

ELESPURU.
Le fils d'un lord porter la cape d'Olivier!
Notre honte est sa gloire! Il daigne l'envier!
Laissons-lui donc sa tâche. — Ami, que je t'embrasse!—
Pour l'honneur des bouffons mon orgueil lui rend grâce!

Gramadoch monte dans la tribune, et ses camarades s'empressent autour de lui.

GIRAFF.
A notre gaîté, frère, il manquait ton esprit.

TRICK.
Oui, plus on est de fous, dit l'autre, plus on rit.
J'aime qu'un même abri tous quatre nous rassemble.

ELESPURU.
Ce sont plaisirs des dieux quand nous sommes ensemble
Tous les fous réunis.

GRAMADOCH.
                    C'est bien ce qui m'en plaît.
Entre Milton.
Voici maître Milton : — nous sommes au complet.

SCÈNE VIII.

LES QUATRE FOUS, MILTON.

MILTON, *accompagné de son guide.*

Il s'avance lentement et se tourne longtemps vers le trône comme abattu par un sombre désespoir.

Il le faut! — c'en est fait! — Buvons tout le calice;
Sans en perdre un tourment acceptons le supplice;
Voyons faire ce roi! — Le théâtre est dressé. —
Il sera donc, avant que ce jour ait passé,
Descendu dans la tombe ou tombé sur un trône!

TRICK, *bas à Gramadoch.*

Le chantre de Satan tourne assez bien un prône.

MILTON, *poursuivant.*

Ah! qu'il meure ou qu'il règne, oui, dans ce jour de deuil,
C'est là que de Cromwell va s'ouvrir le cercueil.
Hélas! à Cromwell roi Cromwell héros s'immole,
Et pour le diadème il quitte l'auréole.
Des plus sublimes fronts ô rare abaissement!
Cromwell veut être prince! — Il donne avidement
Sa gloire pour un rang et son nom pour un titre!

GRAMADOCH, *bas à Trick*

Il ne prêche point mal, pour n'avoir point de mitre!

MILTON, *continuant.*

Qu'il m'est dur de haïr cet archange mortel
Dont j'eusse écrit le nom aux pierres d'un autel!
Comme il nous a bercés d'une erreur décevante,
L'homme en qui j'adorais la vérité vivante!
Ah! pour jamais ici je viens te dire adieu,
Roi fatal, révolté contre le peuple et Dieu!

Prends donc la royauté de César et de Guise :
La couronne se dore et le poignard s'aiguise.

Il se retire dans un coin du théâtre, au côté opposé à la loge des fous, et demeure immobile.

SCÈNE IX.

Les Mêmes, peuple, puis WILLIS, puis OVERTON, SYNDERCOMB et les conjurés puritains.

Entre un groupe de gens du peuple, hommes, femmes, vieillards en habits puritains; tous semblent appartenir à diverses professions. On distingue au milieu d'eux un vieux soldat réformé. — Ils arrivent en tumulte et avec précipitation : les premiers entrés appellent ceux qui les suivent et leur crient :

Par ici !

MILTON, *à son page.*

Qui vient là ?

LE PAGE.

Des gens du peuple.

MILTON, *amèrement.*

Ah ! oui !
Le peuple ! — Toujours simple et toujours ébloui,
Il vient, sur une scène à ses dépens ornée,
Voir par d'autres que lui jouer sa destinée.

UN BOURGEOIS.

Pas de gardes encor !

UN SECOND.

Nous sommes par bonheur
Les premiers.

UN TROISIÈME.

Mettons-nous vite aux places d'honneur !

Tous se placent près du trône. — Entre sir Richard Willis enveloppé d'un manteau.

TRICK, *montrant les bourgeois et Willis à ses camarades.*
Voyez ces bons bourgeois et cet homme à l'œil louche;
Dans la commune attente un autre objet le touche.
Ceux-ci viennent pour voir, lui vient pour observer.
C'est Willis l'espion.

GIRAFF.
Pourquoi le réprouver?
Faut-il que de vains mots le sage se repaisse?
Ce sont des curieux de différente espèce;
Voilà tout.

Entrent Overton et Syndercomb. — Ils viennent se mêler en silence au groupe des spectateurs déjà rassemblés.

PREMIER BOURGEOIS, *montrant l'estrade à son voisin.*
Ce sera bien beau!

SECOND BOURGEOIS.
Superbe, ami!

TROISIÈME BOURGEOIS.
Olivier ne fait pas les choses à demi.

UNE FEMME.
Ce trône est d'or massif!

UNE AUTRE FEMME.
Ces franges sont parfaites!

UNE TROISIÈME FEMME.
Nous aurons donc des jeux, des spectacles, des fêtes,
Enfin!

UN MARCHAND, *dans la foule.*
Ce Barebone est bien heureux, vraiment.
Ce que c'est qu'avoir eu son frère au Parlement!

PREMIER BOURGEOIS, *au marchand.*
Oui, dans le Croupion il faisait Maigre-Echine.
Il rit.

LE MARCHAND, *examinant la tenture d'un pilier.*
C'est qu'il leur vend cela pour étoffe de Chine!
Tapissier de la cour! si tant d'heur m'arrivait,

ACTE V, SCÈNE IX.

Dans ma Bible à genoux je mettrais mon brevet. —
Il doit gagner ici de l'or à pleines tonnes.

DEUXIÈME BOURGEOIS.

Vive Olivier roi !

PREMIÈRE FEMME.

Plus de prêcheurs monotones !
Nous reverrons les bals.

DEUXIÈME BOURGEOIS.

Les courses de chevaux.

DEUXIÈME FEMME.

Et les comédiens narguant les grands prévôts.

TROISIÈME FEMME.

Et ces Egyptiens qui s'en venaient par bandes
Au jardin du Mûrier danser des sarabandes.

LE SOLDAT.

Le vieux soldat, qui jusqu'alors est resté immobile, fait un pas vers les femmes, et s'écrie d'une voix tonnante :

Taisez-vous, femmes !

Mouvement de surprise dans le groupe.

PREMIER BOURGEOIS.

Quoi ! c'est un soldat, je crois ?

DEUXIÈME BOURGEOIS.

Qu'a-t-il à remontrer aux femmes des bourgeois ?

LE SOLDAT, *aux bourgeois*.

Taisez-vous, femmes !

LES BOURGEOIS.

Nous, des femmes ?

LE SOLDAT.

Oui, des femmes !
Vous, plus qu'elles encor !

Montrant les femmes.

Ce sont de pauvres âmes ;
Mais que dire de vous, qui ne les surpassez

Qu'en air de folle joie et qu'en ris insensés?
>   OVERTON, *frappant sur l'épaule du soldat.*

Bien! — On vous a sans doute abreuvé d'injustices,
Mon brave? — Comme nous, après de vieux services,
On vous a réformé, privé de votre emploi?...
>   LE SOLDAT.

On fait bien plus encore; on veut régner sur moi!
>   OVERTON, *à la foule.*

Il a raison, amis! En effet, est-ce l'heure
De rire quand Dieu tonne et quand Israël pleure!
Quand un homme, opprimant ceux qui l'ont protégé,
Vient imposer un trône au peuple surchargé?
Quand tout aigrit les maux que l'Angleterre endure?
>   PREMIER BOURGEOIS.

C'est bon. — Mais le soldat a la parole dure.
>   *La foule grossit peu à peu.* — *Entre l'ouvrier Nahum.*
>   OVERTON.

Ah! frères, pardonnez à ce noble martyr
L'accent d'un cœur troublé par les pompes de Tyr;
Laissez-le seul ici mêler sa plainte amère
Aux cris de la patrie, hélas! de notre mère,
Que déchire aujourd'hui l'enfantement d'un roi!
>   TROISIÈME BOURGEOIS.

Un roi! ce mot me blesse, et je ne sais pourquoi.
>   DEUXIÈME BOURGEOIS.

Tout ce que je pensais, ce monsieur me l'explique.
>   NAHUM.

Un roi, c'est un tyran.
>   DEUXIÈME BOURGEOIS.
>   Vive la république!
>   OVERTON.

Et quel roi? ce Cromwell! un fourbe! un imposteur!
Qu'était-il donc hier?

ACTE V, SCÈNE IX.

LE SOLDAT.
Un soldat.
LE MARCHAND.
Un brasseur.
TROISIÈME BOURGEOIS.
Qui nous délivrera de cette fête horrible?
PREMIER BOURGEOIS.
L'eût-on dit de Cromwell? usurper, c'est terrible.
NAHUM.
Il s'ose nommer roi : c'est une impiété.
DEUXIÈME BOURGEOIS.
Un crime.
PREMIER BOURGEOIS.
On a d'ailleurs proscrit la royauté!...
OVERTON.
Vous avez tous des droits à ce trône.
PREMIER BOURGEOIS.
Sans doute.
Pourquoi lui plus que nous?
OVERTON.
L'enfer trace sa route.
Ressusciter les rois et les anciens abus!
NAHUM.
Rendre à Jérusalem son vieux nom de Jebus!
OVERTON.
Nous écraser du poids d'un trône abominable!
PREMIÈRE FEMME.
Dit-on pas qu'il a fait un pacte avec le diable?
DEUXIÈME FEMME.
On conte que la nuit ses yeux semblent ardents.
TROISIÈME FEMME.
On dit que dans la bouche il a trois rangs de dents.

Entrent peu à peu tous les conjurés puritains, excepté Lambert.

Ils se serrent la main quand ils se rencontrent, et se mêlent silencieusement à la foule.

NAHUM.

C'est le monstre annoncé par saint Jean.

DEUXIÈME BOURGEOIS.

C'est la bête
De l'Apocalypse.

LE SOLDAT.

Oui.

OVERTON.

Cromwell sur notre tête
Jette les neuf fléaux.

NAHUM.

C'est un Assyrien !

OVERTON.

Oui, nos maux sont au comble enfin.

LE MARCHAND.

Je ne vends rien !

LE SOLDAT.

Sans pain, aller pieds nus et coucher sur la dure !
Nous n'aurons bientôt plus, pour peu que cela dure,
Tandis que Noll pendra son chiffre à ces piliers,
Qu'à faire de nos dents des clous pour nos souliers !

OVERTON.

Nous irons à sa porte attendre ses aumônes !

NAHUM.

Ce qu'il faut à Cromwell, ce ne sont pas des trônes,
C'est le gibet d'Aman, la croix de Barabbas !

SYNDERCOMB.

Mort à Cromwell !

WILLIS, *mêlé à la foule.*

Oui, mort !

ACTE V, SCÈNE IX.

MILTON, *tressaillant à la voix de Willis, aux conjurés puritains.*

Messieurs, parlez plus bas.

WILLIS.

Meure l'usurpateur !

LE SOLDAT

Parler plus bas ! qu'importe ?
J'irais lui crier : — Mort ! — sur le seuil de sa porte.

NAHUM, *au soldat.*

Les sentences de Dieu se font à haute voix.
Soldat, ta bouche est pure.

LE SOLDAT, *à Nahum.*

Oui, tel que tu me vois,
Pauvre, et comme un limon oublié sur l'arène,
Laissé nu par le flot de la fortune humaine,
Si je puis voir punir cet enfant de Sirah,
Je meurs consolé !

OVERTON, *le tirant à part et lui montrant son poignard.*

Frère, on vous consolera.

Le soldat fait un mouvement de joie et de surprise qu'Overton réprime.

Silence !

Entre un détachement de soldats du régiment de Cromwell, en uniforme rouge, cuirassés, le mousquet et la pertuisane sur l'épaule.

On vient poser la garde ; il faut se taire.

Les soldats refoulent des deux côtés de la salle le peuple qui la remplit.

LE CHEF DU DÉTACHEMENT, *à voix haute.*

Place aux Côtes-de-Fer du lion d'Angleterre !

A quelques bourgeois, qu'il repousse.

Allons, vous !

UN DES BOURGEOIS, *bas à l'autre.*

On voit bien à leur air de hauteur

Qu'ils sont du régiment de milord Protecteur!

Les soldats se forment en haie, du trône jusqu'à la porte.

LE VIEUX SOLDAT, *bas à Overton en lui montrant l'officier.*

Ces officiers d'Achab ont des pourpoints de soie!

UNE JEUNE SENTINELLE, *le repoussant dans la foule.*

Rangez-vous donc, l'ami!

OVERTON, *bas au vieux soldat.*

Ha! comme il vous rudoie!
Les sicaires ont pris les façons du tyran,
Et déjà la recrue insulte au vétéran!

LE SOLDAT, *lui serrant la main.*

Patience!

LE CHEF DU DÉTACHEMENT, *à sa troupe.*

Soldats! l'Esprit saint nous rassemble.
Pour notre général prions Dieu tous ensemble!

OVERTON, *au chef de la troupe.*

Pour votre général? dites donc votre roi.

LE CHEF DU DÉTACHEMENT.

Lui, notre roi! — Qui l'ose insulter ainsi?

OVERTON.

Moi.

LE CHEF DU DÉTACHEMENT.

Hé bien! vous mentez.

OVERTON.

Non.

LE CHEF DU DÉTACHEMENT.

Cromwell roi! Dieu l'en garde!

OVERTON.

Il va l'être aujourd'hui.

LE CHEF DU DÉTACHEMENT.

Qui te l'a dit?

Entre le champion d'Angleterre, armé de toutes pièces, à che-

ACTE V, SCÈNE X.

val, et flanqué de quatre hallebardiers qui portent devant lui une bannière aux armes du Protecteur.

OVERTON.

Regarde.

SCÈNE X.

Les Mêmes, LE CHAMPION D'ANGLETERRE.

LE VIEUX SOLDAT, *bas à Overton.*
Voyons quelle parole il va jeter au vent.
LE CHAMPION.
Il se tient à cheval en avant du trône.
Hosannah ! — Je vous parle au nom du Dieu vivant. —
Le très-haut parlement, ayant par ses prières
Longtemps de l'Esprit saint imploré les lumières,
Pour mettre fin aux maux du peuple et de la foi,
Prend Olivier Cromwell et le proclame roi ! —
Murmures dans la foule.
TRICK, *bas à ses camarades en leur montrant le peuple.*
Voyez donc s'indigner tous ces chanteurs de psaumes.
LE CHAMPION, *poursuivant.*
Or, s'il se trouve à Londre ou dans les trois royaumes
Un homme, jeune ou vieux, bourgeois ou chevalier,
Qui conteste son droit à milord Olivier,
Nous le défions, nous, champion d'Angleterre,
A la dague, à la hache, au sabre, au cimeterre,
Et voulons, l'immolant sans merci ni rançon,
Aux crins de ce cheval pendre son écusson.
Si cet homme est ici, qu'il parle; qu'il se lève,
Qu'il soutienne son dire à la pointe du glaive ;
Vous tous êtes témoins que, pur de tout péché,
Je lui jette ce gant, de ma droite arraché !
Le champion jette son gantelet devant le peuple, tire son épée, et l'élève au-dessus de sa tête.

LE PORTE-ÉTENDARD ET LES HALLEBARDIERS DU CHAMPION.

Hosannah !

Silence de stupeur dans le peuple : tous les yeux s'attachent au gantelet.

LE CHAMPION.

Nul ne parle ?

OVERTON, *à part.*

Ah ! faut-il donc se taire ?

MILTON, *d'une voix haute.*

Pourquoi donc un seul gant, champion d'Angleterre ?
Votre maître aurait dû, si tels sont ses projets,
Jeter autant de gants qu'il se croit de sujets.

Mouvement d'approbation dans la foule.

LE CHAMPION.

Qui parle ? cet aveugle ! — Eloignez-vous, brave homme.

Les soldats repoussent Milton. — Overton s'approche de l'officier qui commande la garde et l'interroge du regard.

L'OFFICIER, *baissant les yeux d'un air sombre.*

Tout va mal !

OVERTON, *bas à Syndercomb.*

Tout va bien.

LE CHAMPION, *promenant ses regards sur le peuple.*

Hé bien ! nul ne se nomme ?

OVERTON, *bas à Milton en lui serrant la main.*

Nous enverrons Cromwell rejoindre ici son gant !

MILTON, *à part.*

Hélas !

LE CHAMPION.

J'attends !

LE VIEUX SOLDAT, *à part, en regardant le champion.*

Faquin ! satellite arrogant !

SYNDERCOMB, *bas à Overton.*

Je ne sais qui me tient que je ne le châtie.

Il fait un pas vers le gantelet. — Overton l'arrête.

ACTE V, SCÈNE X.

OVERTON, *bas à Syndercomb.*

Soyons prudents!

GRAMADOCH, *bas à ses camarades en leur montrant le groupe des conjurés puritains.*

Ces fous vont brouiller la partie.
S'ils relèvent ce gant, adieu le dénoûment.
Il faut les empêcher de tout perdre.

TRICK.

Comment?

Gramadoch hoche la tête d'un air capable.

LE CHAMPION, *toujours l'épée haute.*

Donc, nul ne me répond?

GRAMADOCH, *sautant de sa loge dans la salle.*

Si fait, moi!

Surprise dans la foule.

LE CHAMPION, *étonné.*

Tu ramasses
Ce gant?

GRAMADOCH, *relevant le gantelet.*

Oui.

LE CHAMPION.

Qu'es-tu donc?

GRAMADOCH.

Un marchand de grimaces,
Comme toi. Notre masque à tous deux est trompeur.
Ma grimace fait rire et la tienne fait peur:
Voilà tout.

LE CHAMPION.

Tu m'as l'air d'un drôle.

GRAMADOCH.

Et toi de même.

LE CHAMPION, *aux hallebardiers.*

C'est un fou.

GRAMADOCH.

Justement. — Par goût et par système.
Oui, je tiens à la cour en qualité de fou,
Tu l'as dit.

VOIX DANS LA FOULE.

L'arlequin expose là son cou. —
— C'est un bouffon de Noll.—La démarche est hardie! —
— Un vrai fou! —

MILTON.

Qu'est-ce donc que cette parodie?

Longs éclats de rire dans la tribune des bouffons.

GRAMADOCH.

Allons! prenons du champ.

LE CHAMPION.

Malheureux baladin!
Va-t'en, ou je te fais fouetter.

GRAMADOCH.

Quel fier dédain!
Mannequin comme moi, ta grimace est moins gaie;
Je le répète, ami, Cromwell tous deux nous paie
Pour faire un peu de bruit dans ce concert falot
Où ta voix est la cloche et ma voix le grelot.

LE CHAMPION.

Maraud!

GRAMADOCH.

Sans déroger, nous pouvons, il me semble,
pour ou contre Olivier nous mesurer ensemble :
Je suis son porte-queue, et toi son porte-voix.

LE CHAMPION, *avec colère.*

Quelle arme choisis-tu?

GRAMADOCH.

Moi?

Il dégaine sa latte.

ACTE V, SCÈNE X.

Ce sabre de bois.
Il l'agite d'un air martial.
C'est bien l'arme qu'il faut contre un guerrier de paille.
En garde! capitan!.
A la foule.
Ha! bataille! bataille!
Au champion.
Voyons si nous ferons un pendant à Dunbar,
Et si ta Durandal vaut mon Excalibar!
A la foule.
Vous, venez voir, —
Montrant Milton.
soit dit sans fâcher cet aveugle, —
Lutter Falstaff qui chante avec Stentor qui beugle.
Venez voir un bouffon rosser un spadassin.
OVERTON, *bas à Syndercomb.*
Cette scène m'a l'air préparée à dessein.
GRAMADOCH, *paradant devant le champion.*
Hé bien! mons champion, qu'as-tu donc? tu balances?
Toi qui, sans les compter, voulais rompre des lances!
Je ne veux que te mettre en poudre en deux assauts,
Et tu pourras après ramasser tes morceaux.
LE CHAMPION, *montrant Gramadoch.*
Qu'on arrête ce fou.
Les gardes entourent et saisissent Gramadoch.
GRAMADOCH.
Il se débat en riant dans sa barbe.
Je suis dans mon droit, lâche! —
Il a peur! — Je lui fais intenter, s'il me fâche,
Une bonne action de *quare impedit!*
Les bouffons de la tribune l'applaudissent avec des éclats de rire.
LE CHAMPION, *d'une voix solennelle.*
Nul n'ayant contesté, peuple, ce que j'ai dit, —
Qu'un aveugle et qu'un fou, — devant toute la terre,

Je proclame Olivier Cromwell roi d'Angleterre!
LES SATELLITES DU CHAMPION.

Dieu sauve Olivier roi!

Profond silence dans la foule et dans la troupe.

LE CHAMPION.

Passons.

Il sort lentement avec son cortége.

SYNDERCOMB, *bas à Overton en lui montrant Gramadoch, qui rit.*

Oui, oui, c'était
Pour amuser le peuple.

OVERTON, *de même, lui montrant le peuple consterné.*

Il menace : il se tait.

SCÈNE XI.

LA FOULE.

VOIX DANS LA FOULE.

Le vieux Noll est bien long!—Quand pensez-vous qu'il sorte
De White-Hall? — C'est dur d'attendre de la sorte.

Un grand bruit de cloches éclate au dehors; des coups de canon lointains s'y mêlent à intervalles égaux.

— Silence! entendez-vous les cloches, le canon?
— Il sort! — Passera-t-il par Old-Bayley? — Non,
Par Picadilly. — Dieu! voyez donc sur la place
Ce peuple! — Ils sont bien là : c'est de la populace.
— Que de têtes là-bas! que de têtes là-haut!
Tout fourmille.— Il n'est pas, quoiqu'il fasse bien chaud,
Une tuile des toits, pas un pavé des rues,
Qui ne soient tout chargés de faces incongrues.
— Je sais là des balcons qui se sont loués cher.
Pour voir Cromwell! pour voir un visage de chair!

ACTE V, SCÈNE XI.

Ces Babyloniens sont fous! — Dieu me protége!
J'étouffe! — Attention! voici que le cortége
Débouche dans la place. — Enfin! — Ah!...

Mouvement dans la foule; tous les yeux se portent avidement vers la grande porte.

— Dites-moi,
Qui marche en tête?—C'est le major Skippon.—Quoi!
Skippon? — Un bon soldat de bonne renommée!
— Il fut à Worcester le premier de l'armée
Qui passa la Severn sur le pont de bateaux.
— Les saints ont ce jour-là bien joué des couteaux!
—Moins bien qu'à White-Hall, le trente janvier!—L'homme!
Tu dis cela d'un ton qui vaudrait qu'on t'assomme.
Tais-toi!—Je ris.—Tais-toi!—Rire n'est point parler!
— Si l'on ne m'étouffait, je t'irais étrangler!
— Paix! voici le lord-maire. —

Entre le lord-maire avec les aldermen, les greffiers de ville et les sergents de la Cité, tous en costume. — Le lord-maire et le corps de ville s'arrêtent à gauche de la grande porte.

Admirez dans la file
Pack l'alderman, que Noll, pour honorer la ville,
Fit chevalier avec un bâton de fagot. —
Il se tient sur son rang comme sur un ergot. —
C'est sur sa motion qu'on fait roi ce Pilate.

Entrent les cours en procession. — Les cours de justice prennent place en haut des gradins au fond de la salle.

— Ah! les barons des cours en robe d'écarlate.
— Huzza, grand juge Hale! — Huzza, sergent Wallop!
— Voici des colonels qui passent au galop.
— Quoi! n'a-t-on pas assez des gardes que l'on paie?
Les corporations en robes font la haie.
Noll est un tyran! — Noll est un usurpateur!
Un titan qui des cieux veut gravir la hauteur!
La force est le seul droit de cet autre Encelade.

Cromwell ne monte pas au trône, il l'escalade.
— Paix l'échappé d'Oxford! Voyez donc ce pédant!
Parle-t-il pas latin? — Hé, j'ai droit cependant
De maudire Appius sur sa chaise curule...
— Il croit tuer Cromwell avec une férule!

Un huissier en noir paraît sur le seuil et crie:

Place au Parlement! place!

Entre le Parlement sur deux files, précédé de l'orateur, devant qui marchent les massiers, les huissiers, les clercs et les sergents de la Chambre. — Mouvement d'attention dans la foule. — Pendant que le Parlement prend place au premier rang des gradins du fond, les entretiens continuent dans le peuple.

VOIX DANS LA FOULE.

Ah! comment nomme-t-on
L'orateur? — C'est, je crois, sir Thomas Widdrington.
— Un bel homme. — Un Judas. —

OVERTON, *bas à Wildman.*

Le peuple a ses rancunes.
Voyez, nul n'a crié: « Dieu garde les communes! »

WILDMAN, *bas à Overton en lui montrant le Parlement.*

Dieu les confonde! ils sont tous vendus à l'intrus;
Ils adorent Cromwell et Belatucadrus.

TRICK, *promenant ses regards de la loge des fous sur l'assemblée.*

Les cours, — les aldermen, — le corps parlementaire, —
Oui, — voilà tous les dieux de la pauvre Angleterre!
Les voilà!

GIRAFF.

Plaisants dieux!

ELESPURU.

Frères, qu'en dites-vous?

GIRAFF.

Ils sont dieux à peu près comme nous sommes fous.

ACTE V, SCÈNE XI.

TRICK.

Il me tarde de voir éclater la bourrasque
Dans ce grave Olympe.

GIRAFF.

Oui, Trick. Mon esprit fantasque
Préfère au Panthéon le Pandémonium,
Comme toi.

ELESPURU, *leur montrant Gramadoch qui, toujours gardé dans un coin de la salle par quatre hallebardiers, fait mille contorsions.*

Gramadoch nous fait des signes.

GRAMADOCH, *faisant des grimaces à ses camarades.*

Hum.

Les fous éclatent de rire.

ELESPURU.

Ouais! sa plaisanterie était un peu bien forte.

TRICK.

Comment sortira-t-il de là?

GIRAFF.

Que nous importe!

ELESPURU.

Au fait, nous avons ri : c'est tout pour le moment.

UN HUISSIER, *au balcon d'une grande tribune richement décorée en face du trône.*

Milady Protectrice!

Tout le corps de ville se lève, se découvre et fait un profond salut à la Protectrice, qui paraît accompagnée de ses quatre filles, parées chacune à leur manière. La Protectrice, mistress Fletwood et lady Cleypole sont en noir, avec parure de jais; lady Falconbridge en grand habit de cour, manteau de brocart d'or, basquine de velours gingembre avec broderie de scorpions de Venise, barbes et couronne de pairesse; Francis en robe de gaze blanche lamée d'argent. La Protectrice répond par une révérence au salut du lord-maire et des aldermen, puis s'assied avec ses filles sur le devant de la tribune; le fond est occupé par leurs femmes.

TRICK, *aux bouffons.*

Ah! c'est heureux, vraiment,
Que ce visage-là ne prenne pas encore
Le nom de reine.

UN SOLDAT, *à la tribune des bouffons.*
Paix, sires de l'ellébore!

TRICK, *ricanant.*
Parlez-moi d'un guerrier pour bien prêcher la paix.

Le soldat fait un geste menaçant. Trick s'assied en haussant les épaules. — Au moment où la famille de Cromwell est entrée, un grand mouvement s'est fait dans l'assemblée, et tous les regards sont restés attachés à la grande tribune.

VOIX DANS LA FOULE.

Quoi! c'est la Protectrice!—Elle a l'air bien épais.
— La fille d'un certain Bourchier. — C'est un beau rêve
Qu'elle fait là! — Monsieur, quelle est cette jeune Eve
A sa droite? — Ici? — Non; là. — C'est lady Francis.
—Sa fille?—Oui.—Le vieux Noll en a donc cinq ou six?
—Non, quatre. Vous voyez.—La plus jeune est charmante.
—Qu'il fait chaud!—Qu'on est mal!—La foule encore aug-
—On est ici pressé comme ces fils d'enfer   [mente.
Dont le nombre égalait le sable de la mer.
— Les oiseaux sont heureux avec leur paire d'ailes. —
On m'écrase!

On entend tout à coup, près de Westminster, un coup de canon dans la place.

SYNDERCOMB, *bas au groupe de conjurés.*
Il arrive!

Second coup de canon. Grande rumeur dans la place au dehors; vif murmure d'attention dans la salle.

OVERTON, *bas aux conjurés.*
A vos postes, fidèles!

Les conjurés s'échelonnent dans la foule. — Les coups de canon se suivent à intervalles égaux. On entend le bruit des fanfares et des acclamations. Le corps de ville sort pour aller au-devant du Protecteur.

VOIX DANS LA FOULE.

Ah! le voilà!—C'est lui!—Voyons!—Lui-même!—Ah!—Oh!
— L'Achan des nations! — Pharaon Néchao!
— Il est seul en carrosse. — Il regarde à sa montre.
— Le maire et les shérifs marchent à sa rencontre.
— Monsieur, vous qui voyez, comment est-il vêtu?
— En velours noir. — Voisin, votre coude est pointu.
— Le maire l'aborde. — Ah! — La voiture s'arrête.
— On le harangue. — Il fait un signe de la tête.
— On lui donne un placet qu'il passe à lord Broghill.
— Le maire parle encor. — Toujours. — Finira-t-il?
Il est presque à genoux. — Eunuque d'Holopherne!
Il harangue toujours n'importe qui gouverne.
— Le Protecteur réplique... Ecoutez! — Ecoutons!
— Dérision! le loup sermonne les moutons. —
Noll avait à Dunbar la barbe un peu plus sale.
— Il descend...—Où va-t-il?—Prier Dieu dans la salle
De la chancellerie. — Il va prier l'enfer!
— Comme il marche entouré de ses côtes-de-fer!
— Vaine précaution! sa garde est mécontente
De garder un roi...—Chut!—Allons! nouvelle attente!
—Comment le trouvez-vous?—Il est sombre.—Il est gai.
—Pesant... — Majestueux... — Vieilli. — Non, fatigué.
—Le soleil le gênait. — Je crois qu'il a la goutte.
—Traîné par huit chevaux ce monstre me dégoûte.
C'est porter du fumier dans un char triomphal.
—Voilà qu'il nous revient. Bon! à Westminster-Hall!
—Voici le porte-épée, et puis le porte-queue.
—Le révérend ministre avec sa cape bleue.
—N'est-ce pas Lockyer?—Oui.—Les clercs du palais,
Les sergents de la cour, les pages, les valets. —
— Le lord-maire à cheval précède son carrosse,

L'épée en l'air, nu-tête... — Usurpateur féroce !
Les airs des anciens rois ! — Meure Olivier dernier !
— Laissez-moi voir un peu, seigneur pertuisanier !
— Le voici !

Cromwell, entouré de son cortége, paraît sur le seuil de la grande porte. — Long frémissement dans la foule. Toute l'assemblée se lève, et se tient découverte dans l'attitude du respect. — Le Protecteur est tout en velours noir, sans épée et sans manteau. Son cortége forme un cercle étincelant d'or et d'acier à quelque distance derrière lui. Le plus près du Protecteur, en avant, se tient le lord-maire, l'épée haute ; en arrière, lord Carlisle, l'épée haute. — On distingue dans le cortége les généraux Desborough et Fletwood, Thurloë, Stoupe, les secrétaires d'État et les secrétaires particuliers de cabinet, Richard Cromwell, Hannibal Sesthead avec son luxe de brocart d'or, de pages et de chiens danois ; une foule de généraux, de colonels, dont les uniformes éclatants et les resplendissantes cuirasses contrastent avec le manteau bleu et l'habit brun du prédicateur Lockyer, mêlé dans leurs rangs. — A droite de la porte, un groupe de grands dignitaires qui doivent figurer dans la cérémonie, portant sur des coussins de velours rouge : lord Warwick, la robe de pourpre ; lord Broghill, le sceptre ; le général Lambert, la couronne ; Whitelocke, les sceaux de l'État ; un alderman pour le lord-maire, l'épée ; un clerc des communes pour l'orateur du Parlement, la Bible.

SCÈNE XII.

CROMWELL, sa famille, son cortége, LA FOULE.

Au moment où Cromwell se montre sur le seuil de Westminster-Hall, au milieu du bruit du canon, qui n'a cessé de tirer durant la scène précédente, des cloches, des fanfares et des roulements de tambours, on distingue les acclamations qui le suivent du dehors.

VOIX DU DEHORS.

Huzza ! Lord Protecteur d'Angleterre !

OVERTON, *bas à Garland.*

Ces hurleurs sont payés. Mais nous les ferons taire.

C'est ainsi que déjà, quand Noll, à Grocers-Hall,
Fit de Thomas Viner un baronnet féal,
Il fut pour son argent applaudi dans Cheapside.
> Cromwell reste un moment arrêté sur le seuil de la porte et salue à plusieurs reprises le peuple du dehors.

VOIX DANS LA FOULE.

Cromwell!—C'est là Cromwell!— ce roi!—ce régicide!
—Il est fort laid!—Qu'il est petit pour un héros!
— On l'aurait dit plus grand.—Je le croyais moins gros.
—Qu'avec son grand chapeau cet homme m'embarrasse!
Otez votre chapeau.—Moi? depuis quand, de grâce,
Ote-t-on son chapeau, madame, à l'antechrist?
> Cromwell se retourne vers la foule de l'intérieur. —Profond silence.

CROMWELL, *faisant quelques pas.*

Au nom du Père, au nom du Fils et de l'Esprit,
La paix soit avec vous!
> Silence dans l'assemblée. Les acclamations continuent dans la place.

LES VOIX DU DEHORS.

        Olivier, Dieu vous aide!
— Vive à jamais Cromwell!
> Cromwell se retourne encore et salue le peuple amassé sur la place.

THURLOE, *bas à Cromwell.*

        Tout vous rit, tout vous cède.
Que d'acclamations! quels élans! quel beau jour?

CROMWELL, *amèrement, bas à Thurloë.*

Oui.—Ce peuple innombrable, heureux, ivre d'amour,
Qui de mon haut destin semble un puissant complice,
N'applaudirait pas moins si j'allais au supplice.
Il voit dans mon triomphe un spectacle éclatant,
Il y court, en jouit, et rien ne lui plaît tant,
Lorsqu'en joyeux transports tu le vois se répandre;

Que me voir couronner, sinon de me voir pendre.
— Bon peuple! — Vois ici quel silence d'ailleurs!

THURLOE, *bas.*

Ce peuple est travaillé par les saints niveleurs.

Le Parlement, l'orateur en tête, s'avance sur deux files vers Cromwell. Il salue profondément le Protecteur, qui ôte et remet son chapeau.

L'ORATEUR DU PARLEMENT, *à Cromwell.*

Milord! — Quand Samuel offrait des sacrifices,
Il gardait à Saül l'épaule des génisses,
Pour montrer à ce roi, sous le sacré rideau,
Qu'un peuple pour un homme est un rude fardeau.
D'où Maximilien fut souvent pris à dire
Qu'il est bien malaisé de se faire à l'empire.
On voit peu de mortels, maîtres des factions,
Qui sachent gouverner le pas des nations.
Il roule lourdement, ce grand char où nous sommes,
Que les événements traînent tout chargés d'hommes,
Et pour le bien guider dans les âpres chemins,
Il faut un ferme bras et de puissantes mains.
Souvent, marchant la nuit sous un ciel peu propice,
En évitant l'ornière, on tombe au précipice;
Car ce char, dont la terre entend l'essieu crier,
Ne se dételle pas et ne peut s'enrayer.
Il faut qu'il marche! Il faut qu'il roule! Il faut qu'il aille!
Il faut qu'on voie, ardents comme un jour de bataille,
Ruer malgré le fouet, courir malgré le frein,
Les coursiers que Dieu lie à son timon d'airain;
Et qu'enfin, écrasant rois, peuples, capitales,
Sa roue aveugle passe en ses routes fatales!
Quand on laisse au hasard courir ce char pesant,
Dans sa profonde ornière il coule tant de sang,
Que les chiens, s'ils ont soif, sur sa trace l'étanchent.
Le monde alors chancelle, et les royaumes penchent.

Aussi quels soins il faut pour choisir le cocher
De ce lourd chariot qu'on tremble à voir marcher !
Il faut qu'un double appel l'ait fait monter au faîte.
Élu par deux pouvoirs, il faut que sur sa tête
Le choix du peuple tombe avec le choix de Dieu ;
Que le bandeau s'y joigne à la langue de feu.
Alors il est compté parmi ces mortels rares
Que les peuples de loin suivent comme des phares.
Mais par de durs travaux ce rang est acheté.
Il faut que son esprit veille de tout côté.
Il ressemble aux soleils, qu'un Dieu seul a pu faire,
Qui roulent, entraînant des mondes dans leur sphère,
Dont les rayons du ciel éclairent les sommets,
Et qui, brillant toujours, ne reposent jamais ! —
De tout ce que j'ai dit ce peuple doit conclure
Qu'un seul bras de l'État peut bien régler l'allure.
On a besoin d'un chef qui s'élève entre tous.
Il faut un homme au monde ; et cet homme, c'est vous.

Le Parlement et toute l'assemblée s'inclinent.

Milord, guidez-nous donc dans toutes nos fortunes,
Et daignez agréer la foi de vos communes.

Profond silence dans la foule.

OVERTON, *bas à Milton.*

Ses communes !

CROMWELL, *à l'orateur.*

Monsieur, je suis reconnaissant.
Cet empire est prospère, au gré du Tout-Puissant.
En Irlande, malgré les discordes civiles,
La foi marche, à grands pas envahissant les villes.
Sur l'ulcère papiste acharné maintenant,
Par le feu, par le fer, Harry, mon lieutenant,
Extirpe d'une main, cautérise de l'autre.
Armagh brûle. En ses murs Rome n'a plus d'apôtre.
En Écosse les clans sont rentrés au devoir.

Au dehors tout va bien. Dunkerque est sans espoir;
Et la vieille Angleterre, à la France alliée,
Tient sous sa large main l'Espagne humiliée.
Notre commerce en Inde a fait d'heureux progrès.
Le Castillan jaloux se consume en regrets.
Dieu montre en nous aidant que notre cause est bonne.
Nous avons fait verser à Madrid, à Lisbonne,
Bien du sang, bien de l'or, pour leurs rébellions.
Blake en notre échiquier vide leurs galions.
J'ai vers la Jamaïque envoyé deux escadres.
L'armée en attendant remplit ses anciens cadres.
Le Toscan se repent : il sera pardonné.
Et lorsqu'autour de nous tout sera terminé,
Nous pourrons à la fin, puisqu'il nous en invite,
Des hordes du sultan sauver le Moscovite. —
Si nous formons un vœu, Dieu l'exauce aussitôt.
Enfin, vous le voyez, nul peuple n'est plus haut.
Vivons donc assurés dans la faveur céleste.
Mais, pour que le Seigneur sur nous se manifeste,
Il faut courber le front et plier les genoux.
Prions, et que l'Esprit descende parmi nous.

Cromwell s'agenouille; tout son cortége, le Parlement, le corps de ville, les cours de justice et les soldats s'agenouillent aussi. — Mouvement de silence et de recueillement, pendant lequel on n'entend que les cloches, le canon, les fanfares et le bruit de la foule au dehors.

SYNDERCOMB, *bas à Overton et à Garland, qui se sont rapprochés du trône.*

Ils sont tous à genoux, le tyran et sa garde;
Les glaives sont baissés. Point d'œil qui nous regarde.
Que ne frappons-nous?

GARLAND, *le repoussant, indigné.*

Dieu!

SYNDERCOMB.

Pourquoi si haut crier?

ACTE V, SCÈNE XII.

GARLAND.

Le frapper quand il prie!

SYNDERCOMB.

Et que faire?

GARLAND.

Prier,
Prier contre lui. — Trêve aux fureurs meurtrières!
Et laissons Dieu choisir entre les deux prières.

Les conjurés puritains s'inclinent et prient — Une pause

CROMWELL, *se relevant.*

Allons!

Toute l'assemblée se relève. — Le comte de Warwick s'avance à pas lents et mesurés vers le Protecteur, met un genou en terre, et lui présente la robe de pourpre bordée d'hermine.

LE COMTE DE WARWICK, *à Cromwell.*

Daignez vêtir cette pourpre, milord.

Cromwell, aidé de lord Warwick, endosse la robe.

OVERTON, *bas aux puritains.*

Amis! amis! il met son suaire de mort.

GARLAND, *bas.*

Voyez-le maintenant : c'est le fils écarlate
De Tyr prostituée.

WILDMAN, *bas.*

Oh! que la foudre éclate!

Cromwell, vêtu de la robe de pourpre, dont le jeune lord Roberts, richement paré, soutient la queue, s'avance gravement vers le trône. Le comte de Warwick le précède l'épée haute. Lord Carlisle le suit, la pointe de l'épée baissée vers la terre.

SYNDERCOMB, *à part.*

Quel éclatant cortége il emprunte à l'enfer!
Pourpre, hermine, seigneurs dorés, soldats de fer,
Un trône empanaché qu'un dais altier surmonte,
Des femmes sans pudeur et des hommes sans honte;
Faste, pouvoir, triomphe, il ne lui manque rien.
Il nage dans l'orgueil et dans la joie. Eh bien!

Pour faire évanouir tout cela comme un rêve,
Comme l'ombre d'un char, comme un éclair du glaive,
Que faut-il au Dieu fort? que faut-il au Seigneur?—

Il serre son poignard sur son sein.

Un peu de fer aux mains d'un malheureux pêcheur.

Cromwell, après avoir traversé lentement la salle au milieu d'un profond silence, arrive au pied du trône et se dispose à y monter. — Les conjurés se glissent en silence dans la foule et cernent l'estrade.

MILTON, *dans la foule, d'une voix éclatante.*

Cromwell, prends garde à toi!

CROMWELL, *se retournant vers le peuple.*

Qui parle?

SYNDERCOMB, *bas à Garland.*

Dieu confonde
L'aveugle dont la voix dit gare à tout le monde!

MILTON, *à Cromwell.*

Songe aux ides de mars!

OVERTON, *bas à Milton.*

Ne dis pas nos secrets!

CROMWELL, *à Milton.*

Milton, expliquez-vous.

MILTON, *à Cromwell.*

MANÉ, THECEL, PHARÈS.

Cromwell hausse les épaules et monte sur le trône.

OVERTON, *bas à Garland.*

Il monte! Je respire.

GARLAND, *bas.*

Ah! l'alerte était forte!

Cromwell s'assied sur le trône. Les comtes de Warwick et de Carlisle se placent debout, l'épée nue, derrière son fauteuil, Thurloë et Stoupe à ses côtés. Le lord-maire, suivi de ses aldermen, s'avance au pied du trône, portant le coussin où est placée l'épée; il monte quelques degrés, met un genou en terre, et présente l'épée à Cromwell.

ACTE V, SCÈNE XII.

LE LORD-MAIRE, *à Cromwell.*

Lord Olivier, ceci qu'entre vos mains j'apporte,
C'est l'épée. A défaut d'enclume, un peuple entier
Sur le front des tyrans en a forgé l'acier.
La lame a deux tranchants pour qu'on en puisse faire
Le glaive de justice et le glaive de guerre.
Qui, tour à tour terrible au combat, au saint lieu,
Brille aux mains du soldat, flamboie aux mains de Dieu.
L'honorable cité de Londres vous le livre.

Cromwell ceint l'épée, la tire du fourreau, l'élève au-dessus de sa tête, puis la rend au lord-maire, qui la remet dans le fourreau et se retire à reculons.

WHITELOCKE, *s'approchant de Cromwell avec le même cérémonial que le lord-maire.*

Milord, voici les sceaux.

Cromwell prend les sceaux, puis les rend à Whitelocke, qui se retire. L'orateur du Parlement, suivi des officiers des communes, s'avance à son tour, portant la Bible à fermetures d'or.

L'ORATEUR DU PARLEMENT, *un genou en terre devant Cromwell.*

Milord, voici le livre.

Cromwell prend la Bible, et l'orateur se retire avec de profondes révérences. Le général Lambert, pâle et inquiet, s'approche portant la couronne sur un riche coussin de velours cramoisi. Overton fend la presse et se place près de lui.

LE GÉNÉRAL LAMBERT, *agenouillé sur les degrés de l'estrade de Cromwell:*

Milord...

OVERTON, *bas à Lambert.*

C'est moi! courage!

LAMBERT, *à part.*

Il est à mes côtés.

A Cromwell en balbutiant.

Recevez la couronne...

47.

OVERTON, *tirant son poignard, bas.*
Et la mort!

Tous les conjurés, épars dans la foule, mettent à la fois la main sur leurs poignards.

CROMWELL, *comme s'éveillant en sursaut.*
Arrêtez!
Que veut dire ceci? Pourquoi cette couronne?
Que veut-on que j'en fasse? et qui donc me la donne?
Est-ce un rêve? Est-ce bien le bandeau que je vois?
De quel droit me vient-on confondre avec les rois?
Qui mêle un tel scandale à nos pieuses fêtes?
Quoi! leur couronne à moi qui fais tomber leurs têtes!
S'est-on mépris au but de ces solennités? —
Milords, messieurs, Anglais, frères, qui m'écoutez,
Je ne viens point ici ceindre le diadème,
Mais retremper mon titre au sein du peuple même,
Rajeunir mon pouvoir, renouveler mes droits.
L'écarlate sacrée était teinte deux fois.
Cette pourpre est au peuple, et d'une âme loyale
Je la tiens de lui. — Mais la couronne royale!
Quand l'ai-je demandée? et qui dit que j'en veux?
Je ne donnerais pas un seul de mes cheveux,
De ces cheveux blanchis à servir l'Angleterre,
Pour tous les fleurons d'or des princes de la terre.
Otez cela d'ici! Remportez, remportez
Ce hochet ridicule entre les vanités!
N'attendez pas qu'aux pieds je foule ces misères.
Qu'ils me connaissent mal, les hommes peu sincères
Qui m'osent affronter jusqu'à me couronner!
J'ai reçu de Dieu plus qu'ils ne peuvent donner.
La grâce inamissible, et de moi je suis maître.
Une fois fils du ciel, peut-on cesser de l'être?
De nos prospérités l'univers est jaloux.
Que me faut-il de plus pour le bonheur de tous?

ACTE V, SCÈNE XII.

Je vous l'ai dit : ce peuple est le peuple d'élite.
L'Europe de cette île est l'humble satellite.
Tout cède à notre étoile, et l'impie est maudit.
Il semble, à voir cela, que le Seigneur ait dit :
« Angleterre ! grandis, et sois ma fille aînée.
« Entre les nations mes mains t'ont couronnée :
« Sois donc ma bien-aimée, et marche à mes côtés. »
Il déroule sur nous d'abondantes bontés ;
Chaque jour qui finit, chaque jour qui commence,
Ajoute un anneau d'or à cette chaîne immense.
On croirait que ce Dieu, terrible aux Philistins,
A comme un ouvrier composé nos destins ;
Que son bras, sur un axe indestructible aux âges,
De ce vaste édifice a scellé les rouages,
OEuvre mystérieuse, et dont ses longs efforts
Pour des siècles peut-être ont monté les ressorts.
Ainsi tout va. La roue, à la roue enchaînée,
Mord de sa dent de fer la machine entraînée ;
Les massifs balanciers, les antennes, les poids
Labyrinthe vivant, se meuvent à la fois.
L'effrayante machine accomplit sans relâche
Sa marche inexorable et sa puissante tâche ;
Et des peuples entiers, pris dans ses mille bras,
Disparaîtraient broyés, s'ils ne se rangeaient pas.
Et j'entraverais Dieu, dont la loi salutaire
Nous fait un sort à part dans le sort de la terre !
J'irais, du peuple élu foulant le droit ancien,
Mettre mon intérêt à la place du sien !
Pilote, j'ouvrirais la voile aux vents contraires !

    Hochant la tête.

Non, je ne donne pas cette joie aux faux frères...
Le vieux navire anglais est toujours roi des flots.
Le colosse est debout. Que sont d'obscurs complots
Contre les hauts destins de la Grande-Bretagne ?

Qu'est-ce qu'un coup de pioche aux flancs d'une montagne?
Promenant des yeux de lynx autour de lui.
Avis aux malveillants! on sait tout ce qu'ils font.
Le flot est transparent, si l'abîme est profond.
On voit le fond du piége où rampe leur pensée.
La vipère parfois de son dard s'est blessée;
Au feu qu'on allumait souvent on se brûla;
Et les yeux du Seigneur vont courant çà et là.
Qui du peuple et des rois a signé le divorce?
Moi. — Croit-on donc me prendre à cette vaine amorce?
Un diadème! — Anglais, j'en brisais autrefois.
Sans en avoir porté, j'en connais bien le poids.
Quitter pour une cour le camp qui m'environne!
Changer mon glaive en sceptre et mon casque en couronne!
Allons! suis-je un enfant? Me croit-on né d'hier?
Ne sais-je pas que l'or pèse plus que le fer?
M'édifier un trône! Eh! c'est creuser ma tombe.
Cromwell pour y monter sait trop comme on en tombe.
Et d'ailleurs que d'ennuis s'amassent sur ces fronts
Qui se rident sitôt, hérissés de fleurons!
Chacun de ces fleurons cache une ardente épine.
La couronne les tue; un noir souci les mine;
Elle change en tyran le mortel le plus doux,
Et, pesant sur le roi, le fait peser sur tous.
Le peuple les admire, et, s'abdiquant lui-même,
Compte tous les rubis dont luit le diadème;
Mais comme il frémirait pour eux de leur fardeau,
S'il regardait le front et non pas le bandeau!
Eux, leur charge les trouble, et leurs mains souveraines
De l'État chancelant mêlent bientôt les rênes... —
Ah! remportez ce signe exécrable, odieux!
Ce bandeau trop souvent tombe du front aux yeux. —
Larmoyant.
Et qu'en ferais-je enfin? mal né pour la puissance,

Je suis simple de cœur et vis dans l'innocence.
Si j'ai, la fronde en main, veillé sur le bercail,
Si j'ai devant l'écueil pris place au gouvernail,
J'ai dû me dévouer pour la cause commune.
Mais que n'ai je vieilli dans mon humble fortune?
Que n'ai-je vu tomber les tyrans aux abois ?
A l'ombre de mon chaume et de mon petit bois,
Hélas! j'eusse aimé mieux ces champs où l'on respire,
Le ciel m'en est témoin, que les soins de l'empire;
Et Cromwell eût trouvé plus de charme cent fois
A garder ses moutons qu'à détrôner des rois !
  Pleurant.
Que parle-t-on de sceptre ? Ah! j'ai manqué ma vie.
Ce morceau de clinquant n'a rien qui me convie.
Ayez pitié de moi, frères; loin d'envier
Votre vieux général, votre vieil Olivier.
Je sens mon bras faiblir, et ma fin est prochaine.
Depuis assez longtemps suis-je pas à la chaîne ?
Je suis vieux, je suis las; je demande merci.
N'est-il pas temps qu'enfin je me repose aussi ?
Chaque jour j'en appelle à la bonté divine,
Et devant le Seigneur je frappe ma poitrine.
Que je veuille être roi ! Si frêle, et tant d'orgueil !
Ce projet, et j'en jure à côté du cercueil,
Il m'est plus étranger; frères, que la lumière
Du soleil — à l'enfant dans le sein de sa mère !
Loin ce nouveau pouvoir à mes vœux présenté!
Je n'en accepte rien, — rien que l'hérédité.
Encor vais-je appeler, pour qu'en mon âme il lise,
Un théologien, lumière de l'Eglise.
J'en consulterai deux sur ce point, s'il le faut.
De votre liberté je dois compte au Très-Haut,
Et je veux, de sa loi faisant ma loi suprême,
Accomplir ce que dit le psaume cent dixième.

Les acclamations et les applaudissements font irruption de toutes parts. — Peuple et soldats, dont la harangue de Cromwell a peu à peu dissipé l'hostilité, laissent éclater leur enthousiasme. Stupeur dans le Parlement et dans le cortége du Protecteur. — Cromwell se redresse et fait un geste d'empire à la foule, qui se tait.

Sur ce, nous prions Dieu, d'un cœur humble et soumis,
Qu'il vous ait en sa sainte et digne garde, amis.
Nous vous avons montré notre âme tout entière,
Vous demandant pardon, pour dernière prière,
D'avoir, un jour si chaud, fait un discours si long.

Il se rassied. — Les transports et les acclamations du peuple éclatent de nouveau avec fureur. Les conjurés puritains, déconcertés, gardent un sombre silence et jettent leurs poignards.

OVERTON, *bas à Garland.*

Il mourra dans son lit!

GARLAND, *bas.*

Ils le veulent, ils l'ont!

LA FOULE.

Huzza!

WILDMAN, *bas.*

Voilà pourtant qu'il est héréditaire!
Escamoteur!

LA FOULE.

Huzza! Protecteur d'Angleterre! —
Vive Olivier Cromwell! — Gloire au vainqueur de Tyr!

OVERTON, *bas aux puritains.*

Comme il nous a joués! on a dû l'avertir!
Quelqu'un nous a trahis; c'est une forfaiture.

BAREBONE, *à part.*

C'était le seul moyen de sauver ma facture.

La plupart des conjurés puritains se dispersent dans la foule, qui continue de saluer de bruyantes acclamations Cromwell triomphant. Lambert, blême et pétrifié, s'apprête à descendre de l'estrade. Cromwell l'arrête.

ACTE V, SCÈNE XII.

CROMWELL.

Lambert, vous dînerez avec nous aujourd'hui.
Bas à Lambert, qui se retourne, interdit.
Pourquoi trembler encore? Il n'est plus là.

LAMBERT, *balbutiant.*

Qui?

CROMWELL *toujours bas.*

Lui,
Overton, qui devait pousser ta main peu sûre... —
Avec un rire sardonique.
Vous étiez du complot.

LAMBERT.

Moi! Milord, je vous jure...

CROMWELL.

Ne jurez de rien.

LAMBERT.

Mais, milord...

CROMWELL.

J'ai des témoins.
Vous en étiez le chef.

LAMBERT.

Le chef!

CROMWELL.

De nom, du moins.
D'ailleurs vous aviez peur de votre propre audace!
Et vous n'auriez osé me poignarder en face.

LAMBERT.

Milord..
A part.
Pour ce tyran, au coup d'œil sûr et prompt,
Chaque homme a sa pensée écrite sur le front.

CROMWELL, *haut à Lambert, en souriant.*
M'a-t-on dit vrai, milord? Une voix peu discrète
Conte que vous avez du goût pour la retraite.

On dit que vous aimez les fleurs de passion.
>> *Bas et grinçant des dents.*

Vous me rapporterez votre commission.

Il le congédie du geste. Lambert descend de l'estrade et rentre dans le cortége. En ce moment Cromwell aperçoit le sceptre, que lord Broghill a déposé sur les marches du trône. — D'une voix éclatante :

Quoi donc? un sceptre! — Otez de là cette marotte.
>> *Se tournant vers Trick.*

Pour toi, mon fou!

Redoublement d'acclamations parmi le peuple et la milice.

>> TRICK, *de sa loge.*

Non pas, et qu'un plus fou s'y frotte.

Entre un huissier de ville. Il s'incline devant le trône et s'adresse à Cromwell.

>> L'HUISSIER DE VILLE, *à Cromwell.*

Milord, le haut shérif.

>> CROMWELL.

Qu'il entre.

Entre le haut shérif, suivi de deux sergents d'armes. Au shérif.

Quoi?

>> LE HAUT SHÉRIF, *saluant.*

Milord,
Ce Bloum, ces prisonniers, ces condamnés à mort...

>> CROMWELL, *tressaillant.*

Quoi! serait-ce fini?

>> LE HAUT SHÉRIF.

Non, milord, pas encore.

>> CROMWELL.

A la bonne heure!

>> LE HAUT SHÉRIF.

Hewlet a dressé dès l'aurore
Leur gibet à Tyburn. Au lieu fatal conduits,
Ils veulent près de vous, milord, être introduits.

ACTE V, SCÈNE XII.

Faut-il qu'on exécute ou faut-il qu'on diffère?

CROMWELL.

Qu'allèguent-ils?

LE HAUT SHÉRIF.

Qu'ils ont une requête à faire.

CROMWELL.

Hé bien, qu'on les amène.

LE HAUT SHÉRIF.

Ici, milord?

CROMWELL.

Ici.

A un signe de Cromwell, le shérif s'incline et sort. — Cromwell reste quelque temps silencieux au milieu des acclamations du peuple et des chuchotements des généraux et du Parlement; puis il s'arrache vivement de son inertie, et s'adresse au docteur Lockyer, qui est mêlé à son cortége.

— Çà, maître Lockyer, vous a-t-on pas choisi
Pour nous édifier par la sainte parole?
On attend. L'heure fuit et la grâce s'envole.

Le docteur Lockyer monte lentement et comme avec embarras dans la chaire placée vis-à-vis le trône.

LE DOCTEUR LOCKYER.

Milord, voici mon texte...

Il hésite et semble troublé.

CROMWELL.

Allons, parlez, parlez.

LE DOCTEUR LOCKYER, *lisant dans une bible qu'il tient à la main.*

« Un jour, pour faire un roi, les arbres assemblés
« Dirent à l'olivier : — Soyez notre roi... — »

CROMWELL, *l'interrompant avec colère.*

Frère,
Où prenez-vous cela? Le texte est téméraire.

LOCKYER.

Dans la Bible, milord.

CROMWELL.

Quoi!

LOCKYER, *lui présentant le livre.*

Voyez comme nous.

Juges, *chapitre neuf, verset huit.*

CROMWELL.

Taisez-vous!
En quoi ce texte a-t-il rapport aux conjonctures?
Ne lit-on rien de mieux aux saintes Écritures?
Ne pouviez-vous trouver un chapitre, un verset
Qui s'appliquât enfin à ce qui se passait?
Par exemple, écoutez; — « Maudit qui dans sa route
« Trompe l'aveugle errant! »—« Le vrai sage ose et doute. »
« — L'archange alla lier le démon au désert. — »
Puis il est des sujets qu'un orateur disert
Peut aborder encore, et cette circonstance
En eût haussé le prix et grandi l'importance. [Dieu
Ainsi : — « L'homme est-il double? »—ou — « Les anges de
« Pour venir jusqu'à nous changent-ils de milieu? — »
Ou bien : — « Qu'adviendrait-il si, vraiment dogmatistes,
« Les whiggamors étaient antipædobaptistes? — »
A la bonne heure! au moins, voilà qui se comprend!
Vous pouviez pour ce peuple instruit, pieux et grand,
Traiter ces questions et vingt autres! Que sais-je?
Ah! je suis las d'ouïr les prêcheurs de collége
Prêcher, parler du nez, louer du même ton
Le soleil et la lune et milord Eglingston!
Allez!

Nouvelles acclamations. — Lockyer, confus, descend de la chaire et se perd dans la foule. — Entre un huissier de ville, qui s'arrête sur le seuil de la grande porte et crie :

— Les prisonniers, milord!

CROMWELL.

Qu'ils entrent.

ACTE V, SCÈNE XIII.

Entrent les cavaliers prisonniers, lord Ormond à leur tête. Ils sont précédés du haut shérif et marchent entourés d'archers et de sergents d'armes.

SCÈNE XIII.

Les Mêmes, LORD ORMOND, LORD ROCHESTER, LORD ROSEBERRY, LORD CLIFFORD, sir PETERS DOWNIE, LORD DROGHEDA, SEDLEY, sir WILLIAM MURRAY, le docteur JENKINS, MANASSE-BEN-ISRAEL; tous les mains liées derrière le dos, les pieds nus, la corde au cou. — Le haut shérif, archers de ville, sergents d'armes.

A l'entrée des cavaliers, la foule se range avec un murmure d'étonnement et de curiosité.

LES SERGENTS D'ARMES.

Place !

Place !

Les cavaliers s'arrêtent devant le trône de Cromwell, Ormond et Rochester au premier rang. Ils ont une attitude ferme et tranquille; Murray et Manassé, seuls, sont atterrés. — Cromwell promène quelque temps des regards satisfaits sur les prisonniers, sur l'assemblée, sur la foule, et semble jouir du silence d'anxiété qui l'entoure. — Pendant toute la scène, Rochester fait des mines à Francis, qu'il a aperçue dans la tribune en entrant.

CROMWELL, *croisant les bras, aux cavaliers.*
Que voulez-vous ?

A part.
S'ils me demandaient grâce !... —

LORD ORMOND, *d'une voix assurée.*
Nous sommes gens de cœur, et nous ne prétendons
Ni pitié, ni merci, ni faveurs, ni pardons.
Des mourants comme nous sont fiers de leur supplice;
Il n'a rien qui les trouble et qui les avilisse.
Puis qu'attendre, après tout, de vous, d'un meurtrier,
D'un vassal qui, chargeant son écu roturier

Du cimier, du manteau, du sceptre héréditaire,
Y fait ecarteler les armes d'Angleterre?
CROMWELL, *l'interrompant.*
Que me voulez-vous donc?
LORD ORMOND.
Un mot, monsieur Cromwell.
Quel chemin choisit-on pour nous conduire au ciel?
On nous mène au gibet! mais sait-on qui nous sommes?
CROMWELL.
Des brigands condamnés à mort.
LORD ORMOND.
Des gentilshommes.
Vous l'ignoriez sans doute, et nous vous l'apprenons.
Le gibet n'est point fait pour qui porte nos noms.
Et, si petite enfin que soit votre noblesse,
La corde qui nous souille autant que nous vous blesse.
On ne se fait pas pendre entre hommes de bon goût
Et gens de qualité. Nous réclamons.
CROMWELL.
C'est tout?

A part.
Ils demandent la vie!
LORD ORMOND.
Oui. Pesez la requête.
CROMWELL.
Que souhaitez-vous donc?
LORD ORMOND.
Qu'on nous tranche la tête.
Arrière la potence et ses indignités!
Nous avons tous le droit d'être décapités.
CROMWELL, *bas à Thurloë.*
Singuliers hommes! Vois. Point de peur, point de honte.
Jusque sur l'échafaud l'orgueil avec eux monte.
Leur préjugé les suit devant l'éternité;

ACTE V, SCÈNE XIII.

Et pour eux le billot est une vanité !

Aux cavaliers avec un sourire railleur.

Je comprends. — En entrant au ciel il vous importe
Qu'on vienne à deux battants vous en ouvrir la porte.
Et pour un chanvre impur ce serait trop d'honneur
Que d'étrangler très-haut et très-puissant seigneur ;
Cela pourtant s'est vu. Puis dans vos rangs, mes maîtres,
J'en vois qu'on pendrait bien sans fâcher leurs ancêtres.
Ils n'en ont pas. — Ce juif, ce magistrat bourgeois...

LE DOCTEUR JENKINS.

Je ne suis point jugé. Vous n'avez aucuns droits
Pour m'infliger la mort, la prison ou l'amende.
Je suis libre, et je lis dans la charte normande :
Nullus homo liber imprisionetur.

LORD ROSEBERRY, *riant, à Sedley.*

Bon ! va-t-il lui citer des lois du temps d'Arthur ?

CROMWELL, *aux cavaliers.*

Messieurs, nous vous tenons ; chefs, lieutenants, complices,
Tous ! — Vous vous êtes pris à vos propres malices.
L'heure a sonné, le bras se lève pour punir.
Or vous choisissez mal le temps pour obtenir
Des faveurs...

LORD ORMOND, *l'interrompant.*

Des faveurs, monsieur ! A Dieu ne plaise !
Nous réclamons un droit de la noblesse anglaise.
Entendez-vous ? un droit ! — des faveurs ? un billot !
Un coup de hache !...

CROMWELL.

Paix, vous qui parlez si haut !
— Vous êtes cette nuit venus, ceints de l'épée,
Dans ma maison, la garde ou séduite ou trompée.
Vous m'avez dans mon lit cru saisir sans témoins.
Que me prépariez-vous ?

LORD ORMOND.
Pas le gibet, du moins.
CROMWELL.
Oui. vous étiez pressés. Le poignard va plus vite.
Aujourd'hui qu'en mes mains le ciel vous précipite,
Messieurs mes assassins, que voulez-vous de moi?
LORD ORMOND.
Mourir en chévaliers, mourir pour notre roi.
LORD ROCHESTER.
Oui, mourons pour Rowland!—
Bas à Roseberry.
Moi, toujours je lui prête.
Hier c'était mon argent, aujourd'hui c'est ma tête.
Une dette de plus sur son compte!
CROMWELL, *après un instant de réflexion, à lord Ormond.*
Vieillard,
Vous-même, jugez-vous.—Voyons : si le hasard
M'eût jeté dans vos fers, vous eût mis à ma place,
Parlez. — Que feriez-vous?
LORD ORMOND.
Je ne ferais pas grâce.
CROMWELL.
Je vous la fais.
Mouvement de surprise dans l'assemblée.
TOUS LES CAVALIERS.
Comment?
CROMWELL.
Vous êtes libres!
LORD ORMOND.
Dieu!
A Cromwell.
Si vous saviez mon nom...
CROMWELL, *l'interrompant.*
Il m'inquiète peu.

ACTE V, SCÈNE XIII.

Bas à Thurloë.

Du peuple, s'il se nomme, on ne pourrait répondre.

Il se tourne brusquement vers lord Broghill, qui a jusqu'ici gardé un morne silence dans le cortége.

Un de vos vieux amis, lord Broghill, est à Londre.

Lord Ormond et lord Broghill se détournent, étonnés.

LORD BROGHILL.

Qui donc, milord?

CROMWELL.

Ormond.

LORD BROGHILL.

Ormond!

A part.

Dieu! saurait-il?

CROMWELL.

Il est depuis cinq jours ici, mon cher Broghill.

Il fouille dans son justaucorps et en tire le paquet scellé qu'il a pris sur Davenant.

Voici même un paquet, tenez, qui l'intéresse.
Son nom est sur le pli. Savez-vous son adresse?

LORD BROGHILL, *troublé.*

Non, milord..

CROMWELL.

Bloum, au Strand, hôtel du *Rat.*

LORD BROGHILL, *balbutiant.*

Pourquoi?

LORD ORMOND, *examinant le parchemin que tient Cromwell, à part.*

Le traître est Davenant, c'est la lettre du roi!

CROMWELL, *donnant le paquet à Broghill.*

Rendez-le à lord Ormond de ma part ; cette lettre,
Tombant en d'autres mains, l'aurait pu compromettre.
Dites-lui qu'il s'en aille au plus tôt, en songeant
A ne plus revenir. S'il a besoin d'argent,

Donnez-en.
LORD ROSEBERRY, *bas à lord Ormond.*

De l'argent! quel homme heureux vous êtes!
S'il m'offrait seulement caution pour mes dettes!
LORD ROCHESTER, *félicitant Ormond, bas.*
Le trait est délicat, et je suis fort charmé
Qu'il vous épargne ici l'affront d'être nommé.
CROMWELL, *d'une voix haute et rude.*
Milord Rochester!
LORD ROCHESTER, *tressaillant de surprise.*
Quoi?
CROMWELL.
Vous avez votre grâce.
Allez au diable!
LORD ROCHESTER, *bas à Roseberry.*
Il met avec moi moins de grâce.
N'importe! il est protée! il est magicien!
On l'aborde; on croit voir un lion royal. — Rien.
Tâchez de l'endormir. — Bst! un coup de baguette! —
Le lion qui dormait est un chat qui vous guette; —
Le chat devient un tigre aux rugissements sourds; —
Puis la griffe se change en patte de velours. —
Velours où perce encor cette griffe hypocrite.
CROMWELL.
Mon docte chapelain, souffrez qu'on vous invite
A ne pas trop rester parmi nous.
LORD ROCHESTER, *à part.*
On vous croit.
CROMWELL, *continuant.*
Grâce à plus d'une amende, imposée à bon droit,
Il fait très-cher jurer, saint homme, en Angleterre.
Or, quoi que vous fassiez, vous ne pouvez vous taire;
Et, taxé par la loi presqu'à tous les moments,
Vous vous ruineriez bien vite en jurements.

ACTE V, SCÈNE XIII.

LORD ROCHESTER

Merci du bon conseil.

Au peuple, qui le poursuit de rires et de dérisions.

Applaudis, race infâme !

CROMWELL.

Attendez donc, docteur. Emmenez votre femme.

LORD ROCHESTER, *tremblant.*

Ma femme !

CROMWELL.

Milady Rochester.

Dame Guggligoy descend précipitamment de la tribune de la Protectrice et vient se jeter au cou de Rochester. Huées dans la foule.

DAME GUGGLIGOY, *embrassant Rochester.*

Cher époux !

LORD ROCHESTER, *cherchant à la repousser*

Merci-de-Dieu !

CROMWELL.

Soyez unis. — Que dirions-nous
De voir qu'une moitié sans l'autre soit partie ?

A dame Guggligoy.

Suivez votre mari.

Dame Guggligoy prend le bras de Rochester, qui se résigne douloureusement.

LORD ROCHESTER, *à part.*

Wilmot ! quelle amnistie !
N'es-tu pas des plus sots et des plus châtiés !
Vois le grotesque effet que font tes deux moitiés,
L'une avec cet habit, l'autre avec ce visage !
Et Francis qui nous voit ! ah ! j'en deviendrai sage !

CROMWELL, *désignant du doigt sir William Murray dans le groupe des cavaliers.*

Murray va recevoir le fouet qu'a mérité,
Pour ce complot d'enfant, pauvrement avorté,

Charles, vulgairement nommé prince de Galle.

Applaudissements du peuple. — Des archers et des valets de justice s'emparent de Murray, qui se cache le visage dans les mains, et paraît accablé de honte et de désespoir. — Cromwell s'adresse au rabbin.

Ce juif, qui du gibet eût orné l'astragale,
Est libre... —

Manassé relève la tête avec joie. — Cromwell poursuit, se tournant vers Barebone, placé à côté du trône.

Seulement, pour racheter sa chair,
Barebone, il paîra ton mémoire.

Barebone tire de sa poche un long parchemin qu'il remet à Manassé.

MANASSÉ, *examinant le mémoire.*
C'est cher.

CROMWELL, *aux autres prisonniers.*

Vous êtes libres tous.

Les archers détachent les cavaliers.

THURLOE, *bas à Cromwell.*
Tous! mais les circonstances
Sont graves...

CROMWELL, *bas.*
J'ai ce peuple : à quoi bon dix potences?

Sir William Murray, que les archers entraînent, se jette à genoux et tend ses mains jointes vers Cromwell.

SIR WILLIAM MURRAY.

Grâce, milord!..

CROMWELL.
Du fouet? Allons! finissons-en.
N'est-ce donc pas l'emploi de ton dos courtisan?
Puis, fouetté pour ton roi! Tu sers la bonne cause.
Tu te diras martyr! Tu feras le Montrose!

Il fait un signe et les archers entraînent Murray. — Le Protecteur s'adresse alors à la foule d'un air impérieux et inspiré.

Peuple saint, épargnons nos ennemis rampants.

L'éléphant a pitié d'écraser les serpents.
Qu'ainsi toujours le ciel vous sauve des embûches,
Vases d'élection !

    LORD ROCHESTER, *bas à Sedley.*
        Les vases sont des cruches.

Le peuple répond au Protecteur par de longues acclamations.
Il les fait taire d'un geste et reprend.

    CROMWELL.

Par ma clémence, Anglais, je veux marquer ce jour.
    Au haut shérif.
Qu'on aille chercher Carr, prisonnier à la Tour.

Le haut shérif sort. — Cromwell s'accoude sur les bras de son fauteuil et semble méditer. — Silence et attente dans l'auditoire. — Willis, qui a été quelque temps absent et qui vient de rentrer, accoste Ormond dans le groupe des cavaliers.

    SIR RICHARD WILLIS, *saluant lord Ormond.*
Je vous fais compliment, milord.

    LORD ORMOND, *étonné.*
               Quoi ? c'est vous-même,
Willis ! vous libre aussi ! — Cet homme est un problème !
A nous faire ainsi grâce, il prend des airs de roi.
    Serrant la main à Willis.
Mais je lui sais bon gré, pour vous, sinon pour moi.
    Il se penche d'un air mystérieux à l'oreille de sir Richard.
Davenant est le traître ! Ah ! si je le rencontre !...

    SIR RICHARD WILLIS.
Le croyez-vous ? il est des raisons pour et contre.
Défiez-vous-en : soit. Au péril échappé,
Soyez prudent.

    LORD ORMOND, *lui serrant la main de nouveau.*
           Willis ! Ah ! comme on est trompé !

CROMWELL, *sortant de sa rêverie et désignant les cavaliers*
           à Stoupe.
Stoupe, on embarquera demain sur la Tamise

Ces fous, à qui leur peine est pleinement remise.

Il apostrophe rudement Hannibal Sesthead, qui étale son riche équipage sur les marches de l'estrade.

Sir Hannibal Sesthead ! — quoique cousin d'un roi,
Vous saurez que je veux rester maître chez moi.
Vous êtes de ces gens qui sont de mœurs légères ;
Vous avez ramassé dans les cours étrangères
Des façons qui vont mal chez les peuples élus.
Portez-les donc ailleurs. — Allez, ne péchez plus.

HANNIBAL SESTHEAD, *à part.*

Il pardonne plutôt un complot qu'un sarcasme,
Je suis le seul puni.

Il sort avec ses pages et ses chiens. — La foule le hue et applaudit Cromwell.

OVERTON, *bas à Garland.*

Voyez l'enthousiasme
Du peuple. Une harangue, un rien les a changés.

LORD ROCHESTER, *bas à Roseberry.*

Contre le Protecteur Dieu nous a protégés.
Restons-en là.

GARLAND, *bas à Overton.*

D'un mot il a brisé nos armes.

CROMWELL, *apercevant Gramadoch entre ses gardes.*

Que fait là mon bouffon entre quatre gendarmes ?

GRAMADOCH, *effrontément.*

Ce sont des garde-fous.

UN ARCHER.

Ce nain extravagant,
Milord, de Votre Altesse a relevé le gant.

CROMWELL, *irrité, à Gramadoch.*

Drôle !...

GRAMADOCH.

Il n'était qu'un fou, milord, qui pût le faire.

CROMWELL, *souriant et faisant signe aux archers de le délivrer.*

Va! va!

Gramadoch va retrouver dans leur loge ses camarades, qui l'embrassent et lui font joyeux accueil. — Cependant le Protecteur s'adresse à Milton.

Milton est-il content?

MILTON.

Il attend.

CROMWELL.

Frère,
Je suis content de vous, moi. Parlez aujourd'hui.
Avez-vous quelque chose à me demander?

MILTON.

Oui.

CROMWELL.

Qu'est-ce?

MILTON.

Une grâce.

CROMWELL.

Ami, parlez, je vous la donne.

MILTON.

A tous ses ennemis Votre Altesse pardonne.
Un seul reste oublié.

CROMWELL.

Qui donc?

MILTON.

Davenant.

CROMWELL.

Quoi?
Davenant? Ce papiste? Un espion du roi?
Demandez autre chose.

MILTON.

Ah! souffrez que j'insiste.

Il était du complot, sans doute ; il est papiste,
C'est juste ; il conspirait votre mort ; mais depuis
Vous avez bien fait grâce à ceux-là.

CROMWELL.

Je ne puis.

MILTON.

Je sais qu'il a pris part à ces trames ourdies,
Mais...

CROMWELL, *avec impatience.*

Ne m'en parlez plus ! il fait des comédies.

Milton, désappointé, s'éloigne. Cromwell le rappelle d'un air radouci.

Nous avons trouvé bon, Milton, qu'on vous créât
Poëte lauréat...

MILTON.

Poëte lauréat !
Je ne puis accepter, milord, qu'en survivance.
L'emploi n'est pas vacant.

CROMWELL, *étonné.*

Qui donc l'a pris d'avance ?

MILTON.

Davenant.

CROMWELL, *haussant les épaules.*

Il l'obtint sous feu Jacques Premier.

MILTON.

Puisqu'il garde ses fers, laissons-lui son laurier.

CROMWELL.

C'est cela ! Voilà bien des raisons de poëtes.
Phrases d'une coudée ! Ampoulé, que vous êtes !
Et vous voulez régir et gourmander toujours
Les gouverneurs d'Etats, vous qui passez vos jours
A tourmenter des mots dans des mètres frivoles !

MILTON.

Salomon composa cinq mille paraboles.

Cromwell lui tourne le dos, et fait signe à son fils Richard d'approcher.

CROMWELL, *à Richard Cromwell.*

Richard, — mon héritier, — il faut présentement
Vous ouvrir la milice avec le parlement.
Je vous fais colonel, pair d'Angleterre et membre
Du conseil privé.

RICHARD CROMWELL, *saluant son père avec embarras.*

Mais... les travaux de la chambre...
Mes goûts...— vous êtes bien mon père et mon seigneur,
Et je suis tout confus, milord, de tant d'honneur.
Si vous le permettez pourtant, j'ose le dire,
J'ai plus que je ne vaux et que je ne désire.
J'aime les bois, les prés, le loisir, le repos ;
J'aime à chasser des chiens et des cerfs par troupeaux,
Et je tiens à mes champs, — où je ne crains d'émeutes
Que parmi mes faucons, mes gerfauts et mes meutes.

Cromwell, mécontent et déconcerté, le congédie du geste.

CROMWELL, *amèrement, à part.*

Si l'autre était l'aîné ! — Que sert ce que je fais ?

Entre Carr, accompagné du haut-shérif. Il perce lentement la foule, considère avec indignation l'appareil royal qui l'environne, et s'avance gravement vers le trône de Cromwell.

SCÈNE XIV.

LES MÊMES, CARR.

CARR, *croisant les bras et regardant Cromwell en face.*

Que me veux-tu ? — Tyran par le droit des forfaits,
Les cachots contre toi n'ont donc pas de refuge ?
Que me veut l'apostat ? que me veut le transfuge ?

VOIX DANS LA FOULE.

Silence au furieux !

CROMWELL, *au peuple.*
Laissez-le faire, amis.
Le ciel veut éprouver David, il a permis
Au fils de Semeï de lui dire anathème.
A Carr.
Continue

CARR.
Hypocrite! Oui. Voilà ton système.
Couvrir de beaux semblants tes plans fallacieux!
Sur ton front infernal mettre un voile des cieux!
Railler en torturant! farder la tyrannie,
Et sur un cœur qui saigne étaler l'ironie!
Mais pour briser ton sceptre et ton masque à la fois,
Le Seigneur m'a tenu caché dans son carquois.
Il m'a dit : — « Prends ton luth, tourne autour de la ville,
« Du temple de Cromwell chasse un peuple servile,
« Mets en poudre l'autel, jette l'idole au feu,
« Dis-leur : L'Egyptien est homme, et non pas dieu! »
Te voilà donc, Cromwell, sur ton trône de gloire!
Tremble : au jour radieux succède la nuit noire.
Pense au chasseur Nemrod : le Seigneur triomphant
Brisa son arc de fer comme un jouet d'enfant.
Souviens-toi d'Isboseth. Ce roi vain et peu sage
Fit ranger le premier le peuple à son passage;
Il mit sur des chevaux cent guerriers d'Issachar
Qui sans cesse couraient en avant de son char.
Mais Dieu fait toujours naître, et c'est l'effroi de l'âme,
Le malheur du bonheur, la cendre de la flamme.
Or Isboseth tomba, tel qu'un fruit avorté,
Tel qu'un bruit sans écho par le vent emporté.
Songe à Salmanasar. Sur ses coursiers rapides
Ce roi, qu'environnaient les grands argyraspides,
Passa comme, l'été, sous la nue enchaîné,
Passe un éclair du soir, — sans même avoir tonné.

Songe à Sennachérib, qui venait d'Assyrie,
Traînant après sa tente une armée aguerrie;
Neuf cent mille soldats, si fiers, si furieux,
Que leur souffle eût poussé les nuages des cieux;
D'impurs magiciens, d'affreux onocentaures;
Des Arabes, heurtant les cymbales sonores;
Des bœufs, des léopards, accoutumés au frein;
Des chariots de guerre armés de faux d'airain;
D'ardents chevaux, qu'avaient allaités des tigresses,
Et six cents éléphants, mouvantes forteresses,
Qui, dans les légions déchaînant leurs pas lourds,
Sur leurs dos monstrueux faisaient bondir des tours.
Ce n'étaient que chameaux, buffles, zèbres, molosses,
Mammons, d'un monde éteint prodigieux colosses;
Rugissante mêlée, où se croisait encor
La roue aux dents d'acier des chars écaillés d'or.
La nuit, le camp semblait une plaine enflammée;
Et quand se réveillait cette innombrable armée,
Le pêcheur, apprêtant sa barque de roseaux,
Croyait entendre au loin mugir les grandes eaux.
Tout jetait des éclairs autour du roi superbe.
Ses cavales volaient et du pied broyaient l'herbe.
Il passait, dominant de son front étoilé,
Son char pyramidal, d'éléphants attelé,
Et sur ses pas couraient drapeaux, flammes, bannières,
Pareils aux astres d'or qui traînent des crinières.
Mais le ciel eut pitié de vingt peuples tremblants,
Dieu souffla sur cet astre aux crins étincelants,
Et soudain s'éteignit l'effrayante merveille,
Comme une lampe aux mains d'une veuve qui veille.
Te crois-tu donc plus grand, sycophante fatal,
Que ces grands rois, soleils du monde oriental?
Peux-tu fondre à ton gré, comme l'aigle qui plane,
Sur Damas, Charcamis, Samarie ou Calane?

As-tu, comme le sable envahit le bazar,
Détruit Sochoth-Benoth et Theglat-Phalazar?
Tes chevaux et tes chars, bruyante multitude,
Ont-ils du vieux Liban troublé la solitude?
Non. Rien de tout cela. — Maître des potentats,
Ton bras a déplacé la borne des Etats.
La foule à ton aspect recule et se resserre,
Tu tiens comme une proie un monde dans ta serre.
Voilà tout. Dans ta marche et dans tes grands combats,
Dieu te soutint d'en haut et le peuple d'en bas.
Tu n'es rien par toi-même. Instrument de colère,
Tu n'es que le fléau qui bat le blé dans l'aire. —
Où sont les dieux d'Emath? Où sont les dieux d'Ava?
Que peut Sépharvaïm touché par Jehova?
Ces idoles régnaient : tu passeras comme elles,
Comme un grelot qui pend au long cou des chamelles.
Bientôt dans leur manteau les saints feront un pli.
Gad, Zabulon, Azer, Benjamin, Nephthali,
Se tiendront sur le mont Hébal pour te maudire.
Les femmes, les enfants, te suivront de leur rire.
Pour tes pas, pour tes yeux, qu'aveuglera l'enfer,
Le ciel sera de bronze et la terre de fer.
Un lit de pourpre endort tes superbes paupières;
Mais Dieu t'écrasera la tête entre deux pierres,
Et nous verrons un jour les peuples enfin grands
Avec tes os blanchis lapider les tyrans.
Car on a vu, Cromwell, sur plus d'un trône impie,
Pharaons de Memphis, sultans d'Ethiopie,
Papes, ducs, empereurs, despotes empourprés,
Sa faire un jeu sanglant des peuples torturés.
Mais dans tous ces fléaux dont le Seigneur nous frappe,
Cromwell, un homme, un mage, un monarque, un satrape,
Autant que toi hardi, cruel, astucieux,
C'est ce qu'on n'a pas vu sous le soleil des cieux!

— Sois maudit!
CROMWELL.
Avez-vous fini?
CARR.
Non, pas encore.
Sois maudit au couchant! sois maudit à l'aurore!
Sois maudit dans ton char! maudit dans ton coursier!
Dans tes armes de bois, dans tes armes d'acier!
CROMWELL.
Est-ce là tout?
CARR.
Dans l'air que le zéphyr t'apporte!
Dans le ciel de ton lit! dans le seuil de ta porte!
Sois maudit!
CROMWELL.
Est-ce tout, enfin?
CARR.
Non. Sois maudit!
CROMWELL.
Vous vous déchirerez les poumons! — Tout est dit! —
Ecoutez-moi : frappé d'une ancienne disgrâce,
Vous êtes en prison. Frère, je vous fais grâce.
Allez! Je romps vos fers.
CARR.
Et de quel droit, tyran? —
Commets-tu pas assez d'iniquités par an?
De tes forfaits encor veux-tu grossir la liste?
Pourquoi viens-tu frapper ma tour de ta baliste?
M'arracher aux cachots où mes jours sont plongés?
Mais pour rompre mes fers, dis, les as-tu forgés?
Tu m'accordes ma grâce! — Ah! despote implacable
Comme ta rage, il faut que ta clémence accable!
Par le Long Parlement je fus mis en prison.
Je l'avais mérité par une trahison.

J'avais du joug sacré repoussé les entraves ;
J'avais marqué deux parts dans le butin des braves.
Je suis puni : je vis dans le fond d'une tour
Où des barreaux croisés emprisonnent le jour ;
L'araignée à mon lit suspend sa toile frêle,
Où la chauve-souris embarrasse son aile ;
Du sépulcre, la nuit, j'entends sourdre le ver ;
J'ai faim, j'ai soif ; l'été j'ai chaud, j'ai froid l'hiver.
C'est bien fait. Je me courbe, et je donne l'exemple.
Mais toi, Noll, de quel droit viens-tu toucher au temple ?
En dois-tu seulement déranger un pilier ?
Ce qu'ont lié les saints, le peux-tu délier ?
D'ailleurs efface-t-on les traces de la foudre ?
Les saints m'ont condamné, nul n'a droit de m'absoudre,
Et dans ce peuple vil je marche avec fierté,
Seul vestige vivant de leur autorité.
Pin foudroyé, j'étale au fond du précipice
De mon front abattu l'auguste cicatrice.
Tu veux briser mes fers de force ! — Anglais, voyez
Quel effréné tyran vous foule sous ses pieds !
Va, je préfère encor, moi Carr, moi qui te brave,
Le carcan du captif au collier de l'esclave ;
Que dis-je ? j'aime mieux mon sort que ton destin,
Ma tour que ton palais encombré de butin ;
Je ne donnerais pas ma peine pour ton crime,
Pour ton sceptre usurpé ma chaîne légitime !
Car tous deux criminels, Dieu, quand nous serons morts,
Comptera tes forfaits, pèsera mes remords. —
Rouvre-moi ma prison ! — Ou, si tu me veux libre,
— Absolument, — remets l'État en équilibre,
Rends-nous le Parlement. — Ensuite nous verrons. —
Tu viendras avec moi : tous deux courbant nos fronts,
Tous deux ceints d'une corde et nous souillant la face,
Nous irons à sa barre implorer notre grâce.

ACTE V, SCÈNE XIV.

Cromwell, en attendant ce jour tant souhaité,
Rends-moi mes fers; respecte au moins ma liberté.

Eclats de rire dans l'auditoire.

— Fais donc taire ta meute! — En mon cachot peut-être,
Je suis le seul Anglais dont tu ne sois pas maître;
Oui, le seul libre! Là, je te maudis, Cromwell;
Là, tous deux je nous offre en holocauste au ciel.
Ma prison! à l'enfreindre en vain tu me condamnes;
Ma prison! Et s'il faut citer des lois profanes
Et des textes mondains à vos cœurs corrompus,
J'y retourne en vertu de l'*habeas corpus*.

CROMWELL.

A votre aise! — Il invoque un bill que rien n'abroge.

TRICK, *dans la tribune des fous.*

Sa prison! il se trompe, il veut dire sa loge.

Carr sort fièrement au milieu des huées du peuple.

SYNDERCOMB, *bas à Garland.*

Carr est le seul de nous qui soit homme.

VOIX DANS LA FOULE.

Hosannah!
Gloire aux saints! Gloire au Christ! Gloire au Dieu du Sina!
— Longs jours au Protecteur.

Syndercomb, exaspéré par les imprécations de Carr et les acclamations du peuple, tire son poignard et s'élance vers l'estrade.

SYNDERCOMB, *agitant son poignard.*

Mort au roi de Sodome!

LORD CARLISLE, *aux hallebardiers.*

Arrêtez l'assassin!

CROMWELL, *écartant la garde du geste.*

Faites place à cet homme.

A Syndercomb.

Que voulez-vous?

SYNDERCOMB.

Ta mort.

CROMWELL.
Allez en liberté,
Allez en paix.

SYNDERCOMB.
Je suis le vengeur suscité.
Si ton cortége impur ne me fermait la bouche...

CROMWELL, *faisant signe aux soldats de le laisser libre.*
Parlez.

SYNDERCOMB.
Ah! ce n'est point un discours qui te touche.
Mais si l'on n'arrêtait mon bras...

CROMWELL.
Frappez.

SYNDERCOMB, *faisant un pas et levant sa dague.*
Meurs donc,
Tyran!
Le peuple se précipite sur lui et le désarme.

VOIX DANS LA FOULE.
Quoi! par le meurtre il répond au pardon!
Périsse l'assassin! Meure le parricide!

Le peuple, indigné, s'empare de Syndercomb, qui, tout en se débattant, est entraîné hors de la salle.

CROMWELL, *à Thurloë.*
Voyez ce qu'ils en font.
Thurloë sort.

VOIX DU PEUPLE.
Assommez le perfide!

CROMWELL.
Frères, je lui pardonne. Il ne sait ce qu'il fait.

VOIX DU PEUPLE, *au dehors.*
A la Tamise! à l'eau!

Rentre Thurloë.

THURLOE, *à Cromwell.*
Le peuple est satisfait.

La Tamise a reçu le furieux apôtre.
CROMWELL, *à part.*
La clémence est, au fait, un moyen comme un autre.
C'est toujours un de moins! — Mais qu'à de tels trépas
Ce bon peuple pourtant ne s'accoutume pas.

Une pause. — On n'entend que les cris de joie et de triomphe de la foule. Cromwell, assis sur son trône, semble savourer paisiblement les acclamations délirantes de la multitude et de l'armée.

OVERTON, *bas à Milton.*
Une victime humaine immolée à l'idole!
Tout est à lui : l'armée et ce peuple frivole.
Rien ne lui manque enfin! il a ce qu'il lui faut.
Nos efforts n'ont servi qu'à le placer plus haut.
On l'ose en vain braver; on l'ose en vain combattre.
Il peut, l'un après l'autre, à présent nous abattre;
Il inspire l'amour, il inspire l'effroi :
Il doit être content.
CROMWELL, *rêveur, à part.*
Quand donc serai-je roi!

FIN DE CROMWELL

NOTES

NOTE SUR CES NOTES.

Ces notes ont été, comme l'avant-propos, arrachées à l'auteur. Il en est pourtant dans le nombre qui dépendent de la préface, qui en font partie intégrante, et qu'elle amenait naturellement avec elle : celles-là, l'auteur ne regrette point de les avoir écrites. Toutes les autres, qui ne se rattachent qu'au drame, sont de trop. Il est peu de vers de cette pièce qui ne puissent donner lieu à des extraits d'histoire, à des étalages de science locale, quelquefois à des rectifications. Avec quelque bonne volonté, l'auteur eût pu facilement élargir et dilater cet ouvrage jusqu'à trois tomes in-8°. Mais à quoi bon faire des quatre-vingts ou cent volumes (1) qu'il a dû lire et pressurer dans ce-

(1) Sans compter tous les Mémoires sur la révolution d'Angleterre, *State Papers*, *Memoirs of the protectoral House*, *Hudibras*, *Acts of the Parliament*, *Eykon Basilikè*, etc., etc., l'auteur a pu consulter quelques documents originaux, les uns fort rares, les autres même inédits, *Cromwell politique*, pamphlet flamand, *El hombre de demonio*, pamphlet espagnol, *Cromwell and Cromwell*, et le *Connaught-Register*, qu'a bien voulu lui communiquer un noble pair d'Irlande, auquel il en adresse ici de publics remercîments.

lui-ci, les caudataires de ce livre? Ce qu'il prétend donner ici, c'est œuvre de poëte, non labeur d'érudit. Après qu'on a exposé devant le spectateur la décoration du théâtre, pourquoi le traîner derrière la toile et lui en montrer les équipes et les poulies? Le mérite poétique de l'œuvre gagne-t-il grand'chose à ces preuves testimoniales de l'histoire? Qui doutera cherchera. Dans les productions de l'imagination, il n'est pas de *pièces justificatives*. La poésie fait peine à voir, ainsi hermétiquement enterrée sous des notes : c'est le plomb du cercueil.

On ne trouvera donc probablement pas dans les notes ce qu'on y cherchera : elles sont numériquement fort incomplètes. L'auteur les a tirées au hasard d'un amas énorme de déblais et de matériaux ; il a pris, non les plus importantes, mais les premières venues. Peu propre à ce travail, il l'a fort mal fait. N'importe, les voilà telles qu'elles sont. On verra, après les avoir lues, qu'il eût mieux valu brûler tous ces copeaux.

PRÉFACE.

I. — PAGE 154.

..... Cependant les nations commencent à être trop serrées sur le globe ; elles se gênent et se froissent : de là les chocs d'empires, la guerre.

L'*Iliade*.

II. — PAGE 154.

Elles débordent les unes sur les autres : de là les migrations des peuples, les voyages.

L'*Odyssée*.

III. — PAGE 159.

« . . . . . Donc, vous faites du *laid* un type d'imitation, du *grotesque* un élément de l'art ! »

Oui, sans doute, oui encore, et toujours oui ! C'est ici le lieu de remercier un illustre écrivain étranger qui a bien voulu s'occuper de l'auteur de ce livre, et de lui prouver notre estime et notre reconnaissance en relevant une erreur où il nous semble être tombé. L'honorable critique *prend acte*, telles sont ses textuelles expressions, de la déclaration faite par l'auteur dans la préface d'un autre ouvrage, que : « Il n'y a ni *classique* ni *romantique*; mais, « en littérature comme en toutes choses, deux seules di- « visions, le bon et le mauvais, le beau et le difforme, le « vrai et le faux. » Tant de solennité à constater cette profession de foi n'était pas nécessaire. L'auteur n'en a jamais dévié et n'en déviera jamais. Elle peut se concilier à merveille avec celle qui « fait du *laid* un type d'imita- « tion, du *grotesque* un élément de l'art. » L'une ne contredit pas l'autre. La division du beau et du laid dans l'art ne symétrise pas avec celle de la nature. Rien n'est beau ou laid dans les arts que par l'exécution. Une chose difforme, horrible, hideuse, transportée avec vérité et poésie dans le domaine de l'art, deviendra belle, admirable, sublime, sans rien perdre de sa monstruosité ; et d'une autre part, les plus belles choses du monde, faussement et systématiquement arrangées dans une composition artificielle, seront ridicules, burlesques, hybrides, *laides*. Les orgies de Callot, la *Tentation* de Salvator Rosa avec son épouvantable démon, sa *Mêlée* avec toutes ses formes repoussantes de mort et de carnage, le *Triboulet* de Bonifacio, le mendiant rongé de vermine de Murillo, les ciselures où Benvenuto Cellini fait rire de si hideuses figures dans les arabesques et les acanthes, sont des choses laides selon la

nature, belles selon l'art; tandis que rien n'est plus *laid*
que tous ces profils grecs et romains, que ce beau idéal
de pièces de rapport qu'étale sous ses couleurs violâtres
et cotonneuses la seconde école de David. Job et Philoctète,
avec leurs plaies sanieuses et fétides, sont beaux; les rois
et reines de Campistron sont fort laids dans leur pourpre
et sous leur couronne d'oripeau. Une chose bien faite, une
chose mal faite, voilà le beau et le laid de l'art. L'auteur
avait déjà expliqué sa pensée en assimilant cette distinction
à celle du *vrai* et du *faux*, du *bon* et du *mauvais*. Du
reste, dans l'art comme dans la nature, le grotesque est
un élément, mais non le but. Ce qui n'est que grotesque
n'est pas complet.

IV. — PAGE 160.

Près des colosses homériques, Eschyle, Sophocle, Eurypide,
que sont Aristophane et Plaute!

Ces deux noms sont ici réunis, mais non confondus.
Aristophane est incomparablement au-dessus de Plaute;
Aristophane a une place à part dans la poésie des anciens,
comme Diogène dans leur philosophie.

On sent pourquoi Térence n'est pas nommé dans ce
passage avec les deux comiques populaires de l'antiquité.
Térence est le poëte du salon des Scipions, un ciseleur élégant et coquet sous la main duquel achève de s'effacer le
vieux comique fruste des anciens Romains.

V. — PAGE 160.

C'est lui enfin qui, colorant tour à tour le même drame de
l'imagination du Midi et de l'imagination du Nord, fait gambader
Sganarelle autour de don Juan et ramper Méphistophélès autour
de Faust.

Ce grand drame de l'homme qui se damne domine toutes

les imaginations du moyen âge. Polichinelle, que le diable emporte, au grand amusement de nos carrefours, n'en est qu'une forme triviale et populaire. Ce qui frappe singulièrement quand on rapproche ces deux comédies jumelles de *Don Juan* et de *Faust*, c'est que don Juan est le matérialiste, Faust le spiritualiste. Celui-ci a goûté tous les plaisirs, celui-là toutes les sciences. Tous deux ont attaqué l'arbre du bien et du mal; l'un en a dérobé les fruits, l'autre en a fouillé la racine. Le premier se damne pour jouir, le second pour connaître. L'un est un grand seigneur, l'autre un philosophe. Don Juan, c'est le corps; Faust, c'est l'esprit. Ces deux drames se complètent l'un par l'autre.

VI. — PAGE 162.

..... Les ogres, les aulnes, les psylles, etc.

Ce n'est pas à l'aulne, arbre, que se rattachent, comme on le pense communément, les superstitions qui ont fait éclore la ballade allemande du *Roi des Aulnes*. Les aulnes (en bas latin *alcunæ*) sont des façons de follets qui jouent un certain rôle dans les traditions hongroises.

VII. — PAGE 164.

..... Il jette du premier coup sur le seuil de la poésie moderne trois Homères bouffons.

Cette expression frappante, **Homère bouffon**, est de M. Ch. Nodier, qui l'a créée pour Rabelais, et qui nous pardonnera de l'avoir étendue à Cervantes et à l'Arioste.

VIII. — PAGE 164.

L'ode chante l'éternité, l'épopée solennise l'histoire, le drame peint la vie.

Mais, dira-t-on, le drame peint aussi l'histoire des peuples; oui, mais comme *vie*, non comme *histoire*. Il laisse à l'historien l'exacte série des faits généraux, l'ordre des dates, les grandes masses à remuer, les batailles, les conquêtes, les démembrements d'empires, tout l'extérieur de l'histoire. Il en prend l'intérieur. Ce que l'histoire oublie ou dédaigne, les détails de costumes, de mœurs, de physionomies, le dessous des événements, la vie, en un mot, lui appartient, et le drame peut être immense d'aspect et d'ensemble quand ces petites choses sont prises dans une grande main, *prensa manu magna*. Mais il faut se garder de chercher de l'histoire pure dans le drame, fût-il *historique*. Il écrit des légendes et non des fastes; il est chronique et non chronologique.

IX. — PAGE 168.

Les deux types, ainsi isolés et livrés à eux-mêmes, s'en iront chacun de leur côté, laissant entre eux le réel, l'un à sa droite, l'autre à sa gauche.

D'où vient que Molière est bien plus vrai que nos tragiques? Disons plus, d'où vient qu'il est presque toujours vrai? C'est que, tout emprisonné qu'il est par les préjugés de son temps en deçà du pathétique et du terrible, il n'en mêle pas moins à ses grotesques des scènes d'une grande sublimité, qui complètent l'humanité dans ses drames. C'est aussi que la comédie est bien plus près de la nature que la tragédie. On conçoit en effet telle action dont les personnages, sans cesser d'être naturels, pourront constamment rire ou exciter le rire; et encore les personnages de Molière pleurent-ils quelquefois. Mais comment concevoir un événement, si terrible et si borné qu'il soit, où non-seulement les principaux acteurs n'aient jamais un sourire sur les lèvres, fût-ce de sarcasme et d'ironie, mais encore où il n'y aura, depuis le *prince* jusqu'au *confident*, aucun être humain qui ait un accès de rire et de nature humaine? Molière enfin est plus vrai que nos tragiques, parce qu'il exploite le principe neuf, le principe moderne, le principe dramatique : le grotesque, la comédie; tandis qu'ils épuisent, eux, leur force et leur génie à rentrer dans cet ancien cercle épique qui est fermé; moule vieux et usé, dont la vérité propre à nos temps ne saurait d'ailleurs sortir, parce qu'il n'a pas la forme de la société moderne.

X. — PAGE 176.

Que le poëte se garde surtout de copier qui que ce soit, pas plus Shakspeare que Molière, pas plus Schiller que Corneille.

Ce n'est pas non plus en accommodant des romans, fussent-ils de Walter Scott, pour la scène, qu'on fera faire à l'art de grands progrès. Cela est bon la première ou la seconde fois, surtout quand les translateurs ont d'autres titres plus solides; mais cela, au fond, ne mène à rien qu'à substituer une imitation à une autre.

Du reste, en disant qu'on ne doit copier ni Shakspeare ni Schiller, nous entendons parler de ces imitateurs maladroits qui, cherchant des règles où ces poëtes n'ont mis que du génie, reproduisent leur forme sans leur esprit, leur écorce sans leur sève; et non des traductions habilement faites que d'autres vrais poëtes en pourraient donner. Madame Tastu a excellemment traduit plusieurs scènes de Shakspeare. M. Emile Deschamps reproduit en ce moment pour notre théâtre *Roméo et Juliette;* et telle est la souplesse puissante de son talent, qu'il fait passer tout Shakspeare dans ses vers comme il y a déjà fait passer tout Horace. Certes, ceci est aussi un travail d'artiste et de poëte, un labeur qui n'exclut ni l'originalité, ni la vie, ni la création.

XI. — PAGE 178.

L'art... s'étudie à reproduire la réalité des faits, surtout celle des mœurs et des caractères, bien moins léguée au doute et à la contradiction que les faits.

On est étonné de lire dans Gœthe les lignes suivantes : « Il n'y a point, à proprement parler, de personnages « historiques en poésie; seulement, quand le poëte veut « représenter le monde qu'il a conçu, il fait à certains in- « dividus qu'il rencontre dans l'histoire l'honneur de leur « emprunter leurs noms pour les appliquer aux êtres de « sa création. — *Ueber Kunst und Alterthum* (sur l'Art « et l'Antiquité). » On sent où mènerait cette doctrine, prise au sérieux : droit au faux et au fantastique. Par bonheur, l'illustre poëte, à qui elle a sans doute un jour semblé vraie par un côté, puisqu'elle lui est échappée, ne la pratiquerait certainement pas. Il ne composerait pas, à coup sûr, un Mahomet comme un Werther, un Napoléon comme un Faust.

XII. — PAGE 182.

. . . . . Et lorsqu'il lui adviendrait d'être *beau*, n'étant beau en quelque sorte que par hasard, malgré lui et sans le savoir.

L'auteur de ce drame en causait un jour avec Talma, et, dans une conversation qu'il écrira plus tard, lorsqu'on ne pourra plus lui supposer l'intention d'appuyer son œuvre ou son dire sur des autorités, exposait au grand comédien quelques-unes de ses idées sur le style dramatique. — Ah! oui, s'écria Talma l'interrompant vivement; c'est ce que je m'épuise à leur dire. Pas de beaux vers ! — *Pas de beaux vers !* c'est l'instinct du génie qui trouvait ce précepte profond. Ce sont en effet les *beaux vers* qui tuent les belles pièces.

XIII. — PAGE 194.

Il ignore cet art de souder une beauté à la place d'une tache, et il n'a jamais pu rappeler l'inspiration sur une œuvre refroidie.

Voici encore une contravention de l'auteur aux lois de Despréaux. Ce n'est point sa faute s'il ne se soumet point aux articles : *Vingt fois sur le métier*, etc., *Polissez-le sans cesse*, etc. Nul n'est responsable de ses infirmités ou de ses impuissances. Du reste, nous serons toujours les premiers à rendre hommage à ce Nicolas Boileau, à ce rare et excellent esprit, à ce janséniste de notre poésie. Ce n'est pas sa faute, à lui non plus, si les professeurs de rhétorique l'ont affublé du sobriquet ridicule de *Législateur du Parnasse*. Il n'en peut mais.

Certes, si l'on examinait comme code le remarquable poëme de Boileau, on y trouverait d'étranges choses. Que dire, par exemple, du reproche qu'il adresse à un poëte de ce qu'il

Fait parler ses bergers *comme on parle au village*.

Faut-il donc les faire parler comme on parle à la cour? Voilà les bergers d'opéras devenus types. Disons encore que Boileau n'a pas compris les deux seuls poëtes originaux de son temps : Molière et la Fontaine. Il dit de l'un :

C'est par là que Molière, illustrant ses écrits,
Peut-être de son art *eût* remporté le prix.

Il ne daigne pas mentionner l'autre. Il est vrai que Molière et la Fontaine ne savaient ni *corriger* ni *polir*.

NOTES.

ACTE PREMIER.

LES CONJURÉS.

I. — PAGE 198.

Voilà bien la taverne, et c'est le même lieu
Que Charle, à Worcester, abandonné de Dieu,
Seul, disputant sa tête après son diadème,
Avait, pour fuir Cromwell, choisi dans Londres même.

« Tous deux, en effet (le roi et lord Wilmot), nous
« étions convenus de nous réunir à Londres, aux *Trois-*
« *Grues*, dans le marché au vin, et de nous informer de
« William Ashburnham. »

— *Mémoires de Charles II sur sa fuite de Worcester.* —

II. — PAGE 213.

C'est ainsi que fidèle à mon double devoir,
J'ai su parler au roi, sans toutefois le voir.

Tous les détails de ce fait, avec les conséquences qu'il a dans ce drame, sont historiques.

III. — PAGE 215.

Vous savez, Davenant? — Dans le *Roi bûcheron*.

Pièce de ce temps.

IV. — PAGE 222.

Ce Carr est un sectaire, un vieil oiseau de proie.
Dans la rébellion, assisté de Strachan,
Du camp parlementaire il sépara son camp.

Quelques contemporains écrivent *Strawghan*. Nous

rappelons que ce bizarre caractère de Carr est, comme tous les autres, donné par l'histoire.

V. — PAGE 232

Le *damné* Barebone, inspiré corroyeur.

Les fanatiques de cette sorte avaient l'usage de remplacer leurs noms de baptême par quelque sobriquet religieux tiré pour l'ordinaire de la Bible ou exprimant une réflexion pieuse. Le frère de ce *Praise-God* (Loue-Dieu), Barebone, membre du Parlement, s'appelait : *Si-Christ-n'était-pas-mort-pour-vous-vous-auriez-été-damné-Barebone*, d'où le peuple, pour avoir plus tôt fait, l'appelait le *Damné-Barebone*.

— *Mémoires de Ludlow*, note, tome II, page 216. —

VI. — PAGE 233.

Là déclame
Le ravisseur du roi, Joyce.

Le cornette Joyce, ci-devant tailleur, avait enlevé, assisté de quarante cavaliers, Charles Ier du château d'Holmby, comté de Northampton, où le tenaient les commissaires du Parlement (1664). Ce fut le commencement de sa fortune.

VII. — PAGE 250.

Je bois à la santé du roi Charles.

Historique. Au reste, afin d'épargner au lecteur la fastidieuse répétition de ce mot, nous le prévenons qu'ici, comme dans le palais de Cromwell, comme dans la grande salle de Westminster, l'auteur n'a hasardé aucun détail, si étrange qu'il puisse paraître, qui n'ait ou son germe ou son analogue dans l'histoire. Les personnes qui connaissent à fond l'époque lui rendront cette justice, que tout ce qui se passe dans ce drame s'est passé, ou, ce qui revient au même, a pu se passer dans la réalité.

ACTE DEUXIÈME.

LES ESPIONS.

I. — PAGE 257.

A S. A. monseigneur le Protecteur de la république d'Angleterre, etc.

Cette lettre est un document exact de la diplomatie de Mazarin, ramené seulement aux proportions de la scène. Toute cette scène des ambassadeurs, dans ses moindres incidents, est de l'histoire.

II. — PAGE 263

Cromwell à Balthazar ne veut pas s'allier!

« Cromwell ne put jamais se défaire de la rudesse de son éducation et de son humeur. Il parla toujours avec diffusion et mauvais goût. L'enthousiasme et la dissimulation étaient si mêlées à la plupart de ses actions, qu'il était difficile de décider qui chez lui l'emportait du fanatique ou de l'hypocrite. C'est qu'il était effectivement l'un et l'autre à un haut degré, comme je l'ai ouï dire à Wilkins et à Tillotson. Le premier avait épousé sa sœur, le second sa mère. »

— BURNETT, *Histoire de mon temps.*

III. — PAGE 263.

A ma colère
L'envoyé portugais a-t-il soustrait son frère?

Peu de temps auparavant, il avait fait décapiter, pour meurtre d'un sujet anglais dans une rixe, le frère de l'ambassadeur de Portugal, don Pantaleon Sà.

IV. — PAGE 271.

Milady Protectrice et madame Cromwell.

Élisabeth Bourchier, en effet, ne put jamais s'accoutumer à ses titres et prendre le pli de sa fortune. Son étonnement dura toute sa vie.

V. — PAGE 273.

Ecosse. — Le marquis grand prévôt veut se rendre.

Le marquis d'Argyle, grand prévôt héréditaire des îles Hébrides.

VI. — PAGE 275.

De Manning,
Votre agent près de Charles.

On connaît la fin tragique de ce malheureux capitaine Manning.

VII. — PAGE 276.

« ... Deux mille au moins sont morts, le sang coule en tout lieu,
« Et je viens de l'église y rendre grâce à Dieu. »

Textuel.

VIII. — page 283.

Va, sois tranquille, ami. — Songe aux fausses nouvelles
Dont on a tant de fois tourmenté nos cervelles.

« ... Celui-ci traita l'avis de bagatelle. Il dit qu'on en recevait tous les jours de pareils, qui ne tendraient qu'à faire croire au monde que le Protecteur avait à craindre pour sa vie ; et qu'en y prêtant une attention trop scrupuleuse, il se donnerait un air de crainte qui convenait mal à un aussi grand homme. »

— Burnett, *Histoire de mon temps.*

IX. — page 305.

. . . J'avais
Le privilége unique, et qui n'était pas mince,
De recevoir le fouet que méritait le prince.

Ce William Murray, gentilhomme de la Chambre, qui avait été dans son enfance appelé à la cour pour recevoir le fouet toutes les fois que le prince de Galles (Charles Ier) le méritait, était frère de sir Robert Murray, colonel au service de France sous Richelieu, homme de tête et de courage. Il y a souvent de ces extrêmes qui se touchent dans les familles.

ACTE TROISIÈME.

LES FOUS.

I. — page 340.

GRAMADOCH.
Est-ce pour être diable assez d'avoir des cornes! etc.

Il est inutile de rappeler au lecteur que ce genre de

plaisanteries de mauvais goût avait cours et faisait fortune à cette époque,

II. — PAGE 342.

Siècle bizarre!
Job et Lazare, etc.

Des personnes à qui cette chanson semblera étrange, y pourront voir encore un échantillon de l'esprit du temps, un amphigouri, une énigme à la façon des allégories de notre poëte Théophile, importé en Angleterre avec les autres modèles du goût français.

C'est ce même Théophile, si exalté par Scudéry au détriment de Corneille, et valant mieux du reste que cette recommandation ne le ferait croire, qui écrivait dans son exil : — « Qu'ay-je à regretter? le ciel est aussi près d'icy que de Paris. » Madame de Staël était moins poëte quand, près du lac de Genève, elle s'écriait tout au contraire : — *Ah! mon cher Talma, le ruisseau de la rue Saint-Honoré!*

III. — PAGE 344.

Sylphes dont les cavalcades,
Bravant monts et barricades,
En deux sauts vont des Orcades
A la flèche de Saint-Paul.

Le Saint-Paul de Londres actuel a un dôme, et n'est, malgré sa réputation, qu'une bâtarde contre-épreuve du Saint-Pierre de Rome, comme notre Panthéon. L'ancienne cathédrale de Saint-Paul, détruite avec son admirable flèche dans un grand incendie (celui de 1666, si notre mémoire est bonne), était un de ces monuments gothiques si merveilleux et si irréparables.

IV. — PAGE 345.

> Dites : quel est le plus diable
> Du vieux Nick ou du vieux Noll?

Le démon familier, le diable du peuple, en Angleterre, s'appelle le *vieux Nick*. Cette chanson est encore d'un mauvais goût tout historique. Voyez, comme archétype, entre les chansons des cavaliers, la *marche de David Lindsay*.

V. — PAGE 353.

> THURLOE.
> Milord, le Parlement
> Dans la salle du trône attend...
> CROMWELL
> Eh! qu'il attende!

Le mot est historique. Le Parlement attendit trois heures pendant que Cromwell visitait les chevaux frisons que lui avait donnés le duc de Holstein.

VI. — PAGE 355.

> .... Le soleil, en habit de gala.

Peinture exacte, d'après une gravure du temps, dont l'auteur possède un rare et curieux exemplaire.

VII. — PAGE 368.

> Son œil ne saurait voir le but que j'ai cherché,
> Et, pour me pardonner, il est trop débauché.

La proposition et la réponse sont toutes deux historiques. *Il est trop damnablement débauché*, dit Cromwell, *pour me pardonner la mort de son père.* Au reste, chacun des avis exposés dans ce conseil privé résume fidèlement une des opinions des hommes du temps sur la question de faire roi Cromwell.

VIII. — PAGE 413

Voici les derniers bills votés en Parlement.

Tous ces textes de lois sont réels.

IX. — PAGE 415.

On voit, en méditant Gabaon, Actium, etc.

Le combat pour la régence, entre les troupes de David et celles d'Isboseth, fils de Saül, eut lieu près de la piscine de Gabaon.

X. — PAGE 429.

. . . . . Etant enfant, j'eus une vision.

Le fait de la vision est vrai, quoique à peu près oublié de l'histoire. Cette vision a dominé toute la vie de Cromwell. Il en parlait sans cesse, tantôt avec raillerie, tantôt avec terreur, et disait avoir été souvent châtié dans son enfance pour s'être vanté qu'un fantôme lui avait prédit qu'il serait roi. Cette circonstance dramatique jette un jour trop nouveau dans l'âme de Cromwell pour que l'auteur la dédaignât. Il fallait la mettre en œuvre ; et la nécessité seule a pu le décider à hasarder cette esquisse après la vision de Macbeth.

XI. — PAGE 432.

Et les fileuses centenaires
Qui soufflent en faisant des nœuds.

Ces vers inintelligibles sont textuellement traduits des sourates du Coran contre les enchanteurs et les magiciennes. Il paraît qu'on leur supposait une grande vertu, puisqu'on les gravait sur les amulettes. L'auteur a dû les traduire aveuglément, mais il déclare tout le premier qu'il n'y comprend rien.

ACTE QUATRIÈME.

LA SENTINELLE.

I. — PAGE 457.

CROMWELL, déguisé en soldat, etc.

Ces travestissements étaient communs au Protecteur ; il s'en servait fréquemment pour éprouver sa garde.

ACTE CINQUIÈME.

LES OUVRIERS.

I. — PAGE 518.

Et lève par nos mains, contre Olivier Premier ;
L'étendard où revit la Harpe et le Palmier.

Les monnaies et les bannières de la république anglaise portaient d'un côté une harpe et un palmier, de l'autre une croix et un laurier.

II. — PAGE 532

Oui, dans le Croupion il faisait Maigre-Echine.

Cette gaieté de mauvais goût donne la date de l'époque

et la couleur du pays. On appelait le Parlement le *Croupion* (*the Rump*). Un Barebone en avait été orateur, et *Barebone* signifie *maigre-échine*.

L'auteur n'a pas cru devoir refuser à la fidélité historique et locale de son drame la reproduction franche, ou, si l'on veut, brutale de ce genre de *lazzis anglais*, qui ont souvent besoin d'une explication pour être intelligibles.

III. — PAGE 533.

> Et ces Egyptiens, qui s'en venaient par bandes
> Au jardin du Mûrier danser des sarabandes.

Lieu public hanté, sous les règnes précédents, par les bateliers et les prostituées.

IV. — PAGE 537.

> Place aux côtes-de-fer du lion d'Angleterre !

On donnait ce nom au régiment de Cromwell.

V. — PAGE 543.

> Voyons si nous ferons un pendant à Dunbar,
> Et si ta Durandal vaut mon Escalibar.

Deux noms d'épées fameuses dans les temps héroïques de la chevalerie. Durandal était l'épée de Roland, Escalibar l'épée d'Esplandian, si nous avons bonne mémoire.

VI. — PAGE 545.

> — Huzza, grand juge Hale !

Mathews Hale était très-populaire, quoique dévoué de cœur aux Stuarts.

VII. — PAGE 552.

> Milord ! — quand Samuel offrait des sacrifices,
> Il gardait à Saül l'épaule des génisses.

Voyez ce discours conservé dans les procès-verbaux du temps : « Milord, on a souvent observé que lorsque Sa-
« muel offrait un sacrifice, il réservait à Saül les épaules
« des victimes, afin de lui montrer quel était le poids du
« gouvernement. La considération de cette vérité a fait
« dire à Maximilien qu'aucun de ceux, etc., etc. »

VIII. — PAGE 553.

> Par le feu, par le fer, Harry, mon lieutenant,
> Extirpe d'une main, cautérise de l'autre.

Le colonel Harry, second fils de Cromwell, lord-lieutenant d'Irlande. Aussi ferme et aussi décidé que Richard était mou et insouciant, Harry Cromwell était de ces hommes qui, comme Napoléon, sont toujours, quel que soit leur ordre de naissance, les aînés de leur famille.

IX. — PAGE 558.

> Arrêtez !
> Que veut dire ceci ? pourquoi cette couronne ? etc.

Tout ce discours est en germe, et souvent en propres termes dans la harangue diffuse, emphatique, obscure, interminable, que Cromwell adressa au peuple à ce moment critique de sa vie. On en a scrupuleusement conservé les mots caractéristiques.

X. — PAGE 560.

> Et les yeux du Seigneur vont courant çà et là.

Il y a dans ce vers une irrégularité que le « je suis

sang et eau » de Racine autoriserait au besoin, mais qui est plus que justifiée par la nécessité de conserver ici à Cromwell sa textuelle et pittoresque expression. C'est le cas de laisser crier Richelet.

XI. — PAGE 564.

> Hewlet a dressé dès l'aurore
> Leur gibet à Tyburn.

Le lecteur devine que ce Hewlet, c'était le bourreau. C'est lui qui joua plus tard un rôle si dramatique dans les procès des régicides.

FIN DES NOTES DE CROMWELL.

Paris. — Typ. SIMON RAÇON et Cⁱᵉ, rue d'Erfurth, 1.

www.ingramcontent.com/pod-product-compliance
Lightning Source LLC
Chambersburg PA
CBHW060407230426
43663CB00008B/1413